T0277678

La ciudad es nuestra

Primera edición: mayo de 2024
Título original: *We Own This City*

© Justin Fenton, 2021
© de la traducción, Claudia Casanova, 2024
© de esta edición, Futurbox Project, S. L., 2024
Todos los derechos reservados, incluido el derecho de reproducción total o parcial de la obra.

Imagen de cubierta: iStock/Brazzo
Diseño de cubierta: Taller de los libros
Corrección: Virginia Romero, Gemma Benavent, Raquel Luque

Publicado por Principal de los Libros
C/ Roger de Flor, n.º 49, escalera B, entresuelo, despacho 10
08013, Barcelona
info@principaldeloslibros.com
www.principaldeloslibros.com

ISBN: 978-84-18216-76-3
THEMA: DNXC
Depósito Legal: B 9377-2024
Preimpresión: Taller de los Libros
Impresión y encuadernación: Liberdúplex
Impreso en España — *Printed in Spain*

Cualquier forma de reproducción, distribución, comunicación pública o transformación de esta obra solo puede ser efectuada con la autorización de los titulares, con excepción prevista por la ley. Diríjase a CEDRO (Centro Español de Derechos Reprográficos) si necesita fotocopiar o escanear algún fragmento de esta obra (www.conlicencia.com; 91 702 19 70 / 93 272 04 47).

JUSTIN FENTON

LA CIUDAD ES NUESTRA

UNA HISTORIA REAL DE CRÍMENES, POLICÍAS Y CORRUPCIÓN

TRADUCCIÓN DE
CLAUDIA CASANOVA

PRINCIPAL
NOIR

Índice

Lista de personajes

LOS INVESTIGADOS
Sargento Wayne Jenkins
Inspector Momodu Gondo
Inspector Evodio Hendrix
Inspector Daniel Hersl
Inspector Marcus Taylor
Inspector Maurice Ward
Sargento Thomas Allers
Sargento Keith Gladstone

LOS INVESTIGADORES
Fiscal auxiliar Leo Wise
Fiscal federal auxiliar Derek Hines
Agente especial Erika Jensen
Sargento John Sieracki
Cabo David McDougall
Inspector Scott Kilpatrick

LOS MUERTOS
Inspector Sean Suiter

I.

EMBROLLOS

Capítulo 1

«Mamporreros»

La carta llegó al despacho de un juez federal de Baltimore en el verano de 2017. En el remite constaba la dirección del Correccional Federal McDowell, plantado en medio de ninguna parte, en Virginia Occidental, a más de seis horas de Baltimore. En el anverso del sobre, el recluso había escrito: «Entrega especial».

Umar Burley había escrito la carta en un cuaderno de rayas, con letra gorda y saltarina, utilizando tildes para rematar las tes. Burley, recluso número 43787-037, se dirigía al juez por segunda vez: le suplicaba que le asignara un abogado de oficio. El suyo se había jubilado, y los intentos de contactar con otro habían sido infructuosos.

«¿Se imagina lo duro que es estar aquí por un delito que no he cometido, y luchar por encontrar respuestas y justicia por mi cuenta?», había escrito Burley.

Meses antes, Burley estaba en la sala de recreo de una prisión de Oklahoma, donde esperaba su traslado a McDowell, cuando alguien lo llamó: «¡Chiquitín de Baltimore! ¡Eh, chiquitín! ¿Has oído eso?».[1] El programa de noticias anunciaba con grandes letras en la pantalla del televisor: «Un grupo de ocho policías de Baltimore había sido acusado de robar a ciudadanos y de falsear informes sobre sus casos». Los agentes habían cometido sus presuntos delitos sin inmutarse, debido a que, en ese momento, el departamento de policía estaba bajo el intenso escrutinio de las organizaciones de los derechos civiles tras la muerte de un joven negro a causa de las heridas que había sufrido bajo custodia policial. Los hechos revelados eran sobrecogedores, aunque no del todo increíbles: durante años, las acusaciones de conducta indebida —desde cacheos ilegales hasta fracturas óseas— sobrevolaban a la policía de la ciudad. Pero muchas denuncias carecían de pruebas fehacientes, y procedían de personas con numerosos antecedentes penales y demasiados incentivos para lanzar acusaciones falsas. Por esta razón, las denuncias solían decantarse a favor de la policía; con las cartas en contra, la mayoría de las víctimas ni siquiera se molestaba en hablar. A menudo estaban detenidos por posesión de drogas o armas, y el hecho de que los policías mintieran sobre los detalles de las detenciones o que se quedaran una cantidad del dinero incautado formaba parte del juego sucio de Baltimore, donde el fin justificaba los medios.

Pero ahora, un caso de escuchas telefónicas arrojaba luz sobre la mentalidad de grupo y los abusos de las fuerzas policiales, y los fiscales federales que presentaban los cargos procedieron a buscar más víctimas. Y Umar Burley tenía una historia que contar.

La historia de Burley comienza la mañana del 28 de abril de 2010. Se había convocado a los miembros de una unidad de policía de paisano que se encontraban en la calle para informarles sobre posibles sospechosos y zonas que vigilar *ad hoc.*[2] El sargento, que llegaba un poco tarde, les pidió que esperaran, pero el inspector Wayne Jenkins tenía ganas de guerra. Les dijo a los demás que la zona alrededor de la avenida Belle, en el noroeste de Baltimore, «estaba que ardía», y que existían informes de actividad delictiva.

—Vamos —dijo Jenkins.[3]

Hay policías a los que se les puede ordenar que permanezcan bajo un poste durante diez horas, y nueve horas después seguirán allí. Si los envían a la avenida Greenmount y les piden que patrullen arriba y abajo por el bulevar, caminarán hasta que se les desgasten las suelas de los zapatos. Pero otros necesitan algo que hacer. Tienen que sentarse en casas vacías para espiar a sospechosos con prismáticos o perseguirlos por callejones, y trabajan cantidades ingentes de horas extra. Es el «diez por ciento» en el que confían los mandos del Departamento de Policía de Baltimore (DPB) para que se haga el trabajo.

También son los agentes con más probabilidad de formar parte de las unidades de paisano, conocidas en la ciudad como los *«knockers»* o «mamporreros», en referencia a sus tácticas agresivas. Los agentes de las unidades de paisano suelen operar a la sombra de un departamento de policía. No hay que confundir su labor con las operaciones encubiertas, en las que a los agentes se les asigna una identidad distinta para infiltrarse en una organización delictiva. Los agentes de paisano, tal y como sugiere su nombre, trabajan en ropa de calle, no usan uniforme. Conducen vehículos camuflados. No se les suele destinar a puestos concretos ni tienen la obligación de acudir a las llamadas de emergencia. A diferencia de estos otros agentes, los «mamporreros» salen en busca de actividades ilegales —de personas que vendan drogas o que tengan bultos en la ropa que pudieran ser armas—, y operan con bastante independencia. Se les permite soltar al sospechoso si creen que puede llevarlos hasta peces gordos. Estas unidades de paisano son frecuentemente el origen de los escándalos en todo el país, pero, desde hace años, los altos mandos de los departamentos de policía las consideran fundamentales en la lucha contra el crimen; son los «vikingos» que salen a la calle y regresan con un «botín», como expresó un jefe de policía de Baltimore algún tiempo después.[4]

Jenkins parecía estar siempre en movimiento, y su actitud de pistolero le valió rápidamente a este exmarine blanco el acceso inmediato a las unidades de élite de la policía de Baltimore. En 2010, cuando llevaba menos de siete años en el cuerpo, Jenkins se había abierto camino en una nueva brigada dedicada a atrapar a los delincuentes violentos reincidentes. Se trataba de un grupo de oficiales cuidadosamente seleccionados, cuya misión consistía en perseguir a los peores delincuentes de Baltimore. A menudo les daban nombres de presuntos delincuentes difíciles de cazar, y les concedían solo treinta días para construir el caso.[5]

Ese día se dirigieron a Grove Park, un barrio frondoso en la frontera entre la ciudad y el condado, con casas unifamiliares y una miríada de edificios de apartamentos conectados por senderos y bordeados de cerezos. Para ser de Baltimore, era claramente distinto de los otros barrios de allí, abarrotados y abandonados, con casas adosadas y más cercanos al núcleo urbano, pero también contaba con su parte de delincuencia. Desde los coches camuflados, tal y como más tarde describieron los agentes en sus informes, vieron a Umar Burley sentado en su Acura, en el bloque 3800 de la avenida Parkview, cuando otro hombre se acercó con lo que parecía ser dinero en efectivo y se subió al vehículo. «En ese momento, debido a mi formación y experiencia, consideré que, con toda probabilidad, se estaba produciendo una compraventa de drogas», escribió Jenkins.

El sargento iba en el coche con el inspector Ryan Guinn, un policía medio irlandés, medio vietnamita, cuyo aspecto incitaba a que la gente de los barrios donde patrullaba le llamaran: «¡Eh, menda de Puerto Rico!». Guinn tomó la radio:

—Eh, Sean —susurró con calma mientras se dirigía a Sean Suiter, otro miembro de la brigada que se encontraba en otro coche—. Vamos a intentar detener a ese Accord.[6]

—Vale. Estoy contigo. Te cubro —respondió Suiter.

Los oficiales se dispusieron a llevar a cabo el arresto; Jenkins y Guinn pararon delante del coche de Burley, mientras que Suiter se situó en la parte posterior. Activaron las luces de emergencia, según describió Jenkins en la denuncia, y sus placas quedaron «claramente a la vista». Dijo que los agentes vieron movimiento en el interior del vehículo, y ordenaron a los hombres que mostraran las manos. Guinn saltó del coche, sacó su pistola y le ordenó a Burley que no se moviera. Este hizo una maniobra con el coche alrededor de los vehículos policiales y se dio a la fuga, hasta que los agentes lo perdieron de vista.

—Eh, tenemos a uno a la fuga. —Guinn llamó por radio a los demás agentes; la voz de Jenkins se oía de fondo—. Cerca de los apartamentos de Seton Park. Acura negro.

Recitó la matrícula:

—Uno-Francia-Yo-Kilo-Zeta-Ocho.

La persecución duró muy poco.[7] Burley había conducido menos de un kilómetro y medio en el momento en que los agentes oyeron un fuerte estruendo, como el del estallido de una bomba, y, cuando llegaron a la intersección de las avenidas Belle y Gwynn Oak, vieron salir agua a borbotones de la boca de incendios contra la que había chocado el coche. El parachoques delantero se había desprendido del coche y el capó estaba destrozado. Los agentes estaban ocupados considerando la posible gravedad de las lesiones de los pasajeros, cuando estos, de repente, salieron del coche. Guinn persiguió al copiloto, Brent Matthews, mientras Jenkins y Suiter se encargaban de seguir a Burley.

Un testigo llamó a emergencias, pero no mencionó a los agentes de policía en su versión de los hechos.

—Ha habido un accidente de coche. En el cruce de Belle y Gwynn Oak. Un tipo… están corriendo, ¡se disparan el uno al otro!

—¿Dice que se disparan? —preguntó el operador del teléfono de emergencias.

—Sí… El coche ha chocado con una boca de incendios. Los pasajeros han salido corriendo y uno lleva una pistola.

Suiter alcanzó a Burley a unos quince metros del lugar del accidente.

Según este, Suiter lo increpó:

—¿Por qué has huido? ¿Por qué no has esperado a ver qué queríamos?[8]

—Hubiera bastado con que encendierais las luces —respondió Burley.

Guinn atrapó al copiloto y se produjo un forcejeo.[9] Logró dominarlo, y lo llevó esposado de vuelta al lugar de los hechos.

—La mandanga está en el coche —le dijo Jenkins a Guinn.[10]

Suiter registró el vehículo de Burley junto con un policía de patrulla, y recogió una bolsita del suelo que contenía treinta y dos gramos de heroína.

Los que estaban allí tardaron un rato en hacer balance de los daños. Pero pronto se dieron cuenta de que el estruendo que los agentes y los vecinos habían oído no procedía de la colisión con la boca de incendios, sino que había sido producido por el choque del coche de Burley contra un Chevrolet Monte Carlo que conducía una pareja de ancianos en el cruce. El coche había salido despedido por los aires por encima de una hilera de arbustos.

Un vecino que estaba preparando el desayuno en el momento en el que el choque sacudió su casa salió corriendo hacia la pareja herida. El hombre sangraba por la cabeza, y la mujer pedía ayuda a gritos.

—Aguanten, la ayuda está en camino —les dijo.

Elbert Davis sénior, de ochenta y seis años, y su esposa Phosa Cain, de ochenta y uno, habían salido esa mañana para visitar a uno de sus diez hijos. Los llevaron en ambulancia al Centro Traumatológico de la Universidad de Maryland para que los atendieran; Guinn los siguió para comprobar cómo estaban.[11] Más tarde afirmó que estaba en el puesto de enfermeras cuando oyó que Davis entraba en coma. Entró en la habitación de Cain y le agarró la mano. La mujer le preguntó si su marido estaba bien.

——Están haciendo todo lo que pueden —le dijo Guinn, en un intento de calmarla hasta que los médicos pudieran darle la terrible noticia.

De vuelta al lugar del accidente, Joyce Fuller, una mujer de sesenta y dos años, cuya casa también había sufrido daños a causa del accidente, denunció a los hombres que se habían visto implicados en él.

—Atraparía a todos esos traficantes y los metería en un avión militar con destino a Iraq —comentó a los periodistas—. Esa pareja no había hecho nada. No hay justicia.

A Burley, de cuarenta años, lo llevaron otra vez a la cárcel. Había pasado años trapicheando con drogas y tenía un historial de arrestos por tráfico que se remontaba hasta los trece años, cuando aceptó una condena por un tío suyo al que quería mucho.[12] Además, se había librado de un cargo federal previo por tenencia de armas de fuego, algo que no suele suceder. En 2007, le habían detenido bajo el pretexto de «exceder la cantidad legal de tinte de las ventanillas».[13] El agente que lo detuvo declaró que olía a alcohol y que, al bajar la mano para sacar una taza del vehículo, vio la culata de una pistola asomando por debajo del reposabrazos del asiento, tipo banqueta. La policía dijo más tarde que Burley y el otro tipo que iba en el coche «tenían que haber sabido» que el arma estaba allí, y que los acusaría a ambos de posesión de armas. Burley pasó poco menos de año y medio encerrado por esos cargos, primero bajo una fianza que no podía pagar, luego en prisión preventiva federal, y únicamente lo soltaron cuando el otro asumió la responsabilidad por el arma, y el fiscal abandonó el caso contra él.

Esta vez, además de las drogas, a Burley lo acusaron de homicidio involuntario. El choque podría haberse considerado un accidente, pero el hecho de que había huido de la policía con drogas lo convertía en un delito. La acusación por drogas se llevó a nivel federal, lo que supuso una segunda oportunidad para la fiscalía, que había abandonado el caso anterior contra él. Así que ordenaron su detención sin fianza a la espera de juicio.

Sin embargo, Burley juró ante su abogado de oficio que ese día no llevaba drogas en el coche.[14] Había recogido a Matthews para asistir a la vista de sentencia de un hombre condenado por matar a su primo. Burley, al que ya habían herido en dos ocasiones, dijo que los agentes lo habían asustado cuando encajonaron su vehículo y sacaron las armas. Afirmó que había entrado en pánico y huyó.

El abogado de Burley dijo al juez que su cliente cuestionaba «gran parte de la declaración del inspector Jenkins sobre la causa probable». Añadió que los inspectores habían atrapado y detenido a Burley sin base legal, y que justificaban sus acciones por el descubrimiento de drogas *a posteriori*.

«Las supuestas observaciones de las fuerzas del orden acerca de un afroamericano que entra en un coche aparcado con dinero dentro en una zona de alta criminalidad no equivalen a una causa probable», escribió el abogado de Burley. Este se declaró no culpable y quedó detenido a la espera de juicio.

Guinn declaró más tarde que hizo caso omiso a la afirmación de Burley con respecto a que las drogas se habían colocado allí, puesto que los arrestados siempre niegan los cargos.[15]

Pero Jenkins parecía obsesionado con el caso. Los agentes pueden escuchar las llamadas que los reclusos hacen desde la cárcel, y el sargento estaba pegado al teléfono, siguiendo las llamadas entre Burley y el copiloto, Matthews. Seguían contándoles a otros que les habían metido la heroína en el coche.

—Si este caso va a juicio —dijo Jenkins a Guinn—, no podré testificar.[16]

El listón que Burley tenía que superar para ser absuelto estaba demasiado alto: era reincidente, conducía sin carnet y había matado a un anciano mientras huía de unos policías que declaraban haber encontrado heroína en el vehículo. Pactó con la fiscalía, y se declaró culpable a cambio de diez años de condena federal por los cargos de drogas. En el tribunal estatal, donde entraban en juego los cargos de homicidio involuntario, aceptó otros diez años, el máximo. Sin juicio, los agentes implicados no tendrían que declarar en el tribunal, y Burley fue enviado a prisión.

Siete años después, se produjo un giro inesperado en lo que parecía ser un caso cerrado. Burley compareció de nuevo ante un tribunal de Baltimore. Esta vez lo soltaron antes de tiempo, y el juez federal se levantó para disculparse personalmente y estrecharle la mano. Entretanto, Wayne Jenkins fue enviado al poco tiempo a una penitenciaría en el desierto a las afueras de Tucson, Arizona, para cumplir una condena de veinticinco años de prisión. Y Sean Suiter yacía desplomado en un callejón de Baltimore Oeste con una bala en la cabeza.

Capítulo 2

Cueste lo que cueste

La ciudad de Baltimore había decrecido y fue acumulando problemas durante la mayor parte de la vida de Wayne Jenkins.

Tras el auge de la posguerra en la década de los cuarenta, la población de Baltimore alcanzó un máximo de casi un millón de habitantes. Sin embargo, más tarde, con la prohibición de la segregación racial en las escuelas públicas a mediados de los años cincuenta y la expansión de los tranvías y las autopistas en el perímetro de la ciudad, las familias blancas comenzaron a huir del centro urbano en busca de patios más grandes y comunidades más homogéneas. La huida de los blancos se intensificó con el aumento de la delincuencia y la inestabilidad en la década de los sesenta. El culmen fueron los disturbios que siguieron a la muerte de Martin Luther King en 1968, que dejaron mil negocios de Baltimore saqueados o dañados, además de seis muertos y setecientos heridos. En 1950, la ciudad tenía un setenta y seis por ciento de población blanca; cuando Jenkins nació, en 1980, esa proporción había caído al cuarenta y cuatro por ciento. En ese periodo de tiempo, la población total siguió disminuyendo, hasta caer por debajo de los ochocientos mil en 1980.

Un mes antes del nacimiento de Jenkins, en junio de 1980, la ciudad había inaugurado Harborplace, un complejo comercial construido en la que había sido una decrépita primera línea de mar. A bombo y platillo, se celebró como la pieza central del renacimiento del centro de la ciudad. El antiguo alcalde, William Donald Schaefer, estaba decidido a revertir la tendencia hacia el decrecimiento y el deterioro de Baltimore, y se concentró de forma implacable en impulsar el turismo y un sentimiento de orgullo de la ciudad. «No cabía duda de que debíamos generar orgullo en una ciudad que antes no lo tenía —declaró Schaefer en 1979—.[1] Para que la gente no se avergonzase de confesar que eran de Baltimore». Y sin embargo, la huida continuó: cincuenta mil residentes más abandonaron la ciudad durante los años ochenta.

Jenkins creció en Middle River, una ciudad dormitorio al este de Baltimore, que abrazaba el cuello norte de la bahía de Chesapeake. Había crecido como receptáculo de la huida de los blancos, aparte de que estaba próxima a varios de los principales emplazamientos industriales de la zona: la planta de Martin Aircraft, justo en Middle River, que había dado empleo a cincuenta y tres mil trabajadores durante la guerra; justo al sur, la enorme Bethlehem Steel, en Sparrows Point, que a mediados de la década de los sesenta era una de las mayores plantas siderúrgicas del mundo, con treinta mil empleados, y General Motors, en el límite este de la ciudad, que empleaba a siete mil personas.

La comunidad era tranquila y estaba muy unida, sostenida por el acceso a empleos seguros en estas fábricas y otras. Algunos policías vivían en la vecindad y aparcaban sus coches frente a sus casas, bien visibles para todo el mundo. Pero en los años siguientes al nacimiento de Jenkins, la estabilidad del suburbio comenzó a derrumbarse, a medida que la desindustrialización asolaba toda la ciudad. Solo General Motors y Bethlehem Steel recortaron doce mil empleos entre 1978 y 1982. Bajo el barniz pulcro y totalmente estadounidense de Middle River, arraigó un mundo oculto de drogas, que iba expandiéndose desde la ciudad de la que la mayoría de las familias había escapado. La existencia de este mundo irrumpió en la conciencia pública en 1987, cuando dos hermanas embarazadas y sus maridos fueron tiroteados a bocajarro de rodillas en una casa de la calle en la que vivía Jenkins, durante un robo de siete kilos de marihuana.[2] Aun así, este tipo de violencia era poco frecuente, como también lo eran las batidas de la policía para reprimirla.

Jenkins era el menor de cinco criaturas: tres hermanos carnales y dos primos que su familia acogió. Su padre, Lloyd «Lee» Jenkins, un exmarine, a menudo no llegaba a casa hasta altas horas de la madrugada después de trabajar en la planta de Beth Steel y de un segundo empleo como manitas.[3] Wayne no solo era el más pequeño, sino que debía superar, además, un impedimento del habla que requería educación especial.[4] Quizá esto le hizo crecer con cierta dureza de carácter. «Wayne no aguantaba las putadas de nadie —cuenta Andy Janowich, que vivía cuatro puertas más abajo y recuerda cómo defendía a otros niños—.[5] Yo siempre fui más pequeño que el resto; Wayne daba la cara por mí. No se metía en peleas», pero siempre estaba dispuesto a defender a los demás. Janowich recuerda que a Jenkins le regalaron unos guantes de boxeo cuando era aún un niño.

Jenkins asistió a la Eastern Technical High School, un instituto técnico donde cursó un programa de formación para técnicos de calefacción, ventilación y aire acondicionado.[6] El instituto Eastern Tech era una escuela bien considerada, una de las once únicas que el estado designó como «Escuela de Excelencia Cinta Azul». Aunque los estudiantes procedían de una de las zonas más pobres del condado de Baltimore, el centro obtuvo calificaciones excelentes en todas las categorías del boletín de calificaciones del estado.

Jenkins desarrolló un vínculo poco habitual con un profesor de arte, Bob Brent: poco habitual, dado que no era uno de sus profesores. Bob llevaba un aula abierta a la misma hora en la que expulsaban a Jenkins de una clase de soldadura que se impartía al lado. Brent le ofreció refugio, y comentaba que el joven parecía enfadado consigo mismo después de meterse en problemas por hablar mal en clase. «Como yo no era su profesor, podíamos sentarnos los dos y tener una conversación de tú a tú, entre dos seres humanos —recuerda Brent—. Me daba la impresión de que deseaba retractarse de lo que había hecho, pero caía en una pauta de reincidencia con los mismos comportamientos». Brent recuerda haber oído que la «vida familiar de Jenkins era un poco dura».

Jenkins practicaba dos deportes: *lacrosse* y fútbol. No era titular en ninguno de los dos equipos, pero tenía una mentalidad sobre la superación tan fuerte como para que los otros jugadores le llamaran «Rudy», en honor al jugador sin experiencia del Notre Dame, cuyo esfuerzo le proporcionó la oportunidad de jugar en su último partido como estudiante de último curso.[7] El entrenador del equipo de fútbol, Nick Arminio, recuerda a Jenkins como un muchacho que se esforzaba y que jugaba en equipos especiales.[8] «Creo que quería pertenecer y formar parte del equipo, o de cualquier cosa», expresó Arminio.

En Eastern Tech, Jenkins empezó a salir con Kristy Myers. En la cita del anuario del instituto del último año, dio las gracias a su madre y a su padre, así como a Brent y a otro profesor, y le dijo a Kristy que la quería. Concluyó con una cita que reflejaba la sensación de haber cumplido su objetivo con la graduación: «Lo he conseguido».

Unos meses más tarde, el 24 de agosto de 1998, Jenkins siguió los pasos de su padre e ingresó en la Marina.[9] Después de una preparación básica, se le destinó a Camp Lejeune, una extensa instalación de entrenamiento militar frente al mar en Jacksonville, en Carolina del Norte. Allí hizo buenas migas con otro nativo de Baltimore llamado Patrick Armetta, y se convirtieron en compañeros de habitación.[10] Tenían estilos de vida diferentes: a Armetta, por aquel entonces, le gustaba ir de fiesta, mientras que Jenkins era el militar modelo, con su camisa planchada y las botas cepilladas, un «marine de pies a cabeza». «Era el tipo de tío que siempre te decía: "Tío, tienes que abrillantar esas botas" o "¿vas a darle un repaso [con la plancha] a ese uniforme?". Wayne siempre destacaba. Era ese tipo de persona», recuerda Armetta. Dijo que Jenkins, en aquellos años, tenía las rodillas mal, y a veces se caía al suelo cuando corrían en formación, pero siempre seguía adelante. En el año 2000, Jenkins llegó a cabo y se especializó en la conducción de vehículos tácticos y transporte de carga.[11] Su sargento lo recuerda, más de dos décadas después, como alguien que poseía «el carácter más intachable que me he encontrado en mis veinte años de servicio a este gran país».[12] El sargento declaró que Jenkins era un «brillante ejemplo del tipo de líder de calidad que sale del Cuerpo de Marines».

Con todo, es posible que Jenkins estuviera más centrado en realizar el viaje de casi setecientos kilómetros de regreso a casa para ver a su familia y a Kristy tan a menudo como fuera posible, ofreciéndose a pagar la gasolina y a conducir el coche de Armetta.[13]

Jenkins dejó la Marina con una baja honorable el 15 de agosto de 2001, un mes antes del 11-S. Fue un momento que cambió su vida: si se hubiera quedado, le habrían enviado a la guerra contra el terrorismo, tal vez desplegado en un área de combate. Por el contrario, durante el año siguiente, Jenkins se volcó en trabajos sencillos, colocando baldosas y colaborando como operario de línea en una fábrica de Dundalk. Cuando una tormenta tropical inundó el vecindario, Jenkins se presentó al cuerpo local de bomberos voluntarios con un bote. «Esta es mi comunidad —dijo—. ¿Cómo puedo ayudar?».[14]

Había terminado el servicio militar pero aún deseaba servir, así que comenzó a solicitar puestos de policía. Fue rechazado por la Policía Estatal de Maryland en 2002 porque «no cumplía los requisitos de las pruebas», aunque la razón exacta no estaba clara.[15] Se concentró después en entrar en la policía de Baltimore. En el proceso de entrevistas, admitió algunos deslices no demasiado graves, como fumar marihuana unas pocas veces en la adolescencia. También confesó que había cruzado la calle de forma imprudente una vez en Myrtle Beach, razón por la que fue arrestado. Obtuvo un aprobado en la evaluación psicológica, pero al reclutador le maravilló el aplomo de Jenkins en la entrevista: «El candidato fue, con diferencia, el más educado con el que tuve la oportunidad de hablar. Cada respuesta que daba iba seguida de un "sí, señor" o un "no, señor". Fue muy respetuoso. Se notaba que estaba muy interesado en forjar una carrera».

Finalmente lo aceptaron y se unió al departamento como cadete en febrero de 2003. Su pedigrí militar y la dureza de su carácter quedaron claros durante el periodo que pasó en la academia de policía, según los demás compañeros de promoción.[16] Jason Rathell, otro recluta, recuerda que la clase fue a verlo boxear una noche a una competición. Dan Horgan, un veterano de las Fuerzas Aéreas que había sido elegido comandante de la promoción, añadió que Jenkins, que medía 1,80 metros y tenía una complexión delgada y mandíbula cincelada, era «un luchador, literalmente y en sentido figurado. Le encantaba boxear; su mentalidad era la típica del marine (…) Vamos a cumplir la misión, y vamos a hacerlo al cien por cien. Nada se hacía al diez por ciento».

Jenkins acababa de entrar en un cuerpo de policía que había presenciado constantes cambios en los mandatarios de su cúpula e intentaba adoptar nuevas estrategias para aplicar la ley. La epidemia de *crack* que afectó a toda la nación produjo como resultado que los delitos violentos en Baltimore se incrementaran un cincuenta y tres por ciento de 1985 a 1993, y en el centro de la ciudad se cometieron más de trescientos homicidios cada año durante la década de 1990, incluso mientras la población disminuía. En la primera mitad de la década, la lucha por parte de la policía para reducir la delincuencia llegó en un momento en el que la contratación de nuevos agentes estaba paralizada y se planteaban nuevas problemáticas morales. Los agentes informaban de la proliferación de drogas, y una brecha en la disciplina interna de la policía dio como resultado más robos por parte de estos. «Tal y como están las drogas, hay mucho efectivo circulando. A los chicos les resulta difícil ver todo ese dinero en la calle y no caer en la tentación», declaró un agente a *The Baltimore Sun*.[17]

Mientras tanto, la ciudad de Nueva York y sus dirigentes se habían convertido en las estrellas de los años noventa por reducir de forma drástica la delincuencia mediante el uso de tácticas policiales agresivas, basadas en la «teoría de las ventanas rotas», según la cual «el desorden y la delincuencia están ligados de forma inextricable».[18] A finales de los noventa, el comisario de Baltimore, un oficial trasladado de la costa oeste llamado Thomas Frazier, advirtió que esas prácticas estaban «a un pelo del acoso y la discriminación», y que utilizarlas en Baltimore sería como «empujar una pelota de tenis con una manguera de jardín».[19] Pero un concejal, joven y carismático, que aspiraba a acceder a la política nacional llamado Martin O'Malley, deseaba cifras que reflejaran el descenso de la delincuencia en su ciudad. En su exitosa campaña por la alcaldía en 1999, prometió limpiar diez esquinas notorias por el tráfico de drogas en los primeros seis meses de su gobierno y hacer que los barrios de rentas bajas fueran tan seguros como aquellos de rentas más altas. Sin embargo, no le bastó con imitar las prácticas de Nueva York, sino que, además, importó a parte de su personal, como la estrella emergente de la policía de Nueva York, el subcomisario Ed Norris, a quien O'Malley nombró comisario en el año 2000. Norris era un policía en el sentido tradicional de la palabra, y no tenía ningún interés en ser «un asistente social con pistola», tal y como Frazier se describió una vez a sí mismo. «Somos la policía —dijo Norris—.[20] Se supone que debemos proteger a la ciudadanía. Si no conseguimos que la ciudad sea más segura y mil personas más siguen marchándose cada mes, no habrá una base fiscal que pueda financiar los servicios municipales. Así que creo que la reducción de la delincuencia es nuestra misión prioritaria».

Los líderes políticos negros estaban preocupados por las implicaciones de este nuevo enfoque; dicha preocupación se suscitó en parte después de que un miembro de la Cámara de Delegados de Maryland declarara que le habían parado por «conducir siendo negro».[21] Temían que tales incidentes se volvieran más frecuentes bajo la nueva política policial. O'Malley se reunió con veinte legisladores estatales y miembros del consejo municipal afroamericanos para asegurarles que la lucha contra el crimen y la responsabilidad por estos resultados irían de la mano. «No podemos reclamar una actuación policial eficaz si no contamos con un departamento de policía íntegro y que esté dispuesto, al mismo tiempo, a vigilarse a sí mismo», les aseguró O'Malley.

Con el fin de ayudarlo, el alcalde reclutó a los artífices del programa de lucha contra la delincuencia basado en estadísticas, llamado CompStat, y solicitó que hicieran un análisis del Departamento de Policía de Baltimore de arriba abajo. Su informe final de ciento cincuenta y dos páginas, publicado en abril de 2000, citaba a residentes que manifestaban que la policía parecía poco dispuesta a enfrentarse a los traficantes de drogas, y a agentes que decían que no se sentían apoyados en sus funciones.[22] El informe también hacía una sorprendente constatación: en una encuesta realizada a los tres mil doscientos agentes del cuerpo, casi una cuarta parte afirmaba que creía que el número de agentes que robaban dinero o drogas era superior a la cuarta parte del departamento. Durante los tres primeros años de mandato de O'Malley, el departamento de asuntos internos de la policía llevó a cabo más de doscientas operaciones encubiertas, con la esperanza de detectar a oficiales corruptos con las manos en la masa. Solo cuatro agentes fracasaron en esa «prueba del algodón», según declaró un portavoz del departamento. «No hemos encontrado esos nidos de avispas en los que existen agentes de un turno concreto en una comisaría determinada que estén implicados en casos de corrupción, como sucedió en Nueva York, donde tuvieron un par de casos sonados», confirmó O'Malley en 2003.

Ese mismo año, durante los primeros meses de formación de Jenkins, Keith Gladstone y Thomas Wilson, dos agentes, con los que trabajó más tarde, fueron amonestados por un juez federal, el juez de distrito Andre Davis, que desestimó dos casos en los que determinó que los oficiales de policía habían llevado a cabo registros ilegales. Davis, airado, describió la declaración jurada de la policía en uno de los casos como «repleta de mentiras a sabiendas».[23] Dijo que «casi me caigo de la silla» cuando leyó que los agentes habían esposado al sospechoso y lo habían conducido a su apartamento, donde utilizaron su llave y entraron sin orden judicial. En el otro caso, los agentes detuvieron a un hombre y luego fueron a la casa de su madre en Baltimore Oeste a las cuatro de la madrugada, donde le pidieron permiso a esta para registrar la casa. Algo así jamás se toleraría en las comunidades blancas más ricas de la ciudad, mantuvo el juez.

«¿Dónde aprenden a actuar así? —se preguntó el juez Davis—. Es lamentable. Nos merecemos algo mejor».

El fiscal federal del caso respaldó a los agentes y afirmó que eran buenos policías, y que era injusto cuestionar la labor de persecución de los delincuentes que llevaban a cabo. «Supongo que sencillamente miramos las mismas pruebas con perspectivas diferentes —dijo el fiscal al juez Davis—. Donde usted ve errores en la orden judicial y los considera una prueba de la falta de veracidad de los agentes, a mí me parece que es consecuencia de una acción precipitada por parte de la policía. Esto resulta en información inexacta, debido a que tenemos un cuerpo de policía que trabaja por encima de sus capacidades, en una ciudad con sesenta mil adictos».

El juez discrepó: «No logran construir casos que puedan ir a juicio —afirmó Davis—. Las investigaciones son endebles y se vienen abajo... Solo se dedican a detener y a incautar drogas, nada más».

Aunque los errores de los agentes se perdonaban internamente, una reprimenda de ese calibre por parte de un juez federal era algo poco frecuente. Se supone que debe acarrear consecuencias. En otros lugares, podría descarrilar la carrera de un agente. Pero en Baltimore era más bien un simple badén.

Las actas del tribunal sugieren que a Gladstone y Wilson los apartaron durante una breve temporada de sus funciones en los meses posteriores a la vista. Wilson solo actuó en tres detenciones en los cuatro meses posteriores a las declaraciones de Davis. Sin embargo, a los ocho meses volvió a las calles y llevó a cabo la asombrosa cantidad de doscientas treinta detenciones. Gladstone siguió trabajando en un grupo operativo federal de élite.

La promoción de Jenkins en la academia se graduó en noviembre de 2003, y su primer destino fue patrullar la calle

Monument, la vía principal de Baltimore Este, con una franja comercial que discurre desde el hospital Johns Hopkins y atraviesa comunidades de casas adosadas muy pobladas. Horgan, el comandante que reclutaba para la promoción, sostiene que las primeras experiencias de los nuevos oficiales les abren los ojos: «Los mercados de droga al aire libre eran muy descarados —afirmó—.[24] Pasabas por un callejón y veías a cuarenta personas colgadas en el patio trasero de un edificio vacío, esperando a gente que "probara" la mercancía. Si te veían, se dispersaban. ¿En qué otro lugar ocurre eso? Era como pescar en un barril lleno de peces».

El departamento de policía ya iba por su segundo comisario, Kevin P. Clark, reclutado también en la ciudad de Nueva York. El alcalde O'Malley pregonaba que había alcanzado el tercer mayor descenso de la delincuencia en todo el país, pero había dudas sobre si se estaban falseando las estadísticas, y la ciudad apenas había notado cambios en las cifras de homicidios. El comisario Clark prometió llevar el tráfico de drogas de las calles al interior de los inmuebles. El primer puntal de su plan consistía en entrenar a más inspectores de paisano para comprar droga, con el fin de que pudieran testificar ante un tribunal acerca de la compra directa de las drogas, en lugar de limitarse a describir una supuesta transacción. El segundo puntal consistía en hostigar de manera implacable a los presuntos traficantes de drogas, a través de denuncias por infracciones menores como el merodeo. Una noche, junto a un informante, Clark instó a un grupo de agentes de paisano a que multaran a varios jóvenes que estaban recostados contra la pared de un edificio abandonado. El comisario supuso que los hombres eran traficantes de drogas. Los oficiales se resistieron y adujeron que no podían multarlos porque no habían dado el aviso previo y reglamentario. «¡Que les pongan la multa!», gritó Clark.[25]

No se trataba simplemente de ir tras las drogas porque sí, dijeron los policías. El hecho era que las drogas sustentaban gran parte de la continua violencia callejera. En otoño de

2002, la ciudad había quedado aturdida por un ataque perpetrado mediante el incendio de una casa que acabó con una familia de siete miembros al completo: Carnell, de cuarenta y tres años; Angela Dawson, de treinta y seis, y cinco de sus hijos. Un vecino de veintiún años, enfadado porque Angela Dawson había llamado a la policía para denunciar que había tráfico de drogas en el bloque, había tirado abajo la puerta principal de la casa de Dawson y rociado el primer piso con gasolina. Hubo un único funeral para los cinco niños y Angela, con seis ataúdes, cada uno coronado por flores y una fotografía del difunto. Carnell falleció una semana después. «Creéis que habéis sobornado a la mitad de los nuestros y que la otra mitad tiene miedo, pero sois tan estúpidos como crueles», manifestó O'Malley durante el servicio funerario, en referencia a los traficantes. «Mientras Baltimore recuerde a los Dawson, nunca nos rendiremos a vuestro odio. [...] La lucha no ha terminado. El amor y la justicia tendrán la última palabra».

Los tumultos en Baltimore empeoraron.

En diciembre de 2003, poco después de que Jenkins se incorporara al cuerpo de policía, Norris, el predecesor del comisario Clark, fue acusado en una investigación federal de gastar en exceso dinero de manera extraoficial. Se declaró culpable y fue condenado a seis meses de prisión. Luego, un año más tarde, el propio Clark fue destituido por O'Malley, y su oficina fue registrada por miembros del equipo SWAT tras una disputa sobre una investigación por violencia doméstica.

Por aquel entonces, en 2005, comenzó a circular por las calles un DVD clandestino titulado *Silencio, putos soplones*, donde se tachaba a las personas que hablaban con la policía de «ratas» y «cabronazos». Contaba con un cameo de la estrella de la NBA y nativo de Baltimore, Carmelo Anthony, al fondo de una escena, por lo que se generó un gran interés por la cinta. El mensaje de los creadores del vídeo recalcaba que era preciso seguir un código de honor entre ladrones, del que se enorgullecían, y que consistía en que los detenidos cumplían su condena en lugar de llevarse a otros por delante. Las autoridades se inquietaron por las consecuencias del vídeo a medida que el título se escribía en camisetas y miles de copias pirata circulaban incluso fuera de Baltimore.[26]

En una escena del vídeo, un hombre se quejaba de que los traficantes que trabajaban en una esquina concreta del oeste de Baltimore no acababan detenidos porque tenían a dos policías sobornados.

«Se dice que trabajan para King y Murray —sostuvo el hombre—. Aquí nadie va *pa'* la cárcel».

William King y Antonio Murray eran socios que trabajaban en la unidad de vivienda pública del departamento. Los traficantes de drogas los temían por su disposición para saltarse las normas. Uno de sus objetivos era un joven de diecisiete años a quien proporcionaban drogas con la condición de que se repartiera los beneficios resultantes con ellos. Después de un tiempo, le dijeron al chico que tendría que ayudar a acabar con otros traficantes o se enfrentaría a las consecuencias. Presionado, el joven decidió romper el acuerdo y acudió al FBI. En una operación encubierta, los agentes colocaron una bolsa de *crack* falso en un callejón del barrio de Baltimore Oeste de Harlem Park, y observaron cómo los agentes la recogían.

En el juicio, King declaró que después de haber recibido formación de los agentes de policía de Nueva York cambió la forma en que presentaba las pruebas.[27] Dentro del departamento, se permitía tácitamente soltar a los detenidos para que informasen, o incluso proporcionarles drogas y dinero para mantenerlos en el negocio y que proporcionasen información.

«A veces los entregan [las drogas y el dinero incautados] —explicó King—. Y a veces no».

Afirmó que estas prácticas estaban muy extendidas en Baltimore y entre los agentes, que, presionados por sus jefes, las empleaban para obtener resultados. Los fiscales federales que llevaban el caso y los agentes de policía que testificaron insistieron en que tales técnicas no estaban permitidas.

King y Murray fueron condenados por un jurado federal por casi tres docenas de cargos, incluidos extorsión, conspiración de drogas y violación de la ley por posesión de armas. La sentencia de King, que seguía las directrices de las condenas federales, fue de trescientos quince años y un mes entre rejas. Murray recibió una sentencia de ciento treinta y nueve años.

Sin embargo, los funcionarios municipales consideraron el caso una aberración y continuaron desestimando las denuncias por conducta indebida dentro del cuerpo.[28] La agresiva táctica policial se tradujo en más arrestos. En 2005, resultó en más de cien mil detenciones en una ciudad de unos seiscientos treinta mil habitantes. Los fiscales se negaban a procesar uno de cada tres casos en el momento de la detención. Un hombre declaró ese año a *The Baltimore Sun* que la policía lo había detenido cinco veces en un periodo de tres meses, en un radio de dos manzanas a la redonda de su casa.[29] Dijo que estaba sacando la basura cuando la policía lo detuvo durante una redada de estupefacientes; otra detención fue por «merodear» delante de su casa. «¿Cómo es posible que te detengan delante de [tu] casa por merodear?», preguntó.

Los responsables municipales rechazaron las críticas. «Permítanme que sea claro —dijo O'Malley, que fue reelegido en 2003 con el ochenta y siete por ciento de los votos, a los residentes de un bullicioso foro comunitario en enero de 2006—. Ni ahora ni nunca fomentamos las detenciones sin razones. Ni lo hemos hecho, ni lo haremos nunca, y tampoco hacemos la vista gorda ante el abuso de poder fuera de los límites de la Constitución». Pero antiguos agentes recuerdan una política policial agresiva en la que el único objetivo era recoger estadísticas positivas. El exagente Eric Kowalczyk recordó haber asistido a reuniones de brigadas en varios distritos durante los primeros años en que ejerció como policía, donde los comandantes daban instrucciones del tipo: «Encerrad a cualquier tío con polla», «sin perdón, todo el mundo al calabozo» o «despejad esas esquinas.[30] No importa cómo, pero hacedlo».

«El mensaje desde los altos mandos estaba claro. Había que hacer lo que fuera necesario para detener la oleada de violencia. Lo que fuera necesario, y punto», escribió Kowalczyk en su libro de 2019, *The Politics of Crisis*. Un oficial con dominio de la ley podía justificar cualquier tipo de detención. Otra amarga verdad, según confesó, era que arrestar a todo el mundo podía dar resultados eficientes, al menos, en lo que respectaba a los beneficios a corto plazo que buscaba el departamento. «Las cifras de violencia bajan, el número de homicidios desciende. Reproduzca este lema en todo un departamento y entenderá fácilmente cómo en un año realizamos más de cien mil detenciones».

Solo en 2005, Jenkins figuraba en los registros judiciales como responsable personal de más de cuatrocientas detenciones, a veces hasta de una media docena en un solo día.

Un sábado por la noche, a principios de octubre de 2005, Tim O'Connor estaba viendo un partido de fútbol americano con un amigo mientras tomaba algo en el *pub* Brewer's Hill, en el sureste de Baltimore.[31] Al cabo de un buen rato, el camarero pidió a O'Connor que se marchara porque había bebido demasiado. Afuera, en la calle, sus amigos trataron de convencerle para que saliera, lo que causó un pequeño barullo. Un grupo de policías que se encontraban en una tienda de comestibles al otro lado de la calle, entre ellos, Jenkins, se dirigieron al lugar por si tenían que intervenir. El supervisor de Jenkins, el sargento Michael Fries, conocía a O'Connor de una liga de fútbol en la que ambos jugaban. Sin ningún motivo aparente —aparte de estar borracho—, O'Connor le gritó:

—Que te jodan, Mike Fries. No vales una mierda.

A O'Connor le tiraron al suelo desde atrás. Un oficial trató de inmovilizarlo con una porra sobre el pecho. Jenkins saltó sobre él y le dio un puñetazo en el rostro. «Fue como recibir un martillazo en la cara —declaró más tarde O'Connor, mientras se golpeaba la palma de la mano con el puño tres veces—. No pude protegerme. —La sangre le corría por la cara, y prosiguió—: Nunca había sentido tanto dolor». Sufrió una factura orbital y tuvieron que operarlo. Cursó una baja larga a causa de la lesión.

Su amigo llamó a una ambulancia y lo llevaron al hospital, donde su esposa se puso en contacto con la policía para informar de lo que había sucedido. Jenkins y Fries no habían emitido ningún informe, ni tampoco habían pedido asistencia médica. Cuando un teniente del distrito sureste se presentó para preparar el informe, le preguntó a O'Connor qué había sucedido. «Mikey Fries y el Departamento de Policía de la ciudad de Baltimore me han hecho esto», le contó O'Connor.

En 2006, O'Connor demandó a Jenkins y Fries por daños y perjuicios. Cuando el caso fue a juicio dos años después, los agentes declararon que no tenían ni idea de cómo se había herido O'Connor; estaban de espaldas y creían que alguna otra persona había debido golpearle. Y no habían pedido ayuda, alegaron, porque los amigos de O'Connor les habían rogado que se fueran, que se lo querían llevar a casa.

Jenkins parecía atento pero nervioso mientras permanecía sentado a la mesa de la defensa durante todo el proceso. Llevaba una camisa de vestir ligeramente grande y corbata. Bromeó con el jurado diciendo que solo se ponía así de elegante para juicios y funerales. En el estrado de los testigos, sin embargo, cambió totalmente. Seguro de sí mismo e indignado, contestó a las preguntas del abogado de O'Connor, Domenic Iamele, que acusó a Jenkins de ser un «testigo profesional», con experiencia en manipular jurados. Iamele dijo que había notado que Jenkins intentaba ganarse a un miembro del jurado en particular, a una mujer. Jenkins se volvió, sonrió a la jurado y arrancó risas del resto cuando levantó las manos con una pose inocente como diciendo: «¿Quién, yo?».

«Habéis intentado pillarme todo el día, y no vais a poder, porque estoy diciendo la verdad —declaró ante Iamele—. No me habéis pillado en nada».

A pesar de su actuación, el jurado falló a favor de O'Connor y le concedió una indemnización de setenta y cinco mil dólares, a cargo de los contribuyentes. Pero no se añadió al expediente de Jenkins, y este no sufrió consecuencias por sus actos.

Unos meses después del incidente de O'Connor, en enero de 2006, Jenkins y Fries patrullaban McElderry Park, un pequeño barrio a pocas manzanas del hospital Johns Hopkins.

Se cruzaron con una pareja de hombres, los hermanos Charles y Robert Lee, que estaban sentados en la entrada de la casa de su abuela y bebiendo cerveza. La policía no había recibido ninguna queja, pero los agentes les pidieron que se metieran en casa. Cuando Jenkins y Fries volvieron por esa calle más tarde, los hombres seguían allí. Los policías consideraron que habían desafiado su autoridad. Charles Lee hizo ademán de entrar en la casa, pero Jenkins cargó tras él y tiró de él para arrastrarlo hacia fuera. Cayeron rodando por los escalones de la entrada y sobre la acera. El hermano de Lee, que trataba de mantenerse a un lado y observaba la refriega, también fue derribado.

«Todo esto ocurrió sin ningún motivo», recordó más tarde Charles Lee.[32] Los dos policías «se acercaron porque no tenían otra cosa que hacer».

Un transeúnte, George Sneed, se detuvo a observar el altercado. De repente, otro agente, Robert Cirello, que había llegado al lugar, corrió hacia él. Sneed salió corriendo. Cirello le alcanzó, le golpeó contra el suelo y le rompió la mandíbula.

Sneed presentó una demanda. En el juicio, cuatro años después del incidente, los agentes adujeron que Sneed había estado arrojándoles botellas y gritándoles insultos desde el otro lado de la calle mientras intentaban controlar una situación muy tensa. «Vi al acusado Sneed lanzar una botella —sostuvo Jenkins en una deposición—, [luego] otra botella, que arrojó directa hacia nosotros. Directa. Es decir, que venía con fuerza. Volaba hacia nosotros. En ese momento, se detuvo una patrulla, los agentes salieron del coche y les indiqué que íbamos a arrestarlo».

«Gritaba que os jodan, os voy a matar a todos, maderos, que os jodan, pedazo de cabrones», añadió Fries.

Sin embargo, el abogado de Sneed había obtenido un vídeo de una cámara de seguridad de la esquina de la calle, y no mostraba nada de eso. Sneed se había acercado al incidente, se mostraba en calma, con los brazos a los lados y mirando lo que sucedía, hasta que Cirello cargó contra él.

«A la luz de estas pruebas, que demuestran claramente que el testimonio de los agentes es falso —escribió el abogado de

Sneed, Michael Pulver, en una comunicación judicial—, el juez de los hechos podrá determinar fácilmente que los agentes se inventaron esta historia para ocultar el hecho de que agredieron al señor Sneed a propósito, además de detenerlo en base a falsedades para encarcelarlo».

Aunque el jurado falló en contra de Cirello —puesto que había sido él quien agredió a Sneed—, Jenkins fue absuelto. Lo habían pillado en una mentira por segunda vez. Una vez más, su expediente permaneció impoluto.

El abogado de Sneed, Pulver, era un antiguo fiscal del condado de Baltimore. Había llevado el caso del asesinato séxtuple que tuvo lugar en el bloque de Jenkins en los años ochenta. Dijo que su confianza en la policía era inherente, pero lo que vio en las imágenes de la cámara de vigilancia de la agresión a Sneed no le gustó un pelo.

«Tratan a estas personas como animales —manifestó Pulver—.[33] Y solo por beber cerveza en las escaleras de su casa. Se encuentran con la casa de este señor e inician una persecución… ¿por una lata de cerveza? Aquellos agentes estaban entrenados en la creencia de que no existe una infracción menor; toda infracción debe señalarse y la ley debe cumplirse. "Somos la ley", y en su cabeza, están patrullando en Afganistán».

Cirello, que ha abandonado el cuerpo de policía desde esos días, admite ahora que la agresión a Sneed fue injustificada.[34] Los agentes que se encontraban en el lugar «me ordenaron que lo violentara. Así que lo hice», confesó Cirello.

Cuando a Fries lo ascendieron a la División de Crimen Organizado de élite del departamento, alrededor del año 2007, evaluó a sus agentes y decidió que solo Jenkins se merecía el ascenso.[35] Los demás «no valían nada» y «no cumplían los requisitos que se necesitaban» para la unidad, declaró. Jenkins, por otro lado, era «el mejor oficial que tenía bajo mi mando».

La vida privada de Jenkins también avanzaba en buena dirección. A finales de 2005, Kristy y él, que habían vivido juntos y se habían casado el diciembre anterior, compraron una pequeña casa de dos pisos por doscientos ochenta y nueve mil dólares.[36] No estaba lejos de la casa de los padres de Jenkins, en un vecindario residencial cerca del río Gunpowder y de un parque público; era un buen lugar para criar a su familia mientras él marchaba a la ciudad cada día para enfrentarse al crimen.

Capítulo 3

Malos con pistolas

Un cambio en la estrategia policial en 2007 dio lugar a la creación de una nueva unidad: el Grupo Especial de Rastreo de Armas.

El aumento de las detenciones estaba desgastando la ya de por sí deteriorada —desde hacía un tiempo— relación entre la policía y la comunidad, sin lograr el impacto en las cifras de asesinatos que las autoridades habían previsto. El objetivo de Martin O'Malley de reducir el número anual de homicidios a ciento setenta y cinco ni siquiera se aproximaba, y cuando se trasladó a la mansión del gobernador en Annapolis, la violencia armada estaba alcanzando niveles nunca vistos desde la década de los noventa, y la ciudad iba camino de volver a superar los trescientos homicidios de nuevo. El periódico *Sun* publicaba un recuento diario de homicidios en un recuadro de la portada. La alcaldesa en funciones, Sheila Dixon, despidió al comisario de policía y lo sustituyó por Frederick H. Bealefeld III, un veterano de las unidades de narcóticos y homicidios de Baltimore.

Bealefeld llevaba meses dirigiendo el departamento, y Dixon dijo estar impresionada por sus duros interrogatorios a los mandos policiales durante las reuniones de inteligencia. «Transformaremos esta ciudad en una ciudad segura —declaró Bealefeld en una rueda de prensa—. Los ciudadanos tienen grandes esperanzas puestas en los líderes del departamento de policía, y así debe ser. No me lo tomo a la ligera. Los ciudadanos exigen acción, y el alcalde espera resultados»; afirmó que quería ver a los agentes «enfrentándose a los pandilleros, y no sentados en los coches patrulla».

Bealefeld deseaba que el departamento se centrase más en las armas y en quienes las llevaban. «Durante demasiado tiempo —dijo—, la policía ha perseguido las drogas, pero eso es una ruleta rusa». Sí, las drogas están intrínsecamente unidas a la violencia, pero los jueces, superados por casos de este tipo, se dedican a descuidarlos porque no saben distinguir los casos importantes. Por eso, Bealefeld quería que sus oficiales realizaran menos detenciones y que, por el contrario, persiguieran a las personas adecuadas. Alejó al departamento de las políticas de tolerancia cero de sus predecesores, y las detenciones comenzaron a disminuir de forma significativa. Con el tiempo, el departamento llegó a un acuerdo en una demanda interpuesta por la Unión Estadounidense por las Libertades Civiles y la Asociación Nacional para el Progreso de la Gente de Color sobre la política de tolerancia cero, en la que la ciudad denunció formalmente esta estrategia.[1]

En lugar de seguir con la antigua estrategia, la policía afirmó que iba a centrarse en los «delincuentes violentos reincidentes» señalados por múltiples delitos graves. Bealefeld insistió en que la policía ya no perseguía a todo el mundo en Baltimore, sino únicamente a los «tipos malos con pistolas» que portaban armas de fuego de manera ilegal. Precisamente eran estos los que tenían más probabilidades de disparar a alguien, y de ser disparados.

Con el fin de demostrar que no solo estaba interesado en luchar contra la delincuencia, sino también en mejorar la calidad del departamento de policía, Bealefeld dio un gran impulso a la formación de la policía. La piedra angular de dicha iniciativa fue un programa de formación denominado Diamond Standard, destinado en parte a inculcar a los agentes que la ayuda y el respeto a las personas a las que servían era una parte fundamental de la labor policial. Los agentes acudían juntos a esta formación, tal y como si se tratase de un turno, apartados de la calle durante un mes.

En la calle, sin embargo, el departamento proseguía con agresividad su campaña contra los «malos con pistolas». El encargado de las operaciones cotidianas era un nativo del oeste de Baltimore llamado Anthony Barksdale, que se metió a policía para limpiar el barrio de su abuelo. Se convirtió en un discípulo de los líderes policiales importados de Nueva York que predicaban la filosofía del CompStat, el cual proponía colocar «policías en puntos calientes» —lugares donde se sabía que se producían delitos de forma recurrente—, y garantizar la responsabilidad por los resultados. Barksdale creía que era fundamental una actuación policial estricta y que, con una supervisión rigurosa mediante el propio programa CompStat de la ciudad, el departamento también podría vigilar su propia actividad.[2] Al mismo tiempo, Asuntos Internos estaba apartado de sus funciones, y, si no se podía abrir expedientes a los agentes contra los que existían quejas, el departamento de operaciones iba a seguir sacándolos a la calle. «Los policías que trabajan con más dureza van a recibir quejas. Siempre va a haber alguien que diga que le hiciste tal o cual cosa: es parte del trabajo. Los que no tienen miedo acumularán quejas. Tienes que averiguar si son buenos o malos polis —recordó Barksdale años más tarde—. No basta con haber oído cosas: hay que presentar un caso real». «Había mucha presión —política, social e interna— para que se hiciera algo en relación a la tasa de asesinatos. Esa cifra abarcaba toda la atención en aquellos años, y el resto de cosas se nos escapó en consecuencia», añadió John Skinner, que llegó a comandante en 2001 y se jubiló como subcomisario en 2014.[3]

La institución destinó a casi trescientos de aquellos que consideraba sus mejores inspectores a una nueva unidad de paisano denominada División de Impacto de Delitos Violentos. A ojos de la dirección, estos eran sus mejores agentes: el diez por ciento por encima del resto, que trabajaba duro y obtenía resultados. El departamento, con la colaboración de algunos académicos, analizó los patrones históricos de delincuencia y determinó las zonas de la ciudad que, año tras año, presentaban los mayores índices de violencia armada. En lugar de marchar de un lado para otro a medida que la delincuencia se recrudecía en las distintas zonas, se ordenó a la policía que permaneciera en ellas y tomara medidas drásticas.

Los tiroteos y asesinatos comenzaron a disminuir de inmediato. No solo no se alcanzó la marca aparentemente inevitable de los trescientos homicidios en 2007, sino que, en los tres años siguientes, el número de personas asesinadas caería por debajo de doscientas por primera vez desde principios de la década de los ochenta. Las principales ciudades del país llevaban años registrando estos descensos, pero Baltimore había sido una excepción. De forma inesperada, parecía posible que la ciudad de Baltimore fuera más segura, aunque los factores sociológicos subyacentes, los verdaderos indicadores del progreso, no siguieran el mismo ritmo. Baltimore no había creado miles de puestos de trabajo ni había logrado avances significativos en la lucha contra la adicción. ¿Había sido la reducción de la delincuencia solo un espejismo, o había encontrado el departamento una mejor manera de formar a policías que pudieran frenar la violencia frente a los problemas profundamente arraigados de la ciudad?

Mientras varias categorías de delitos disminuían, aparecía una tendencia preocupante: los tiroteos de la policía se dispararon, de quince en 2006 a treinta y tres en 2007. Esta suponía una cifra más elevada que aquella de los departamentos de Filadelfia y Washington, y solo un número menos que en Los Ángeles, una ciudad de casi cuatro millones de habitantes. Y aunque todos los tiroteos se investigaron para determinar si se trataba de un uso de la fuerza justificado legalmente, no se examinó si los agentes habían cumplido las normas del departamento ni si habían seguido la formación que podría haber evitado desde un principio que se produjera el tiroteo. A menudo se enviaba a los oficiales de vuelta al trabajo después de un tiroteo. «No quiero dos mil novecientos espantapájaros vestidos de policía —declaró Bealefeld después del tiroteo de un agente—.[4] Quiero a gente que salga a hacer su trabajo».

La fiscal jefe de la ciudad en aquel momento, Patricia C. Jessamy, tenía sus reticencias acerca de la capacidad global del departamento para vigilar a los suyos, de modo que creó una lista de uso interno para «no convocar» a policías que su despacho consideraba problemáticos en términos de integridad policial pero que, no obstante, seguían en sus puestos. Su despacho se negó a llamarlos como testigos, lo que, en la práctica, obligó al departamento de policía a dejarlos de lado. De este modo, la policía podría seguir permitiendo que los agentes señalados patrullaran por las calles, pero sus casos se presentarían de inmediato. Los mandos policiales y el sindicato estaban que echaban humo.

Aunque ahora existen listas similares en otras ciudades, Jessamy podría haber sido la pionera en elaborarlas.[5] La policía «se mantuvo años sin tribunales de asuntos internos y se negó a tomarse en serio ninguna denuncia por conducta indebida —recordó años más tarde Jessamy, que tuvo el cargo de fiscal jefe desde 1995 hasta 2010—. Era la única carta que podía jugar... Propuse mi propia solución a un problema muy grave en relación a la credibilidad de los agentes».

El departamento dio prioridad a la cuestión de las armas a través de una serie de iniciativas, tales como las reuniones «GunStat», en las que los agentes revisaban los casos de incautación de armas y debatían la creación de un registro de delincuentes con armas, que obligaría a las personas condenadas por delitos de tenencia de armas a registrar su domicilio en la ciudad, y, además, se las sometiese a controles para garantizar la ejecución de las normativas y a restricciones sobre la tenencia de armas.

Otro programa emblemático fue la creación en 2007 de una unidad denominada Grupo Especial de Rastreo de Armas.[6] Uno de sus miembros fundadores fue el inspector Ryan Guinn.[7] Por aquel entonces, Guinn investigaba tiroteos, robos y otros delitos graves en el distrito sur de la ciudad, donde había iniciado su carrera como agente de estupefacientes y creado una sólida red de informantes. Guinn disfrutaba del ritmo de trabajo de un inspector del distrito y de la libertad para montar de forma más metódica los casos. Un día, su sargento lo llamó aparte en el aparcamiento de la comisaría y le dijo que el comisario Bealefeld tenía un nuevo encargo para ellos.

«Va a ser el niño bonito del alcalde: un nuevo grupo de trabajo que cuenta con nosotros y [con agentes de] las jurisdicciones vecinas», le informó el sargento.

«No pedirán que hagamos arrestos callejeros y mierdas de esas, ¿verdad?», le preguntó Guinn.

«No, nada de arrestos callejeros», respondió el sargento. «Son órdenes de arriba».

Poco después, Guinn se encontraba en el despacho de Bealefeld junto a otros agentes que habían sido seleccionados para formar parte de esta brigada. Bealefeld insistió en que el trabajo debía ser meticuloso y consciente, y los condujo a un despacho de la sexta planta donde encontraron a un grupo de policías estatales preparado para empezar a trabajar con ellos. La policía del estado de Maryland había enviado también a algunos de sus mejores efectivos para participar en el Grupo Especial de Rastreo de Armas, entre ellos, un policía que había trabajado en la protección privada del gobernador y otro agente que había obtenido reconocimiento por su valentía después de resultar herido en acto de servicio. La Policía del Condado de Baltimore y el Departamento de Alcohol, Tabaco y Armas de Fuego también aportaron agentes.

La misión del grupo de trabajo consistía en rastrear las armas hasta los distribuidores y compradores encubiertos.[8] En lugar de limitarse únicamente a hacer la ronda por los barrios y retirar un arma de la circulación por cada ronda, la misión era confiscar grupos de armas tras rastrearlos hasta encontrar a los individuos que las ponían en la calle. El trabajo iba a llevarlos por todo el estado, ya fuera realizando redadas en la Costa Este o en una casa de empeños en el límite de las afueras de la ciudad en Glen Burnie.

«Éramos como una unidad grande —recuerda Guinn—, e íbamos a todas partes».

En el primer año completo en el que operaron, el grupo de trabajo obtuvo grandes resultados mediante menos investigaciones, pero más concienzudas, y llegaron a incautar de este modo doscientas sesenta y ocho armas en solo cuarenta y una detenciones.[9] Después de detener a un traficante de armas que había realizado una venta ilegal en una feria de armas, las armas incautadas se dispusieron para su observación en la mesa de una conferencia de prensa que contaba con la presencia de alcaldes de toda la región del Atlántico Medio, entre ellos, el alcalde de Nueva York, Michael Bloomberg.[10]

Jenkins había prosperado en el ambiente agresivo de las unidades de agentes de paisano. Había trabajado con regularidad junto a otros inspectores que pasaron a formar parte de grupos de trabajo federales, la cima a alcanzar para los agentes de paisano. Cuando en un juicio le preguntaron en el estrado sobre el tipo de formación que había seguido, Jenkins respondió que había aprendido ejerciendo el oficio y examinando las acciones de otros agentes a los que consideraba «leyendas» del departamento, como Mike Fries y Keith Gladstone: «Acumulan más incautaciones de narcóticos en sus carreras que cualquier oficial —explicó—.[11] Están adquiriendo prestigio de forma continuada. Y cuando digo prestigio, me refiero a que han conseguido incautaciones a gran escala de marihuana, incautaciones a gran escala de cocaína e incautaciones de cientos de gramos de heroína». Jenkins afirmó que ahora era responsabilidad suya continuar con el legado: «Constantemente, de forma regular, consigo las mayores incautaciones de nuestra unidad. Con regularidad». A principios de 2009, Jenkins y otro inspector, que más tarde pasó a trabajar con la Administración para el Control de Drogas, encontraron cuarenta y un kilos de cocaína por valor de tres millones de dólares en la parte trasera de un camión de plataforma. «Una incautación de cuarenta y un kilos es algo extraordinario», declaró el comisario Bealefeld en una rueda de prensa mientras posaba junto a los paquetes alineados sobre una mesa.[12] Se consideró la mayor incautación de cocaína realizada sin el apoyo de los federales en la historia de la ciudad, y le valió a Jenkins una Estrella de Bronce. Suponía su segunda condecoración en un periodo de dos años.

Un oficial recordaba haber esperado una larga cola para presentar pruebas en la comisaría de policía y haber visto a Jenkins dando zancadas de arriba abajo «como si fuera King Kong» por la sala, mientras reprendía a los demás agentes por no conseguir suficientes armas.[13]

«Yo he incautado dos pistolas —cacareó Jenkins, de acuerdo a este oficial—. Y puedo conseguir más si quiero. ¿Qué coño estáis haciendo? No estáis haciendo una puta mierda».

El oficial recordó que Jenkins le produjo un temor reverencial cuando lo observó desde la distancia, y comparó la sensación con aquella que tuvo al ver a Mark McGwire y Sammy Sosa el año en que competían por el récord de *home runs* en una sola temporada: «¿Cómo se hace? ¿Por qué no puedo ser como él?».

Otro agente lo recordaba así: «Ese tipo era como el mesías de la incautación de drogas. Se oían historias. La gente decía: "Tío, he visto a Wayne detener a un yonqui, poner contra la pared al tipo que le vendía, poner contra la pared al que le conseguía los paquetes, [hasta llegar a la persona que estaba traficando], sin tonterías".[14] Todo esto en el transcurso de un día. Madre mía, tío, menuda puta locura». El mismo agente describió una interacción personal que mantuvo con Jenkins en la que este hizo gala de su destreza: «Estábamos conduciendo bastante rápido, y habíamos salido del aparcamiento del distrito literalmente solo dos minutos antes. De repente, frenó en seco y dijo: "¿Has visto eso? Ese tío tenía un montón de dinero en efectivo". Lo hizo muy rápido: puso la marcha atrás en el coche... Yo estaba flipando. "¿¡Cómo coño!? ¿¡Cómo coño has visto eso!?"».

Otros, sin embargo, se mostraban escépticos: «No parecía posible que pudiera hacer todo eso al ritmo en que lo hacía y, además, siguiendo las reglas —afirmó un agente—.[15] Yo intentaba mantenerme alejado de él si podía, y siempre que no me afectara, lo dejaba estar».

El chico que tartamudeaba y al que llamaban «Rudy» en el equipo de fútbol del instituto había dejado de ser un pobre desvalido. Jenkins practicaba artes marciales mixtas en su tiempo libre. Se había ganado el apodo de «Gorila plateado» y alcanzó un resultado de 7-0 en la competición *amateur*.[16] Ganó el título de lucha cuerpo a cuerpo en el torneo «Batalla de Baltimore» en 2009, y tardó treinta y ocho segundos en noquear a su oponente en un combate en jaula en otro evento llamado «Club de Lucha de Bárbaros».

«¡Reviéntalo bien, Wayne!», gritaba un hombre del público en un vídeo del combate colgado en YouTube, mientras Jenkins, con la cabeza completamente rapada, aporreaba a su oponente con puñetazos y patadas. Cuando Jenkins fue declarado vencedor, un joven familiar entró en el cuadrilátero con una bandera estadounidense a modo de capa.

«He visto que estabas por aquí saltando y gritando a pleno pulmón. ¿Qué te parece la victoria de este hombre?», le preguntó el locutor del *ring* al chico.

«¡Es increíble!», dijo el chico antes de que Jenkins lo levantara en el aire e hiciera un movimiento de boxeo con los puños.

Un abogado estaba decidido a frenar a Jenkins. Richard C.B. Woods se había encargado de dos casos en los que los clientes negaban rotundamente la versión presentada por Jenkins y sus compañeros de paisano. Uno de ellos era un caso penal llevado en un tribunal federal; el otro, un caso civil en la ciudad. El primero en salir adelante fue el caso penal.

Una tarde de llovizna de febrero de 2008, Rodney Baylor salió al porche de la casa de una mujer en el noreste de Baltimore.[17] Eran alrededor de las dos de la tarde de un viernes, y buscaba un trabajo adicional, aparte del que ya tenía como cortador de césped para la Administración de Autopistas del Estado. Baylor estaba informando a la mujer del presupuesto para su césped cuando oyó el chirrido de unos neumáticos y el choque posterior. Se giró y vio a unos hombres armados que saltaban de un Nissan azul que acababa de chocar contra un todoterreno Acura en el momento en que este último entraba en una plaza de aparcamiento. Uno de los hombres comenzó a golpear la ventanilla del copiloto del todoterreno con su pistola hasta que la hizo añicos, y sacaron al conductor del coche por la ventanilla.

«Me tiré al suelo cuando vi todo aquello —comentó Baylor—. Pensé que iban a apuñalar al tipo o a dispararle. No vi placas de policía ni nada».

Los hombres armados eran Jenkins y un grupo de agentes, entre los que se encontraba Daniel Hersl. Perseguían a Mickey Oakley, un hombre de cuarenta y dos años que, según les habían dicho, almacenaba y vendía drogas. Ese día atraparon a Oakley con cuatrocientos botes pequeños de heroína dentro de una bolsa de papel. Los agentes le quitaron las llaves y registraron su apartamento, donde encontraron armas, más droga y material de embalaje. Oakley sostuvo que habían entrado antes de obtener una orden judicial; oficialmente, Jenkins declaró que había entrado en el apartamento con una orden judicial a las 17:50, casi cuatro horas después de que los inspectores se abalanzaran sobre Oakley en la calle. Otros agentes mantuvieron más tarde que Jenkins se había limitado a probar las llaves de Oakley en la puerta para ver si funcionaban, y que no habían entrado.

Cuatro meses después, Oakley fue acusado de delitos federales de drogas. A pesar de que no negaba que tuviera drogas en el momento de la detención, quería pelear el caso. Afirmaba que los agentes habían mentido en la versión de los hechos sobre las pruebas que los habían conducido hasta él y el modo en que se había desarrollado la detención: Jenkins había escrito en una declaración jurada que, de acuerdo con el soplo que le había dado un informante, Oakley llevaba una bolsa de papel marrón, la cual, según el agente, contenía heroína. El acusado sí llevaba dicha bolsa, pero afirmó que la ocultaba bajo la sudadera y que era imposible que la hubiera visto. Resultaba casi inaudito que un sospechoso admitiera la posesión de drogas con la esperanza de ganar el caso, pero eso era exactamente lo que Oakley estaba haciendo: su propia culpabilidad, argumentaba, no daba derecho a la policía a saltarse las normas o inventarse cosas.

Woods intentaba minar la credibilidad de Jenkins. En otro caso que también implicaba al agente, los clientes afirmaron que este había omitido hechos clave sobre las circunstancias en las que se llevó a cabo un registro dentro de un bar del oeste de Baltimore. En este caso, además, disponían de pruebas de vídeo. Jenkins y su brigada habían detenido a todos aquellos que se encontraban dentro del bar. Aunque había redactado en el informe que uno de los hombres había entregado las llaves de su coche por propia voluntad, el vídeo mostraba cómo Jenkins lo registraba y le sacaba las llaves del bolsillo después de quitarle un teléfono de las manos. Es posible que se tratase de una mentira pequeña, pero se trataba de una mentira, al fin y al cabo.

«El sospechoso no entregó la llave de forma voluntaria. La policía se la sacó de los bolsillos a los pocos segundos de haber entrado al local. Entregué la cinta a las autoridades pertinentes porque quería que se dieran cuenta de que existía una base de buena fe para plantearse ciertas preguntas —declaró Woods al juez del caso de Oakley—. Creo que van al corazón mismo de la verdad de su declaración en la causa probable, y creo que, en ese caso concreto, fabricó información y la incluyó en una declaración jurada».

Cuando Jenkins subió al estrado, se encogió de hombros ante las preguntas sobre el caso del bar. Dijo que había sido un simple error, y que la policía y los fiscales lo habían absuelto de toda culpa en ese caso.

«Que usted sepa, ¿sabe si lo investigaron personalmente?», preguntó la fiscal federal a Jenkins.

«Sí, señora».

«¿Cuáles fueron los resultados de la investigación sobre su caso?».

«El caso de Asuntos Internos estaba abierto y cerrado», declaró Jenkins. El fiscal de la ciudad que supervisa las unidades de estupefacientes también lo había «exonerado de cualquier cuestión relacionada con la premeditación», añadió.

Woods siguió intentando interrogar a los agentes acerca de sus actos en el momento de detener a Oakley, con el propósito de que alguno cometiese un desliz. Los agentes se mantuvieron como un frente unido, y sostuvieron que no habían embestido el coche de Oakley, sino que este había dado marcha atrás hacia ellos antes de arrojar la bolsa de droga por la ventanilla del coche.

La jueza Catherine Blake mantuvo que las afirmaciones de Oakley y Baylor no «tenían ningún sentido» si se comparaban con la versión de los agentes.

«Parece que no solo el inspector Jenkins, sino casi todos los demás agentes… tendrían que haber dado testimonios inexactos para creer que el inspector Jenkins fabricó información para la declaración jurada», concluyó Blake.

Frustrado, Oakley se declaró culpable, pero se mantuvo firme en la sentencia.

«Quiero decir que tengo muchos remordimientos por los actos y faltas que he cometido a lo largo de mi vida —expresó Oakley—, y también me siento un poco dividido internamente, porque dije la verdad sobre el incidente que ocurrió, en cuanto a lo que habían hecho los agentes. Creo que, si se me considera responsable de mis actos, lo mismo debería ocurrir con los agentes por su mal comportamiento».

Woods aún tuvo otra oportunidad con Jenkins, cuando el caso del bar se presentó ante un jurado civil un año más tarde.[18] Dos meses antes, el objetivo de los agentes en la redada, Antonio Lee, había sido asesinado. Los otros clientes del bar seguían pidiendo justicia por el enfrentamiento injustificado. El abogado que representaba a Jenkins y a su unidad dijo a los miembros del jurado que aquellos agentes eran «lo mejor de lo mejor», y que «no habían abandonado ni abandonarían nunca la lucha contra las drogas».[19]

Woods impartió una réplica apasionada: afirmó que los agentes no tenían derecho a hacer lo que les viniera en gana en su afán por detener la delincuencia.[20] Se había pillado a los agentes en «mentiras, tras mentiras, tras mentiras —dijo—. Ustedes deciden si quieren que la élite de la élite policial tenga una mancha en el expediente por la privación de los derechos constitucionales. Ustedes, ciudadanos de Baltimore, no pueden permitirlo. ¡No! Estos derechos constitucionales por los que la gente ha muerto en guerras, sobre los que se fundó nuestra nación, estas libertades que tanto valoramos, no pueden ignorarse. No se puede presumir que, porque un hombre resida en un barrio empobrecido, rodeado de drogas y violencia, sea un criminal. No se puede. No se puede invadir su espacio personal, tocarlo y hurgar en sus bolsillos únicamente por una creencia razonable.

»Cuando se rompe la mandíbula de un hombre, el hueso se cura. Cuando se rompe el espíritu de un hombre, se le arrebata la fe en su propia libertad, su derecho inalienable a expresar su libertad constitucional. Si se enfrenta a registros corporales y a confiscaciones sin razón aparente, se acaba sintiendo impotente, humillado y aterrado de que cada agente de policía que vea pueda hacer con él lo que quiera».

El jurado examinó treinta y nueve cargos de la demanda y absolvió a los agentes de todos menos uno: agresión, contra Jenkins. Woods había pedido doscientos cincuenta mil dólares para cada uno de los cuatro demandantes.

En lugar de esa cantidad, el jurado les concedió un dólar.

Woods tomó su maletín, metió dentro el pliego con el veredicto, lo cerró y lo apartó empujándolo con los brazos. Juntó las manos y miró hacia el suelo. El jurado había determinado que el enfrentamiento en el bar solo había sido un daño colateral de la lucha contra las drogas.

«Ahora ya tienen vía libre para hacer lo que quieran», se lamentó uno de los demandantes tras el veredicto.[21]

Guinn ya estaba trabajando en el Grupo Especial de Rastreo de Armas del comisario cuando lo seleccionaron para otra iniciativa prioritaria: una brigada dedicada a los «delincuentes violentos reincidentes», encargada de preparar casos contra objetivos prioritarios. Jenkins también se encontraba entre los elegidos. Nunca habían trabajado juntos. Guinn dijo que Jenkins se negaba a seguir las normas y siempre andaba por su cuenta y saltando entre distintas misiones.[22]

«Me dijeron que no me caería bien Wayne, que era un arrogante y un bocazas —recuerda Guinn—. Odié a ese tío desde el principio».

También se unieron a la nueva brigada Sean Suiter y Keith Gladstone. Este último, observó Guinn, «era como el *sensei* de Wayne».

El accidente en el que Umar Burley se vio implicado ocurrió a las pocas semanas de que empezara su nueva misión, y Guinn recuerda que, después, Jenkins empezó a comportarse de forma paranoica: además de escuchar las llamadas de Burley desde la cárcel y decir que no quería testificar si el caso llegaba a juicio, también declaró que creía que había un coche aparcado frente a su casa que lo vigilaba. Guinn lo descartó como otro comportamiento producto de los nervios. Ninguno de los hombres al mando parecía dedicar demasiado tiempo a Burley, ya que la unidad especial seguía investigando casos. En agosto, la nueva alcaldesa, Stephanie Rawlings-Blake, celebró una rueda de prensa para destacar el trabajo de la brigada. Jenkins, Suiter y Gladstone acababan de llevar a cabo una redada en un lavadero de coches del noroeste de Baltimore, sobre la cual realizaron un informe en el que detallaban el proceso de incautación de casi un kilo de cocaína, seis armas, incluida una pistola de asalto, cuatro mil dólares en efectivo y una lancha motora de unos siete metros. En la rueda de prensa que ofreció la alcaldesa, las drogas y las armas se expusieron extendidas sobre una mesa para los medios de comunicación. «Estamos centrados en los delincuentes violentos —declaró la alcaldesa a los periodistas—. Estamos sacando las drogas de la calle».

Guinn había abandonado la brigada justo antes de aquella gran redada. Desde el principio le habían dicho que su misión allí sería breve, y regresó al Grupo Especial de Rastreo de

Armas. Pero no era el mismo Grupo Especial de Rastreo de Armas que había dejado. Había un nuevo comandante que instaba a realizar más redadas en la calle, en contra del objetivo marcado en aquel momento para la unidad de perseguir con criterio a los principales implicados en el tráfico de armas. La Policía Estatal de Maryland y la Policía del Condado, que no estaban interesadas en tener a sus agentes rondando por los barrios de la ciudad, habían retirado asimismo a sus agentes del Grupo Especial de Rastreo de Armas, reduciendo el número de agentes de catorce a solo cinco. La unidad, antaño de élite, había perdido todo su esplendor.

Un inspector que había trabajado con Jenkins durante ese periodo de tiempo mantuvo que, cuando este interrogaba a los sospechosos, indagaba de una forma peculiar sobre quién debería ser el próximo objetivo de la policía.[23] No les preguntaba directamente quién era su proveedor ni quiénes eran los peces gordos de la ciudad. Por el contrario, les plantaba la siguiente cuestión: «Si fueras a robarle a alguien, ¿a quién sería?». El oficial pensó que Jenkins solo intentaba hablar el lenguaje de la calle, pero en retrospectiva, la manera de formular la pregunta era muy reveladora.

Aparte de ser bastante impetuoso, Jenkins estaba obsesionado con especular acerca de si otros policías eran corruptos, e insistía —sin que le preguntasen— en que él no lo era.

Un incidente extraño en enero de 2011 planteó la posibilidad de que de verdad lo estuvieran vigilando.[24] A los agentes de paisano de la brigada se les solían asignar coches de alquiler de último modelo para que pasaran más desapercibidos en las calles. A Jenkins se le asignó un Dodge Avenger del 2010 como vehículo del departamento. Cinco semanas después, se averió de pronto en medio de la carretera, y Jenkins lo remolcó hasta un concesionario para que lo repararan.

Cuando llamó para averiguar por qué tardaban tanto en repararlo, le dijeron que había daños en el sistema eléctrico causados por un sistema de localización GPS que el mecánico había encontrado instalado debajo del coche. Según un informe interno redactado por uno de los supervisores de Jenkins en aquel momento, el dispositivo tenía el tamaño de un billetero y una antena que sobresalía. El mecánico le contó a Jenkins que se había instalado deprisa, y que el cableado había provocado fallos eléctricos y el mal funcionamiento del vehículo. Jenkins preguntó si podía tratarse de un dispositivo tipo LoJack, instalado por la propia empresa de alquiler de coches para rastrear sus vehículos en propiedad.

«Llevo media vida haciendo este trabajo y nunca había visto un aparato como este», dijo el mecánico, según el informe.

A la mañana siguiente, según contó el mecánico más tarde a los agentes, un hombre misterioso llegó al concesionario afirmando que venía de parte del «departamento de instalación», y que estaba allí para recuperar el dispositivo. El hombre se dirigió directamente al coche, se puso de rodillas y extrajo el dispositivo. «No facilitó su nombre, ni dijo para quién trabajaba, ni qué iba a hacer con los daños causados al vehículo—redactó entonces el supervisor de Jenkins en un informe interno—. Aparte de eso, el mecánico declaró que el hombre en cuestión parecía molesto porque se había descubierto el dispositivo. Cuando consiguió retirarlo, intentó ocultarlo en una caja y salió a toda prisa del concesionario. El mecánico declaró que todo resultaba muy extraño, puesto que el hombre volvió a subir a su furgoneta, en la que también había un letrero blanco que rezaba "K-9"».

Un agente amigo de Jenkins en aquella época dijo que a Jenkins le molestó el suceso, pero que nunca averiguó quién había instalado el dispositivo ni por qué. Existían motivos para que Jenkins sospechara que podría haber sido el FBI o Asuntos Internos. Esta sospecha habría amedrentado a la mayoría de los agentes, pero no a Jenkins.

Capítulo 4

Ojos y oídos

Los sargentos realizan la supervisión crucial en la estructura paramilitar del Departamento de Policía de Baltimore. Los sargentos son los jefes que observan e interactúan directamente con los agentes sobre el terreno, para después informar de sus observaciones a un teniente, que supervisa a su vez a varios sargentos y sus respectivas brigadas. Los tenientes informan a los capitanes, que supervisan a varios tenientes; los capitanes, a los mayores; los mayores, a los tenientes coroneles; los tenientes coroneles, a los coroneles; los coroneles, a los subcomisarios y los subcomisarios, al comisario. Y del mismo modo que un buen sargento garantiza que la información llega a los mandos superiores, también puede, por el contrario, ocultar los problemas y evitar que las quejas sigan el procedimiento debido.

Wayne Jenkins ascendió a sargento el 30 de noviembre de 2012.[1] Ahora pertenecía al estrato que constituían los ojos y los oídos de la división.

El Departamento de Policía de Baltimore tiene la costumbre de que los agentes de unidades especializadas a quienes han ascendido vuelvan a patrullar las calles y, por primera vez desde que entró al cuerpo una década antes, Jenkins se puso el uniforme y se subió a un coche patrulla. Esta vuelta momentánea tiene la finalidad de mantener a los supervisores conectados con el patrullaje, la columna vertebral del departamento, y expandir su experiencia vigilando nuevas zonas. Para los jóvenes oficiales del distrito Noreste, donde se destinó a Jenkins, suponía una oportunidad para trabajar con uno de los mejores policías del departamento.

James Kostoplis se había incorporado al Departamento de Policía de Baltimore a principios de ese año.[2] Natural del norte de Nueva Jersey, tenía veinte años, pero parecía aún más joven. Su padre y sus hermanos también eran policías, al igual que otros miembros de la familia que los precedieron. Puesto que cuando acabó el instituto era demasiado joven todavía para ingresar en un cuerpo de policía, trabajó en la seguridad privada de comercios, persiguiendo a ladrones. El primer destino que le asignaron a Kostoplis como oficial fue el turno de medianoche en el área más ajetreada y conflictiva del extenso y crónicamente falto de personal distrito Noreste: la parte más meridional, que abarcaba barrios como el «Four by Four», una diminuta zona de cuatro por cuatro manzanas, y la zona de Coldstream-Homestead-Montbello, denominada por sus siglas «el CHuM». No obstante, el turno de noche solía ser tranquilo, ya que los policías se dedicaban sobre todo a patrullar y responder a las llamadas de alarma de los edificios. Al cabo de unos meses, Kostoplis redactó su primera orden de detención por tenencia de armas. Redactar órdenes era una parte esencial de lo que se consideraba un trabajo policial más sofisticado. A él le gustaba.

Jenkins le enseñó el oficio: repasó con él las órdenes generales del departamento sobre registros e incautaciones, le mostró el modo de comprobar las bases de datos de la «coordinación de operaciones», para asegurarse de que nadie más estaba ya investigando al objetivo. Cuando terminaban el turno nocturno, solían desayunar con otros oficiales y continuaban hablando del trabajo.

«Era bastante cuadriculado —dijo Kostoplis de su sargento—. No había oído hablar de él hasta que lo conocí, pero una vez que lo hice, la gente decía de él: "Es bueno", y vaya si lo era. Tenía muy buen ojo para las actividades relacionadas con las drogas. No importaba dónde lo colocaran: sabía exactamente lo que estaba viendo cuando lo veía, y lo enunciaba de manera muy clara. Y creo que eso fue lo que lo hizo triunfar».

Mientras conducían por las calles, a Jenkins le encantaba poner la lista de reproducción de música rap de la vieja escuela de otro oficial. Kostoplis recuerda que cuando sonaba la canción «Mind Playing Tricks on Me», de los Geto Boys, Jenkins mandaba callar a todo el mundo y recitaba la letra, que hablaba de ser una persona bendecida con el éxito, pero paranoica (otro oficial que trabajó con Jenkins años más tarde también comentó que al agente le encantaba la música rap e «intentaba hacer batallas de gallos de estilo libre con otros agentes, e incluso con gente de la calle»).³

Kostoplis recordaba haber recorrido el sector con Jenkins una noche, en busca del vehículo del sospechoso de un tiroteo. Cuando lo vieron, el conductor se apeó y echó a correr. Jenkins fue en una dirección y Kostoplis en otra. El hombre, que llevaba una pistola grande —Kostoplis pensó que podría ser una Desert Eagle del .357—, se metió en un callejón y se deshizo del arma. Ya en el callejón, perseguido por Kostoplis, el hombre dejó de correr de repente y se giró. Solo estaban él y Kostoplis. El joven agente no estaba seguro de si el hombre estaba dispuesto a enfrentarse a él o si llevaba otra arma; el agente estaba nervioso y se preparaba para un posible enfrentamiento. De repente, Jenkins salió de la nada y agarró al hombre por detrás justo antes de arrestarlo. La certeza de confiar en tus compañeros y saber que te cubrirán las espaldas en situaciones de peligro es de las cuestiones más valoradas entre los agentes de la calle.

En otra ocasión, presenció de primera mano el momento en que Jenkins acudió a un aparatoso accidente en el que estaban implicados otros oficiales que se habían embarcado en una persecución a gran velocidad de un coche que huía y que colisionó con otro vehículo.⁴ Kostoplis recordó el intenso calor de las llamas, y el hecho de tener que impedir físicamente que Jenkins subiera al coche para intentar salvar a una mujer que se encontraba en su interior.

En situaciones donde el peligro era menos inminente, Kostoplis recordó que Jenkins tenía el «don de la palabra» con los traficantes a los que detenían.[5] Conocía bien las calles, y los traficantes lo reconocían y respetaban. El joven oficial deseaba llegar a ser así algún día.

«Fue genial poder ver todo eso cuando era solo un novato», declaró.

Kostoplis recuerda que Jenkins también le dio otros consejos.

«La primera vez que monté con él, me dijo: "Si vamos a trabajar juntos, que sepas que tengo dos reglas: no colocamos cosas a la gente y no aceptamos dinero"».

Perfecto, pensó Kostoplis.

Dos semanas después de su ascenso, Jenkins conducía de vuelta a casa por la carretera Interestatal 95 tras jugar al *blackjack* en el casino Delaware Park con Donald Carroll Stepp júnior, un viejo amigo de la familia.[6] Stepp conocía a la familia Jenkins desde hacía casi cuarenta años, y había conocido bien a Wayne por las partidas de *Texas Hold'em* que organizaba el hermano de Jenkins, a las que asistían también otros oficiales de policía. En el camino al casino, Jenkins había hablado de la gran habilidad que tenía para sacar drogas de la calle y de las grandes redadas que estaba llevando a cabo.

Mientras volvían a casa, Jenkins tenía una propuesta para Stepp.

Le preguntó si sabría cómo manejar el tema «si algo de las incautaciones le llegaba»; es decir, si Stepp podría vender las drogas que Jenkins recuperaba en sus turnos. Sacarían beneficios y se repartirían las ganancias. Stepp se mostró interesado.

«No me sentí incómodo con la situación porque, en mi opinión, todos los policías que había conocido, y fueron muchos con las partidas de cartas, eran los dueños de la ciudad —confesó Stepp más tarde—. Consideré los riesgos. Pensé que era una buena jugada».

Stepp había estado enredado en distintos problemas una y otra vez desde principios de la década de los ochenta. El excomisario de policía del condado de Baltimore, James Johnson, cuya carrera abarcó cuatro décadas enteras, sostenía que Stepp había sido un delincuente notorio incluso cuando era solo un niño.[7] Recordó haberlo detenido a los catorce años por entrar a robar en un supermercado en el Día de Acción de Gracias. Johnson dijo que luego utilizó a Stepp como informante, pero que dejó de llamarlo cuando descubrió que avisaba al individuo al que se suponía que tenía que delatar. En otra ocasión, se encontró con Stepp cuando hacía el típico recorrido que se ofrecía a los chavales del barrio junto a otro oficial, y entonces consideró la posibilidad de que Stepp fuera un «admirador de la policía» que intentaba aprender tácticas policiales en profundidad.

Adicto a la cocaína y al alcohol, Stepp acumuló una larga lista de antecedentes penales en todo el estado por robar objetos que financiaran su adicción. Salió de la cárcel en 2002, limpio y sobrio, y trabajó duro para rehacer su vida. Expresó su deseo de cambiar en una vista de modificación de la condena unos años después de su puesta en libertad.

«Hace siete años el estado quiso enterrarme y pidió que me encerraran de por vida —expuso Stepp al juez—.[8] Sé que ve a muchas personas cada día. Es fácil meter a la gente en la cárcel. Es lo único que quieren hacer muchos jueces de todo el estado. Los fiscales quieren condenas. Los jueces quieren meterlos a todos en la cárcel, pero nunca analizan el verdadero problema. Resolverlo es difícil. Es difícil para la gente adicta… Usted me dijo: "Sr. Stepp, no me interesa. Con un historial como el suyo, si sale, hace algo malo y quebranta la ley en cualquier parte de este país, no habrá nada que hacer. No tendrá más oportunidades". Y ¿sabe usted?, lo supe desde el primer día que me encerraron con los antecedentes que tenía. En el caso de que pudiera salir, sabía que tendría que cambiar muchísimo, y lo hice.

»Hay mucha gente desesperada con mi misma adicción. Yo estuve enganchado veinte años, pero hoy, señoría, ya no lo estoy. Hoy llevo una vida totalmente diferente. Y ¿sabe usted?, solo acaba de empezar. Voy a cumplir treinta y ocho, acabo de empezar a vivir y me siento muy bien».

El juez comentó: «De todos los casos que he tenido en los últimos años… probablemente usted ha sido la persona que mayores logros ha conseguido».

Después de salir, Stepp comenzó a trabajar en la construcción antes de acabar como agente de préstamos en una entidad hipotecaria. El mercado inmobiliario estaba en auge, y Stepp era bueno en su trabajo. Se convirtió en el mejor agente de préstamos de la oficina: rebosaba confianza y ponía en práctica todas sus dotes de persuasión.[9] En 2006 pudo comprar una casa en el mar con un embarcadero privado por ochocientos cincuenta mil dólares. Se prometió en matrimonio y tuvo un hijo.

Por aquel entonces, el mercado inmobiliario se desplomó, y la legislatura de Maryland aprobó una ley que exigía que los agentes de préstamos tuvieran licencia. Debido a sus antecedentes penales, Stepp fue rechazado como candidato a la licencia. Siguió trabajando en Metropolis; ayudaba en todo lo posible en la oficina, pero su salario se redujo a la mitad.

Con una hipoteca que pagar y unas perspectivas laborales cada vez menos halagüeñas, Stepp volvió al tráfico de drogas y acabó contactando con proveedores colombianos y dominicanos.[10]

«Se requiere mucho tiempo para poder acceder a esta gente», declaró Stepp posteriormente.

Desde al menos el otoño de 2011, Stepp había estado dándole vueltas a la idea de abrir una empresa de fianzas. Recurrió a una página web construida en colaboración abierta y solicitó ayuda para montar una empresa que se llamase «Doble D Fianzas»: «Busco un logotipo exclusivo, original, atractivo y con gancho que se pueda registrar tanto como marca como con derechos de autor —escribió—.[11] La "doble de" del logo se refiere a los clientes en los que debemos concentrarnos… El mercado objetivo: drogadictos, delincuentes, proxenetas, prostitutas, gánsteres, traficantes de drogas…, pero también buenas personas que solo han cometido un error.

»LEMA DE LA EMPRESA: "A todo el mundo le gusta Doble D".

»(El eslogan de nuestra empresa es sugerentemente sexual)».

Dennis Danielczyk, que había sido el jefe de Stepp en la compañía hipotecaria, absorbió la empresa en el verano de ese año, y en otoño ya tenían un local en el centro de Towson, la capital del condado de Baltimore, al norte de la ciudad. El logotipo de la empresa causó un gran revuelo entre los lugareños: representaba a una mujer con unos pechos extremadamente grandes, con una «D» dibujada en cada uno. Cuando un periodista de un alojamiento web de noticias de la localidad pasó por el negocio para preguntar por la polémica, Stepp habló de sus planes de «revolucionar» el sector de las fianzas, con el objetivo de asociarse con grupos locales para ofrecer ayuda para la reinserción social y terapias para la salud mental. No le dio ninguna importancia al logotipo.

«Supongo que por aquí hay feministas de esas —le dijo al periodista—.[12] Pero creo que esa es la razón por la que vivimos en los Estados Unidos de América. Todos tenemos la obligación de convivir con pensamientos diferentes a los nuestros, y no hay que tomárselo como una ofensa».

Con el fin de que Stepp pudiera hacerse cargo de forma oficial de la empresa de fianzas, fue necesario obtener una exoneración de delitos para que se pasara por alto su pasado delictivo. En la solicitud a la agencia estatal de seguros, recalcó que había dado un giro a su vida y que, a través de su nueva empresa, esperaba volver a llevar una vida dentro de los límites de la ley y contribuir de manera positiva a la comunidad: dijo que planeaba utilizar su experiencia como adicto para asistir a los clientes en la obtención de tratamientos.

Incluyó tres cartas de recomendación en la solicitud. Una era de su abogado, otra, de Danielczyk y la tercera la envió el sargento Wayne Jenkins con membrete del Departamento de Policía de Baltimore.

En una carta mecanografiada de dos páginas, Jenkins aseguraba que Stepp se había convertido en un ciudadano modelo:

Hace quince años no hubiera creído posible poder decir esto, pero Donny Stepp es ahora uno de los buenos.

Cuando éramos pequeños, nuestras familias vivían en Essex y estaban muy unidas. Donny iba al colegio con mis hermanos. En aquellos años era listo y divertido, ¡y no podía estarse quieto! Siempre iba a mil por hora, pero todo lo que se proponía, lo hacía bien.

Después, empezó a consumir drogas y acabó teniendo una adicción muy fuerte. Como tantos otros jóvenes, se vio envuelto en actos delictivos, pues robaba para mantener su adicción. Yo no tenía mucho contacto con él por aquel entonces, pero en el barrio se decía que era un desastre, que llevaba años entrando y saliendo de la cárcel. Llegó al punto en que pensé que iba a acabar muerto o cumpliendo la cadena perpetua a plazos.

Yo seguí con mi vida, me hice policía, y llevo ya diez años en el Departamento de Policía de Baltimore. He pasado gran parte de mi carrera metiendo en la cárcel a tipos como Donny, pero él ya ha dejado de formar parte de esa clase de gente.

Justo cuando Donny salió de la cárcel por última vez, hace ya más de una década, yo había sido licenciado con honores del Cuerpo de Marines. Se rumoreaba que Donny se había alejado de las drogas, de todo ese mundo. Yo permanecí escéptico, porque sabía de primera mano que pocas personas lo conseguían de verdad. Aun así, a medida que pasaba el tiempo, la gente seguía insistiendo en que era verdad que había cambiado. Más adelante, coincidimos en algún lugar y pude comprobarlo yo mismo.

Al principio desconfié, porque tengo una mentalidad de la calle, pero no tardé en ver que había cambiado de verdad y que estaba en el lado correcto de la ley. Nuestras familias retomaron la relación que tenían. Es difícil de explicar, porque son muy pocas las personas que logran salir del pozo, pero Donny tenía ahora algo diferente que no dejaba lugar a dudas de que ya no era la misma persona...

Espero que considere a Donny como candidato para obtener la licencia. De verdad que se ha convertido en otro hombre, limpio y sobrio desde hace ya dieciséis años. Confío tanto en él como para que se relacione con mis hijos; le dejaría mi dinero, y siempre tiene permiso para entrar en mi casa. Ya no albergo dudas sobre si es una persona honrada o no. Es solo Donny, mi amigo, y es un buen tipo».[13]

En abril de 2013, Stepp por fin se hizo cargo del negocio como agente de fianzas con licencia, y era habitual verlo conduciendo una camioneta Ford Raptor negra, cubierta con pegatinas de «Doble D Fianzas» en las que ponía «Descuento del 1%» y «Servicio 24 horas», junto con el número de teléfono y la dirección web.

Desde la visita al casino Delaware Park a finales de 2012, unos meses antes de que se aprobara la solicitud de exoneración de Stepp, Jenkins había hecho entregas de drogas en pequeñas cantidades con regularidad, y Stepp se había repartido con él cientos de dólares de beneficio.[14] A veces, Jenkins y él quedaban para comer o desayunar. En otras ocasiones, si era ya muy tarde, de noche, Jenkins dejaba la droga en un cobertizo que había fuera de la casa de Stepp, o le pedía que abriese el garaje. Stepp tenía una clientela de cocaína fija, pero Jenkins acabó dejando tal variedad de estupefacientes que Stepp no podía manejarla en su totalidad. «No podía con todo —confesó Stepp—. Allí había de todo lo que te puedas imaginar; había cosas que no sabía ni lo que eran. Llegaban en tales cantidades que ni siquiera podía identificarlas».

Parecía que el negocio iba bien: unos meses después de asociarse, Jenkins y Stepp volaron a Nueva Orleans para ver a los Ravens, que derrotaron a los 49ers en la 47.ª edición de la Super Bowl. Stepp se hizo un *selfie* con Jenkins, en el que aparecían sonrientes, con camisetas de los Ravens y collares de abalorios.

Pero Jenkins estaba jugando con fuego otra vez.[15] Desde la primavera de 2012, los policías del condado habían estado investigando a Stepp con mucha discreción. Dos inspectores habían averiguado por separado, a través de informantes, que Stepp era un importante traficante de cocaína en la zona este del condado de Baltimore. Los investigadores habían vigilado su negocio. También observaron su casa y se colaron dos veces en mitad de la noche para registrar su basura con la intención de encontrar evidencia de drogas. Llegaron a obtener incluso una orden de «seguimiento y localización» de un juez para revisar los registros de llamadas del teléfono móvil que usaba para el negocio. En la orden judicial se referían a Stepp como un «traficante de drogas de alto nivel».

Lo estaban vigilando.

Capítulo 5

No te paralices

En enero de 2014, Umar Burley fue escoltado hasta un juzgado del centro de Baltimore. Con las manos esposadas delante de él, sostenía contra el pecho una carpeta de papel manila llena de documentos.[1] Habían pasado cuatro años desde que Burley había huido de Jenkins, Suiter y Guinn, y se había visto involucrado en el accidente en el que murió Elbert Davis. Burley siempre había insistido en privado en que no llevaba drogas en el coche, pero ante la presión de los fiscales estatales y federales, se había declarado culpable y estaba cumpliendo condena en una prisión del oeste de Maryland.

Se encontraba emocionalmente destruido.[2] Se había encerrado en sí mismo desde que su madre había fallecido de cáncer: la había cuidado y había permanecido con ella hasta su último aliento. Ahora Burley tenía una nieta, pero se negaba a que lo visitara porque no quería que lo viera encerrado en prisión. «Abuelo, no te veo nunca, ¿por qué no estás en casa? ¿Por qué no te he visto nunca?», le preguntaba por teléfono. Intentó aprovechar el tiempo de condena en la cárcel. Se aclaró la cabeza y volvió a centrarse en lo que consideraba importante, y también se dedicó a ejercer de tutor para otros reclusos. Un tiempo después, lo trasladaron a una prisión federal, donde cumpliría los últimos años de su condena. Desde allí esperaba poder presentar su caso para que se anulara la condena o se redujera la pena.

En la sala estaban seis de los hijos adultos de Elbert Davis y sus dos abogados, que reclamaban daños y perjuicios por la muerte de su padre. Nadie acompañó a Burley. El centro penitenciario había sancionado a los presos con un bloqueo prolongado debido a una pelea entre bandas: no tenían derecho a llamadas, ni visitas, ni acceso a la biblioteca y, en consecuencia, Burley no había podido conseguir representación legal. No sabía muy bien de qué trataba la vista.

El juez John Carroll Byrnes, que estaba jubilado pero seguía acudiendo a las vistas, inició el procedimiento anunciando que su propósito era evaluar la cuantía de los daños y perjuicios contra Burley, tras la entrada en vigor de una sentencia en rebeldía contra él meses antes.

«¿Qué es una "sentencia en rebeldía"?», preguntó Burley, interrumpiendo al juez.

«En primer lugar, caballero, ¿tiene usted un abogado o alguna representación en esta demanda civil?», cuestionó Byrnes.

«He acudido para solicitar un aplazamiento o postergación de la vista, porque yo no entiendo el lenguaje jurídico ni la naturaleza de las leyes que se presentan contra mí —pidió Burley—. Eh, además, mm…, tengo circunstancias litigantes [quiso decir atenuantes] en cuanto al lugar donde estoy alojado y cosas así, que me han impedido conseguir un abogado en este momento». Burley pensó que tal y como había ocurrido en el tribunal penal, le designarían un abogado para que lo representara.

No se daba cuenta de que ya había perdido el caso. Byrnes dijo que Burley no había respondido a la demanda civil y que, por defecto, el tribunal había fallado a favor de los hijos de Davis.

«¿Es consciente de que se ha dictado una sentencia en rebeldía contra usted?».

«No sé ni lo que es una sentencia en rebeldía —reiteró Burley—. Se han hecho muchas cosas en este caso y…, esto… ahora, entiendo…, esto puede afectarme no solo ahora, sino durante el resto de mi vida. Así que esta es una cuestión muy seria. Me pongo en manos del tribunal para que pueda conseguir un abogado en este asunto».

«No es descabellado que pensara que tal vez obtendría un abogado de forma gratuita en un caso como este —dijo Byrnes—, pero no ha sido así».

Byrnes continuó explicando el proceso de elaboración de la sentencia. «¿Entiende usted lo que le he estado diciendo hasta ahora? —preguntó Byrnes a Burley—. No me refiero a si está de acuerdo, sino a si lo entiende».

«No, no lo entiendo».

«¿Qué parte no entiende, señor?».

«No entiendo nada de lo que ha dicho».

«En realidad, creo que sí lo entiende, porque lo que he dicho no es tan complicado», dijo el juez.

Burley parecía incómodo. De vez en cuando le temblaban las piernas. Aunque seguía esposado, sujetaba sus papeles contra el pecho.

«¿Hay algo sobre "circunstancias previstas", o algo así?» dijo Burley, que en realidad se refería a "circunstancias imprevistas".

Byrnes rechazó la pregunta y propuso que Burley prestara juramento.

«Todo lo que diga a partir de ahora será bajo juramento, por lo que, si presta falso testimonio (esto es válido para cualquier persona que presente información), cometerá perjurio, y se considerará un delito. Así que escuche atentamente al secretario», afirmó Byrnes.

El secretario de actas se levantó y pidió a Burley que levantara la mano derecha.

«No, espere», pidió Burley.

«Está bien, siga», ordenó Byrnes al empleado.

«Ni siquiera entiendo qué estamos haciendo ahora», protestó Burley.

«Señor, se le va a tomar juramento ahora mismo. Vayamos paso a paso. El primer paso ya se ha dado. El segundo paso es que se procederá con el juramento… No es tan difícil», explicó Byrnes.

«Estoy tratando de entender cómo hemos pasado de que le haya preguntado sobre eso, a que ahora…».

«No tiene usted que entender cómo hemos llegado hasta aquí —espetó Byrnes—. Usted está en el estrado. Por lo tanto, en lo que a mí respecta, levante la mano derecha...». Burley seguía con las manos debajo de la mesa.

El secretario leyó el juramento e instó a Burley a que dijera: «Sí, lo juro». Se hizo el silencio.

«¿Va a prestar juramento, caballero?», preguntó Byrnes.

Burley ya estaba harto. En su opinión, el caso había llegado demasiado lejos, teniendo en cuenta que el veredicto en su contra se había decidido a pesar de no haberse considerado lo que él tenía que decir. En aquel punto, seguía sin tener un abogado que lo representase, y un juez le pedía que prestara un juramento que podía acarrearle más penas. Burley pensó algo que decir para detener el proceso.

«Me acojo a la quinta enmienda», espetó.

«¿Disculpe?», contestó el juez, que se inclinó hacia delante.

«Apelo a mis derechos de la quinta enmienda».

«De acuerdo —aceptó Byrnes—. Oficial, puede llevárselo entonces. Buena suerte, señor».

Una vez hecho esto, Burley se levantó, murmurando en voz baja, y fue conducido fuera de la sala para que la familia Davis y sus abogados pudieran discutir con Byrnes cuánto dinero les debería Burley durante el resto de su vida.

Había surgido una disputa dentro de la familia sobre cómo proceder: el albacea de la herencia quería demandar al departamento de policía por su papel en una persecución a gran velocidad, pero los otros hermanos deseaban proceder contra Burley. Al final, el albacea renunció y se llegó a un acuerdo sobre la cuantía de la demanda contra Burley: 1 092 500 dólares.

Al día siguiente, Burley permaneció en una celda de la prisión mientras Byrnes preparaba una orden judicial en la que se consignaba la cantidad, y el secretario se la pasó a cada miembro de la familia para que la firmara. Durante los cuatro años de espera que habían transcurrido hasta llegar a este punto, los hijos de la familia se habían separado en facciones. Byrnes les dijo que había llegado el momento de permanecer unidos, en honor a su padre, y dejar atrás esta terrible experiencia.

«Solo necesito que firmen con sus nombres al pie de la segunda página, y ya estará hecho: nos dejará tranquilos a todos», afirmó el juez.

La alcaldesa Rawlings-Bake decidió realizar otro cambio más en la planificación de la estrategia policial de la ciudad. Ante la tendencia a la baja de los homicidios y tiroteos, decidió recortar cientos de puestos de agentes de policía, la primera reducción significativa de la plantilla en décadas.[3] Aunque la División de Impacto de Delitos Violentos (VCID) se había presentado como la clave para reducir la delincuencia, continuaron las críticas contra la alcaldesa acerca de las tácticas agresivas de los inspectores de policía durante las visitas que hacía a las reuniones comunitarias. Siempre que un ciudadano planteaba su preocupación por haber sido manoseado en una parada injustificada, se culpaba sin dudar a los «mamporreros». Cuando Bealefeld se marchó en 2012, vio la oportunidad de empezar de cero: con este fin, prescindió de su adjunto, Barksdale, y trajo a Anthony Batts, que había dirigido el Departamento de Policía de Oakland (California), y tuvo que afrontar ciertas reformas federales que se demandaban en este.

De algún modo, la policía de Baltimore había evitado ese escrutinio federal, mientras que, por el contrario, ciudades como Albuquerque, Cincinnati, Cleveland, Nueva Orleans, Pittsburgh, Portland y Seattle habían firmado acuerdos de consentimiento que obligaban a los departamentos a llevar a cabo una reforma supervisada por un juez. Aunque Batts se había definido a sí mismo como un comisario reformista —«La vida humana merece reverencia», le gustaba decir—, no había dejado Oakland con una visión positiva de la supervisión federal. De hecho, Batts había huido de Oakland en parte porque detestaba la microgestión que suponía que un juez federal tuviera que aprobar las decisiones relativas al funcionamiento del departamento de policía.[4] «Aquí, en Oakland, no puedo reaccionar con la misma rapidez —dijo en la entrevista de salida que dio al periódico *Oakland North*—. Tengo que preguntar constantemente: "¿Puedo, mamá?", para asegurarme de que todo el mundo está de acuerdo con lo que estoy haciendo... Así que, en realidad, no tengo el control de todos mis recursos ni de mis cifras ni tampoco el despliegue de mis hombres». En Baltimore, Batts quería hacer todo lo posible para demostrar que el departamento iba por buen camino y evitar volver a pasar por el mismo proceso. Pero mantenía un equipo directivo formado en su mayor parte por gente de la ciudad, y el cambio institucional no iba a resultar fácil.

A los pocos meses de asumir el mando, Batts redujo el número de agentes de la unidad de VCID y la rebautizó como «Sección Especial de Ejecución de la Ley». Ahora pasaría a estar bajo el control de las patrullas de los distritos, lo que significaba que los intendentes mayores de distrito llevarían la voz cantante en lugar de que lo hiciera un mando de paisano centralizado. Al menos, ese era el plan. Muchos de los jefes duros y agresivos de la etapa anterior permanecieron en la nueva unidad. Jenkins abandonó su puesto en la patrulla y fue colocado en la brigada del Cuadro Ejecutivo Superior (SES) para que supervisara a un equipo de agentes.

Otro de los intentos de reforma que planeó Batts fue la creación de una nueva unidad para supervisar con detenimiento aquellos incidentes en los que los agentes utilizaban la fuerza, y uno de sus primeros casos fue el de Jenkins.

Demetric Simon conducía su Audi por el noreste de Baltimore cuando vio que, al parecer, lo estaba siguiendo un coche de la policía camuflado.[5] Simon aparcó y empezó a caminar. Jenkins, que se encontraba en ese coche, se detuvo y se dirigió a él. Simon confesó más tarde que había pensado que los hombres del vehículo eran agentes, pero «parecían estar tramando algo». Nervioso, echó a correr. El inspector Ben Frieman salió a toda prisa del coche para perseguir a Simon a pie mientras Jenkins lo seguía en el vehículo. Frieman perdió a Simon al doblar una esquina, pero Jenkins lo tenía en el punto de mira.

Simon estaba corriendo, y acababa de atravesar el patio delantero de una casa cuando el vehículo lo golpeó. Recuerda que miró hacia atrás y vio cómo el coche de Jenkins saltaba por los aires y aterrizaba en los escalones de una casa.

«El coche se quedó encima de mí y la rueda estaba girando al lado de mi cara», dijo.

Simon, que no tenía ningún arma, afirma que levantó la vista y vio a Jenkins y Frieman de pie junto a él. Mantuvo que Frieman «miró a Jenkins como diciendo: "¿Por qué lo has atropellado?", y Jenkins lo agarró por la muñeca y le dijo: "No te paralices"».

Simon sostuvo que no podía moverse, aunque al final no sufrió heridas graves. Jenkins «no paraba de darme palmaditas y de preguntarme: "¿Por qué has huido?"», dijo Simon.

Jenkins llamó por la radio central.[6]

«¿Puede venir un médico, por favor? Tengo un varón que ha sido atropellado por mi vehículo», le contó a la operadora, que preguntó si el hombre estaba consciente. «Sí, señora; sí, señora, está… Se mueve un poco».

Los agentes oyeron a Jenkins por radio y acudieron para acordonar el lugar del accidente. Entre ellos se encontraba la última incorporación al departamento, el sargento Ryan Guinn, a quien habían ascendido y asignado a la patrulla del distrito Noreste, donde se había producido el incidente. Se suponía que Jenkins estaba trabajando en la zona oeste.

Guinn vio el coche de Jenkins aparcado en la calle y marcas de neumáticos junto a los escalones de la casa.

«¿Qué coño has hecho?», Guinn afirma que le preguntó a Jenkins.[7]

«¡Eh, socio! Hemos intentado parar a ese hijo de puta. Ha cruzado la calle corriendo y me ha apuntado con una pistola, así que lo he parado con el coche», sostuvo Jenkins, según Guinn.

Si aquello hubiese sido cierto, probablemente se habría considerado que la situación conllevaba un riesgo suficiente para el uso aceptable de la fuerza, aunque para determinarlo se necesitaría el concurso de otra persona. Guinn preguntó dónde se encontraba el arma.

«No lo sé, está por aquí, en alguna parte. Me ha apuntado directamente», se defendió Jenkins. Guinn le ordenó a un agente de la patrulla que empezara a rastrear la zona en busca de cámaras que mostraran el incidente. En ese momento, afirma, Jenkins estaba alterado, «corriendo de un lado a otro, como un tarado». Guinn le preguntó dónde estaba su teniente, y Jenkins se alejó diciendo que iba a llamar al sargento Keith Gladstone.

Gladstone estaba comiendo en un local de pollo peruano con un oficial de su propia brigada cuando se levantó de la mesa para atender una llamada telefónica.[8] Un Jenkins aterrorizado le explicó la situación: le confió que había atropellado a un hombre desarmado tras una persecución.

El agente con el que Gladstone estaba comiendo llamó a otro oficial de la brigada, y ambos se dirigieron a la casa de ese agente en el sur de Baltimore, tomaron una pistola de aire comprimido y se dirigieron al lugar del accidente. De acuerdo con Guinn, Gladstone pasó junto a él y se perdió de vista durante lo que parecieron unos tres o cuatro minutos.

«Está junto al camión», le reveló Gladstone a Jenkins, de manera que Guinn pudiese oírlos.

Las transmisiones de radio captaron a un agente de la patrulla que afirmaba que se había encontrado un arma de fuego. Jenkins llamó por radio: «¿De verdad tienen un arma de fuego? —Jenkins sonaba sorprendido—. ¡No la toquen, esperen al laboratorio criminalístico!».

Frieman participó más tarde en dos interrogatorios con los investigadores que determinaban si el uso de la fuerza era aceptable en el departamento, y sostuvo que Simon se había agarrado la zona del cinturón como si estuviera buscando un arma, pero que Frieman nunca llegó a ver ninguna.

«No la vi hasta que la sacó. No la sacó mientras huía de mí», mantuvo Frieman.[9]

Simon fue trasladado a un hospital para recibir los cuidados necesarios, y allí, según la policía, el personal del hospital encontró drogas en su recto. Después de que se lo trasladase a la Central de Detención y se le leyeran los documentos de la acusación en los que se alegaba que tenía un arma, llamó a Asuntos Internos para quejarse, pero más tarde dejó de cooperar con la investigación. El abogado que tenía en aquel momento, Paul Polansky, afirmó que, como recurso, las personas en la situación de Simon se veían forzadas a tomar decisiones difíciles por miedo a que cualquier cosa a la que accedieran por propia voluntad pudiera utilizarse en su contra ante un tribunal.

«Yo les digo a mis clientes: mantened la boquita cerrada, a menos que estéis dispuestos a ofrecer algún tipo de trato que os vaya a beneficiar», afirma Polansky.[10]

Se suponía que los inspectores del nuevo Equipo de Investigación de la Fuerza del comisario Batts iban a examinar el caso con detenimiento. Sin embargo, en la investigación posterior, que se prolongó durante meses y abarcó unas quinientas páginas de informes y fotos del lugar de los hechos, nunca aparecía el nombre de Gladstone, como si nunca hubiera estado presente en el lugar.[11] La investigadora de Asuntos Internos escribió que era «incapaz de reunir ninguna información que contradijera la secuencia de hechos que me explicaron los inspectores».[12] Jenkins fue absuelto de toda culpa.

Molly Webb, una fiscal auxiliar del estado de treinta y un años, tenía algunas preguntas que hacer. Le habían asignado un caso de drogas presentado por Jenkins y Frieman en febrero de 2014 contra un hombre de veintinueve años llamado Walter Price. En la declaración de causa probable, Frieman declaró que, mientras vigilaba a Price, lo había visto meter un objeto en el techo interior de su furgoneta. Frieman escribió que cuando él y Jenkins se acercaron a la furgoneta con los agentes de patrulla y le pidieron a Price que saliera, lo vieron meter la mano en el interior del vehículo hacia el techo. Dijo que Price les dio permiso para registrar la furgoneta, y que Jenkins encontró una bolsa de plástico transparente que contenía siete gramos de cocaína bajo el techo. Durante una redada posterior en la casa de Price, dirigida por el sargento Keith Gladstone, la policía declaró que había encontrado drogas por toda la casa.

Webb se preguntó por la mención a una «fuente confidencial fiable» que había puesto sobre aviso a Frieman sobre Price. Cuando se puso en contacto con él, Frieman le dijo que habían detenido a la fuente en una redada unos días antes y había facilitado a los inspectores información sobre varios traficantes de la zona.[13] El informante había accedido a tenderle una trampa a Price, a quien llamó para que comprara tres gramos y medio de cocaína, mientras Jenkins y Frieman lo vigilaban.

La explicación de Frieman hizo reflexionar a Webb: una «fuente confidencial fiable» suele referirse a alguien que ha establecido una relación de confianza con la policía, y no solo a una persona que los agentes han detenido unos días antes. Pero investigó el asunto y decidió que el caso podía seguir adelante.

Unos días más tarde, sin embargo, se encontró con nuevas pruebas que aumentaron aún más sus preocupaciones: el abogado defensor de Price se puso en contacto con ella y la informó de que tenía imágenes de la parada y detención que la policía había llevado a cabo, y que había obtenido gracias a las cámaras de la ciudad. Webb no había recibido las imágenes de la policía. Esto ya era una señal de alarma. Y, además, el abogado de Price dijo que demostraban que los agentes habían mentido sobre el caso.[14]

En el vídeo se veía cómo paraban a Price, le daban empujones y lo sacaban del coche, para después introducirlo en un vehículo policial camuflado en las inmediaciones. Podía verse a Jenkins y a otros inspectores registrando el coche durante unos quince minutos, pero en ningún momento ninguno de ellos hizo la señal de que hubieran encontrado drogas. Price fue interrogado durante aproximadamente una hora en el vehículo de los inspectores. Después del interrogatorio tampoco se veía que hubieran descubierto ninguna droga en las imágenes de la cinta.

«Cuando vi el vídeo —recordó Webb más tarde— me di cuenta de que las imágenes no corroboraban en absoluto lo que había en la declaración de causa probable».[15]

En las grabaciones de la radio central, se oía a Jenkins —y no a Frieman— decir a los agentes de patrulla que detuvieran a Price, alegando falsamente que estaba relacionado con robos a comercios de la zona. También habían detenido a la novia de Price y a su hijo pequeño, todavía bebé, que habían llegado entonces al lugar de los hechos.

Webb mostró el vídeo a sus supervisores, que le indicaron que no se pusiera en contacto con Frieman y que lo remitiera todo a la Sección de Integridad Policial, la unidad de la fiscalía que investiga a la policía.

Esos fiscales comenzaron a llevar testigos ante un gran jurado. En abril de 2014, Price se sentó a declarar en una sesión «voluntaria» ante los fiscales y los inspectores de Asuntos Internos. Aunque estaba trabajando en chapuzas y reparaciones domésticas, y tratando de poner en marcha una nueva empresa de tecnología, Price admitió que seguía vendiendo drogas; normalmente unos catorce gramos de coca, en cantidades de cien y cincuenta dólares por unidad. Price afirmó que escondía la droga en los bolsillos o en el recto. También declaró que salía de su casa el 19 de febrero cuando vio a un «mamporrero» —el nombre que recibían en las calles los agentes de paisano— en su bloque. Preocupado, volvió a casa y metió los catorce gramos de cocaína que llevaba en el brazo del sofá.

Durante la hora que estuvo en el coche, en la que los policías lo interrogaron, Price declaró que los agentes intentaron que diera información sobre otros traficantes. Dijo que Jenkins se había marchado y luego había regresado con una bolsa de papel que contenía catorce gramos de cocaína, y que aseguraba haber encontrado en su furgoneta. Se «parecía a lo que puso en el sofá de su casa», confirmaron los investigadores que Price les contó, y añadieron que él «informó de que no tenía ningún narcótico en su vehículo y no sabe de dónde los sacó el oficial».

El 21 de mayo, dos de las fiscales de integridad policial, Shelley Glenn y Jenifer Layman, se reunieron con Paul Pineau, jefe de personal del fiscal del Estado, Gregg Bernstein, para discutir qué hacer con el caso. Conversaron sobre sus intentos de convencer a un agente anónimo —todo apunta a que era Frieman— para que revelara los trapos sucios de Jenkins.

«Creo que nos ha dicho todo lo que nos tenía que decir, y aún no hemos atrapado a Jenkins», se lamentó Layman.[16]

«¿Hemos planteado la posibilidad de poner un micrófono?», preguntó Pineau.

«Todavía no», contestó Layman.

Pineau quería saber más sobre su conversación con el oficial. «¿Qué dijo? ¿Cómo fue? —le preguntó—. Cuéntamelo».

Dijo que Frieman insistía en que no sabía de dónde habían salido las drogas. Le contó que creía en la palabra de Jenkins, pero que, por haber trabajado anteriormente con el sargento, sabía que a menudo tenía un don para encontrar drogas. «No deja de hablar maravillas del sargento Jenkins», dijo Layman.

«Oh, sí, idolatra a ese tío», comentó Glenn.

Parafraseando de nuevo a Frieman, Layman dijo: «Probablemente sea el mejor inspector de estupefacientes de la ciudad. Ha habido muchas ocasiones en las que… el sospechoso ha dicho: "Las drogas están en el coche", y yo he ido y no las he encontrado. Entonces, Jenkins dice: "¿Has mirado en la consola?". Muchas veces, después de que yo lo intentara, iba él y las encontraba».

«E insistió: "Lo he visto, no tengo motivos para creer que lo haya podido colocar"», relató Glenn.

Pocos días después, la Fiscalía del Estado declinó formalmente acusar a los agentes de un delito tras determinar que no había pruebas suficientes.

Pero Jenkins y Frieman aún no estaban libres de sospecha. Los propios inspectores de Asuntos Internos del departamento de policía los interrogaron por infracciones de las normas del departamento en el caso Price.

Se entrevistó a los dos oficiales por separado, con los abogados presentes, y negaron haber cometido ninguna irregularidad.[17] Jenkins, que había tenido la oportunidad de revisar el vídeo con antelación, afirmó que la investigación se había realizado según las normas y que el vídeo no reflejaba la situación con todos los detalles. También declaró que habían detenido a Price mediante un farol: afirmaron que ya habían encontrado los catorce gramos, y que este había accedido a cooperar de buen grado. Esta declaración no coincidía con la que Frieman había prestado al fiscal un año antes, cuando le dijo a Webb que Price «no iba a entrar en el juego». Jenkins afirmó que, tras recabar información de Price, volvió a mirar en el coche, en un lugar que Frieman ya había revisado, y encontró la cocaína. «Al parecer, se me pasó», confesó Frieman en su propio interrogatorio. Este descubrimiento no fue grabado, aunque cualquiera que hubiera visto el vídeo sabría que hubo un periodo de quince minutos en el que la cámara apuntaba en dirección contraria a la furgoneta.

Los investigadores no se lo tragaron. El 17 de marzo de 2015, Jenkins fue acusado de varios cargos por conducta indebida interna, al igual que Frieman.

Durante sus doce años de carrera, Jenkins había evitado que lo penalizaran, mientras su fama y su suerte no paraban de crecer. Ahora se enfrentaba a cargos administrativos con posibles consecuencias graves.

El Departamento de Policía de Baltimore en su conjunto también había eludido rendir cuentas sobre sus responsabilidades a lo largo de los años, y se servía a menudo de sus propios procedimientos irregulares para conseguirlo. Existían pocos recursos y demasiada delincuencia; el ritmo continuaba. Pero menos de un mes después de que Jenkins hubiera sido acusado, la ciudad iba a estallar. Se avecinaba un ajuste de cuentas que sometió al Departamento de Policía de Baltimore a un escrutinio sin precedentes, pero que también dio al traste con el caso contra Jenkins.

Capítulo 6

Cambio de rasante

La carrera de 2014 por el puesto de fiscal del Estado de Baltimore se había disputado sobre las bases de quién tendría más mano dura con la delincuencia y trabajaría mejor con la policía. Aunque los homicidios en Baltimore habían alcanzado su cifra más baja en tres décadas en 2011, la cifra había aumentado desde entonces. Marilyn Mosby, una joven que había sido fiscal local y cuyo marido era un prometedor concejal que representaba a Baltimore Oeste, arremetió contra el actual fiscal del Estado, Gregg Bernstein, afirmando que la tasa de criminalidad seguía siendo demasiado alta y que la culpa debía recaer en el fiscal jefe en funciones.

En su discurso de inicio de campaña, Mosby habló de los peligros que acechan en las calles de Baltimore, con una única y leve insinuación acerca de la necesidad de cambiar el sistema de justicia penal.

«He estado en vuestro lugar. He cerrado con llave las puertas. Me he agarrado al bolso», argumentó. Baltimore era un «lugar predilecto para la intimidación de testigos» y para la «mentalidad antichivatos», añadió.

Salió a la calle con un megáfono para llevar a cabo concentraciones semanales contra la violencia, con el lema: «Basta ya». En una aparición radiofónica, un oyente replicó que los comentarios de la fiscal sonaban «a retórica republicana».[1]

Bernstein había eliminado la lista de «no convocar» que recogía a los policías problemáticos que su predecesor había elaborado, y se había negado a procesar dos muertes recientes de delincuentes notorios bajo custodia policial en Baltimore: en 2013, Tyrone West, de cuarenta y cuatro años, murió tras intentar escapar de la policía durante un control de tráfico en el noreste de la ciudad. Los testigos declararon que la policía lo había golpeado, mientras que la autopsia concluyó que simplemente su corazón había dejado de latir. Activistas y familiares se sumaron a la causa con pasión, y la familia de West encabezó una protesta semanal denominada: «Miércoles para West». Un tiempo antes, en 2012, Anthony Anderson, de cuarenta y seis años, fue inmovilizado con un abrazo y, después, arrojado al suelo por policías de la unidad de estupefacientes en el este de Baltimore. Le rompieron ocho costillas, una de las cuales le perforó el bazo. Anderson estaba caminando por un solar cuando los agentes le dieron el alto y, con la alegación de que temían que estuviera a punto de ingerir las drogas para ocultarlas, lo derribaron. Al explicar por qué los agentes no iban a enfrentarse a cargos penales, Bernstein argumentó que había normas diferentes para tratar a los agentes de la ley porque la fuerza formaba a menudo parte de su trabajo. «De hecho, cuando se trata de investigaciones relacionadas con el uso excesivo de la fuerza por parte de agentes de policía —dijo—, los estándares resultan completamente diferentes».[2]

Las resoluciones que tomó sobre aquellos casos y su decisión de suprimir la lista no se utilizaron como arma en temas de campaña. Mosby elogió expresamente a la policía y sostuvo que esta no era el problema en la batalla de Baltimore contra la delincuencia.[3] Puesto que se había criado en Boston y procedía de una estirpe de policías, quedaba reforzada la idea de que entendía a las fuerzas del orden y que trabajaría con la policía para resolver casos y reducir la delincuencia.

«De verdad creo que, a pesar de lo que todos queramos pensar y creer, los agentes de policía de nuestra ciudad están haciendo su trabajo. Repito: los agentes de policía de la ciudad de Baltimore están haciendo su trabajo», afirmó.

Mantenía que su motivación para luchar contra el crimen era personal, provocada por el asesinato en 1994 de su primo de diecisiete años, que estaba sentado en una bicicleta cuando otro adolescente le pidió dinero. Se preguntó en voz alta cómo se podría haber disuadido al chico sospechoso de matar a su primo de sacar un arma y acabar cumpliendo cadena perpetua en prisión.

Sin embargo, la campaña de Mosby ocultó sus experiencias con la injusticia y el activismo. A los seis años, se matriculó en un programa de integración social que llevaba a estudiantes de minorías de Boston a institutos de las zonas suburbanas más ricas. Fue coeditora del periódico estudiantil y participó en un programa auspiciado por la Unión Estadounidense de Libertades Civiles de Massachusetts, que llevaba a jóvenes de secundaria a recorrer el sur en una gira por los derechos civiles, durante el que visitaban lugares importantes y se reunían con veteranos del movimiento. En el anuario del instituto de 1998, se pedía a los alumnos del último curso que predijeran dónde estarían en el futuro.[4] Mosby escribió que ella sería «la próxima Malcolm X, MLK y Farrakhan, todo en uno, con rastas y predicando para que todo el mundo la oiga». Mosby fue la primera de su familia en ir a la universidad, y obtuvo una beca en la Universidad de Tuskegee, la universidad privada negra de importancia histórica en Alabama fundada por Booker T. Washington. Destacó en los estudios, se graduó *magna cum laude* y fue admitida en la Facultad de Derecho del Boston College.

Era una persona bastante más compleja que la «luchadora contra el crimen perteneciente a una familia de policías» que representaba, pero había que ganar las elecciones y ella estaba cortejando a la Orden Fraternal de la Policía para obtener su respaldo.

Mosby tenía una presencia imponente, aunque su currículum era escaso: había trabajado como abogada litigante en una compañía de seguros, tras seis años como fiscal adscrita. A medida que avanzaba en su carrera por la Fiscalía del Estado, Mosby recibió el apoyo de la mayoría de los concejales de la ciudad, del expresidente de la Asociación Nacional para el Progreso de las Personas de Color y congresista Kweisi Mfume, y de poderosos sindicatos, como la Unión Internacional de Empleados de Servicios (SEIU) y la Federación Estadounidense del Trabajo y Congreso de Organizaciones Industriales (AFL-CIO), aunque Bernstein superó con creces la financiación que ella obtuvo, y más tarde declaró que algunas personas la habían animado a no presentarse porque todavía no era su momento.

Ideó un lema de campaña desafiante: «Ahora es nuestro momento».

El día de las elecciones primarias, en junio de 2014, derrotó a Bernstein por casi nueve puntos porcentuales y se convirtió en la fiscal del Estado más joven del país. Al no tener oponente en las elecciones generales, dispuso de los seis meses siguientes para formar un equipo directivo y trazar los planes de su administración. Muchos veteranos de la Fiscalía no creían que alguien que solo había ascendido a los escalones inferiores de esta volviera ahora como la jefa. En este transcurso de tiempo, ella se había preparado para meter caras nuevas en la oficina, y se deshizo de varios fiscales que habían hecho carrera.

Pero a partir de julio, la cuestión de la brutalidad policial acaparó la atención nacional. En Nueva York, un vídeo grabado con el teléfono móvil de un transeúnte mostraba los últimos momentos de un hombre llamado Eric Garner, al que un agente de paisano había sometido a un estrangulamiento ilegal en Staten Island.

«Siempre que me ves, quieres meterte conmigo. Estoy harto. Se acabó hoy mismo —se había plantado Garner—. Todos los que están aquí pueden decir que no he hecho nada. No he vendido nada. Porque cada vez que me veis, me acosáis. Queréis impedirme que venda cigarrillos. Estoy a lo mío, oficial, me estoy ocupando de mis negocios. Por favor, dejadme en paz. Ya os lo dije la última vez: por favor, dejadme en paz».

El agente Daniel Pantaleo agarró a Garner por detrás y lo tiró al suelo. Mientras otros agentes se unían, se podía oír a Garner decir «no puedo respirar» unas once veces.

Al mes siguiente, en agosto de 2014, un joven desarmado de dieciocho años llamado Michael Brown recibió seis disparos y murió a manos de un agente de policía en Ferguson (Misuri). Se había avisado al agente Darren Wilson por una denuncia de robo e intentaba detener a Brown, a quien abatió a tiros en plena calle. El agente explicó que Brown lo había embestido, pero un amigo que estaba con él declaró en interrogatorios que Brown había levantado las manos. Aunque un informe del Departamento de Justicia descartó esa versión más tarde, la muerte de Brown y la posterior actuación de las autoridades desencadenaron la indignación nacional e impulsaron el movimiento *Black Lives Matter* (Las vidas negras importan), liderado por una nueva generación de activistas que denuncian los abusos policiales en todo el país a través de las redes sociales y la acción directa.

Baltimore ya había sufrido suficientes tiroteos de la policía contra hombres negros. El propio Jenkins había estado implicado en un tiroteo mortal en 2013, aunque no apretó el gatillo: él y un compañero sostuvieron que habían perseguido a un hombre que pensaban que podría estar armado a través de un edificio del programa de vivienda.[5] Jenkins acabó atrapando al hombre y lo envolvió en un abrazo inmovilizador. Los oficiales que llegaron como refuerzo dijeron más tarde que habían visto al hombre intentar alcanzar un arma. Jenkins lo empujó y los demás agentes abrieron fuego. Los testigos refutaron parte de la versión policial.[6] Una mujer de veintinueve años declaró: «Lo estaban golpeando con la intención de bajarlo [de la valla]. Lo siguiente que vi es que levantó las manos, como si estuviera rindiéndose... Murió con las manos aún en el aire». Otros dijeron que vieron un teléfono móvil, no un arma, en su mano. El caso desapareció de los titulares al cabo de un par de días.

La muerte de Garner en Nueva York se produjo apenas unas semanas después de que Mosby ganara las elecciones, y la responsabilidad de la policía —una idea incluida ya iniciada la campaña— se estaba convirtiendo en el tema central en todo el país, y movilizó a los jóvenes para que actuaran. En Baltimore, cientos de personas se manifestaron cuando los fiscales de Ferguson se negaron a presentar cargos contra el oficial que disparó a Michael Brown. Recorrieron las calles del centro y cerraron la entrada a una importante autopista del centro. La iluminación navideña de un monumento que se encendía cada año en el centro de la ciudad fue interrumpida por las manifestaciones. «¡Esto es la democracia!», corearon los manifestantes en un momento dado, mientras se tumbaban en el suelo. Nuevos simpatizantes se unieron a las peticiones de justicia por la muerte de Tyrone West.

Mientras tanto, el periódico *The Baltimore Sun* publicó una serie de artículos en los que destacaba los millones de dólares que la ciudad había pagado para resolver demandas contra agentes por acusaciones de brutalidad policial.[7] En la portada aparecían fotos de personas con los ojos morados y la cara maltrecha.

Desde su llegada a finales de 2012, el comisario de policía Anthony Batts había intentado imprimir un tono diferente a las reuniones de los mandatarios de la policía. No era raro que dirigiera debates en los que preguntaba a los demás si se veían a sí mismos como «guerreros o guardianes».[8] Rechazaba el argumento de los agentes autóctonos de la localidad que afirmaban que la ciudad exigía que fueran guerreros. Entonces, empezó a hablar de forma más abierta de los problemas sistémicos que impulsaban la delincuencia: puso en la mesa el tema de la alfabetización, los asesores sociales, las enfermedades mentales, la formación de la personalidad y la posibilidad de replantear el papel de la policía en la sociedad. «Mientras recorría la ciudad, la gente me decía continuamente que los niños no tenían nada que hacer en verano. Ni siquiera tienen comida. Ni siquiera tienen qué comer. ¿Cómo se puede hacer frente a eso?».[9] Uno de los mayores retos de la ciudad, sostuvo, era el racismo.

«En la Costa Oeste traté muchas cuestiones relacionadas con la diversidad, y ese fue el debate principal —dijo en un tribunal sobre la actuación policial a principios de 2015—. Cuando voy a Baltimore, en la Costa Este, me encuentro con el racismo en blanco y negro de los años cincuenta. Se ha dado un paso atrás: o todo es negro o todo es blanco. Nos enfrentamos a eso como comunidad, y quiero revolver conciencias. Puedo sacar esos temas usando mi púlpito, y entablar discusiones fructíferas».

Batts no lo sabía, pero se le estaba acabando el tiempo para poner de relieve estas cuestiones.

En la ceremonia de investidura de Mosby, el 8 de enero de 2015, en el inmenso Monumento Conmemorativo a los Veteranos de Baltimore, sus palabras fueron notablemente diferentes de aquellas que había utilizado en la retórica de su campaña: desaparecieron las bravatas populistas sobre los índices de criminalidad descontrolados y el apoyo a la policía. Aunque habló de las víctimas de la delincuencia, también invocó a los inocentes y a las personas de color afectadas de forma desproporcionada por el sistema judicial. Después de apoyarse en el índice de condenas para reforzar su currículum durante la campaña, Mosby subrayó la importancia de la «justicia» de manera repetida durante la toma de posesión.

Capítulo 7

Permanezcamos unidos

La mañana del 11 de abril de 2015, un joven de veinticinco años llamado Freddie Gray se dirigía a los edificios del programa de viviendas Gilmor Homes de Baltimore Oeste con dos amigos. Garrett Miller y Edward Nero, unos agentes de patrulla en bicicleta que llevaban chalecos y cascos amarillos, recorrían la zona como parte de una directriz marcada por los fiscales de la ciudad para incrementar el esfuerzo y el compromiso por mejorar la seguridad en el barrio.

El distrito Oeste de Baltimore marchaba bien en ese momento. El año que concluía había sido uno de los más seguros para la demarcación: veintiuna personas habían perdido la vida en el distrito en 2014, nada de lo que presumir en la mayoría de las ciudades. Pero en Baltimore representaba una gran mejora respecto al año anterior, en el que cuarenta y tres personas habían sido asesinadas. Aun así, los males sociales y otras condiciones que fomentan la violencia —casas vacías, drogadicción, desempleo— seguían abundando. Aproximadamente la mitad de los niños de los alrededores de Gilmor Homes vivían por debajo del umbral de pobreza, y casi una cuarta parte de los adultos no tenían trabajo. Según un estudio, había más personas procedentes del barrio recluidas en las cárceles del estado que en cualquier otra zona censal.[1] La historia de este programa de vivienda tiene raíces racistas: aparte del hecho de que comparte nombre con un oficial de caballería confederado —que fue más tarde comisario de policía de Baltimore—, se construyó durante la Segunda Guerra Mundial para los trabajadores negros de la defensa, y se emplazó en el barrio de Sandtown-Winchester para asegurar la segregación racial.[2]

Esa primavera, un votante se puso en contacto con la recién elegida fiscal del Estado, Marilyn Mosby, para quejarse del tráfico de drogas en la zona, y el jefe de la nueva «unidad de estrategias criminales» que ella había instaurado informó de estas quejas a la policía.

«He incluido algunas de las fotos que un miembro de la comunidad envió a la señora Mosby», redactó el jefe de la unidad, en referencia a varias fotos de hombres jóvenes congregados en las calles fuera de una oficina de asesores sociales. «Soy consciente de que los recursos son escasos para una investigación a largo plazo, pero espero que podamos trabajar unidos y servirnos tanto de la participación activa de la comunidad como de la cooperación entre la Fiscalía y el Departamento de Policía del Estado para cambiar las cosas».

La policía reenvió un correo electrónico a los tenientes del turno correspondiente en el que les proporcionaba instrucciones a los agentes para que comenzaran una «iniciativa diaria contra los estupefacientes» en la zona, y avisaron de que supervisarían estas «medidas diarias».

Dentro de los recursos de los que habitualmente dispone un agente de policía, se entiende que estas «medidas» pueden ser los interrogatorios improvisados sobre el terreno, las paradas a vehículos y la utilización de cualquier infracción de la ley para intentar sonsacar información a la gente. Las posibilidades de exprimir a alguien aumentan cuanto mayor es el número de gente con la que se entre en contacto. Esto se consideraba una buena labor policial, y hay innumerables ejemplos en los que este modo de trabajo ha llevado a la resolución de un caso. Pero en las zonas hipervigiladas por la policía también se fomenta el acoso y la elaboración de fichas policiales, y cuando la gente tiene miedo de la policía, cada interacción con ella tiene el potencial de convertirse en un estallido.

Cuando los agentes Miller y Nero vieron a Gray y a sus amigos aquel domingo por la mañana, no habían cometido ningún delito. Pero el instinto de ambas partes actuó por ellos: Gray y sus amigos huyeron al ver a los agentes, y los agentes los persiguieron para averiguar por qué huían de la policía.

Miller atrapó primero a Gray, lo tiró al suelo y lo esposó, aunque en ese momento no había motivo aparente para hacerlo. Mientras registraban a Gray, los agentes encontraron una navaja plegable que se vendía habitualmente en las tiendas de la zona, pero que, al parecer, también infringía una ordenanza local obsoleta sobre navajas de muelle. Gray, que padecía asma, pidió un inhalador.

Brandon Ross, amigo de Gray, se dirigió al lugar donde Gray estaba siendo detenido. Ross iba de un lado para otro y le pidió a un vecino que anotara el número de placa de los agentes. «¿Por qué [improperio] le están retorciendo la pierna así?», preguntó. Otro vecino, Kevin Moore, declaró más tarde que parecía que la policía tenía a Gray «doblado como un cangrejo, como una pieza de *origami*».[3] Moore comenzó a grabar, y su vídeo mostraba a Gray gimiendo de dolor. Cuando los agentes lo llevaban a una furgoneta, sus piernas se arrastraban, como si no tuvieran fuerza.

«¡Está todo grabado!», los amenazó Ross.

«Llévalo a los medios de comunicación», le contestó William Porter, uno de los agentes que había llegado al lugar de los hechos.

La furgoneta se puso en marcha, pero se detuvo a una manzana de distancia, en el cruce entre las calles Baker y Mount. Los agentes declararon más tarde que Gray había tenido un estallido de rabia y estaba descontrolado, dando patadas al interior de la furgoneta, así que el conductor decidió ponerle grilletes en las piernas. Jacqueline Jackson, de cincuenta y tres años, estaba fregando los platos cuando oyó una conmoción. Levantó las persianas y se asomó a la ventana.[4] Dijo que Gray parecía estar inconsciente y que los agentes se movían rápido para meterlo de nuevo en la furgoneta mientras un grupo de gente, entre los que se encontraba Ross, corría calle abajo. «Lo levantaron por los pantalones, no respondía, y lo arrojaron al furgón», afirmó Jackson. Ross tomó prestado un teléfono móvil para grabar lo que vio. Resultó ser la última grabación de Gray. En el vídeo, Gray yacía bocabajo e inmóvil en la furgoneta, con las piernas colgando por la parte trasera. Se oye a Ross gritar a Porter, a quien conocía de haberlo visto por el barrio: «Porter, ¿podemos pedir ayuda a un supervisor por aquí, por favor?». Los vecinos presentes estaban convencidos de que a Gray lo habían golpeado los agentes y de que sufría algún tipo de lesión medular que había provocado que sus piernas dejaran de funcionar. Los agentes declararon luego que creían que Gray se comportaba como si tuviera «carcelitis», término que se refiere a cuando un detenido finge una lesión para tratar de evitar que lo lleven a la Central de Arrestos.

Cuando la furgoneta llegó a la comisaría del distrito Oeste unos cuarenta y cinco minutos después del encuentro inicial, Gray no respiraba y fue trasladado al Centro de Traumatología de la Universidad de Maryland e inducido al coma. El informe policial inicial presentado ante el tribunal informaba de que Gray había sido arrestado «sin incidentes».

El vídeo de Gray gritando mientras la policía lo reducía y arrastraba apareció en Internet, seguido de imágenes estáticas de Gray aferrándose a la vida, conectado a tubos y máquinas en el hospital.

La policía celebró una rueda de prensa al día siguiente de la detención, en la que se negó a nombrar a Gray o a explicar por qué había sido detenido, pero aseguró a los periodistas que estaba investigando. La policía y los medios de comunicación se refirieron a Gray como sospechoso. Los oficiales de policía se comprometieron a llegar al fondo de lo ocurrido y a ser transparentes en todo momento.

«Durante el arresto, el vídeo, que creemos que capta solo una parte de lo que ocurrió, muestra a los agentes intentando detener a este individuo y mantenerlo en el suelo —declaró el subcomisario Jerry Rodríguez—. Se oyen muchos gritos y chillidos; hay mucha gente en el fondo. En ningún momento (y he visto el vídeo varias veces), vi que ejercieran el uso de la fuerza en ese instante, pero repito que el vídeo es solo una parte del incidente».

Para mucha gente, los detalles eran carne de propaganda y, en última instancia, ya no importaban demasiado: Gray había muerto mientras estaba bajo custodia policial, cuyo juramento es «proteger y servir» a los ciudadanos, y la gente demandaba que los agentes implicados rindieran cuentas. La ciudadanía desconfiaba de que cuanto más pudiera alargarse la investigación, más probabilidades habría de que las autoridades encontraran la forma de escaquearse y eximir de responsabilidad a los agentes. El aumento de la concienciación social a raíz de la serie de homicidios ocurridos en todo el país había desencadenado una demanda urgente de justicia.

Gray había crecido como muchos niños pobres de Baltimore: había vivido en una sucesión de casas que tenían pintura de plomo descascarillada en las ventanas y las paredes, lo que provocó que él y dos de sus hermanas —una de ellas, melliza— registraran niveles de plomo en sangre de casi el doble de la cantidad que se consideraba el mínimo para la intoxicación en Maryland. En casa, su madre, que había abandonado la escuela secundaria, luchaba contra su adicción a las drogas y no sabía leer. «No puedo hacer nada más que criarlo», dijo en una declaración. En un momento dado, se notificó a los Servicios de Protección de Menores que los niños vivían en una casa sin comida ni electricidad.

Gray dejó de ir al colegio con catorce años. Unos años más tarde, en 2010, sus hermanas y él ganaron una demanda de cuatrocientos treinta y cinco mil dólares tras denunciar al propietario de una de las viviendas con pintura de plomo. Dado que las víctimas de ese tipo de pintura pueden llegar a tener problemas para controlar los impulsos o ser consideradas discapacitadas mentales, este tipo de indemnizaciones se estructuran en pagos mensuales para que se repartan a lo largo del tiempo, y así evitar que los beneficiarios los despilfarren. De modo que la familia de Gray recibiría seiscientos cinco dólares al mes.

Una semana después de cumplir dieciocho años, Gray fue detenido por primera vez en la edad adulta. Según los agentes que llevaron a cabo la detención, Gray realizó una transacción de drogas mano a mano y luego huyó al ver a la policía, con lo que arrojó la droga debajo de un vehículo cercano. Fue acusado de un delito grave de posesión con intención de distribución. Seis días después, volvió a la calle y fue detenido de nuevo en circunstancias similares. Se le impuso una fianza de setenta y cinco mil dólares que su familia no pudo pagar y, cuatro meses más tarde, el juez le ofreció un acuerdo esperanzador: una condena de tres años que podría suspenderse por completo si terminaba los estudios y conseguía un trabajo. Si llegaba a cumplir esas condiciones, su condena quedaría exonerada. Por el contrario, Gray fue detenido diez veces durante el primer año de libertad condicional y acabó cumpliendo un total de casi dos años entre rejas.

Por aquel entonces, Gray y sus hermanas intentaron cobrar la indemnización por la pintura con plomo, en contra del consejo de su padrastro.[5] Querían el dinero de inmediato, y algunas empresas de préstamos abusivos se habían mostrado dispuestas a ayudarles a conseguirlo ofreciéndoles centavos por dólar a cambio de una suma global. El acuerdo estructurado de cuatrocientos treinta mil dólares de los hermanos Gray, valorado en doscientos ochenta mil dólares en aquel momento, fue cedido por solo cincuenta y cuatro mil dólares, es decir, menos del veinte por ciento de su valor final.

Una y otra vez, Gray fue detenido con drogas, un círculo vicioso inútil que no servía para satisfacer a los vecinos que llamaban a la policía por tráfico de drogas en sus calles ni para ayudar a Gray.

Este era el Freddie Gray de los sistemas judiciales, el Freddie Gray que fue juzgado después de su muerte, a pesar de que no estaba acusado por ningún delito grave el día en que se lesionó mortalmente. Gray era muy conocido y querido en su comunidad. Lo llamaban «Pepper», y todo el mundo tenía ganas de contar una historia que lo recordara como carismático y generoso. A medida que se sucedían las protestas por la brutalidad policial tanto a nivel local como en todo el país, existía la sensación de que Baltimore estaba a punto de estallar, y lo haría si se producía un enfrentamiento policial controvertido más. Sin embargo, no fue así: entre diciembre de 2014 y febrero de 2015, cuatro personas fueron tiroteadas por policías de Baltimore, una de ellas de muerte, sin que la opinión pública tuviera una reacción excesiva. La reacción al fallecimiento de Gray no se debió simplemente al momento en que sucedió.

El 18 de abril, seis días después de que Gray fuera hospitalizado, el pastor de una gigantesca congregación local, Jamal Bryant, que había saltado a la palestra nacional tras viajar a Sanford (Florida) para colaborar y liderar las manifestaciones por la muerte de Trayvon Martin, encabezó asimismo la primera concentración a gran escala para recordar el caso de Freddie Gray. Cientos de manifestantes se reunieron en Gilmor Homes, y luego marcharon por Mount Street hasta la cercana comisaría del distrito Oeste. La policía estaba preparada, con vallas metálicas y una fila de agentes que protegían el edificio. La primera oleada de manifestantes franquearon las verjas de inmediato, las saltaron y se encaramaron a un muro de hormigón que bordeaba los escalones que conducían a la puerta principal de la comisaría. En lo alto del muro, corearon, bailaron y se burlaron de los agentes. «Lo que le ocurrió a Freddie fue innecesario e improcedente —gritó Bryant a la multitud—. Todos los policías implicados deben rendir cuentas y responder por lo que hicieron, y deben ser cesados de sus cargos».

«Si esto le pasa a él, puede pasarnos a cualquiera», advirtió a la multitud el padrastro de Gray, Richard Shipley.

Una mujer afirmó que, en los días transcurridos después del incidente, la policía había estado haciendo la ronda en coche por el barrio, pero sin detenerse. Cuando la gente veía a los agentes, ponían las manos en alto en pose de «no dispare», popularizada por las protestas en Ferguson (Misuri) y por otros incidentes similares.

El 19 de abril de 2015, Gray falleció en el hospital a causa de las lesiones infligidas.

Las manifestaciones no tardaron en multiplicarse, y los manifestantes intentaron aumentar la presión sobre las autoridades. «Creemos que la gente de la ciudad de Baltimore está recuperando el poder», declaró Bryant ante el ayuntamiento el 23 de abril. «¡Acusen! ¡Acusen! ¡Acusen!», gritaban los manifestantes mientras Brandon Ross, amigo de Gray, y Westley West, el pastor local, encabezaban una protesta que comenzó en el ayuntamiento, atravesó el Inner Harbor, pasó por el elegante barrio de Federal Hill y volvió a subir por Pennsylvania Avenue hasta la comisaría de policía del distrito Oeste.

Jenkins, al que Asuntos Internos había acusado apenas un mes antes por conducta indebida, aparece en algunos vídeos e imágenes tomados por los ciudadanos: estaba montado en un coche de policía, de copiloto, con el teniente coronel de alto rango Sean Miller, mientras los manifestantes rodeaban el coche a la vez que coreaban consignas.[6] Ross, el amigo de Gray, se subió sobre el capó, colocó el megáfono en el coche y se quitó el sombrero mientras gritaba «¡Freddie, Freddie, Freddie!» al interior del vehículo, rodeado de otras personas que agitaban el puño en alto. A oficiales como Jenkins, que estaban acostumbrados a recorrer las calles como si fueran suyas, esta situación los tomó por sorpresa.

Aquella noche del 23 de abril de 2015, en el interior del cuartel general de la policía, el grupo de trabajo formado por treinta agentes y mandos que se había reunido para tratar de descubrir la verdad sobre la muerte de Freddie Gray apenas había obtenido información hasta ese momento.[7] Las persianas estaban cerradas, y en una pared había pegada una línea temporal que incluía imágenes estáticas de la detención de Gray, notas, fichas policiales y fotos de la furgoneta donde lo transportaba la policía. En otra pared había unas fotos muy impactantes de la autopsia de la cabeza de Gray. A base de reunir vídeos y declaraciones de los testigos, la policía había elaborado una versión de los hechos minuto a minuto con todo lo que sabía sobre la detención y el transporte de Gray. Gran parte de la cronología se basaba en las declaraciones de los agentes implicados en su detención, que habían accedido a cooperar con la investigación; todos menos Caesar Goodson, el conductor de la furgoneta. Las lesiones de Gray no parecían haberse producido durante su detención; resultaba más probable que se hubieran producido dentro de la furgoneta. Seguían existiendo lagunas en aquello que sabían, y el comisario Batts había fijado el 1 de mayo como fecha límite para entregar la investigación a la fiscalía.

Un reportero del periódico *Baltimore Sun*, Justin George, participó en la investigación y observó lo que podía deducirse de ella.

«Tenemos que volver a repasar esta cronología —insistió el subcomisario Kevin Davis—. Cada vez que lo hagamos, descubriremos más y mejoraremos a la hora de explicar y articular todo lo que sabemos».

Un sargento de homicidios anunció que su equipo había comprobado las cámaras de circuito cerrado de veintisiete comercios en el oeste de Baltimore, y había encontrado imágenes que mostraban una parada no documentada de la furgoneta que transportaba a Gray. En ellas se veía que Goodson salía de la furgoneta, abría las dos puertas traseras y, aparentemente, hablaba con Gray durante unos dos minutos. La parada no se había anunciado por la radio de la policía, y tampoco se sabía qué había provocado que Goodson se detuviera ni qué había ocurrido cuando había mirado en la parte trasera.

«¿Llega a entrar en el vagón?», preguntó Davis.

«No —contestó el sargento de homicidios—. Solo abre la puerta. Está en el exterior de la furgoneta, y parece que mantiene una conversación con una persona que está dentro».

Mientras estaban hablando, alguien gritó: «¡Atención!», y todos los presentes se pusieron en pie de un salto.

Entró el comisario Batts, vestido con un traje oscuro. Pidió a todos que se sentaran de nuevo y tomó asiento en un rincón de la sala. Todos los policías se sentaron tensos en sus sillas. Le pidió al investigador principal que repasara la cronología como si fuera la primera vez que la exponía. Así lo hizo: los policías en bicicleta, Nero y Miller, habían establecido contacto visual con Gray, que echó a correr. Cuando lo alcanzaron, Miller gritó: «Pistola paralizante, al suelo», y Gray obedeció. Miller lo esposó, y Gray pidió un inhalador. Después, empezó a gritar, y los agentes lo registraron y encontraron una navaja de bolsillo. Miller le inmovilizó las piernas a Gray para impedir que se moviera y pidió una furgoneta para transportarlo.

«Así que hemos pasado del contacto visual al arresto», comentó Davis.

Mientras los agentes discutían lo que había ocurrido a continuación, incluido por qué habían metido a Gray en la furgoneta, Batts tomó la palabra desde el rincón de la sala donde se encontraba sentado: quería conocer las razones por las que los agentes habían justificado la detención de Gray.

«¿Qué causa probable tenemos?», preguntó Batts.

«Tenemos la navaja —respondió Davis—. Encontramos la navaja».

«¿Cuál es la causa probable?», insistió Batts.

«Gray había huido cuando los policías en bicicleta mantuvieron con él contacto visual», dijo un inspector. También explicó que alguien llamado Terry permitía a los agentes perseguir a sospechosos que huían en zonas con índices de alta criminalidad y detenerlos sobre la base de una sospecha razonable. Pero una detención requiere una causa probable, y no se habían llegado a cumplir los requisitos para que esta se diera, así que Batts señaló que los inspectores habían esposado a Gray antes de encontrar la navaja.

¿Sospechaban acaso los inspectores que Gray tenía un arma? «¿Vieron bultos o algo? —preguntó el comisario—. ¿Hay algo así en este punto?».

«No —respondió un coronel—. No lo hay».

Batts volvió a preguntar cómo se justificaba el registro de los bolsillos de Gray y su posterior detención. Nadie del grupo de trabajo sabía qué contestar.

Horas más tarde, cuando la mayoría de los miembros del grupo de trabajo ya se habían ido a casa, Batts se sentó con sus mandos para discutir otro asunto espinoso: la policía de Asuntos Internos planeaba obligar a Goodson, el conductor del furgón policial, a declarar ante los investigadores. Las pruebas indicaban que Gray había sufrido la lesión mortal en el furgón, pero los investigadores no sabían cómo se había producido.

De todos los agentes interrogados tras la detención y muerte de Gray, solo Goodson se había negado a prestar declaración. Para Batts, era fundamental conocer su versión. Pero sus mandos le advirtieron de que se trataba de un campo de minas legal: cualquier persona sometida a una investigación penal tiene el derecho constitucional a guardar silencio, incluidos los agentes de policía. Sin embargo, según la legislación estatal, se puede obligar a los agentes de policía a declarar en el marco de una investigación interna. No obstante, cualquier cosa que allí se dijera solo podría utilizarse en los procedimientos administrativos. Si lo obligaban a hablar, quizá pudiese arrojar algo de luz al asunto, pero no podría utilizarse posteriormente en la causa penal, e incluso podría poner en peligro ese proceso al plantear problemas de contaminación cruzada.

«¿Qué vamos a contarle a esta comunidad, que ahora mismo está quemando la ciudad? —preguntó Batts, en referencia a las protestas cada vez más tensas—. ¿Salimos ahí fuera y [decimos]: "No lo sabemos"? ¿U obligamos a Goodson a hacer una nueva declaración o a llegar a un acuerdo, y podremos decir entonces si hubo conducta indebida o no? En algún momento, y ya no es por este caso en concreto, tenemos la responsabilidad de ganarnos de nuevo la confianza pública».

Un comandante señaló que los investigadores ya habían descubierto pruebas suficientes para establecer que un «clima» de negligencia había sido la causa de la muerte de Gray. Otro pensaba que hasta cuatro o cinco agentes podrían enfrentarse a cargos penales. «No le pusimos el cinturón de seguridad. Llevamos en coche al chaval al menos una media hora después de que nos dijera que no podía respirar y necesitaba un médico».

Los mandos sugirieron a Batts que comunicara a la opinión pública que los investigadores habían descubierto una conducta policial indebida.

Batts se mostró frustrado por el hecho de que siguieran existiendo tantos interrogantes sobre las lesiones de Gray. «¿Puede decirme, sin ningún género de duda, que [los agentes] no lo golpearon antes de meterlo en la furgoneta?», preguntó.

Los comandantes confesaron que no podían.

«No van a creernos —se lamentó Batts—. El público oirá lo que digo y pensará: "Es una conspiración. Lo están ocultando todo. Están intentando que esos policías parezcan inocentes"».

El viernes, al día siguiente de que Batts se reuniera con los mandos policiales, dio una conferencia de prensa y declaró que los agentes habían violado las políticas del departamento mientras Gray se encontraba bajo custodia policial. La policía estaba investigando si las lesiones de Gray se debieron a la propia detención o a un «viaje sin las precauciones debidas» en la furgoneta, dijo Batts.

Un «viaje sin las precauciones debidas» se producía cuando la policía conducía de tal manera, y a propósito, para que un preso, esposado y sin cinturón de seguridad, sufriera fuertes sacudidas en la parte trasera de una furgoneta. Una década antes, los jurados de Baltimore habían concedido 39 millones de dólares a un hombre que quedó paralizado del cuello para abajo después de un viaje en el furgón policial, y casi siete millones y medio a los familiares de un hombre que quedó parapléjico y murió dos semanas después.[8]

El día siguiente a la conferencia de prensa de Batts, la ciudad ebullía de agitación. Era sábado, 25 de abril, y el fin de semana concedió tiempo a los manifestantes para reunir a la mayor cantidad de gente hasta la fecha, una multitud. Cientos de personas se congregaron en el ayuntamiento mientras los manifestantes escuchaban a los oradores que querían «paralizar» la ciudad o tomar el control sobre ella. Se había informado a la policía de que unos «anarquistas» estaban viajando a Baltimore para sembrar el caos. Más tarde, se produjeron enfrentamientos en el centro de la ciudad, frente al estadio de béisbol Oriole Park at Camden Yards. Dos jóvenes se subieron al techo de un coche de policía y rompieron el parabrisas a patadas. Las imágenes del incidente se difundieron por todas partes. Hubo escaparates destrozados. La policía detuvo a treinta y cinco personas, entre ellas, cuatro menores. Seis agentes sufrieron heridas leves. Dos periodistas fueron detenidos, uno de los cuales declaró haber sido golpeado. La policía lo calificó como daño «involuntario».

La hermana melliza de Gray, Fredericka Gray, hizo un llamamiento a la paz. «Mi familia desea pediros algo: ¿Podéis todos, por favor, detener esta violencia? —dijo—. Freddie Gray no hubiera querido esto. Al padre y la madre de Freddie no les gusta esta violencia. La violencia no conduce a la justicia».

Al día siguiente, el teléfono móvil del subcomisario Kevin Davis vibró con un mensaje entrante.[9]

«Acabo de recibir un mensaje —informó—. Están instando a los alumnos de secundaria a faltar a clase y unirse a la protesta».

Un grupo de estudiantes del instituto Frederick Douglass estaba discutiendo sobre si hacer un parón el lunes 27 de abril por la tarde. Al mismo tiempo, los analistas de inteligencia de la policía afirmaban que también habían encontrado un panfleto en las redes sociales, que supuestamente llamaba a una «purga». Este nombre venía de una película conocida que trataba de que todo crimen que se cometiera durante un período concreto de doce horas, se convertía en legal. Davis indicó que se les había propuesto a los estudiantes que marcharan desde el centro comercial Mondawmin Mall hasta Inner Harbor.

«Es posible que mañana tengamos problemas», avisó Davis.

Los ojos de Batts estaban inyectados en sangre y desenfocados en el momento en que se sentó por primera vez con el personal a sus órdenes, la mañana temprano del día en que, en principio, iba a suceder la «Purga».[10] El comisario vestía un uniforme blanco almidonado que desentonaba con la cantidad de tiempo que había pasado en la comisaría desde la muerte de Gray.

Batts intuía que Baltimore estaba al borde del abismo, y temía no disponer de los efectivos necesarios para hacer frente a una revuelta. Se había puesto en contacto con jefes de policía hasta en Filadelfia con el fin de pedirles ayuda, pero se lamentó de que nadie se hubiera ofrecido a enviar refuerzos, salvo algunas oficinas de policía, que enviaron un puñado de oficiales. Pero estas también disponían de equipos limitados y anticuados.

De improviso, el subcomisario Dean Palmere y la teniente coronel Melissa Hyatt irrumpieron diciendo que necesitaban hablar con Batts de forma urgente. Cuando salieron, el portavoz principal, el capitán Eric Kowalczyk, se sentó al ordenador y empezó a redactar un comunicado de prensa sobre una «amenaza probable»: las bandas estaban organizándose para «montar un frente» que «acabase» con los agentes de la ley. Kowalczyk confesó más tarde que las autoridades contaban con un informante que sostenía que había estado presente en una reunión de bandas y había oído directamente cómo planeaban esta amenaza.[11] Un detalle esencial que pudo oír fue que se estaban escondiendo armas en los tejados, aunque el FBI declaró más adelante que la información se había considerado «no creíble».[12]

El funeral de Gray iba a celebrarse ese mismo día. La supuesta amenaza, difundida sin citar información concreta y procedente de una fuente en la que no se confiaba, producía inquietud en un momento inoportuno.

En el funeral, miles de personas escucharon al abogado de la familia Gray, Billy Murphy, denunciar una mentalidad de grupo dentro de la policía que, según él, protegía a los agentes para evadir responsabilidades.

«No nos engañemos. No estaríamos aquí hoy si no fuera por las cámaras de vídeo —recordó Murphy a los dolientes—.

En lugar de un encubrimiento tras ese muro azul, otro encubrimiento tras otro muro azul… y una mentira tras otra, ahora vemos la verdad como nunca antes. Y no es agradable».

El panfleto de la «Purga», supuestamente colgado en las redes sociales, llamaba a una sublevación que iba a comenzar en el centro comercial Mondawmin Mall, en la zona oeste. Años más tarde, sigue sin definirse el origen de esta iniciativa, y tampoco si realmente tuvo alguna influencia entre los jóvenes. No obstante, su existencia puso en aprieto a las autoridades policiales.

Hacia la una y media de la tarde, la policía pidió a las escuelas de la ciudad que escalonaran los horarios de salida, pero los funcionarios escolares alegaron que tenían poco tiempo para organizarse. A continuación, tres delegaciones de la policía se congregaron en la estación de metro situada justo al lado del centro comercial para una breve reunión de información sobre los detalles del plan, ya vestidos y equipados como antidisturbios. Se informó del lanzamiento de la primera piedra sobre las dos menos cuarto de la tarde y, en solo unos pocos minutos, la policía formó una barrera protectora alrededor del circuito de vehículos del centro comercial, bloqueando el acceso a los autobuses a medida que los adolescentes llegaban a la salida del metro, que utilizaban cinco mil jóvenes cada día para volver a sus casas desde la escuela.[13] «Empecemos a rodear a estos chicos y a hacer detenciones», ordenó un agente por radio. A las tres de la tarde se ordenó el cierre de la estación de metro, una medida por la que nadie se ha responsabilizado, incluso años después, y que, de acuerdo a algunos miembros de la comunidad, fue la verdadera chispa que saltó y propició lo que sucedió a continuación.

Aquellos adolescentes que deseaban llegar a casa no podían. Otros parecían llevar piedras en las mochilas. Se ordenó a los agentes que se pusieran en fila y no se enfrentaran. Las piedras volaban, y los agentes, con un equipo anticuado y escasa formación para una situación como esta, resultaban heridos. «¡Nos están haciendo papilla!», gritó uno de ellos. Se vio al menos a un policía que lanzaba las piedras que le llegaban contra los jóvenes. «¡No avancen ni los persigan! —insistió un supervisor por radio—. Mantengan esa línea, mantengan esa línea. No avancen; mantengan la línea».

Wayne Jenkins estaba de pie, en la penumbra del centro neurálgico de cámaras de vigilancia de la sexta planta del departamento, observando las imágenes de las pantallas.[14] Considerado por algunos como uno de los mejores policías patrulleros de la institución, solo había realizado cuatro detenciones en todo el año después de que se le impusiera un tiempo de descanso mientras se le investigaba por haber colocado presuntamente drogas a Walter Price la primavera anterior. Un mes antes de la muerte de Gray, Jenkins fue acusado internamente de conducta indebida, lo que podría acarrearle graves sanciones. A pesar de ello, había estado en la calle durante los disturbios y ahora, al ver las imágenes de los agentes heridos en inferioridad numérica, decidió entrar en la refriega.

Se estaba pidiendo a los agentes que acudieran al borde del parque Druid Hill, a la entrada del zoológico del estado, a pocas manzanas del centro comercial y la estación de metro, para prestar ayuda a los agentes heridos. Jenkins corrió por el pasillo, encontró a otro sargento por el camino, Lavern Ellis, y le contó lo que estaba ocurriendo. Se subieron a un coche y atravesaron el atasco hasta llegar al parque, donde estaba aparcada una furgoneta de la División Correccional, de las que se utilizaban para trasladar a los agentes en pelotones. En un informe a sus supervisores, el cabo de prisiones a cargo de la furgoneta declaró que se estaba bajando del vehículo cuando Jenkins se subió con otras cinco personas, alegando que se trataba de una emergencia, y se marchó, dejando atrás al cabo. Un vídeo captado desde un helicóptero de noticias y desde tierra muestra cómo el vehículo —que tenía una ventanilla lateral rota— llegaba al centro comercial sobre las cuatro de la tarde. Jenkins escribió más adelante su propia versión de lo sucedido, que afirmaba que la furgoneta había sido bombardeada con objetos mientras él se dirigía hacia los agentes heridos y los subía al vehículo.[15] A continuación, ordenó a otro agente que se encontraba en el lugar de los hechos que los llevara a una zona segura y ocupó su puesto en primera línea del frente policial, según declaró. Sus supervisores lo nominaron para una mención especial por sus acciones.

Un superior que se encontraba allí recordó más tarde que Jenkins había presionado para que le dieran permiso para enfrentarse a un grupo de jóvenes que tiraban piedras a unos cincuenta metros de distancia y llevarlos detrás de la barrera protectora.[16] La respuesta fue negativa, y Jenkins discutió con el supervisor porque no se le permitía ser más agresivo.

Otros agentes recuerdan que Jenkins también rebuscó en su propio bolsillo y pagó hasta seiscientos dólares para alimentar a unos agentes hambrientos. Fue a la tienda de comestibles Royal Farms y volvió con bolsas de pollo frito.[17] «Prácticamente alimentó él solo al departamento durante ese día —recuerda un agente—. Fue un gran apoyo moral».

En Mondawmin, los enfrentamientos se extendían a las calles residenciales, mientras que una multitud de jóvenes se abría paso casi un kilómetro hacia el sur, hasta la intersección de las avenidas Norte y Pennsylvania, otra zona concurrida y centro de tránsito.[18]

Los agentes permanecieron a la espera mientras una farmacia CVS —uno de los pocos lugares de confianza de la comunidad, donde los residentes podían adquirir medicamentos y suministros a precios asequibles— era asaltada y saqueada. «Esperábamos saqueos, dejemos que ocurran», habían dicho los mandos por radio, preocupados por la imagen que darían los agentes si se metían en una batalla callejera.[19] La gente salía de la tienda con los brazos llenos de bollos Tastykakes, paquetes de detergente y otros productos, incluso llegaban coches que traían a la gente para poder saquear a toda prisa. Cuando las estanterías quedaron vacías, se encendieron fuegos en el interior y la tienda empezó a arder. En la avenida Norte, saquearon un coche abandonado de la policía de la ciudad y prendieron fuego a un vehículo policial de transportes situado al otro lado del cruce. Cuando los bomberos acudieron a extinguir el incendio en la CVS, un joven que llevaba una máscara antigás pinchó la manguera.

Mientras los agentes deliberaban si intervenir e intentar restablecer el orden, un veinteañero llamado Donta Betts se plantó en la calle, donde prendió bombonas de propano con carbón vegetal y papel higiénico para crear una barrera. Betts también saqueó tres tiendas ese día. Cuando se le preguntó después de su detención por el motivo de sus actos, respondió a las autoridades federales: «Supongo que hice todo eso porque había llegado mi hora de volverme loco con la policía».[20]

La policía acabó tomando el control de la intersección, pero los saqueos continuaron durante toda la noche, y varias droguerías y farmacias fueron asaltadas. Se robaron casi trescientas quince mil dosis de medicamentos, de las cuales más del cuarenta por ciento eran opioides de la Lista II, una clase que incluye la metadona, la oxicodona y el fentanilo.[21] Eran «suficientes estupefacientes para mantener las calles de Baltimore intoxicadas durante un año», declaró el comisario Batts. La DEA, por su parte, informó más tarde de que las fuerzas del orden no habían recuperado ninguno de los medicamentos con receta que habían sido robados.

No lo sabían, pero no era del todo cierto.

Aquella misma noche, en un tranquilo barrio ribereño de los suburbios, a treinta kilómetros al este del centro de la ciudad, el sueño de Donald Stepp se vio interrumpido, pues recibió una visita en la puerta de su garaje.[22] Era Jenkins, que acababa de protagonizar un acto heroico en Baltimore Oeste. Del interior del maletero de su coche de policía camuflado sacó dos bolsas de basura que contenían miles de pastillas.

«¿Qué es esto?», preguntó Stepp.

Jenkins explicó que había detenido a personas con drogas saqueadas, y que le estaba llevando la mercancía interceptada.

«Tengo una farmacia entera. Ni siquiera sé lo que es».

Aún faltaban cuatro días para que venciera el plazo en que la policía debía entregar su investigación a la fiscalía. El gobernador Larry Hogan declaró el estado de emergencia y se instauró un toque de queda en toda la ciudad. Se desplegó a la Guardia Nacional, y Hogan pidió mil efectivos, que más tarde se duplicaron.

La investigación sobre la muerte de Freddie Gray había adquirido una nueva dinámica: ya había existido la amenaza de que se produjeran disturbios civiles, pero ahora la situación se había desbordado. Los medios de comunicación avivaban las tensiones, y todo hacía pensar que podrían estallar nuevas revueltas.

La oficina de Mosby ya se estaba preparando para presentar cargos penales. El 23 de abril, cuatro días antes de los disturbios, los fiscales se pusieron en contacto con el comisario John Anderson y su ayudante, Samuel Cogen, para incluir en el caso a su oficina, que se encargaba de la seguridad de los juzgados y de las órdenes de detención por violencia doméstica. Afirmaron que el público había perdido la confianza en el departamento de policía, y los fiscales querían que el alguacil revisara los documentos del caso y los ayudara a terminar y presentar la declaración de causa probable.[23] No se solicitó a la oficina del comisario que realizara ninguna tarea de investigación, solo que revisara lo que ya se había recopilado. Cogen había sido presidente de la Orden Fraternal de la Policía, pero también se había licenciado en sociología y había participado en estudios sobre el uso de la fuerza junto a un grupo de expertos policiales. Llegó a una conclusión muy diferente de aquella a la que habían llegado muchos otros miembros de las fuerzas del orden: él sí consideraba que había una causa probable para acusar a los agentes de ciertos delitos. «Mi instinto me decía: "No quiero acusar a otros policías" —explicó Cogen más tarde—. Pero, cuando lo analicé todo, para mí resultó muy evidente que teníamos que acusar, y que no hacerlo hubiera supuesto un delito de encubrimiento y abandono del deber».

El grupo de trabajo del departamento de policía informaba a los fiscales cada pocos días, pero la fiscalía compartía muy poco sobre su propio proceso. A la policía le preocupaba que Mosby acusara a los agentes antes de recibir los resultados de la investigación policial. Algunos mandos creían que, de ese modo, Mosby podría afirmar que su oficina había actuado en un momento en que la ciudad necesitaba respuestas, mientras que el Departamento de Policía de Baltimore no lo había hecho.

Mientras tanto, Mosby pensaba que el plan de Batts de celebrar una conferencia de prensa el viernes 1 de mayo suponía un intento para presionarla con el objetivo de que actuara.[24] Relató a *The New York Times* una tensa conversación telefónica con la alcaldesa Rawlings-Blake, en la que se quejaba de lo ocurrido. «Hay manifestantes fuera, están quemando cosas —recordó Mosby—. Les advertí que eso iba a ocurrir, porque estaban acabando con la confianza de la gente. Así que llamé a la alcaldesa. Yo estaba muy furiosa y le dije: "Esto es ridículo. Ustedes solitos han causado todo lo que está sucediendo en la ciudad en este momento". No pude evitar gritarle. Y va y me dice: "Oh, no, estoy recibiendo llamadas del fiscal general y del despacho del presidente. Me preguntan qué está haciendo la fiscal del Estado". Le contesté: "Eso se debe a que usted y su comisario han creado falsas expectativas. Todo esto lo han causado ustedes, no yo. No lo he hecho yo". Y solté: "¿Y sabes qué más...?". No recuerdo lo que dije, pero le colgué. Y eso fue lo que pasó».

Mosby ordenó a Batts que dejara de divulgar información sobre la investigación; no habría rueda de prensa de la policía.

El miércoles por la noche, Batts llamó al jefe de policía Stanley Brandford, que dirigía la investigación policial, para preguntarle cómo iba. Brandford le comentó que al grupo de trabajo aún le quedaba mucho por hacer, pero que sus miembros estaban seguros, al menos, de una cosa: Freddie Gray había resultado herido en la furgoneta y no había sido golpeado. El expediente del caso se entregó a la oficina de Mosby el jueves por la mañana, un día antes de que venciera el plazo.

La autopsia finalizó a la mañana siguiente, el viernes 1 de mayo. El equipo forense estaba seguro de que Gray había sufrido un impacto de «gran violencia» en el cuello, similar a una lesión por zambullida, que había sido el resultado de una caída dentro de la furgoneta en marcha al no haber podido sujetarse a algo. La mayoría de las muertes relacionadas con vehículos de motor y causadas por otra persona se consideran «accidentes» —un pasajero que muere porque el conductor se salta una señal de *stop,* o un niño que fallece por no ir sujeto en su sillita en el coche, por ejemplo—, pero la oficina del forense determinó que la policía tiene el deber especial de cuidar a las personas que están bajo su custodia. Y eso convirtió la muerte de Gray en un homicidio.

El grupo de trabajo se reunió de nuevo a primera hora del viernes para continuar su labor, y se enteró de que Mosby iba a celebrar una rueda de prensa. Unos cinco minutos antes de que empezara la rueda de prensa, Mosby llamó a Rawlings-Blake para comunicarle lo que estaba a punto de ocurrir.[25]

El personal del despacho de Mosby había conducido hasta el Monumento Conmemorativo a los Veteranos con un atril y banderas, cubierto todo ello por una manta en la parte trasera de la camioneta para que nadie en el ayuntamiento se diera cuenta. Mientras los medios de comunicación se congregaban, su personal se reunió, rezó y luego bajó los escalones de piedra del Monumento Conmemorativo a los Veteranos, un bastión neoclásico situado frente a la comisaría de policía y el ayuntamiento. Mosby subió al atril, con su equipo ejecutivo desplegado detrás de ella. Cogen, que pertenecía a la oficina de la comisaría, decidió no asistir y se quedó en su despacho.

Mosby afirmó que su despacho había llevado a cabo una investigación independiente, trabajando día y noche, buscando testigos y revisando la información disponible.

«Las conclusiones de nuestra investigación exhaustiva, minuciosa e independiente, junto con la resolución del médico forense, que hemos recibido hoy y que afirma que la muerte del señor Gray fue un homicidio, nos llevan a creer que tenemos una causa probable para presentar cargos criminales».

A continuación, Mosby leyó un extenso informe sobre la detención y la muerte de Gray.

«A pesar del grave peligro que acontecía al estado de salud del señor Gray, ningún agente le prestó asistencia médica ni se avisó a ningún profesional de la salud en ese momento».

Mosby enumeró los cargos, y se acusó a seis oficiales. El conductor de la furgoneta, Goodson, se enfrentaba a un asesinato en segundo grado. Otros tres fueron acusados de homicidio involuntario.

«Al pueblo de Baltimore y a los manifestantes de todo Estados Unidos: he escuchado vuestro llamamiento de "Sin justicia no hay paz". Vuestra paz es, sinceramente, necesaria, mientras trabajo para hacer justicia en nombre de este joven —expresó—. A los agentes de los estratos inferiores del Departamento de Policía de Baltimore: deseo asegurarles que las acusaciones contra estos seis agentes no son una imputación contra todo el cuerpo... Las acciones de estos agentes no dañarán ni deberían dañar en modo alguno las importantes relaciones de trabajo entre la policía y los fiscales mientras seguimos combatiendo juntos para reducir la delincuencia en Baltimore.

»Por último, pero no por ello menos importante, a los jóvenes de la ciudad: buscaré justicia en vuestro nombre. Este es el momento. Este es vuestro momento. Asegurémonos de que impulsamos concentraciones pacíficas y productivas que desarrollen cambios estructurales y sistémicos para las generaciones venideras».

Concluyó con su lema de campaña: «Estáis a la vanguardia de esta causa y, como jóvenes, "Ahora es nuestro momento"».

Hubo vítores entre la multitud.

De vuelta en la comisaría, los mandos y miembros del grupo de trabajo se quedaron atónitos; a uno incluso se le cayó un expediente que llevaba en la mano.[26] Sentían que aún quedaban demasiadas preguntas sin respuesta; los fiscales no podían haber tenido en cuenta el trabajo del grupo especial si habían tomado su decisión tan rápido.

«¿Cómo van a demostrarlo?», preguntó un oficial. Michael Boyd, uno de los investigadores principales, reflexionó sobre su trabajo y la rápida actuación de los fiscales: «Fue casi como estar en un velatorio».

«Pues nos han fastidiado a todos». Miller, uno de los agentes encargados de la detención, envió este mensaje de texto a los demás.[27]

«Sí», respondió Porter.

A la media hora de concluir la rueda de prensa, la bandeja de entrada del correo electrónico de todos los empleados del Departamento de Policía de Baltimore se iluminó con un mensaje.[28] Era de Wayne Jenkins:

«AYUDA A NUESTROS COMPAÑEROS Y COMPAÑERAS AHORA», rezaba el asunto del mensaje.

A todos los miembros del Departamento de Policía de Baltimore, a todas las unidades, retiradas o activas. Ahora es el momento de que TODOS donemos dinero a nuestros compañeros y compañeras de azul. Cada miembro debe donar, sin egoísmo ni críticas. Considero que todos los miembros activos deben donar $500. Esta trágica y terrible situación nos podría haber afectado a cualquiera, en cualquier momento. Por favor, os ruego que no digáis: "Tengo facturas que pagar o no puedo permitírmelo…". Unámonos de una vez y ayudémonos los unos a los otros sin preocuparnos por nuestra propia preservación.

Yo, el sargento Wayne Jenkins, recogeré todas las donaciones de la unidad SES [Sección Especial de Ejecución de la Ley]. ¿Podría alguien, si fuera tan amable, ofrecerse a ayudar, solicitar la donación a todas y cada una de las unidades de nuestro departamento, y asegurarse de que todos, todos, todos donen? No más avaricia ni excusas, ahora es el momento de demostrar que somos una familia. Recordad: esta situación tan terrible nos podría haber afectado a cualquiera de nosotros. Responsabilizad a cada uno de nuestros

compañeros y compañeras de estas donaciones lo antes posible.
A CADA MIEMBRO.

A continuación, Jenkins organizó una recaudación de fondos en el bar Silk's, propiedad de Dennis Danielczyk, socio de Stepp, y envió otro correo electrónico pidiendo que se leyera la convocatoria en todas las reuniones de la brigada.[29] Byron Conaway, un supervisor de alto rango de la Sección de Inteligencia Operativa, le contestó: «Eres todo [un] líder, Wayne… Te respeto mucho, hermano».

De inmediato, la decisión de presentar cargos penales resultó controvertida. Mosby fue elogiada por la mayoría por tomar medidas que raras veces se tomaban y actuar con firmeza: los casos de gran repercusión de los meses anteriores habían demostrado que, en lo que respectaba a la policía, las autoridades a menudo daban largas al asunto y buscaban formas de absolver a los agentes en lugar de tomar el tipo de medidas rápidas a las que los ciudadanos corrientes se podrían enfrentar en circunstancias similares.

Para muchos otros, Mosby había actuado de forma precipitada. Se repetía la frase «sin la deliberación adecuada», y la atacaron los comentaristas desde los medios de la derecha. Una revista publicada por un sindicato policial de Nueva York puso su imagen en portada bajo el titular: «El lobo que acecha». Mosby provocó después más ira aún; parecía regodearse de la atención positiva cuando se sentó en el escenario de un concierto de Prince en Baltimore y dejó que Annie Leibovitz la fotografiara para la revista *Vanity Fair*.

Uno de los fiscales, que llegó a creer con el tiempo que el caso contra los agentes era justo, reconoció, no obstante, que en aquel momento la mayoría de la fiscalía consideraba que posiblemente se habían exagerado los cargos, y que el caso se había presentado seguramente con fines políticos.[30]

El ayuntamiento y, más tarde, Rawlings-Blake, pidieron al Departamento de Justicia que llevara a cabo una investigación sobre los derechos civiles del departamento de policía. Esta investigación precedió a un decreto de consentimiento, mediante el cual un equipo de seguimiento y un juez federal pasaron a encargarse de supervisar al departamento. Como parte de la investigación sobre derechos civiles, el Departamento de Justicia envió un equipo de investigadores para examinar los archivos internos y celebrar reuniones en las que los vecinos relataban su versión de los hechos. El plan consistía en hacer rondas por la calle y analizar datos.

Los agentes denunciaron que se encontraban continuamente rodeados por gente furiosa y cámaras de móvil, incluso en llamadas rutinarias. Las detenciones policiales se redujeron de forma drástica, hasta en un noventa por cierto desde abril a mayo. Los agentes que trabajaban en la unidad de paisano recuerdan que se presentaban a trabajar y no hacían nada. «Lo único que oíamos era que la policía era malísima. Preguntábamos con honestidad a nuestros superiores: ¿Vamos a trabajar hoy? —dijo un agente que trabajaba de paisano en aquella época—.[31] ¿La ciudadanía desea ejercer de policía por sí misma? Pues vamos a ver cómo lo hace».

Nadie murió durante las revueltas ni durante ninguna acción relacionada con los disturbios civiles, pero lejos de las manifestaciones, la violencia estalló en toda la ciudad.

Cuarenta y dos personas fueron asesinadas en mayo, el mayor número en un solo mes en Baltimore desde agosto de 1990, cuando la población era de cien mil personas más. Los tiroteos se produjeron por todas partes, pero en especial en la zona oeste de la ciudad. Andre Hunt, de veintiocho años, era un peluquero muy querido que daba clases a niños y trabajaba como voluntario en la sede local de las Asociación Nacional para el Progreso de las Personas de Color.[32] También había sido detenido por Jenkins dieciocho meses antes, y se había convertido en colaborador de la DEA. Fue asesinado en una emboscada en su propia peluquería menos de tres semanas antes de la fecha prevista para su sentencia. Una mujer de treinta y un años y su hijo de siete fueron asesinados a tiros en su casa.[33] El hijo de veintidós años del productor del vídeo *Silencio, putos soplones,* de mediados de la década del 2000, que estaba en la cárcel, fue asesinado en la zona este.[34] Una noche, un hombre fue tiroteado en Baltimore Noroeste. Treinta minutos después, otro hombre recibió un disparo mortal a una manzana de distancia. Más tarde, la policía determinó que el segundo hombre había matado al primero y luego había sido abatido por otra persona, que también murió asesinada años más tarde.

El comisario Batts había perdido la confianza de los policías de rangos inferiores. A finales de mayo, se reunió a puerta cerrada con los agentes en la sede del sindicato y les pidió disculpas por haberlos puesto en peligro durante los disturbios.[35] Les instó a centrarse en la lucha contra la delincuencia.

«Ayer, un niño de nueve años fue tiroteado por estas cabezas huecas, gánsteres, matones… como quieran llamarlos —afirmó—. Gente inocente recibe disparos en las calles de Baltimore. La gente cree que estamos hundidos. La gente nos da por perdidos. Lo digo de todo corazón: tenemos que demostrar lo buenos que somos, joder… Estoy preparado para sacaros de esto».

El 8 de julio, Batts se encontraba en una reunión en un hotel del centro de la ciudad. Participaba en una investigación del departamento que analizaba el modo en que la policía había gestionado los disturbios, cuando le sonó el móvil. La presión había ido en aumento: la alcaldesa Rawlings-Blake consideraba que Batts ya no podía seguir al frente de la policía de la ciudad y había barajado distintas opciones.[36] No podía elegir a alguien de dentro, y la ciudad no soportaría una larga búsqueda de otro comisario externo. Además, ¿quién en su sano juicio querría el puesto? El subcomisario Kevin Davis parecía encajar: era un forastero que había desarrollado su carrera en los condados cercanos de Prince George y Anne Arundel, pero después de seis meses en el puesto también conocía el Departamento de Policía de la ciudad. A Rawlings-Blake le gustaba su carácter tranquilo. Aún no se había decidido sobre Batts cuando mantuvo una reunión con el presidente de la Universidad Johns

Hopkins, Ronald Daniels, y con el fundador de la empresa de ropa Under Armour, Kevin Plank, quienes le insistieron en que la única opción era despedirlo. Davis quedó al mando al instante.

El mes de julio terminó con la cifra imposible de cuarenta y cinco homicidios, un récord para un solo mes en la ciudad. Las autoridades anunciaron una nueva «sala de batalla», en la que iban a elaborar una lista de objetivos y colaborar entre organismos para crear casos contra ellos.

«Estamos presionando para que se adopte un planteamiento que incluya a todas las partes implicadas en el actual aumento de la violencia —declaró Rawlings-Blake en una conferencia de prensa—.[37] Sabemos que la delincuencia no se detiene. Nosotros tampoco podemos quedarnos con las manos cruzadas. Es importante que trabajemos juntos y volvamos a comprometernos con esa colaboración todos los días para que podamos hacer frente a este repunte de la delincuencia».

Como nuevo comisario, Davis buscó opiniones sobre lo que tenía que hacer para dar un giro al departamento de policía y recuperar la confianza de los ciudadanos. Tanto los miembros de la comunidad como los agentes le advirtieron «al momento» de que las unidades de paisano eran un problema que debía abordar, aunque él dijo que carecía de datos concretos.[38] «Eran todo advertencias, pero sin aportar detalles reales —recordó más tarde—. En general, era como si insinuaran: oye, ten en cuenta que estos tipos son bastante ambiguos y hacen de las suyas».

Pero también creía que las unidades de paisano eran necesarias para acabar con la delincuencia. «Es preciso que se identifique a las personas armadas y que hieren a la población. Los agentes de patrulla se toparán con gente así de vez en cuando, pero en realidad, las estrategias de investigación a corto plazo, la actividad callejera que genera ese tipo de detenciones e incautaciones, eso no lo hace la patrulla», sostuvo Davis.

A mediados de julio, Davis y algunos de sus mandos superiores convocaron a las unidades de paisano del departamento en el auditorio del cuartel general, una sala monótona, con sillas de madera, que recordaba al salón de actos de un instituto. Según varios asistentes, los mandos instaron a los agentes a volver al trabajo. El subcomisario Dean Palmere, que había dirigido la División de Impacto de Delitos Violentos en sus mejores tiempos, les dijo que la era Batts había terminado: «Es hora de salir ahí fuera y hacer lo que mejor sabéis».

«El mensaje era este: demostradles [a los ciudadanos] que necesitan a la policía», comentó uno de los varios agentes asistentes que relataron la reunión.

Uno de los asesores de mayor confianza de Batts, el capitán Eric Kowalczyk, estuvo presente en la reunión y se sintió tan decepcionado por el ambiente que se respiraba en la sala que, según dijo, ese mismo día decidió jubilarse, sin derecho a cobrar la pensión.

«Cualquier esperanza que hubiera tenido de seguir adelante con nuestros esfuerzos para reformar la institución murió en ese momento. Allí estaba uno de los más altos cargos de la policía, diciéndoles a los agentes de paisano que hicieran lo que fuera para reducir la delincuencia. Todo lo que hiciera falta —escribió Kowalczyk en su libro—.[39] Esa mentalidad y ese modo de actuar eran exactamente las razones por las que acabábamos de sufrir un motín, las razones por las que la gente había protestado contra el departamento durante semanas y semanas, las razones por las que casi doscientos agentes habían resultado heridos, se había destruido millones de dólares en propiedades y habían cambiado vidas de manera irrevocable. No se había aprendido ninguna lección. Nada había cambiado».

Capítulo 8

Despejado

La indignación por la muerte de Freddie Gray había conmocionado a la ciudad y a la policía. Por fin se pusieron en marcha las conversaciones con el Departamento de Justicia que desembocaron en un decreto federal de consentimiento, un acuerdo a largo plazo supervisado por un juez federal. Pero la delincuencia se había disparado de la noche a la mañana a un ritmo asombroso, y los agentes se habían replegado en gran medida, con una consecuente caída en picado de las detenciones callejeras. El índice de delincuencia le había costado el puesto al comisario Batts, y la próxima administración se veía obligada a invertir la tendencia.

Pocos días después de la arenga de la dirección a los agentes de paisano en julio, Wayne Jenkins volvió a las calles a efectuar detenciones por primera vez desde antes de los disturbios. Aunque todavía tenía pendiente un expediente disciplinario por la detención de Walter Price, los registros judiciales demuestran que efectuó seis detenciones con armas cortas en cuatro de sus primeros días de regreso a la patrulla.

Jenkins no tardó en crear una nueva brigada dentro de la Sección Especial de Ejecución de la Ley, y contrató a Maurice Ward, un inspector de treinta y cinco años que trabajaba en otra unidad de paisano. Jenkins le dijo a Ward que le habían dado permiso para elegir su propia brigada, que contaba con tres inspectores.

Ward lo consideró «un honor».[1]

«Recibí una llamada inesperada de Jenkins, que me preguntaba si aceptaría entrar en su brigada —relató Ward en un interrogatorio años después—. En todo aquel tiempo se le consideraba uno de los mejores policías de estupefacientes, no solo de la ciudad, sino también del estado. Todo el mundo quería trabajar para él».

Hubo una persona, recordó Ward, que le advirtió sobre Jenkins.

Sean Suiter «fue la única persona que me dijo que tuviera cuidado con él [Jenkins] —confesó Ward—. No entró en detalles, pero me dijo: "Aprende lo que puedas y luego aléjate de su equipo. Si escuchas bien por las calles, te darás cuenta de que hace algunas locuras. A él lo protegen, y a los tipos que trabajan para él dejan que se los merienden los lobos"».

Desde el principio, quedó claro que esta brigada tenía más flexibilidad y ventajas de las que Ward estaba acostumbrado. El horario del nuevo equipo sería diurno, de ocho de la mañana a cuatro de la tarde, lo que resultaba en realidad una oportunidad para hacer horas extra, ya que su trabajo a menudo implicaba salir a la calle por la noche. Ward dice que le advirtieron de que no habría fines de semana y que las horas extra serían ilimitadas.

«Nunca, ni siquiera el primer día, llegamos a la hora. Siempre llegábamos al menos tres horas tarde. Jenkins siempre enviaba un mensaje de texto señuelo diciendo cosas como: "Sepárense de su objetivo a tal y tal hora y preséntense aquí". Lo hacía para que pareciera que estábamos trabajando. Así, si Asuntos Internos nos vigilaba, podíamos cubrirnos».

Todos los días se reunían en el Cuartel General de la Policía o en una oficina situada en los terrenos de la academia de policía, a la que llamaban «el Granero», y revisaban los correos electrónicos interdepartamentales, con el fin de enterarse de dónde se habían producido los últimos tiroteos y acudir a esa zona. Se esforzaban por detener al mayor número posible de personas. «De media, entrábamos en contacto con treinta personas al día —declaró Ward más tarde—. Aprendimos rápido que era un juego de números: si entras en contacto con un mayor número de personas, más posibilidades tienes de incautar un arma».

Jenkins siempre conducía cuando la brigada recorría las calles, y su afición a abalanzarse sobre la gente solía provocar persecuciones. «Teníamos varias persecuciones a mucha velocidad todos los días. A veces, el coche se estrellaba o Jenkins embestía a los vehículos con el ariete que había incorporado especialmente para eso en su coche —comentó Ward—. Cuando perseguía coches, prestaba demasiada atención al objetivo y obviaba el resto de la carretera, y teníamos que sacudirlo físicamente o darle un golpecito para que volviese en sí».

En ocasiones, cuando se encontraban con grupos de jóvenes parados, Jenkins conducía hacia ellos y hacía lo que Ward llamaba la «puerta abierta»: los agentes abrían las puertas de sus coches como si estuvieran a punto de saltar fuera para ver quién de la multitud salía corriendo.[2] El inspector Marcus Taylor, el más rápido de los miembros de la brigada, era el corredor designado.

Las tácticas policiales agresivas y llegar tarde al trabajo parecían poca cosa, pero Ward pronto vio de cerca aquello de lo que Suiter seguramente le había advertido. Jenkins estaba aplicando todo tipo de tácticas en la búsqueda de drogas y armas, algunas de las cuales iban mucho más allá de lo que se consideraba aceptable. A menudo le quitaban las llaves a la gente y registraban sus coches o casas sin una orden judicial, confesó Ward, y también utilizaban localizadores GPS sin una autorización judicial.[3] A veces conseguían órdenes judiciales fabricando sus propias pruebas. Por ejemplo, cuando detenían a un presunto traficante de drogas, Jenkins revisaba el teléfono del hombre, leía los mensajes de texto y luego se llamaba a su propio «teléfono desechable», que estaba registrado con un nombre falso. Taylor o él mismo solicitaban entonces un registro de llamadas para rastrear el teléfono de esa persona, explicó Ward. «Mentían y decían que una fuente confidencial había mantenido una conversación telefónica o enviado un mensaje de texto a esa persona y le había hablado de comprar drogas. Así conseguían que se firmara la orden, y ya podían rastrear el teléfono de esa persona.

»Todas estas cosas nos las enseñó él, al pie de la letra —comentó Ward—. Nos sentaba, nos daba pequeñas clases, nos planteaba situaciones hipotéticas, veía lo que hacíamos y nos mostraba cómo hacerlo sin que nos pillaran.

»Nadie podía decirle nada. No escuchaba a nadie. Había veces que quería hacer cosas ilegales, ir demasiado lejos, y en la brigada le decíamos que no, y él se enfadaba y nos dejaba en Baltimore sin transporte. Teníamos que llamar a la patrulla o a otra brigada».

Ward dijo que Jenkins recogía y guardaba toda la droga que incautaban; aseguraba que la presentaría a Control de Pruebas antes de volver a casa.

«A veces vivía en su despacho durante una semana antes de irse a casa, así que lo creímos», afirmó Ward.

Ward, que llevaba doce años en el departamento cuando se unió a la brigada de Jenkins, no alegó que Jenkins lo hubiera corrompido. En el momento en que comenzaron a trabajar juntos, él mismo llevaba años sustrayendo dinero de los escenarios de crímenes que registraba.

Ward, el mayor de tres hermanos, nació en el seno de una familia de militares y creció en las bases de California, Nueva York y Carolina del Norte antes de establecerse en Baltimore en los años noventa, cuando estaba en la escuela secundaria.[4] Sacó buenas notas y corrió en atletismo en el instituto de Catonsville, en los suburbios al suroeste de la ciudad. Asistió a la universidad comunitaria, trabajó un tiempo como carretillero y se incorporó al departamento en 2003, a los veintitrés años. «Estaba entusiasmado porque creía que, al ser mi ciudad natal, podía cambiar las cosas mejor que alguien que viniera de otro estado —afirma—.[5] Sentía que entendía mejor a la gente».

Pero Ward se lamentaba de que con el tiempo llegó a pensar que se discriminaba a los agentes negros, ya que los blancos tenían más probabilidades de ser destinados a unidades especializadas o de ser recompensados por su trabajo. «Como persona negra, tenía que trabajar más para demostrar mi valía —expone—. Después de unos cinco años, se convirtió en un trabajo y yo quería sacarle el máximo partido, porque tenía la sensación de que no les importaba mi bienestar: que me pagaban mal, que me costaba más entrar en unidades especializadas, que me pasaban por alto todo el tiempo».

Ward recuerda la primera vez que se dio cuenta de que podía salirse con la suya en el Departamento de Policía de Baltimore. Un día, cuando volvía a casa del trabajo, recordó que se había olvidado de presentar pruebas de drogas en una detención que había realizado.

«Estaba aterrorizado porque en la academia enseñan que Asuntos Internos lo sabe todo, que siempre está vigilando, para asustarte», comentó.

Pero nadie se dio cuenta. Nadie preguntó.

«Supe entonces que no había forma de hacer un seguimiento de lo que hacía en la calle, a menos que alguien estuviera allí conmigo», afirma.

¿Qué más cosas irregulares podría hacer un oficial?

Ward declaró que había empezado a robar dinero cuando al fin se incorporó a las unidades de paisano, alrededor de 2009. Aunque «no era algo habitual», dijo, era fácil de hacer, porque cuando se recogía dinero en un registro, solo un agente se encargaba de embolsarlo y contarlo todo. «Así que nadie sabía con exactitud de cuánto dinero se trataba hasta que la persona que lo entregaba te lo decía», explicó.

Recordó la primera vez que aceptó dinero robado de otro agente. Sin que Ward ni los demás agentes lo supieran, el policía se había quedado con dinero que habían encontrado durante un registro, y al final del día entregó una parte a cada uno. «No quería que pensaran mal de mí si no lo aceptaba —admitió Ward—. Lo último que quería era que me pusieran en la lista negra.

»Podría decirse que robaba dinero antes de hacerlo con Jenkins, y no era porque fuera pobre o tuviera problemas, sino porque todo el mundo lo hacía, y quería sentir que me aceptaban y confiaban en mí para entrar en una unidad especializada y salir de la patrulla. Para pasar de la patrulla a cualquier unidad especializada, no se considera lo cualificado que estés, sino si se puede confiar en ti y a qué policías conoces. Hay muchos hombres y mujeres en la patrulla que merecen un puesto en antidrogas, en disparos con armas de fuego y otras divisiones, pero si no conoces a alguien, no te moverán. El factor definitivo es que confíen en ti, y viene cuando sabes cosas que ocurren en las horas extra, eres testigo de la brutalidad policial o haces "trabajitos"».

Ward estaba protegido con Jenkins. Admitió que siempre que Jenkins necesitaba algo —equipo, coches, ayuda con los problemas de Asuntos Internos—, tenía línea directa con los subcomisarios Dean Palmere y Darryl De Sousa. A finales de 2015, después de que Jenkins solicitara con éxito a sus supervisores un coche de alquiler Chevy Impala, envió un mensaje a Palmere.[6] «Señor, quiero darle las gracias personalmente por el Impala. Ha sido la primera vez en catorce años que el trabajo duro ha tenido recompensa. Mi brigada continuará liderando desde el frente, pero no por las recompensas, sino porque es lo que hay que hacer», escribió.

«Tu equipo está haciendo un trabajo excelente —respondió Palmere—. No es el mejor coche del mundo, pero te servirá. Estaré atento cuando llegue uno nuevo. Sigue trabajando así, y que pases una feliz Navidad».

«Señor, lamento tener que pedirle otro favor cuando es usted siempre el que más ayuda —Jenkins le envió un correo electrónico a De Sousa unas semanas después para pedirle unas linternas—.[7] Mi brigada incauta armas todos los días sin descanso… Me gusta que mis hombres reciban algo nuevo por lo que han conseguido».

«Wayne, ¿bastaría con treinta linternas?», respondió De Sousa.

«Mis hombres solo necesitan ocho, señor. Gracias».

Ward llevaba dos o tres meses trabajando con Jenkins cuando descubrió hasta dónde estaba dispuesto a llegar.[8] Una noche, la brigada paró un coche en Baltimore Este y encontró dos bolsas de basura llenas de dinero en el maletero. Nadie robó nada ese día, pero Jenkins reflexionó más tarde sobre las posibilidades que se abrían con este hallazgo. Explicó que ya había rastreado al hombre hasta Essex, en el condado de Baltimore. Podrían vigilar la casa, buscar en la basura del hombre y encontrar algo que les permitiera obtener una orden de registro. Entonces entrarían en la casa y tomarían el dinero, saldrían y llamarían a los agentes del condado. Después, fingirían que acababan de llegar y necesitaban ayuda para ejecutar la orden.

Jenkins sugirió entonces otra opción.

«¿Estáis dispuestos a dar una patada a la puerta del tipo y llevaros el dinero?», sugirió veladamente que dejaran la excusa del trabajo policial completamente de lado.

Los agentes que lo acompañaban dudaron un momento, sostuvo Ward. Nadie dijo ni sí ni no, sino que expresaron cierta ambivalencia.

Después, Jenkins entró de lleno en la acción.[9] Contó a los agentes a su cargo que había oído en las escuchas de los teléfonos pinchados que Belvedere Towers, el antiguo nombre de un complejo de torres de apartamentos en Roland Park, era «un lugar excelente para coordinar negocios de drogas importantes». Así que él y sus agentes se dirigieron allí y detuvieron una operación de tráfico de drogas en curso. Esposaron a dos hombres. Jenkins les mintió al afirmar que era un agente federal y que iba a confiscar el dinero en efectivo y seis kilos de marihuana. Liberó a los hombres y les dijo que volvería a hablar con ellos más tarde.

Ward no sabía qué pensar. No era raro que los agentes se llevaran el contrabando y lo entregaran a Control de Pruebas sin detener a nadie. Ward sabía, por supuesto, que los agentes podían llevarse algo de dinero y entregar el resto como tapadera.

Ese día, sin embargo, Jenkins condujo a la brigada hacia las afueras de la ciudad, entrando y saliendo del tráfico y saltándose semáforos en rojo, hasta que se detuvo cerca de una zona boscosa junto a la avenida Liberty Heights. Advirtió a los demás agentes que dejaran los móviles y chalecos policiales en el coche.

Ward y Taylor siguieron a Jenkins hacia el bosque. Caminaron lo suficiente para que no los vieran desde la calle.

Aún era de día, declaró Ward, cuando Jenkins abrió una bolsa de lona negra y roja que se había llevado de la parada al coche en Belvedere Towers. Dentro había un fajo de billetes. Empezó a contar el dinero: eran veinte mil dólares en total. Jenkins repartió cinco mil dólares a cada uno de sus agentes y les ordenó que no hicieran compras grandes. Se quedó con diez mil dólares —una comisión por haberlo encontrado él—, y comentó que pensaba instalar una barra antichoque delantera para que el vehículo de su departamento no sufriera daños por las frecuentes colisiones.

Entonces dijo algo que a Ward le pareció extraño: les soltó que iba a llevarse la marihuana a su casa y a quemarla por completo. «Sabía que era mentira», recordó Ward. Ahora, por fin empezaba a preocuparse. El complejo Belvedere Towers tenía una cámara en el aparcamiento. ¿Y si uno de los hombres a los que habían robado presentaba una denuncia? ¿Y si uno de los atracados resultaba ser un informante federal? ¿Qué iba a hacer Jenkins con las drogas en realidad? ¿En qué se había metido?

No obstante, se olvidó de sus preocupaciones enseguida.

Si los agentes hubieran hecho las cosas según las normas, el dinero y las drogas estarían registrados en Control de Pruebas. Los traficantes estarían en la cárcel.

En cambio, el dinero y las drogas habían desaparecido, y los traficantes eran hombres libres. Era poco probable que denunciaran el incidente a alguien. Si lo hacían, enfocarían la atención sobre sí mismos. Para Ward y los demás agentes, los acontecimientos del día sirvieron como otro ejemplo de que las posibilidades de afrontar consecuencias por sus delitos eran escasas.

En noviembre, Jenkins y su mujer esperaban otro hijo, el tercero.[10] Ya habían elegido un nombre: Lucas Colton Jenkins.

Pero pocos días antes de la fecha prevista, el niño nació muerto. Poco después, Jenkins llamó a su hermana mayor Robin desde el hospital. Le preguntó si quería ir con él a ver al bebé.

Robin llegó y acompañó a Jenkins a la habitación donde yacía el cuerpo del bebé dentro de un moisés. Tomó a Lucas, se sentó en una mecedora y acunó al bebé muerto en sus brazos. La hermana de Jenkins confesó más tarde que la escena seguía repitiéndose en sus sueños.

Lucas fue enterrado el 10 de noviembre de 2015, el día en que se suponía que tenía que haber nacido, bajo una lápida inscrita con un símbolo del Cuerpo de Marines. Un par de centenares de personas asistieron a la ceremonia, muchos de ellos agentes de policía.

Después de aquello, afirmó Robin, Wayne la llamaba a menudo en busca de orientación espiritual. «Empezó a preguntarme por Dios, y por qué ocurrían las cosas malas», dijo. Años más tarde, personas cercanas a Jenkins que habían sido ajenas a sus delitos se preguntaron si quizá ese fue el punto de inflexión.

Jenkins se tomó un breve descanso para estar con Kristy antes de volver al trabajo.

Aunque había regresado a las fuerzas policiales y a patrullar por la calle meses antes, Jenkins tenía aún pendientes los cargos por el caso de Asuntos Internos, derivado de la detención de Walter Price en 2014; el caso en el que un vídeo contradecía su versión sobre el hallazgo de drogas en la furgoneta de Price. El caso ya había sido investigado por Asuntos Internos y por los fiscales encargados de la conducta policial indebida, y Asuntos Internos había recomendado que fuera destituido, trasladado y suspendido de quince a veinte días. Pero no ocurrió nada.[11] El jefe de Asuntos Internos, Rodney Hill, explicó luego que el subcomisario De Sousa había reducido el castigo de Jenkins a asesoramiento verbal. En otras palabras, había suprimido la penalización. Los registros demuestran que De Sousa aprobó la decisión el 25 de noviembre de 2015, tras la recomendación de una junta de audiencias administrativas.

Unos meses antes, Jenkins había enviado un mensaje de texto a Molly Webb, la fiscal que lo había denunciado, con un mensaje que a ella le pareció aterrador: «Los fiscales me están informando de que creen que soy un policía corrupto al que deberían despedir. Es una calumnia, y me duele lo que se está diciendo de mí. Esto no es una advertencia, ni es una amenaza para usted de ningún tipo. Esto solo me está haciendo daño a mí y a mi reputación».[12]

Ahora que el caso había quedado atrás, Jenkins aún tenía que firmar el asesoramiento verbal para cerrar el caso, y se le ofreció la opción de dar una declaración. No era propio de él permanecer en silencio: optó por arremeter contra Asuntos Internos, diciendo que la investigación «se había llevado a cabo de forma poco profesional».[13] «Solo *asepto* [sic] este asesoramiento no punitivo por miedo a que, si no lo *asepto* [sic], nuestra división de asuntos internos pueda seguir investigando de forma imprudente y poco profesional para ponerme en el punto de mira a mí y a otros miembros entregados de nuestro departamento, que se niegan a rendirse ante la delincuencia en la ciudad de Baltimore».

Jenkins actuaba como si fuera intocable. No contento con evitar sus propios problemas, también utilizaba la confianza y el apoyo de los mandos para cuidar de los demás. Jenkins organizó una reunión con el nuevo comisario Kevin Davis para abogar por que un compañero inspector, Thomas Wilson, fuera ascendido a sargento, según demuestran los correos electrónicos.[14] Se había propuesto el despido de Wilson una década antes por falsificar información en una orden de registro, pero permaneció en su puesto. Mas tarde, en 2013, fue acusado penalmente de perjurio, pero fue absuelto por un jurado. Durante casi tres años, mientras lo investigaban, y, a continuación, con la absolución, Wilson no realizó ninguna detención. Era muy poco habitual que un sargento como Jenkins solicitara —y menos aún que un comisario aceptara— una reunión de este tipo para discutir el ascenso de otro agente, pero Davis era nuevo y estaba intentando ganarse a un cuerpo de policía reacio, y a Jenkins lo veía como uno de los generales de la batalla.

Mientras tanto, Jenkins también presionaba a los mandos para que le concertaran una reunión con Ben Frieman, que había sido amonestado y reasignado a raíz del caso Walter Price.[15] «POR FAVOR, LUCHAD Y HACED QUE VUELVA EL INSPECTOR FRIEMAN CUANTO ANTES —escribió Jenkins en un correo electrónico a varios de sus jefes—. ES UN GRAN INSPECTOR Y LA UNIDAD LO NECESITA CON URGENCIA».

«Estamos de vacaciones y me ha dejado hecho polvo saber que no hizo nada malo. Las pruebas están totalmente a su favor. El sistema es disfuncional. Debería volver a estar de servicio», escribió Jenkins en otro mensaje, usando el código «10-8», que indica de manera interna «de servicio». «Sé que no está en sus manos, pero tiene verdadero talento, y es un investigador muy completo. Gracias, jefe».

Todos los comisarios tenían casos que podían utilizar en un momento dado para demostrar que se tomaban en serio la conducta policial indebida. Para el comisario Davis, el despido del inspector Fabien Laronde en enero de 2016 fue uno de esos ejemplos. Cuando asumió el cargo, un líder de la comunidad le había advertido específicamente sobre dos agentes, Daniel Hersl y Laronde. Al segundo se le acusaba desde hacía años de robar dinero, e incluso el FBI lo había investigado. Cuando se acusó a Laronde internamente de no haber asegurado bien un arma de fuego, una declaración de culpabilidad por parte del tribunal disciplinario interno permitió a Davis despedirlo, y pudo hacerlo. Sin embargo, ni siquiera esa victoria pudo llevarse a cabo sin un cameo de Jenkins, que apareció tratando de explicar a Laronde todo lo que tenía que decir y se ofreció a salir como testigo.[16] Tanto el fiscal del tribunal como un inspector de Asuntos Internos se quejaron a Davis de que Jenkins había intentado intimidarles en el pasillo, a las puertas de la sala donde tenía lugar el proceso. El jefe de Asuntos Internos buscó la manera de acusar a Jenkins por su comportamiento, pero no encontró nada.

«Sabía dónde estaba el límite de lo legal, y se quedó en ese lado por un tiempo. Pero ahora estaba llevando ese límite hasta lo irregular», declaró más tarde el jefe de Asuntos Internos.[17]

II
INICIO DE UNA INVESTIGACIÓN

Capítulo 9

Localizadores

Como policía de estupefacientes que trabajaba al otro lado de la frontera de la ciudad, en el condado de Baltimore, el inspector Scott Kilpatrick había oído hablar de Wayne Jenkins, pero no por su destreza para conseguir armas y drogas.[1] Resultaba más bien que a los inspectores de allí se les había advertido que debían evitar a Jenkins y a Keith Gladstone.

«Era la primerísima lección cuando llegabas a Narcóticos [en el condado de Baltimore] —comentó Kilpatrick más tarde—. Todos pensaban que eran polis corruptos».

Se sabe que los narcotraficantes de altos vuelos de Baltimore tienen casas en los suburbios, por lo que no resultaba raro que los policías de la ciudad llevaran a cabo alguna investigación que les condujera al condado de Baltimore. Cuando lo hacían, era su deber alertar a la policía de la zona de su presencia y colaborar para producir una orden judicial. Kilpatrick afirmó que los casos de Jenkins habían suscitado cierta preocupación. «Leías las órdenes de registro y la causa probable no tenía sentido», dijo.

Otras veces, cuando trabajaban con inspectores de estupefacientes de la ciudad, los agentes del condado registraban una habitación y la desalojaban sin encontrar nada. Entonces entraba un agente de la ciudad después de ellos y afirmaba que había encontrado un arma o drogas en algún lugar obvio que ya se había registrado, como debajo de la cama. Era posible que algo se pudiera pasar por alto durante un registro, sin duda, pero Kilpatrick contó que la Policía del condado, recelosa de verse arrastrada a tantos casos dudosos, empezó a examinar las órdenes judiciales de la ciudad antes de intervenir. A veces se negaban a colaborar en el caso, aunque un juez hubiera aprobado la orden.[2]

Kilpatrick trabajaba con estupefacientes en la zona este del condado de Baltimore, la jurisdicción donde se crio y donde ahora entrena a un equipo de fútbol femenino y forma parte de la Asociación de Padres y Maestros. Allí fue testigo en primera persona de la epidemia de sobredosis de heroína que sobrevino al condado: en 2012, el condado de Baltimore registró ciento cuatro muertes por sobredosis de opioides y, en 2015, esa cifra superó las trescientas.[3] Mientras él y otros inspectores del condado presionaban para averiguar quiénes eran los grandes implicados, había un nombre que seguía apareciendo sin cesar: «Brill».[4]

«Brill» era un traficante misterioso. Kilpatrick no estaba seguro de que se tratara siquiera de una sola persona, pues cuando presionó a algunos drogadictos que le habían comprado para que lo describieran, parecían identificar a personas diferentes, casi como si se tratara de una marca o un concepto más que de un individuo. «La descripción de Brill cambiaba constantemente, era distinta cada vez», afirmaba Kilpatrick.

Finalmente, cuando Kilpatrick y otros agentes del condado pudieron vigilar una venta de drogas en el aparcamiento de un supermercado de Towson, averiguaron que «Brill» era Antonio Shropshire, un joven de veintiocho años del noreste de Baltimore. La descripción cambiante de Shropshire se debía al hecho de que sus socios se pasaban un «teléfono del dinero»: cuando los compradores llamaban a «Brill», podían ser otros miembros de la banda quienes respondieran y completaran la venta. Uno de los otros traficantes incluso se hacía llamar «Pequeño Brill».

Aun así, Shropshire seguía siendo escurridizo. Tenía la habilidad de cambiar de móvil justo cuando parecía que las fuerzas del orden estaban avanzando, y pocas personas parecían dispuestas a cooperar con la policía para abrir un caso contra él. Una y otra vez, los clientes de Brill le decían a Kilpatrick que no querían mosquearlo porque proporcionaba heroína de la mejor calidad y un buen servicio al cliente: si a la gente no le gustaba su producto, podían devolverlo o él mismo se lo compensaba.

Kilpatrick sospechaba que Shropshire contaba también con la ayuda de algunos policías corruptos: encontró una llamada telefónica de 2013 que había hecho desde la cárcel a un socio llamado Glen Kyle Wells, en la que se intuía que hablaba de que había obtenido ayuda de un policía de la ciudad.

«Ese tío, Jenkins, me dio una buena brasa. Dijo que no volviera a hacer ninguna cosa "chunga"», le contó Wells a Shropshire en la llamada.[5]

Wells informó de que Jenkins le había dado los nombres de dos personas que habían sido «los primeros en cantar tu nombre», lo que indicaba que Jenkins les había revelado los nombres de personas que los estaban delatando, el tipo de cosas por las que la gente moría en Baltimore. Wells continuó comentando que Jenkins había felicitado a Wells y Shropshire por su sistema de cambio de vehículos, puesto que era una forma en la que la policía solía identificar a los sospechosos. «La gente nos da la marca y el modelo, y así es como nos lo montamos para pillar a la gente», había explicado Jenkins, según Wells.

Antonio Shropshire creció en el noreste de Baltimore, criado por una madre soltera.[6] Ella lo mantuvo trabajando duro y le «dio lo que necesitaba, pero no lo que quería», expresó él. En undécimo curso fue expulsado de la escuela por apostar dinero en juegos y empezó a vender drogas. «Parece que las drogas son la única forma de ganar dinero para mucha gente negra. No es la única, pero es lo que la gente ve y conoce», afirmó más tarde. Ser capaz de salir de un barrio difícil, ir a la universidad y conseguir un buen trabajo era «cosa de películas —sostuvo—. Muy pocos consiguen escapar del barrio de esa manera. La mayoría hacen lo que ven: se convierten en asesinos o traficantes de drogas. Su tío, primo o un amigo de la familia vende drogas, y el hijo ve ese dinero y dice: "Estoy harto de vivir como un pobre"».

Contaba una historia sobre un viaje en coche en el que había llevado a su abuelo hasta una escuela de formación profesional a la que, según aseguraba el hombre, había querido asistir por su programa de carpintería, pero no había podido porque solo era para blancos. Había aprendido el oficio por su cuenta, pero desde el principio había tenido una desventaja. Si su abuelo hubiera podido asistir a la escuela, afirmó Shropshire, podría haberse ganado mejor la vida. Y no solo eso, su madre podría haber ido a la universidad.

«Sé que la gente dice que la esclavitud ocurrió hace cien o doscientos años, pero el efecto dominó ha retrasado tanto a los negros que no hay forma de ponerse al día», sostuvo Shropshire.

Conoció a su novia de toda la vida en 2003, y en 2007 tuvieron un hijo, Antonio júnior. Unos meses después, Shropshire recibió su primer disparo, tras empujar a alguien durante una discusión en una partida de dados. «La bala me atravesó la pierna izquierda, las dos pelotas, y me salió por la pierna derecha —recuerda—. Me operaron y me dijeron que no podría tener más hijos». En tres meses se compró un BMW 750Li. Entonces le volvieron a disparar, esta vez al salir de una actuación de Rick Ross en un club de la zona. En ese momento, estaba en libertad condicional por un cargo de posesión de *crack* y fue sometido a un programa de supervisión intensiva. Lo enviaron a la cárcel durante un año después de incumplir las condiciones de la libertad condicional. Cuando volvió a la calle, mantuvo Shropshire, la policía lo perseguía y acosaba. «Me paraban a menudo para preguntarme si era miembro de una banda y por qué me disparaban continuamente», comenta. Entre los agentes que lo detuvieron a lo largo de los años —acusaciones que rara vez prosperaron en los tribunales— se encontraban Jemell Rayam, Daniel Hersl y Sean Suiter, que trabajaban entonces en unidades distintas.[7] Shropshire afirmó que sabía que su trabajo era atraparlo y, el suyo, no dejarse atrapar.

Explicó que había adoptado el apodo de «Brill» en duodécimo curso cuando decidió que iba a dedicarse al tráfico de drogas.[8] El nombre pertenecía al personaje de Gene Hackman en la película de 1998 de Tony Scott, *Enemigo público:* «Brill» era un exespía que vivía en la clandestinidad como asesino a sueldo. «Me dije que sería tan listo como él…, así que empecé a decirle a la gente que me llamaba Brill, y me movía como creía que se movería el personaje de Brill», comentó.

Una vez, cuando explicaba por qué sus clientes le eran tan fieles, le dijo a su novia, propietaria de una peluquería, que sus negocios no eran tan diferentes: si a los clientes no les gustaba el producto por el que pagaban, había que asegurarse de que quedaban satisfechos y contentos si no querías perderlos y que se fueran con otro vendedor.

El tráfico de drogas permitió a Shropshire llevar un estilo de vida acomodado. Viajaba por todo el país y pasaba las vacaciones en varias islas del Caribe. A menudo iba a los casinos. Incluso tenía un restaurante favorito, Ruth's Chris Steak House: «En Sacramento (California), está el mejor Ruth's Chris [Steak House]. Me encanta el Ruth's Chris», comentaba. Luego le dispararon por tercera vez, en 2014. La secuencia de eventos aquella noche fue la siguiente: Shropshire llevó a su hijo a un combate de boxeo en el estadio de Baltimore, luego dejó al niño con su madre y se dirigió al Horseshoe Casino, donde afirma que ganó cuatro mil dólares. Después fue a un club de *striptease* en el Block, el barrio rojo de Baltimore, y permaneció allí hasta que cerraron. De camino a casa, paró en una gasolinera y, tras repostar, oyó disparos cuando se disponía a salir. Luego sintió una punzada de dolor. La bala entró por detrás y atravesó el maletero, el asiento trasero y el del conductor. Más tarde vio imágenes de las cámaras de vigilancia que demostraban que lo habían seguido desde el Block hasta la gasolinera. Shropshire creía que se habían confundido de persona. Pero después de que le ocurriera, empezó a saltarse los semáforos en rojo con la intención de que nadie —ni un matón ni un agente de policía que estuviera vigilándolo— pudiera pillarlo parado en el coche.

Su novia y él empezaron a considerar marcharse de Baltimore.

«Siempre he sido un buen hombre, siempre he cuidado de las calles, siempre he sido un hombre de familia —sostuvo Shropshire—. Iba a casa todas las noches. Kelly y yo vivimos juntos desde 2005. Mi hijo siempre ha vivido en familia con nosotros».

Pero al final se quedaron, y él siguió vendiendo. Pronto, Kilpatrick no fue el único inspector tras su pista.

Las sobredosis de opioides habían aumentado en la región de Baltimore desde finales de 2013. Una suma de factores contribuyó a ello, como el aumento de médicos que recetaban medicamentos potentes a los que la gente se volvía adicta y la disponibilidad de una sustancia nueva llamada fentanilo, que es entre treinta y cincuenta veces más potente que la heroína. Las fuerzas policiales de la ciudad y de los condados vecinos comenzaron a cambiar su enfoque de la epidemia. Trataban cada sobredosis como la escena de un crimen y enviaban agentes a recopilar información que pudiera ayudar a rastrear las drogas hasta los proveedores. Se pidió a los supervivientes que revelaran a quién habían comprado, mientras los investigadores hablaban con los familiares y amigos de los fallecidos o revisaban sus teléfonos en busca de pistas. Los fiscales también querían empezar a presentar más casos contra los traficantes que pudieran estar relacionados con las sobredosis. Los cargos de distribución de drogas con resultado de muerte conllevaban penas equivalentes a las condenas por homicidio involuntario.

El cabo David McDougall, un policía de estupefacientes que trabajaba en el cercano condado de Harford, intentaba montar un caso. Mientras interrogaba a las víctimas de sobredosis en su jurisdicción, oyó repetidas veces los nombres de los miembros de una banda que operaba en los alrededores del centro comercial Alameda, en el noreste de Baltimore. Shropshire era uno de los nombres que oía con frecuencia, así como los apodos «Black» y «Twan». Black había sido identificado como Aaron Anderson, y Twan era Antoine Washington. McDougall sospechaba que trabajaban juntos.

McDougall, que formaba parte de un grupo especial federal de estupefacientes, empezó a investigar casos antiguos para ver si podía encontrar vínculos con los traficantes que ya estuvieran documentados en sus archivos.[9]

Al final encontró a Jaime. Tenía diecinueve años, era de una ciudad costera de Nueva Jersey y había llegado al condado de Harford en 2011 para desintoxicarse.[10] De pequeña le gustaba la gimnasia, trabajaba en una pizzería después del colegio y le gustaba esquiar los fines de semana en Catskills, pero esos intereses dieron paso a la marihuana y, más tarde, a una adicción a las pastillas. Ingresó dos veces en un centro de desintoxicación antes de que los orientadores la empujaran a ingresar en Maryland Recovery, en Bel Air, donde asistió a reuniones para permanecer sobria y aceptó un trabajo en un centro comercial. En otoño de 2011 tuvo una recaída.

A finales de diciembre, Jaime envió un mensaje de texto a un hombre llamado Kenneth Diggins, al que había conocido a través de un amigo en el centro de desintoxicación. «¿Tienes algo de caballo? —escribió, usando el término de argot para la heroína—.[11] Pásame algo de caballo».

«Algo puedo sacar», respondió Diggins.

«¡Dios!, muchas gracias», respondió a su vez Jaime.

Diggins casi le doblaba la edad, estaba divorciado y lo habían despedido de su trabajo como perito de seguros en una empresa de gestión de flotas. A los veinte años había empezado a consumir cocaína y éxtasis, y luego se pasó a los opiáceos: primero OxyContin, que compraba de forma ilegal, y después heroína.

«Ya no había suministro de OxyContin —explicó Diggins más tarde—.[12] Cada vez era más caro, más difícil de conseguir. Y en ese momento, alguien que conocía me dijo: "Sabes, puedes ir a Baltimore y conseguir heroína. Es básicamente lo mismo, pero más barato"».

Diggins, que se describía a sí mismo como «adicto total», recibía dinero de su familia y exprimía al máximo las tarjetas de crédito y los anticipos en efectivo para mantener su adicción. Había empezado a comprar heroína directamente a Antoine Washington a principios de ese mes. El precio era de ciento veinte dólares el gramo.

«Tengo canela fina», le había enviado Washington, refiriéndose a un lote de heroína especialmente potente.

Diggins contactó repetidas veces con Jaime para ofrecerle drogas. «Quiero pasármelo bien esta noche —le escribió—. Si quieres venirte a la fiesta de Navidad, yo invito. Yo pago». Ella lo ignoró. «Si estás intentando limpiarte, lo siento. Pero nada de mierda, es definitivamente la hostia. No he tenido nada mejor», escribió en otra ocasión. «¿Te han traído algo bueno por Navidad? Yo aún estoy esperando mi mejor regalo. Me lo trae luego Twan».

Tras varios días insistiendo, ella fue a su casa el 28 de diciembre de 2011: vieron la televisión, consumieron heroína y mantuvieron relaciones sexuales.

Después, volvieron a ver la televisión y Jaime pareció quedarse dormida. Diggins sacó su móvil y le hizo una foto tras levantarle la camiseta para sacarle los pechos. Más tarde dijo que tenía intención de enseñársela al día siguiente para tomarle el pelo.

Nunca se despertó.

La policía interrogó a Diggins durante horas ese mismo día. Al principio, él mintió sobre las circunstancias que rodearon la muerte de Jamie, pero más tarde confesó y reveló a los investigadores el nombre de Antoine Washington como su proveedor. La información permaneció en el archivo del caso durante cuatro años antes de que McDougall diera con ella en busca de información que pudiera utilizar para construir un caso fuerte contra la banda del noreste de Baltimore, cuyas drogas acababan en el condado de Harford. Supuso un buen comienzo, pero sabía que necesitaba más.

McDougall comprobó las bases de datos de «coordinación de operaciones» para comprobar si alguien más dentro de las fuerzas policiales estaba investigando a este grupo de traficantes.[13] Curiosamente, la policía de la ciudad de Baltimore no lo estaba investigando. Pero sí lo hacían las autoridades del condado de Baltimore, así que McDougall concertó una reunión con Kilpatrick para comparar la información y discutir la posibilidad de trabajar juntos.

Kilpatrick estaba dispuesto a ello, pero quería asegurarse antes de que McDougall supiera que le preocupaba que hubiera policías corruptos implicados. Compartió la llamada a la cárcel de 2013 en la que Shropshire hablaba de Jenkins. McDougall estuvo de acuerdo en que sonaba como si Jenkins estuviera protegiendo a los traficantes, e incluso que había revelado quién había dado información sobre ellos a la policía.

«Resultaba una llamada realmente preocupante», recuerda McDougall.

Sin embargo, al mismo tiempo, la llamada se había producido hacía muchos años, y no estaba claro hasta qué punto se habría implicado. McDougall era un policía de estupefacientes, no de Asuntos Internos, por tanto, nunca había oído hablar de Jenkins, y su trabajo consistía en detener a los traficantes. McDougall y Kilpatrick decidieron trabajar juntos en la creación de un caso que llegara a ser federal, y acordaron que no contarían con la colaboración de la policía de la ciudad de Baltimore para evitar posibles problemas.

Durante los meses siguientes, los agentes del condado llevaron a cabo vigilancias y compras controladas. Los traficantes trabajaban en una zona concreta en torno a un centro comercial del barrio de Woodbourne Heights, en una parte situada relativamente en los límites de la ciudad, no lejos de la demarcación con el condado de Baltimore. En un mapa, McDougall había trazado con bolígrafo rojo los límites físicos del alcance de la investigación.

McDougall y Kilpatrick estaban sorprendidos por el descaro con que llevaban a cabo el trapicheo al aire libre en la ciudad. No tenía nada que ver con lo que habían visto en sus jurisdicciones.

«Estos tíos se pasaban el día traficando en el centro comercial Alameda y nadie decía nada —recordó Kilpatrick más tarde—.[14] Hacíamos compras, y no había coches patrulla a la vista. Hacíamos fotos, y no les preocupaba que estuviéramos allí».

La nueva crisis de los opiáceos se había extendido rápidamente por todo el país, alimentada de forma desproporcionada por un aumento de personas blancas de clase media que se convertían en adictos por el abuso de fármacos. En Baltimore, las personas que acudían al centro comercial situado en el cruce de Loch Raven y la Alameda reflejaban esa demografía. Una viuda que había empezado a consumir tras el fallecimiento de su marido hacía el viaje de ida y vuelta de dos horas a Baltimore a diario para comprar heroína por valor de ciento veinte dólares.[15] Un hombre licenciado en ingeniería mecánica por la Universidad Johns Hopkins había empezado a consumir cuando era estudiante. A un universitario que estudiaba administración de empresas en una universidad comunitaria local le recetaron oxicodona por una hernia discal derivada de practicar gimnasia. «Cuando me disminuyeron los miligramos, acabé consumiendo heroína como sustituto», recordó. A un ingeniero de operaciones en silla de ruedas le recetaron analgésicos tras diagnosticarle esclerosis múltiple, pero «no le hacía nada», así que empezó a consumir entre uno y diez gramos de heroína al día. Les compraba a diario a la banda de Shropshire. Le llegaban mensajes al móvil que decían «fuego» o «misil». Recordaba haber visto a clientes que hacían cola en sus vehículos. «Había entre cinco y diez coches o más en fila esperando a que les dieran algo».

Un empleado en reparaciones del hogar de treinta años confesaba que había empezado a comprar a Shropshire después de que él mismo se parara a su lado en un semáforo, bajara la ventanilla y le preguntara si le gustaba la fiesta. Tiró medio gramo de heroína en su vehículo como «muestra» y le dio su número de teléfono. «Lo llamé a partir de entonces —comentó el hombre—. Me gustó».

En julio de 2015, los inspectores utilizaron una fuente confidencial para presentar a Shropshire a un agente encubierto de la policía estatal. McDougall observó en directo desde una cámara oculta en el coche cómo Shropshire subía al asiento del copiloto junto al agente encubierto. De inmediato, dio la sensación de que el traficante se había percatado de que lo estaban vigilando. «La policía, tío —le advirtió Shropshire al agente encubierto—.[16] Ese coche de ahí; ese coche de ahí. Ese Cherokee. Probablemente sean ellos también. Son ellos seguro… No serás policía, ¿verdad?».

«No, tío», contestó el agente.

«No sé quién eres, ¿me entiendes?».

«Sí, lo capto, colega. Lo capto».

«Esos hijos de puta acaban de llegar aquí, así que no sé qué coño está pasando».

«¿Se mueve mucha pasma por aquí?», preguntó el infiltrado.

«No, solo por esta zona… Hay mucha gente por aquí haciendo no sé qué mierdas. ¿Sabes lo que te digo? Te importaría enseñarme el DNI, ¿eh? Siento hacerte esto, tío, pero lo que te digo: no he hecho negocios contigo en mi vida, ¿me entiendes?».

El agente le entregó un documento de identidad falso con un nombre falso. Shropshire lo miró bien. Mientras, McDougall observaba la grabación en la furgoneta camuflada, nervioso.

Justo entonces sonó uno de los dos móviles de Shropshire. Charló brevemente con el interlocutor. Cuando colgó, el agente intentó desviar la conversación para que no mirara de nuevo el DNI. Mientras hablaban, Shropshire alargó la mano hacia la cámara oculta y la apartó de él. ¿Sabía que lo estaban grabando? ¿Qué iba a pasar ahora? A McDougall se le aceleró el corazón.

Pero Shropshire siguió charlando mientras indicaba al agente encubierto por dónde debía conducir. El agente se detuvo en una señal de *stop*, y Shropshire se apeó antes de regresar con una bolsa de heroína. El agente le entregó un apretado fajo de billetes; Shropshire lo barajó con tanta pericia que sonó igual que el ruido de un contador de billetes.

Los agentes podrían haberlo arrestado y acusado en el acto, pero los inspectores buscaban montar un caso más exhaustivo. Eso significaba más vigilancia, más compras, más pruebas.

El policía encubierto organizó una segunda compra, pero esta vez Shropshire siguió su instinto: se largó cuando llegó el agente y luego cambió los números de teléfono que había estado utilizando.[17] Más tarde, preguntó a la fuente que le había proporcionado el contacto si el comprador era un policía. En documentos judiciales posteriores, las autoridades escribieron: «Las fuerzas del orden se han encontrado con un número inusualmente alto de contratiempos en estas… difíciles tareas». Continuaba: «Los investigadores creen que Shropshire se comporta de una manera que sugiere que es posible que reciba información de alguien que conoce las técnicas de aplicación de la ley».

En otoño de 2015, McDougall decidió que había llegado el momento de presentar cargos contra un traficante llamado Aaron Anderson y comprobar si podía delatar a la banda de Shropshire. Aunque en un principio las autoridades tenían motivos para creer que Anderson y Shropshire formaban parte de la misma banda, a medida que avanzaban sus investigaciones, se dieron cuenta de que existía una dinámica más complicada entre ellos. Las tensiones entre ambos habían estallado a principios de 2015: Anderson había encontrado una fuente que proveía una heroína de mayor calidad que Shropshire, y algunos de los clientes de este habían empezado a comprarle la droga a Anderson en su lugar. Los inspectores pensaban que en aquel momento solo toleraban la presencia del otro porque traficaban en la misma zona.

McDougall consiguió que un juez firmara una orden judicial, viajó una noche al apartamento de Anderson en el oeste del condado de Baltimore y ocultó un rastreador GPS en su nuevo Jeep Cherokee.

Pronto se enteró de que Anderson había dejado de ir a su apartamento y se alojaba en un motel Red Roof Inn. El 19 de octubre de 2015, McDougall obtuvo órdenes de registro tanto para el apartamento como para la habitación del motel. En el apartamento, los agentes encontraron un rasguño y una huella de bota en la puerta principal. Dentro, la estancia había sido saqueada y parecía que ya se había rastreado. En el motel, cuando Anderson y su novia bajaron las escaleras del segundo piso y subieron al coche de él, los agentes se agolparon a su alrededor.

Los fiscales federales ya habían aprobado los cargos. Cuando se le ofreció la posibilidad de cooperar y seguir en libertad o ir directamente a la cárcel, Anderson accedió a hablar con los agentes. Explicó que se había trasladado al motel porque, una semana antes, unos hombres enmascarados habían forzado la puerta del apartamento mientras su novia dormía y se habían llevado doce mil dólares en efectivo y algunas joyas. También se llevaron casi un kilo de heroína y una pistola, pero no lo mencionó ese día. Anderson dijo que sospechaba que «Twan», también conocido como Antoine Washington, estaba detrás del allanamiento.

Los agentes del condado preguntaron a Anderson sobre una interacción con la policía de la ciudad que había tenido lugar en la primavera de 2015. Habían sorprendido a Anderson con trescientos gramos de heroína, una cantidad bastante grande, por valor de treinta mil dólares al por mayor, que probablemente habría acarreado cargos federales por drogas si hubiera ocurrido en el condado de Harford.[18] Pero el agente de Baltimore, Avraham Tasher, le había dejado salir sin cargos. Anderson mantuvo que se debía a que había ayudado al agente a atrapar a uno de sus proveedores de drogas. A McDougall le pareció extraño. Se suponía que al menos los agentes debían firmar un contrato de cooperación con los fiscales.[19] Quizá en la ciudad se hicieran las cosas de otra manera, pensó.

Los agentes del grupo operativo del condado pusieron en libertad a Anderson con la condición de que siguiera colaborando con los inspectores.

Los agentes del condado ya empezaban a dar por concluida la operación del día cuando, al recuperar su rastreador GPS del coche de Anderson, encontraron un segundo dispositivo también fijado mediante un imán debajo.

Alguien más había estado siguiéndolo.

El equipo de McDougall y Kilpatrick, que estaba constituido por agentes de tres delegaciones distintas, se apiñó y se pasó el artilugio. Era barato y no era del tipo que utilizaban sus departamentos. A lo largo de la investigación, McDougall había comprobado las bases de datos de «coordinación de operaciones» en repetidas ocasiones, y estaba seguro de que no había otros investigadores tras la pista de Anderson. Supuso que, por el contrario, podría haber sido obra de unos narcotraficantes rivales. Quienquiera que lo hubiera colocado allí podría haber sido también el responsable del allanamiento del apartamento de Anderson.

McDougall consiguió una citación para la empresa de GPS y, al día siguiente, recibió un correo electrónico con un historial detallado del dispositivo. Se había comprado por 436,86 dólares en septiembre de ese año y se había activado al día siguiente. El comprador se llamaba John Clewell, y su foto en la base de datos de los permisos de conducir mostraba a un hombre blanco con perilla y una mata de pelo en la parte superior de la cabeza.

McDougall buscó el nombre de Clewell en la base de datos judicial en línea del estado para ver si había sido detenido con anterioridad, pero en lugar de obtener unos pocos resultados, como esperaba, recibió un mensaje de error en rojo: había demasiados registros para mostrar.

Clewell era un policía de Baltimore.

Los agentes de policía solo pueden colocar un localizador GPS en el coche de un sospechoso si lo autoriza un juez. Este rastreador, sin embargo, se había comprado por Internet, con la tarjeta de crédito personal de Clewell, y se había enviado a su domicilio. Él mismo pagaba los cuarenta y cinco dólares mensuales del servicio.

McDougall pasó la información por su cadena de mando. «Tenemos un problema», les anunció.

Al día siguiente, los investigadores de la unidad de estupefacientes y los fiscales federales que supervisaban el caso se reunieron en la sede local del FBI en Woodlawn. Los miembros de la brigada de corrupción pública ya habían investigado a Clewell. Lo identificaron como miembro de una unidad de paisano de la policía de la ciudad llamada Grupo Especial de Rastreo de Armas. Cuando fue creado, siete años antes, había sido una iniciativa emblemática del entonces comisario Fred Bealefeld para combatir la violencia armada desde su origen, pero en los años siguientes había perdido protagonismo y era relativamente desconocida fuera del departamento.

McDougall ya había comprobado las bases de datos de las fuerzas del orden para comprobar qué agente del Departamento de Policía de Baltimore había buscado el nombre de Anderson: ni Clewell ni ningún otro agente del Grupo Especial de Rastreo de Armas lo habían hecho. Nadie que llevara a cabo una investigación habría olvidado dar el sencillo paso de buscar esa información. ¿Qué tramaban Clewell o su brigada?

Capítulo 10

Valor

Mientras oscurecía una noche de junio de 2014, un inspector de la policía de Baltimore, Jemell Rayam, observaba sentado en un vehículo frente a un dúplex en una zona industrial del suroeste de Baltimore, debajo de la Interestatal 95. Otros dos hombres que llevaban chalecos antibalas con la palabra «POLICÍA» estaban sentados con él. Un día antes, la brigada de Rayam había asaltado un negocio perteneciente a los residentes de la vivienda en cuestión. Ahora había vuelto para terminar lo que había empezado.

A medianoche, Rayam estaba sentado en el coche, escuchando la radio de la policía mientras sus dos socios atravesaban con sigilo una verja de aluminio y se acercaban a la casa.[1] Desmontaron una cámara de seguridad y llamaron a la puerta. Donna Curry, una mujer blanca de unos cuarenta años, abrió, y los hombres le mostraron una orden de registro. Ella les permitió entrar. Uno de ellos empuñó una pistola y le dijo a su marido, Jeffrey Shore, que «se quedara quieto y callado». El hombre armado empezó a moverse por la casa, haciendo mucho ruido en la cocina, mientras el otro vigilaba. El tipo salió de la cocina y les dijo a Curry y a su marido: «Hoy habéis tenido mucha suerte».[2]

Cuando se marcharon, Curry se dio cuenta de que su cartera había desaparecido del comedor, donde la había visto por última vez. La encontró en la cocina, tirada en el fregadero y sin dinero. No fue cuestión de unos pocos dólares: Curry tenía veinte mil dentro. Todo procedía de actividades legales: las ventas de su tienda de palomas, la devolución del impuesto sobre la renta federal, los ingresos del negocio secundario de Shore, que vendía coches viejos como chatarra, y los préstamos que había recibido de amigos, incluido un pastor. El plan consistía en pagar los impuestos sobre la propiedad en el edificio municipal al día siguiente.

Curry llamó a la policía para denunciar un allanamiento de morada. Los ladrones no habían mostrado sus placas ni se habían comportado como agentes; debían de haber fingido que eran policías, pensó.

En parte tenía razón. Los hombres que entraron en su casa no eran agentes de policía, pero Rayam, el inspector de treinta y tres años que había reclutado a los dos atracadores y les había proporcionado chalecos policiales, formaba parte del Grupo Especial de Rastreo de Armas.

Antes, Rayam había estado horas en la tienda de pienso para palomas de Curry, en el barrio de Brooklyn de Baltimore, con otros miembros del grupo, ejecutando una orden de registro aprobada por un juez. Los agentes no habían encontrado nada ilegal durante la batida. Pero Rayam se había fijado en el dinero. Buscó la dirección de Curry en las bases de datos de las fuerzas del orden y tuvo una idea. Un amigo llamado Thomas Finnegan, que trabajaba como fontanero y recibía drogas de Rayam de vez en cuando, le había dicho a este que necesitaba dinero en efectivo. «Llamé a Jemell para pedirle dinero prestado. Me dijo que tenía una oportunidad para mí», declaró Finnegan más tarde.[3] Rayam se había puesto en contacto con él en «siete u ocho» ocasiones anteriores con una oferta de este tipo, y Finnegan siempre la había rechazado, pero ahora se enfrentaba al desahucio.

Registraron la vivienda durante el día, pero decidieron no hacer nada en ese momento. Entonces, Rayam involucró en el robo a su primo David Rahim, que trabajaba como técnico de autopsias para la oficina del forense estatal.

Para Rayam esto era algo habitual. Llevaba años robando. A veces solo les robaba el dinero a las personas que paraba o arrestaba. Pero también llevaba a cabo elaborados atracos cuando no estaba de servicio.

No tenía miedo de que lo pillaran.

«Me dedicaba a hacer cumplir la ley, así que no me preocupaba demasiado», admitió Rayam unos años más tarde.[4]

Rayam nació en Newark (Nueva Jersey), donde su padre trabajaba de policía y su madre de profesora de primaria. Creció en un hogar cristiano: su abuelo era pastor pentecostal. Sus tres hermanos hicieron carrera en la enseñanza, como su madre, mientras que Rayam cursó estudios superiores en la Universidad DeSales, una universidad privada católica, donde se licenció en *marketing*.

Su primer trabajo al salir de la universidad fue como asistente social en un centro de detención de menores de Allentown (Pensilvania). En 2005, a los veinticuatro años, decidió ingresar en la policía de Baltimore. Conoció a su futura esposa, Cherelle, poco después de graduarse en la academia.

«Entonces no entendía por qué un individuo brillante de fuera de Baltimore querría venir aquí a enfrentarse a estas calles enervantes, porque yo había crecido en el centro de la ciudad de Baltimore —escribió Cherelle en una carta de referencia de la defensa a un juez años más tarde—.[5] Pero Jemell deseaba demostrar algo, y lo hizo con trabajo duro y su dedicación a Baltimore».

En junio de 2007, Rayam disparó a alguien por primera vez.[6] Según su versión de los hechos, él y otros agentes se habían acercado a un grupo de hombres poco después de medianoche. Cuando se aproximaron, uno de ellos se dio a la fuga y disparó a Rayam mientras corría. El agente devolvió los disparos y continuó persiguiéndolos. Cuando entró en un callejón, informó, vio al hombre tendido en el suelo. Rayam afirmó que el hombre seguía empuñando un arma, por lo que volvió a disparar. El hombre sobrevivió.

Rayam fue ascendido a una unidad de paisano, incluso aunque todavía se estaba investigando el tiroteo. Solo llevaba un año en la calle, pero el departamento quería recompensar a los agentes más prometedores y ambiciosos. En el plazo de tres meses, Rayam se vio implicado en otro tiroteo, esta vez después de que declarara que se le había enganchado el brazo en un vehículo que huía y que le había arrastrado un trecho hasta que pudo sacar la pistola y disparar al conductor. Al final, los fiscales consideraron que ambos tiroteos estaban justificados, y pronto lo ascendieron de nuevo, esta vez a la División de Impacto de Delitos Violentos.

Rayam dejó la policía de Baltimore por la Policía del Estado de Nueva York, pero regresó al cabo de solo dos semanas.[7]

En marzo de 2009, Rayam disparó a otra persona, esta vez fue letal. Rayam y otro agente declararon a los investigadores de homicidios que habían visto a un hombre caminando con la mano apoyada en el cinturón, que se subió a un vehículo estacionado en un aparcamiento de un callejón trasero. Cuando los agentes se acercaron, dijeron, le gritaron al conductor que mostrara las manos, pero el coche se echó hacia delante y entró en contacto con la pierna del compañero de Rayam, Jason Giordano. Rayam disparó una bala en la sien del conductor, Shawn Cannady, de treinta años.

La observación de que Cannady llevaba la mano en el cinturón no podía verificarse, pero proporcionó a los agentes la justificación para sostener que les había preocupado la posibilidad de que estuviera armado. Al final resultó que no llevaba una pistola. El otro pasajero, Keith Hill, dijo a los inspectores de homicidios que había estado durmiendo en el coche hasta que le despertó el disparo.[8]

Era la tercera vez en menos de dos años que Rayam disparaba a alguien, y algunos cargos electos y la Asociación Nacional para el Progreso de las Personas de Color pidieron una investigación externa. «Hay agentes que son capaces de terminar su carrera sin considerar la necesidad de disparar o matar a nadie», declaró la diputada Jill Carter. Cannady estaba desarmado y no había pruebas de que hubiera cometido un delito. «Sin duda, requiere una investigación más a fondo», afirmó. Un portavoz de la policía declaró entonces que se había encargado a los agentes que persiguieran a los malos con pistolas y que «los malos con pistolas se estaban defendiendo». El sindicato policial también apoyó a Rayam. Las peticiones de una investigación independiente no se cumplieron.

Una semana después, el departamento de policía celebró su ceremonia anual de entrega de premios. Todos menos seis de los veinticuatro agentes galardonados lo fueron por incidentes en los que habían disparado a alguien. Rayam recibió una Mención al Valor y una Estrella de Plata por uno de los tiroteos de 2007.[9]

Muchos años después salió a la luz que, durante este periodo, Rayam participó en una serie de robos, algunos de ellos planeados cuidadosamente. En un momento dado, se asoció con una mujer que se relacionaba con distintos traficantes de droga.[10] Ella ayudaba a Rayam a rastrear a los traficantes cuando salían de los clubes o a entrar en sus casas cuando estaban fuera. Un agente que había sido compañero de su clase en la academia de policía, Michael Sylvester, participó en algunas ocasiones y también colaboró en un plan para financiar el tráfico de drogas con el dinero de la indemnización por accidente laboral que recibía Rayam. En un momento dado, Sylvester robó casi cinco kilos de marihuana que Rayam y él le entregaron a Eric Snell, otro compañero de la Academia de Policía de Baltimore que, desde entonces, había abandonado la ciudad para trasladarse a Filadelfia y tenía parientes en el negocio de la droga.

No está claro cuándo comenzaron los robos ni cuántos se produjeron, pero en junio de 2009, uno de ellos llegó a conocimiento de Asuntos Internos.

Rayam y Giordano pararon a un conductor en la zona oeste del centro, cerca del complejo de oficinas State Center. Cerca de ellos, en otro vehículo, estaba Sylvester, que no estaba de servicio aquel día. Al conductor, Gary Brown, le dijeron que lo habían parado por no llevar puesto el cinturón de seguridad. Le colocaron unas esposas flexibles de plástico y le pidieron que se sentara en el bordillo. Rayam y Giordano registraron el vehículo de Brown y no encontraron nada ilegal. En el maletero, sin embargo, hallaron once mil dólares en fajos enrollados dentro de una bolsa de papel. Los agentes le preguntaron a Brown a quién pertenecía el dinero, a dónde se dirigía y dónde vivía. «Me dijeron que podían conseguir una orden de registro *pa'* buscar en mi casa», recordó Brown después.[11] Rayam le preguntó si tenía alguna información sobre actividades ilegales en la zona. Luego le preguntó si Brown podía conseguirle un arma que pudiera ser denunciada como incautación y Brown dijo que no. Después, uno de los agentes sacó un cuchillo y le cortó las esposas flexibles. Sylvester recogió el dinero y lo guardó en el asiento trasero de su vehículo.

«Puede recoger esto allí [en Control de Pruebas]», le informó mientras él y los otros agentes se marchaban.

Brown hizo algo a lo que los agentes corruptos no estaban acostumbrados: denunció el incidente a Asuntos Internos. Ni siquiera podía estar seguro de que los hombres fueran policías —vestían ropa normal y conducían coches camuflados—, pero Brown se había fijado en sus placas. Aun así, no tenía nombres y nadie que trabajara ese día había registrado el incidente. Brown no recibió un papel de «contacto ciudadano» que documentase el encuentro, tal y como exige la política del departamento. La única prueba que tenía del episodio eran las esposas flexibles de plástico que dejaron los agentes.

Durante la investigación, Asuntos Internos dedicó mucho tiempo a intentar explicar por qué Gary Brown tenía once mil dólares: recopilaron sus antecedentes penales y le pidieron que se sometiera a la prueba del detector de mentiras, que superó.

Los investigadores determinaron que Rayam y Giordano eran dos de los agentes implicados en la parada, probablemente por la descripción que Brown hizo del coche. Los inspectores fueron interrogados por separado el 16 de junio de 2009, aproximadamente una semana después del incidente. Ambos dijeron que se habían detenido para asistir a un agente que no conocían antes del incidente, y que estaba «señalando su placa y el coche, y [pidiéndoles] que lo ayudaran», declaró Giordano, según una transcripción de su interrogatorio.

Giordano afirmó que había seguido las indicaciones del agente desconocido. No sabía qué se había recuperado exactamente, si es que se había recuperado algo.

«Cuando nos dijo que ya no nos necesitaba… seguimos adelante y nos fuimos —mantuvo Giordano—. Sonó como si ya hubiera terminado con la parada del coche, supongo».

Rayam también dijo que no conocía al agente.

«Observamos que otro coche se había parado junto al nuestro y nos preguntó si podíamos ayudar. Y detuvimos este coche», admitió Rayam.

«¿Y quién lo conducía?», preguntó la investigadora de Asuntos Internos, la inspectora Barbara Price.

«Otro oficial», contestó Rayam.

«¿Y no procedió a identificarlo ni le dio su nombre? ¿Nada?».

«Tal y como ya he dicho, la verdad es que no preguntamos. Solo supusimos, o yo supuse, que se trataba de un trabajo de estupefacientes de paisano, y les ayudamos», declaró Rayam.

«¿Y dijo usted que no conocía el nombre de ese oficial?».

«No», contestó Rayam.

A Rayam le mostraron una rueda de reconocimiento de seis agentes, que incluía la foto de Sylvester, y eligió a cuatro de ellos, incluido este. Afirmó que todos se parecían al agente que vio.

Los investigadores se centraron en Sylvester, que había recibido otras denuncias por esas fechas. Pidieron a Brown que llevara un micrófono y participara en una operación encubierta contra él.

«Joder, era como una película —dijo Brown más tarde—.[12] Iban a montar una especie de gran negocio de drogas, para hacer que fuera él quien viniera. Querían que le hiciera admitir que había tomado mi dinero».

Brown afirmó que se negó por miedo.

«Si fue capaz de robarme así a plena luz del día, entonces no creo que tuviera problemas en dispararme a la cara», dedujo Brown.

Los investigadores de Asuntos Internos decidieron continuar con una operación encubierta que implicaba a un cadete de la academia de policía equipado con un micrófono. Colocaron doscientos sesenta dólares en los bolsillos del cadete y ciento treinta y cinco en la consola central de su vehículo. Los billetes habían sido marcados con luz ultravioleta con las letras «DII», de la División de Investigaciones Internas.

Se envió al cadete a un bloque del noroeste de Baltimore, mientras le indicaban a Sylvester por la radio central que buscara a una persona sospechosa que encajara con la descripción del cadete. Sylvester dio con él y le pidió que saliera del coche, vaciara los bolsillos y depositara el contenido en el asiento del copiloto. La compañera de Sylvester esa noche, una agente novata, iluminó con su linterna los ojos del cadete mientras este registraba el vehículo, incluido el maletero. Según los investigadores, habían desaparecido setenta dólares después de que Sylvester hubiera revisado el coche.

Los investigadores consiguieron una orden para registrar la taquilla de la comisaría de Sylvester, de donde afirmaron recuperar el dinero en efectivo y una bolsa transparente con cierre que contenía presuntamente cocaína en roca.

Sylvester fue detenido y acusado de robo y conducta indebida en el puesto. Pero los fiscales retiraron los cargos dos meses después, tras alegar que los errores de los investigadores policiales, señal de un trabajo poco riguroso —un sello con la fecha incorrecta visible en las fotos y errores de cálculo sobre la cantidad de dinero en efectivo sustraído—, habían puesto en peligro el caso. Sylvester siguió en su puesto con cargos internos pendientes.

En marzo de 2010, casi un año después del robo a Brown, Rayam se sentó para un segundo interrogatorio con Asuntos Internos, esta vez con un abogado. El departamento le estaba obligando a declarar en virtud de la Declaración de Derechos de los Agentes de las Fuerzas y Cuerpos de Seguridad del Estado, lo que significaba que todo lo que dijera no podría utilizarse en su contra en una investigación penal.

A Rayam se le pidió de nuevo que identificara al oficial implicado en la parada del coche, al que previamente había negado conocer.

«Michael Sylvester».

Los registros telefónicos citados por los investigadores demostraban que Rayam se había puesto en contacto con Sylvester 474 veces en un periodo de cuatro meses en torno a la fecha del presunto robo. También habían mantenido cinco contactos, incluido uno que duró siete minutos, apenas dos horas antes de que Rayam hablara por primera vez con Asuntos Internos.

«¿Sabía usted su nombre en ese momento?», preguntó Price.

«Sí. Sí», dijo Rayam.

«¿Y por qué no me dijo el nombre del agente si lo conocía?», insistió.

«Respondía a las preguntas que me hacían», contestó Rayam.

¿Y qué pasó con la rueda de reconocimiento en fotos, en la que Rayam había elegido a cuatro de los seis agentes? Dijo que, dado que las fotos eran en blanco y negro, resultó difícil reconocerlo.

Pero Rayam seguía manteniendo que no sabía nada de la parada ni de lo que había ocurrido.

«Puedo hablar personalmente por mí. Cuando asisto a algún compañero… están haciendo su trabajo y, de verdad, disculpen que lo diga, pero realmente, me da igual —dijo—. Bueno, no me da igual, pero respeto su trabajo; supongo que están haciendo su trabajo bien, y no pasa nada».

Los registros telefónicos también señalaban a una persona en contacto con ambos que había tenido conversaciones tanto con Sylvester como con Gary Brown. «Basándonos en la secuencia de llamadas, creemos que [el contacto en común] le estaba tendiendo una trampa a Gary Brown para que el robo pudiera producirse», redactaron los investigadores.

Sylvester no reconoció nada en el interrogatorio que le realizaron los investigadores de Asuntos Internos.

«¿Por qué iba a avisar el agente Rayam de que lo ayudó en una parada de un vehículo el 8 de junio de 2009?», preguntó Price.

«No puedo decirle por qué —contestó Sylvester—. Habría que preguntárselo a él».

«Se lo pregunté, y eso es lo que respondió».

«Pues vale. Yo no puedo saberlo».

Se presentaron cargos internos contra Sylvester, que recurrió ante los tribunales estatales por motivos de procedimiento. Finalmente, en 2012, dimitió del departamento en lugar de ser despedido.

Rayam se sometió al detector de mentiras en relación con el caso Gary Brown en julio de 2010. No lo pasó, con resultados de un noventa y nueve por ciento de certeza de falso testimonio, y fue suspendido en otoño durante dos años. Con la administración anterior, probablemente habría acabado en la lista de «no convocar» de la Fiscalía del Estado y se le habría prohibido trabajar en la calle. Pero los fiscales habían suprimido la lista —primero Bernstein y después Marilyn Mosby—, y habían sugerido que, en su lugar, evaluarían cada caso en función de sus méritos y se basarían en otros agentes implicados también.

Cuando Rayam regresó, permaneció en el Grupo Especial de Rastreo de Armas.[13]

Y en este lo emparejaron con Momodu Gondo, que sería su compañero durante los seis años siguientes. A diferencia de Rayam, Gondo era de la ciudad: había crecido en el norte de Baltimore, a un par de manzanas del centro comercial Alameda, y era hijo de un profesor de instituto, también de la ciudad, que había emigrado desde Sierra Leona. Durante su periodo como agente novato en 2006, Gondo había sobrevivido a lo que parecía ser un intento de robo de coche frente a su casa. El sospechoso que Gondo eligió en una rueda de reconocimiento fue absuelto de todos los cargos por un jurado. Algunos miembros del departamento manifestaron su escepticismo sobre las circunstancias del tiroteo más tarde.

En el momento en que trabajaban juntos en el Grupo Especial de Rastreo de Armas, la unidad se había vuelto más relajada y, en gran medida, burocrática, tal y como Rayam describió en una declaración de principios de 2013.

«Más o menos nos dedicamos a ayudar a las unidades de patrulla —explicó Rayam en aquel momento—.[14] Si ellos consiguen un arma, nosotros investigamos el número de serie para averiguar de dónde procede el arma, si ha sido robada... Llevamos las armas y las compras encubiertas. No conlleva mucha iniciativa. Ayudamos a la policía de los colegios cuando un chico dice que tiene un arma en casa. Solo ayudamos en las investigaciones. Es más un trabajo de investigación que otra cosa».

Como parte de su iniciativa para reformar el departamento y evitar la supervisión federal, el comisario Batts había contratado como asesor al legendario jefe de policía Bill Bratton, que había dirigido las fuerzas policiales de Boston, Nueva York y Los Ángeles, para realizar una evaluación de la policía de Baltimore. Su informe, publicado a finales de 2013, establecía una serie de recomendaciones.[15] Entre ellas, estaba la de reactivar el Grupo de Trabajo de Rastreo de Armas para que tuviera un papel más operativo. «Aunque el rastreo y el registro de armas son importantes, ¿es la prioridad de estas unidades perseguir y detener a los individuos que venden y compran armas de forma ilegal?», preguntaba el informe de forma retórica. Unidades como el Grupo Especial de Rastreo de Armas «deben evaluarse utilizando medidas de productividad, incluidas detenciones e investigaciones llevadas a cabo con éxito», y se pedía por último a los mandos que «muestren medidas específicas de productividad o éxito», según el informe.

En el asalto a la casa de la propietaria de la tienda de palomas, Donna Curry, ocurrido en 2014, el inspector asignado para investigar presentó en realidad cargos contra un hombre inocente. Un agente de patrulla sostuvo que creía haber reconocido a uno de los hombres de la grabación de la cámara de seguridad, y que era alguien a quien había detenido antes. El inspector encargado de la investigación estuvo de acuerdo en que se parecían físicamente y puso la foto del hombre en una rueda de reconocimiento para que Curry la tuviera en cuenta.[16] Curry lo eligió y dijo: «Este es el tipo, lo reconozco. Es el tipo que nos vigiló a mi familia y a mí». El inspector emitió una orden de detención.

Dos semanas más tarde, un fiscal de la ciudad informó al inspector de que el hombre al que había acusado se encontraba en una prisión federal, y que había estado allí los tres años anteriores. El caso se archivó. Pero si no hubiera tenido una coartada tan sólida, al sujeto inocente podrían haberlo condenado fácilmente por el delito, que en Maryland conlleva una pena máxima de veinticinco años.

Al fin y al cabo, era su palabra contra la de ellos.

Capítulo 11

El cinturón

El hallazgo de que el localizador GPS encontrado bajo el coche de Aaron Anderson pertenecía a un policía significó que había llegado el momento de traspasar la investigación de la DEA al FBI. El FBI da nombres en clave a los casos al inicio de la investigación: este caso fue bautizado como «Límites cruzados».

En colaboración con los fiscales federales, los agentes repasaron las posibles hipótesis que podrían explicar el GPS encontrado bajo el coche de Anderson. Tal vez, como un profesor que se compra el material de clase con dinero de su propio bolsillo, John Clewell había querido saltarse los trámites burocráticos y había comprado él mismo el GPS. Y, aunque era ilegal que la policía utilizara un dispositivo sin una orden judicial, era posible que Clewell o algún otro miembro del Grupo Especial de Rastreo de Armas hubiera tomado atajos en el transcurso de una investigación legítima.

Pero estas opciones también resultaban poco probables. El GPS había acabado en la comisaría de policía del condado en Cockeysville, lo que significaba que quienquiera que fuera su propietario se habría enterado de que se encontraba bajo custodia policial.

«Francamente, si Clewell nos hubiera llamado y hubiera dicho: "Eh, tenéis mi rastreador", es posible que no le hubiéramos dado más vueltas», recuerda Andrea Smith, que era por aquel entonces fiscal auxiliar.[1]

Smith había dirigido las investigaciones sobre drogas de Shropshire y Anderson, pero también estaba a punto de jubilarse tras treinta y siete años de carrera como fiscal federal. Los casos de estupefacientes, o dondequiera que se dirigiera la investigación Clewell, requerirían fiscales que pudieran llevarlos a cabo por completo.

El fiscal auxiliar federal Leo Wise, de treinta y siete años, un fiscal especializado en corrupción pública con una mente inquisitiva y una ética de trabajo inigualable, había trabajado antes en el caso de extorsión civil contra la industria tabacalera.[2] Por lo general, no se ocupaba de casos de estupefacientes, pero había participado desde el principio en el caso Shropshire, al mismo tiempo que en una investigación aparte que mantenía relación con esta.[3] Leo Wise estaba trabajando en el caso no porque se tuviera la más mínima sospecha de que había policías corruptos implicados, sino porque se estaba formando para adquirir más experiencia con los procedimientos de casos de sobredosis mortal.

Otro entusiasta fiscal federal adjunto, Derek Hines, recién llegado a la oficina y asignado a casos de estupefacientes, se había incorporado para ayudar en el caso. Wise medía un enjuto metro noventa; Hines casi llegaba a los dos metros. Algunos compañeros comenzaron a llamarlos «las Torres Gemelas».

La agente principal del FBI iba a ser la agente especial Erika Jensen, natural de Nueva York y antigua ingeniera de *software,* que, tras el 11-S, se incorporó al FBI y, desde entonces, había perseguido a los cárteles de la droga y prestado servicios de seguridad al entonces fiscal general Eric Holder. También formaba parte del equipo el sargento de la policía de Baltimore, John Sieracki, policía de segunda generación asignado al Grupo de Trabajo de Corrupción Pública y que trabajaba en la oficina del FBI en Woodlawn. Sieracki aportaba conocimientos clave sobre el funcionamiento interno del departamento y el acceso a sus bases de datos, pero dependía directamente del FBI, una precaución deliberada establecida años antes para proteger las investigaciones sobre el personal del departamento de interferencias y filtraciones.

Concentraron todos sus esfuerzos en Clewell, un exmarine que se había incorporado al cuerpo en 2009, pero no encontraron en su expediente ninguna queja o problema grave, y mucho menos una conexión con Shropshire o Anderson. La atención del equipo se dirigió a otros miembros de la brigada: los inspectores Momodu Gondo, Jemell Rayam y el veterano sargento a cargo del grupo, Thomas Allers.

Un día, mientras Jensen revisaba el papeleo personal de Rayam, vio algo que lo dejó helado: Rayam había vivido un tiempo en el mismo complejo de apartamentos de Marnat Road en el que había residido Aaron Anderson.[4] Los apartamentos estaban juntos, uno al lado del otro. Rayam podría haber conocido a Anderson y, sin duda, conocía la distribución de su apartamento y otras características que podrían haber ayudado en el robo.

Al repasar la nueva información, McDougall se preguntó en voz alta: «¿Y si fueron los propios agentes los que irrumpieron en el apartamento de Anderson?».[5]

McDougall recordó más tarde que, mientras se planteaba la pregunta, «ni siquiera me lo creía mientras lo decía».

Las autoridades buscaron en los archivos cualquier información previa sobre los agentes. Gondo, señalaron, había crecido cerca del centro comercial Alameda, donde Kilpatrick y McDougall habían pasado tanto tiempo vigilando a la banda de narcotraficantes de Shropshire. También descubrieron que dos años antes, en 2013, un agente de policía de Baltimore había trasladado al FBI sus sospechas sobre Gondo.[6]

El agente era Ryan Guinn, uno de los miembros originales del Grupo Especial de Rastreo de Armas. Junto con Jenkins y Sean Suiter, Guinn había participado en la persecución de Umar Burley en 2010 y había aparecido en el lugar de la detención de Demetric Simon en 2014. Ahora estaba fuera de las calles, tenía un puesto de sargento y trabajaba en la academia de policía.

Guinn había trabajado con Gondo y Rayam en el Grupo Especial de Rastreo de Armas entre 2012 y 2013. Todo lo que hacía el grupo le mosqueaba, sobre todo si Gondo estaba involucrado.[7]

Guinn recordó que, cuando estaba realizando una detención por tenencia de armas en el noreste de Baltimore, llamaron a Gondo y Rayam para que ayudaran en el lugar de los hechos con una orden de registro. Cuando el primero llegó, saludó cordialmente al sospechoso. Guinn estaba desconcertado. «Lo conozco —le dijo Gondo—. Nos lo pasábamos en grande».

Otra noche, mientras Guinn cenaba en el restaurante Mo's Seafood, cerca de Inner Harbor, en Little Italy, se topó con Gondo y Shropshire, que estaban juntos. Hubo tensión: era por algo más que el hecho de que Gondo conociera a alguien a quien Guinn había detenido. Shropshire era, en opinión de Guinn, un delincuente constatado, y Gondo estaba socializando con él. Este trató de responder por Shropshire, dijo que eran «uña y carne» y le aseguró a Shropshire que Guinn era «un tío legal». Eso enfureció a Guinn: ¿qué insinuaba Gondo con que él era «un tío legal»?

Guinn no sabía qué hacer. Pidió consejo a un agente al que admiraba, quien le sugirió que se pusiera en contacto con el nuevo subcomisario que supervisaba Asuntos Internos, Jerry Rodríguez. Este no pertenecía a la policía de Baltimore. De hecho, era uno de los pocos forasteros que el comisario Batts había reclutado para su equipo de liderazgo. Rodríguez procedía de la Policía de Los Ángeles, donde había participado en la investigación sobre corrupción en el famoso caso de la división Rampart. Rodríguez ya había crispado el ambiente previamente al intentar introducir cambios, aunque fueran graduales, dentro de la Policía de Baltimore. Aceptó reunirse con Guinn.

Después de que Rodríguez escuchara lo que Guinn había ido a contarle, le invitó a reunirse con algunos de sus investigadores. Le indicó que fuera a la puerta del Museo de Arte Walters, en el barrio de Mount Vernon. «Un par de tipos te recogerán allí», le explicó Rodríguez.[8]

Guinn estaba esperando allí, fumando cigarrillos y paseándose de un lado a otro. La situación resultaba muy extraña. «¿Dónde coño están esos tíos?», se preguntó.

Entonces, una furgoneta negra se detuvo y se abrió la puerta corredera.

Dentro había unos inspectores de Asuntos Internos que estaban destinados al FBI.

«Inspector Guinn, ¿puede entrar?», preguntó uno de ellos.

Nunca fueron a una oficina. Mientras conducían, Guinn les contó lo que sabía: que Gondo se mostraba demasiado amistoso con traficantes de droga y, al parecer, tenía mucho dinero. Sabía que no eran pruebas fehacientes de corrupción, pero esperaba que sirvieran de chispa para iniciar una investigación.

Guinn también estaba preocupado, según recordaba más tarde. Se había chivado de un compañero y no sabía si la información iba a resultar útil. Conocía a otros policías a los que se había señalado por comportamiento sospechoso, pero que se habían librado. Y aun así había que trabajar rodeado de tipos como estos. Un año antes, un agente de paisano que había denunciado a otros había encontrado una rata muerta en el parabrisas.[9]

Guinn decidió tomar cartas en el asunto. Llamó a su teniente y le preguntó a qué hora salía Gondo del trabajo. Esa noche, condujo hasta el complejo de apartamentos de este, aparcó a cierta distancia y sacó unos prismáticos. A través de los cristales tintados de la ventanilla, observó los coches que se acercaban y anotó sus números de matrícula con el fin de conseguir alguna pista, aunque en realidad esperaba pillar a alguien como Shropshire llegando o marchándose: así podría hacer fotos. Demonios, tal vez los pillara en plena operación de tráfico de drogas.

«Si pudiera trincarlo yo mismo, lo atraparía ya», pensó Guinn.

Volvió seis o siete veces en un periodo de tres semanas, pero no consiguió nada. Lo ascendieron y pronto abandonó el

Grupo Especial de Rastreo de Armas. No volvió a saber nada más de Gondo, salvo que seguía trabajando en las calles y en el Grupo Especial de Rastreo de Armas. El chivatazo de Guinn quedó enterrado en los archivos del FBI.

Todo esto ocurrió en 2013. Dos años después, Jensen y los investigadores federales buscaron a Guinn para saber más sobre lo que había denunciado en el pasado. El contacto con alguien perteneciente a la investigación tenía sus riesgos: la Policía de Baltimore tenía activa una fábrica de rumores, y era posible que existieran alianzas ocultas que comprometieran el caso. No obstante, Jensen decidió que una conversación con ciertos límites que generara información adicional merecía la pena.

Guinn estaba animado porque el FBI estaba haciendo un seguimiento, aunque no estaba seguro de por qué. Dio al FBI dos números de móvil de Gondo que tenía guardados, y les contó que este y Antonio Shropshire salían juntos de fiesta a clubes de Washington D. C.

Guinn estaba dispuesto a ayudar en la investigación, así que intentó pensar en alguien que pudiera tener información adicional que transmitir: un antiguo miembro de la brigada que también hubiera trabajado con Gondo en el pasado y que hubiera expresado preocupación por que él fuera un poli corrupto.

Se puso en contacto con Wayne Jenkins.

«Los federales acaban de llamar a mi oficina. Necesito más información sobre Gondo», le dijo Guinn a Jenkins.

Guinn declaró más tarde que Jenkins había aceptado ayudar y le había facilitado el nombre de otro socio de Gondo, Glen Kyle Wells, como alguien a quien los investigadores también debían vigilar.

Mientras tanto, un análisis de los registros telefónicos de Gondo mostró numerosos contactos con Shropshire y Wells: entre el 11 de octubre de 2015 y el 1 de enero de 2016, Gondo y Shropshire intercambiaron 99 llamadas telefónicas, más de una al día.[10] Y, entre el 2 de julio de 2015 y el 1 de enero de

2016, hubo 316 contactos entre el teléfono de Gondo y un número asociado a Wells. Aunque la naturaleza de las llamadas seguía sin estar clara, Jensen confirmó que ni Shropshire ni Wells estaban registrados como informantes confidenciales. El FBI decidió ser paciente y dejar que las escuchas que se estaban realizando por estupefacientes en la investigación de Shropshire hicieran el trabajo.

«Si recibimos una llamada de un corrupto, agárrate, que vienen curvas», le dijo Jensen a su supervisor después de una reunión a finales de diciembre de 2015.[11]

En todo ese tiempo, no iban a informar al Departamento de Policía de Baltimore de la investigación. Tenían que mantener un círculo cerrado.

«La mejor manera de guardar un secreto es guardando el secreto», sostuvo Wise, el fiscal federal.[12]

En mitad de la investigación, otro agente se unió al Grupo Especial de Rastreo de Armas para trabajar con Gondo, Rayam y su sargento, Allers.[13] Daniel Hersl había crecido en Highlandtown, un barrio blanco de clase trabajadora de Baltimore Este, y se había ganado la reputación de policía violento entre los vecinos y los abogados defensores. Una década antes, un abogado defensor que cuestionaba la credibilidad de Hersl reveló que entre él y otro agente habían acumulado ya 46 denuncias de Asuntos Internos.[14] Solo una de las quejas contra él había sido aceptada como «válida», lo que significaba que el departamento había presentado cargos, pero un juez estuvo de acuerdo en que ese número de quejas era suficiente para justificar una mención en el juicio de tres hombres de Baltimore Este a los que Hersl había detenido. «A veces, la conducta indebida, cuando es lo bastante frecuente, indica una falta de voluntad para contar la verdad», afirmó un juez de la ciudad.

El abogado defensor del caso estaba tan preocupado que envió una carta al comisario de policía de la época para solicitar una auditoría de los expedientes personales. El asesor jurídico principal de la ciudad envió esta respuesta sarcástica: «Su preocupación por la gestión del Departamento de Policía de Baltimore es encomiable, ya que resulta extraordinario que un abogado que representa a miembros de organizaciones de narcotraficantes violentas se interese por una aplicación de la ley fuerte y eficaz. Tenga la seguridad de que [el comisario] se ha comprometido a aplicar una disciplina firme en todo el departamento». Cuando los fiscales abandonaron el caso, en lugar de airear el historial de Hersl, el abogado principal se quejó: «Las denuncias infundadas no deben impedir que se persiga a los malos. Estos agentes podrían haber descrito al jurado la realidad de ser un agente de estupefacientes y el hecho de que reciben muchas denuncias espurias hechas por traficantes de drogas».

Sin embargo, Hersl se redimió una y otra vez a los ojos de sus compañeros, como en 2010, cuando actuó enseguida para salvar a un compañero que había recibido un disparo. En 2011 se le concedió la Medalla de Honor, la más alta condecoración del departamento.

Pero los problemas continuaron. En 2014, la ciudad había llegado a un acuerdo por doscientos mil dólares por múltiples demandas contra Hersl.[15] Young Moose, el rapero más importante de la ciudad en aquel momento, acusó públicamente a Hersl de acoso y dijo que el agente le había robado dinero.[16] Mencionó a Hersl, entre otros, en una canción titulada «Fuck Da Police» ('Jodeos, polis').

Ninguna de estas quejas había sido suficiente para que el departamento apartara a Hersl. Aunque los mandos tomaron la extraordinaria medida en 2015 de prohibirle patrullar la zona este de la ciudad —especialmente castigada por la delincuencia— debido al exceso de quejas, en su lugar fue trasladado al Grupo Especial de Rastreo de Armas, un destino mejor y con jurisdicción en toda la ciudad. Sus supervisores siguieron respaldándolo: después de que se indicara que Hersl debía recibir medidas disciplinarias, su sargento por aquel entonces, John Burns, comentó a los mandos de rango superior en un correo electrónico que «los delincuentes temían tanto [a Hersl] que presentaban quejas y denuncias falsas.

»Hersl siempre ha sido un gran inspector y nunca he tenido ningún problema con él. Trabajó para mí durante casi ocho años y nunca le vi hacer o decir nada inapropiado bajo mi supervisión —escribió Burns—.[17] No podemos dejar que los criminales dicten la vida de nuestros oficiales».

Capítulo 12

Monstruos

Los índices de violencia armada, que se dispararon tras los disturbios ocasionados por la muerte de Freddie Gray, no remitieron. El año 2015 terminó con 342 homicidios, la segunda cifra más alta en la historia de la ciudad, y un récord per cápita. En la atribulada unidad de homicidios, el número de casos aumentó y los inspectores se esforzaron por resolver los asesinatos, con una tasa de cierre que cayó a tres de cada diez, un índice tan bajo que los inspectores se quejaron de que las estadísticas del año ni siquiera se deberían contabilizar. Uno de ellos lo comparó con la era de los esteroides en el béisbol, cuando los jugadores utilizaban drogas para mejorar su rendimiento y apuntarse récords.[1] Bromearon con que resultaba preciso marcar 2015 con un asterisco: «La era de Freddie Gray».

No existía un patrón real de violencia. Algunos grupos, e incluso individuos, eran responsables de múltiples asesinatos, pero la mayoría de los casos eran producto de las habituales rencillas entre bandas y tiroteos por venganza, que ahora se producían a un volumen mayor. Los inspectores se lamentaban de que cada vez llegaban menos pistas de los vecinos. En las reuniones de la comunidad y en las audiencias del ayuntamiento, los ciudadanos exigían que se pusiera fin a la violencia. Desde entonces, el inspector Sean Suiter había ascendido a la unidad de homicidios y se había hecho cargo de uno de los casos más sonados del año: el asesinato de un camionero de veinticuatro años, padre de tres hijos, que, hipotéticamente,

161

había sido liquidado por construir una valla para impedir que los traficantes de drogas atravesaran su propiedad en el noroeste de Baltimore.[2]

Entre los asesinatos del año siguiente se encontraba Walter Price, que había cooperado en vano con las autoridades en la investigación sobre Jenkins de 2014 y 2015.[3] El joven de treinta y dos años fue encontrado acribillado a tiros en un callejón del sur de Baltimore, con las manos atadas a la espalda y la boca tapada. La investigación no llegó a ninguna parte.

Los mandos, desesperados por controlar la situación, sabían en quién podían confiar: en los agentes de paisano del departamento («los mamporreros»), dispuestos a merodear por las calles sin inmutarse por la vigilancia a la que se sometía a los agentes en ese momento. Se había creado una «sala de batalla» con el fin de identificar a los principales objetivos de la ciudad para que agentes como Jenkins y su equipo los persiguiesen. Pero a menudo se encontraban con gente como Malik McCaffity.

El joven de veinte años volvía a casa desde una tienda entre las avenidas Norte y Pennsylvania, el 10 de marzo de 2016, cuando vio a unos agentes de paisano caminando por la calle que parecían estar registrando a alguien.[4] McCaffity llevaba una bolsa de marihuana y mil trescientos dólares recién sacados de un cajero automático en billetes de cien y veinte dólares metidos en el bolsillo izquierdo. Declaró que, en aquel momento, los estaba llevando a la sucursal de envío de efectivo Western Union para que su novia pagara el alquiler.

Los agentes se acercaron a él al instante. «Eché a correr», relató McCaffity más tarde.

Antes de aquel encuentro con la policía, McCaffity no tenía el tipo de antecedentes que lo incluirían en la lista de los que «aprietan el gatillo». Había sido detenido una vez por posesión de marihuana y «montar en bicicleta sin luces por la noche», y otra vez, de nuevo, por posesión de marihuana. Luchaba contra un problema de drogadicción que había comenzado después de que le dispararan cuando era adolescente.

McCaffity había perdido a su padre a los seis años.[5] Oliver McCaffity, que regentaba una tienda de ropa en la calle Eutaw para el excampeón de boxeo de los pesos pesados de Baltimore, Hasim Rahman, fue hallado asesinado a tiros en febrero de 2002 en el interior de un coche propiedad del púgil. Una mujer con la que salía por aquel entonces, hija del ministro de una iglesia de la ciudad, también fue asesinada. Sin embargo, Oliver McCaffity se dedicaba a algo más que a vender ropa.

«El padre del chico era un asesino a sueldo», recuerda con naturalidad Lori Turner, la madre de Malik.

Turner recuerda que vivía en Baltimore Este y que una vez se enfrentó a miembros de la banda *Bloods;* creía que habían reclutado a Malik cuando tenía diez años de edad. «Buscaba aceptación. Quería sentir que formaba parte de algún grupo», explica. Le compró una PlayStation para que no saliera de casa. Lo matriculó en una escuela alternativa, donde se le identificó como estudiante con necesidades especiales.

Allí, Malik expresó allí su pasión por la informática y su deseo de ir a la universidad. Participaba en actividades extraescolares y en un programa de mentores. Un mentor le llevaba al cine de vez en cuando, y la organización del programa le obligaba a hacer los deberes.

«Siempre estaba en casa, jugando —recordaba la hermana mayor, Leedra Turner—. Era el que lo arreglaba todo».[6]

Malik recibió su primer disparo a los trece años, después de que un amigo se enzarzara en un enfrentamiento con otros adolescentes y alguien sacara una pistola.[7] Le dispararon en el pie y le recetaron analgésicos.

A los quince años, pasó tres meses aprendiendo a desarrollar un plan de negocio para una línea de ropa, y ganó un concurso local de emprendedores. Malik aparece en el vídeo de la ceremonia de entrega de premios vestido con camisa blanca y corbata, mientras recibe una placa y los asistentes aplauden y hacen fotos. Tuvo la oportunidad de viajar a Nueva York y reunirse con ejecutivos y diseñadores de la línea de ropa FUBU.

Apenas dos meses después de la entrega de premios, Mc-Caffity volvió a recibir un disparo, esta vez víctima de un atraco. Se recuperó en el hospital Johns Hopkins de daños en la cavidad torácica y el hígado. Le volvieron a recetar analgésicos, pero esta vez se hizo adicto.

«Estuvo a punto de morir —se lamentó Lori Turner acerca del tiroteo—. Entonces, empezó a tomar esas pastillas, y no me di cuenta de que era adicto hasta un día en que estaba manteniendo una conversación con él y se puso a refunfuñar… Nunca había sido maleducado conmigo, nunca me había atacado ni nada por el estilo. Pero esas pastillas…».

Dejó de ir a la escuela y pasó de consumir Percocets a tomar pastillas más potentes de Xanax y beber «lean», una mezcla de jarabe para la tos y refrescos usada como droga recreativa. Su hermana recuerda que se quedaba inconsciente a menudo.

«Es algo que no puede explicarse, algo inconcebible —comentaba McCaffity más tarde sobre su adicción—. Tu mente lo odia, pero tu cuerpo lo desea».

Lori Turner afirma que la ciudad empeoró en 2015. La violencia y el consumo de drogas estaban descontrolados. «Mataban a los hijos de todo el mundo —dijo—. Todos tenían la apariencia de un zombi». A principios de 2016, decidió mudarse a Florida, y quería que Malik se fuera con ella. Él tenía ahora veinte años, y decidió que también quería un cambio. «Pero dame solo unos meses para recuperarme», le pidió.

Pocos meses después de que su madre abandonara Maryland, McCaffity se encontró con Jenkins cuando iba por el barrio. Acababa de comprar comida y algo de beber en una tienda de conveniencia, y los agentes se dirigían hacia él. Le quitaron el dinero que llevaba en el bolsillo izquierdo de los pantalones de chándal. Afirmó que Jenkins había sacado un teléfono móvil, y que le dijo que, si admitía que llevaba marihuana, le devolvería el dinero. Uno de los agentes saltó un muro cercano y encontró una pistola cargada del calibre 45 al otro lado.

McCaffity insiste en que el arma no le pertenecía.

«No sacaron la pistola hasta que consiguieron el dinero», mantiene.

McCaffity fue fichado por cuatro cargos de armas.[8] La declaración de causa probable no mencionaba que se hubiera recuperado dinero de ningún modo. Pudo pagar la fianza y quedó en libertad. En un principio, lo que más le preocupaba era el dinero que le habían robado.

«Porque sabía que era inocente —explicó—. Pero después de mi primera comparecencia ante el tribunal y de darme cuenta de lo que conllevaba el cargo, pensé, maldita sea, podría ir a la cárcel de verdad durante cinco años. Entonces me preocuparon más las consecuencias. No quería el dinero, solo quería asegurarme de que no acababa en la cárcel».

La experiencia hizo que cambiara de opinión sobre la policía.

«Empecé a pensar que todos los policías eran unos corruptos, aunque sé que en el fondo no es así —afirma—. Pero así empecé a verlos: como si todos estuvieran podridos».

Más tarde en ese mismo mes, Jenkins capturó a un pez más gordo. Él y sus agentes circulaban en dirección contraria por una calle de sentido único del noroeste de Baltimore, con la esperanza de pillar desprevenidos a unos delincuentes, cuando vieron a un hombre de treinta y seis años con una mochila de camuflaje que se metía por el lado del copiloto de un monovolumen Toyota. La mochila hizo que saltaran todas las alarmas. Jenkins era conocido en el departamento por tener «buen ojo». Como si se tratase de un amante de la naturaleza que identifica un halcón escondido entre los árboles, era capaz de detectar los más mínimos indicios de posible actividad delictiva en las calles, el tipo de cosas que otros nunca hubieran notado. Sin embargo, la mayoría de las veces se trataba de perfiles a los que prestaba atención. «Cada vez que un hombre adulto llevaba una mochila, siempre pensaba que llevaba armas o drogas ocultas —recordaba más tarde uno de sus agentes, Maurice Ward—.[9] Siempre quería detenerlos y comprobarlo».

Jenkins detuvo su coche delante del monovolumen y su brigada salió y lo rodeó.[10] Se asomó por la ventanilla del copiloto y, desde allí vio una caja a los pies del hombre. El inspector Ward abrió la puerta corredera del otro lado y sacó otra bolsa que habían tirado en el asiento trasero. Ward la abrió y vio más de medio kilo de cocaína en el interior. La caja que estaba a los pies del otro hombre contenía 21 500 dólares. Los agentes ordenaron al conductor, Oreese Stevenson, y a su acompañante que salieran del vehículo, los esposaron y los sentaron en el bordillo.

La parada y el hallazgo de la droga podían parecer un encuentro fortuito, aunque Ward confesó luego que Jenkins parecía ansioso de antemano por recorrer ese lugar, como si esperara encontrar algo interesante. Ahora, Jenkins estaba «haciendo de agente federal», como decían los agentes que trabajaban con él: Jenkins les contó a los dos hombres que era un agente federal de estupefacientes y que conocía con antelación la transacción que estaban llevando a cabo. Les aseguró que no eran los objetivos que buscaba la investigación, pero les dijo que podían mejorar su situación si indicaban a los agentes dónde encontrar más droga y con quién estaban trabajando.

Se procedió a separar a los hombres parados, y Jenkins se llevó a Stevenson a la parte de atrás de la furgoneta para intentar presionarlo más y obtener información. Según su informe en aquel momento, Stevenson dio una dirección falsa al principio, pero, en la furgoneta, los agentes encontraron un permiso de circulación temporal con su dirección real. Jenkins volvió a mentirle a Stevenson y, esta vez, le contó que los agentes ya tenían otro equipo de policías ejecutando una orden de registro allí. «En ese momento, Stevenson bajó la cabeza y empezó a respirar con dificultad. El sargento Jenkins le informó de que le habíamos visto entrar y salir de esa vivienda en varias ocasiones y que sabíamos que vivía allí —redactaron los agentes en los documentos judiciales—. Stevenson se atrevió entonces a preguntar cómo podía salir de esa situación».

Jenkins le preguntó cuánta cocaína más tenía en su casa.[11] «No tengo más», dijo Stevenson. Entonces, de repente, según afirmó Jenkins más tarde, Stevenson suplicó que no detuvieran a la madre de su hijo y admitió que tenía «unos cuantos kilos» de cocaína en casa. Cuando se le preguntó cuántos kilos, contestó: «Siete, quizá ocho». ¿Y armas? «Sí», volvió a decir.

Jenkins salió de la furgoneta y se dirigió a los agentes: «Tenemos a un "monstruo"», comentó.[12]

«Monstruo» era el término que utilizaba para referirse a los «pesos pesados» de los traficantes, aquellos que traficaban con paquetes de kilos en forma de ladrillo por valor de decenas de miles de dólares cada uno. Con toda probabilidad, un traficante de ese nivel tenía en casa una fortuna en dinero y drogas: fajos de billetes y montones de polvo escondidos en huecos del techo, debajo de los colchones y en cámaras acorazadas en los sótanos. Una década antes, Stevenson había sido acusado de formar parte de una organización de narcotraficantes que introducía heroína en la ciudad por valor de 27 millones de dólares.[13] Había pasado once años en una prisión federal por su posición dentro de la organización criminal, lo que supuso su segunda estancia más prolongada entre rejas. Ahora trabajaba como camionero, tenía hijos y vivía en el noreste de Baltimore.

Los agentes llamaron a los analistas de inteligencia del departamento de policía para que averiguaran todo lo que pudieran sobre Stevenson. Volvieron con varias posibles direcciones. La primera estaba en las calles Fulton y Presstman, una pequeña casa de dos plantas en el corazón del oeste de Baltimore. Aunque los agentes habían hallado drogas en propiedades de Stevenson, la ley dictaba que necesitaban una causa probable concreta que relacionara las propiedades con las actividades de tráfico de drogas de Stevenson para poder registrar esas dependencias. Pero los inspectores tenían algo aún mejor que eso: las llaves de la casa.

Jenkins se apartó de los demás para hacer una llamada. Les dijo que estaba contactando con un agente de otra unidad para que vigilara la casa del traficante hasta que pudieran llegar allí y se asegurara de que no se alteraba nada.

Donny Stepp, amigo de Jenkins y agente de fianzas, estaba en casa cuando sonó el teléfono. En la línea estaba Jenkins, con su característico tono de voz, controlado pero que expresaba urgencia.

«Necesito que vengas a esta dirección tan rápido como puedas —le pidió Jenkins—.[14] Acabo de atrapar a un capo de la droga».

Cuando la brigada de Jenkins se dirigía a uno de los domicilios de Stevenson en la zona oeste de la ciudad, el agente quería que Stepp entrara primero en la casa de Stevenson en el noreste de Baltimore. De vez en cuando, Jenkins llevaba a Stepp al cuartel general de la policía, y dejaba entrar a este como si le estuviera permitido estar allí.[15] El hombre se hizo fotos sentado junto a Jenkins en una oficina del departamento de policía, posando con un chaleco de policía y apuntando con una pistola. Otras veces, como en esta ocasión, Jenkins lo había convocado con discreción para que apareciera sin ser visto y le ayudara a robar droga sin que sus agentes se enteraran. Los demás no sabían mucho de Stepp, solo que Jenkins tenía un contacto en el mundo de las fianzas.

«Me dijo que, si me daba prisa y llegaba allí, su brigada no se daría cuenta de lo que estaba pasando en realidad», recordó Stepp ante el tribunal unos años más tarde.

Jenkins también tenía la tendencia de exagerar la recompensa que les esperaba, con la esperanza de que sirviera de motivación: «Wayne me decía que podía conseguir… que había un cuarto de millón de dólares encima de una pequeña caja fuerte, y que había más de medio millón de dólares en efectivo encima. Y, a dos metros a la izquierda de la caja fuerte, me dijo que había un armario que contenía diez kilos de cocaína. Me dijo: "Donny, te vas a llevar un total de 1,75 millones de dólares. Si consigues entrar, podemos dividirlo"».

Stepp introdujo la calle «Heathfield Road» en su GPS y se dirigió hacia allí: el trayecto, de casi veintinueve kilómetros, les llevaría una media hora. Jenkins le había advertido de que rodeara la casa y entrara por la parte trasera, pero cuando Stepp se acercó y vio a alguien cerca, se asustó.

En lugar de situarse en la parte trasera, se sentó a dos manzanas y esperó a que llegaran Jenkins y su equipo.

En el otro extremo de la ciudad, la casa de Stevenson en la calle Presstman resultaba un piso franco de primera. Stevenson había comprado la propiedad de dos plantas unos meses antes por solo dieciséis mil quinientos dólares, el precio habitual de las casas vacías o en ruinas de la zona.[16] La esposa de Stevenson registró en esa dirección una sociedad de responsabilidad limitada llamada «Memoria viva», al parecer, con la esperanza de poner en marcha una pequeña residencia de ancianos. Aquella noche, no había nadie dentro de la casa, aparentemente, pero había un repartidor de colchones esperando fuera. Jenkins y su brigada no querían llamar la atención, por lo que se quitaron los chalecos de policía y actuaron como si fueran los dueños de la propiedad. Los policías entraron sin ninguna justificación legal, pero estaban utilizando las llaves de Stevenson. De este modo, registraron los alrededores y no encontraron nada en el interior, salvo pañales para adultos y otros suministros relacionados con el negocio de la residencia de ancianos.

A continuación, los agentes se dirigieron al domicilio real de Stevenson en Heathfield Road, en un barrio residencial situado entre la Universidad Morgan State y el hospital Good Samaritan, donde los esperaba Stepp. Los agentes vieron que uno de los vecinos de Stevenson estaba fuera, así que idearon una estratagema en la que el inspector Marcus Taylor fingiría perseguir a alguien desde atrás.[17] Para cualquier otra persona del bloque que pudiera estar prestando atención, la aparente persecución proporcionaría las circunstancias apremiantes que les permitiría entrar en la casa y «asegurarla», para garantizar que no había nadie dentro que pudiese destruir las pruebas.

Aunque los agentes aún no tenían una orden de registro, entraron con las llaves y, tras rebuscar, encontraron cocaína, armas y bolsas con dinero. Jenkins acunaba un kilo de polvo blanco.[18] «¿Cuándo fue la última vez que alguno de vosotros vio uno de estos? —bromeó—. Hace ya tiempo».

Stepp observaba con los prismáticos cómo Jenkins salía de la casa pocos minutos después de haber entrado.[19]

«Salió por la puerta, y parecía Papá Noel», comentó con sorna. Llevaba el chaleco de policía lleno de algo y metió un saco en la parte trasera de su vehículo policial. Jenkins llamó a Stepp por el móvil, le preguntó dónde estaba y le indicó que condujera calle abajo. Stepp recordó que Jenkins apareció volando detrás de él.

«Abrió la... la puerta del copiloto de mi camioneta, metió dos kilos de cocaína y dijo: "Donny, me voy de vacaciones, ¿puedes conseguirme cinco mil dólares esta semana? Me voy de vacaciones". Le dije: "Sí, no hay problema". Metió un par de cientos de miles de dólares en drogas en mi furgoneta. Así que, por supuesto, le aseguré que le daría sus cinco mil dólares esa semana. Y me dijo que, si me paraban, que lo llamara, que vendría a arreglarlo, y que condujera respetando el límite de velocidad, y me fui».

A Ward le ordenaron que se quedara en la casa mientras Jenkins y los demás miembros de la brigada volvían al cuartel general para conseguir una orden de registro para la casa en la que ya habían estado. Se preguntó si le estarían excluyendo del reparto del dinero obtenido en el control de tráfico.

En la Central de Arrestos, Stevenson llamó por teléfono a su esposa, que le dijo que había pasado por la casa y había visto a los agentes dentro.[20]

«¿Va todo bien?», preguntó Stevenson.

«No. No», contestó Keona Holloway.

«¿Con quién estás? ¿Estás sola? —preguntó Stevenson—. ¿Qué ha pasado? Cuando has llegado, ¿qué ha pasado?».

«Estaban allí —respondió Holloway—. Pero no... no tenían una orden de registro».

«¿Te han visto?».

«Mmmm...».

«¿Estaban allí antes de que llegaras?».

«Sí».

«¿Los has visto al pasar?».

«Sí, deben de haber entrado… Deben de haber usado tu llave».

Jenkins y la brigada habían detenido a Stevenson poco antes de las cuatro de la tarde. Cuando por fin consiguieron una orden judicial y regresaron pasada la medianoche, Jenkins se la enseñó a la mujer de Stevenson.[21] Ella vio cómo uno de los agentes lo grababa introduciendo las llaves en la puerta principal, como si hubiera sido la primera vez, aunque los agentes ya habían estado dentro. Después, el agente se grabó hablando con ella en el salón.

«¿Sabe usted si en esta casa hay armas de fuego, narcóticos o dinero?», preguntaba Jenkins en un vídeo filmado por Taylor.[22]

«No, no lo sé», respondió Holloway.

«¿Cree que podría haber algo por aquí?», insistió Jenkins.

«No, no lo creo. No estaría sentada aquí si…».

«¿No lo sabe? De acuerdo. ¿Y tiene usted grandes sumas de dinero en la casa?».

«No, no las tengo».

«¿Algo ilegal? ¿Cree que el padre de su bebé lo tiene? ¿Sería raro que tuviera dinero escondido en algún sitio?».

«No».

«¿No? ¿Y los narcóticos escondidos en su casa? ¿Y armas de fuego? ¿No? Bien, señora, estamos a punto de registrar su residencia», anunció Jenkins.

Sacaron a Holloway de la casa, y esta permaneció en su coche bastantes horas mientras esperaba a que los agentes terminaran, pero al final se cansó y se marchó.

Los agentes se trasladaron al sótano, donde intentaron manipular una caja fuerte que había allí y que no habían terminado de construir. Los agentes golpearon la caja fuerte y utilizaron un ariete diseñado para derribar puertas hasta que se abrió. En su interior había más de doscientos mil dólares.[23]

Los oficiales consideraron la posibilidad de llevárselo todo, pero al final se decidieron por aquello que consideraban una opción más segura: resultaba más fácil encubrir un robo si se denunciaba parte de lo sustraído. Por el contrario, fingir que el robo nunca había ocurrido sería un problema. Si el traficante declaraba que tenía más dinero del que se había incautado, era el propio traficante quien debía demostrarlo. Si el traficante declaraba eso, probablemente en consecuencia tendría que admitir la posesión de drogas, lo que supondría una decisión perjudicial para todos.

«¿Cuánto dijo [Stevenson] que habría? ¿Cien mil dólares?», preguntó Jenkins a los demás agentes.[24]

Jenkins volvió a guardar lo que calculó que serían unos cien mil dólares en efectivo, sacó el resto del dinero y cerró la caja fuerte de nuevo.[25] Subió las escaleras, metió el dinero en una bolsa de plástico negra y pidió a sus agentes que volvieran a abrir la caja fuerte, pero esta vez grabaron un vídeo con el móvil. Los agentes fingieron abrirla por primera vez con la cámara en marcha, pero ahora contenía la mitad del contenido original.

«Eh, sargento, macho, baja rápido. Están a punto de abrirla», se oía a Taylor decir en la grabación del móvil.[26]

Cuando la caja fuerte se abría en la grabación, los agentes actuaron como si estuvieran sorprendidos. «¡Hala!», «¡Oh!, ¡hostias!».

Entonces Jenkins entró en la pantomima haciendo de supervisor preocupado.

«Para, para ahora mismo, joder —se le oye decir en la grabación—. Haced una foto o grabadlo ahora mismo. Pero nadie lo toca, ¿me entendéis? Ahora mismo».

«Estoy grabando ya», le aseguró Taylor.

«¿Cuánto creéis que hay? Sí, sigue grabando. Vamos a llamar a los federales», anunció Jenkins.

«Yo diría que cien», respondió Taylor.

«No lo toques. No vamos a tocarlo siquiera. Sigue grabando, nadie va a tocar este dinero. Enfoca ahí con la puta cámara, para que no nos fastidien luego con historias», fingía Jenkins.

Llamó a un agente de estupefacientes del Cuerpo de Policía Federal que conocía para que recogiera el dinero que los agentes afirmaban haber encontrado. La policía solía llamar a la DEA para que recogiese el dinero cuando se encontraba con una cantidad en efectivo sustancial: era un procedimiento habitual. El agente del grupo especial, Ethan Glover, estaba llevando a cabo una investigación telefónica sobre Stevenson en aquel momento.[27] Además, Jenkins y él habían asistido a la misma clase preparatoria en la academia de policía. Glover declaró más tarde que fue una coincidencia que Jenkins hubiera encontrado y robado a su objetivo, y que le hubiera llamado después para recoger el dinero.

Jenkins le aseguró a Glover que su brigada no había tocado el dinero y que había hecho fotos para demostrar que estaba intacto. Glover declaró que había mirado en la caja fuerte y que la disposición del dinero en las fotos anteriores parecía similar.

Después de que terminaran con el registro en la casa de Stevenson, los cuatro agentes —Jenkins, Ward, Taylor y el inspector Evodio Hendrix— se dirigieron a la casa de Taylor en Glen Burnie, al sur de la ciudad.[28] Taylor no tenía ni mujer ni hijos a los que pudieran molestar cuando llegaron por la madrugada. En el apartamento de Taylor, Jenkins tiró el dinero por todo el suelo.

Se llevaron unos veinte mil dólares cada uno. Jenkins se quedó unos cuarenta mil.

El agente ya había preparado indicaciones que proporcionar a los demás sobre lo que debían hacer a continuación: les indicó que no depositaran el dinero en un banco y que no hicieran grandes compras que pudieran llamar la atención o ser rastreables. Para Hendrix, un hombre de treinta y un años casado y padre de cinco hijos cuya esposa se disponía a volver a estudiar, resultaba fácil: podía emplear el dinero en gastos cotidianos.

Taylor, por su parte, pensaba añadir una terraza a la casa que había comprado solo unos meses antes. Jenkins le recomendó un contratista que podía hacer el trabajo y falsificar los recibos para que reflejaran un precio diferente.

Mientras Ward conducía de vuelta a su casa, al este de la ciudad, pensaba en lo que acababa de ocurrir.[29] Se preguntó qué iba a hacer con el dinero.

En cierto sentido, ya era demasiado tarde. Ward había participado en el robo y el encubrimiento, y había aceptado su parte como el resto de agentes. Si de algún modo los pillaban, la mala conciencia no lo salvaría.

«Por un lado, no quieres ser el único de la brigada que diga: "No estoy de acuerdo con eso". No quieres que piensen que podrías llegar a delatarlos. No quieres que te pongan en la lista negra —declaró Ward más tarde—. En segundo lugar, es como si faltaran drogas, y son como unos veinte mil dólares... entre Hendrix, Taylor y yo, son sesenta mil. Eso es mucho dinero. ¿Quién se va a quejar por ese dinero? Creo que yo era el único que seguía en una casa de alquiler. No podía coger los veinte mil y rehacer toda la casa, encimeras y todas esas cosas, porque estoy de alquiler. Así que no tenía nada donde invertir el dinero. No iba a guardar todo ese dinero... en mi casa, ponernos en peligro [a mi familia] y meternos en problemas. Era todo demasiado. Lo malo pesaba más que lo bueno». Sobre todo, confesó al FBI, tenía miedo de que su prometida, también oficial del Departamento de Policía de Baltimore, se enterara.[30]

Cuando llegó a casa, Ward afirma que fue a una zona boscosa cercana y se deshizo de los veinte mil dólares.

Jenkins no había terminado con Stevenson: escuchaba sus llamadas desde la cárcel de forma obsesiva, en un intento de anticipar si iba a montar un alboroto sobre lo ocurrido. Stevenson estaba muy preocupado, por lo que le pidió a su mujer que buscara una bolsa con abrigos y chaquetas.[31] «Ahí debería de haber dinero», le explicó. No, respondió ella. Los agentes se lo habían llevado todo, insistió, incluidas las drogas y el dinero en efectivo del sótano, así como uno de sus caros relojes, un Breitling Navitimer valorado en unos cuatro mil dólares.

Stevenson dijo que quería contratar a un buen abogado, y esto preocupó a Jenkins.

El agente ideó un plan: el salvavidas de Stevenson era su mujer, que se ocupaba de controlar la situación en el exterior de la cárcel.[32] Si eliminaba a Holloway del panorama, quizá Stevenson no podría contratar a un buen abogado. Tendría que recurrir a un abogado de oficio que, sobrecargado de trabajo y, tal vez, desmotivado, le diría que tenía pocas opciones y lo instaría a declararse culpable.

Jenkins pidió a los agentes que escribieran una nota fingiendo que eran una mujer y la pegaran en la puerta de la casa de Stevenson para que su esposa la encontrara. En la nota, la mujer afirmaba haberse quedado embarazada de él. Sin embargo, Holloway no cayó en la trampa y consiguió poner a su marido en contacto con el prestigioso abogado defensor Ivan Bates, que había tenido bastantes encontronazos anteriores con Jenkins, y que en aquel momento también representaba a uno de los agentes acusados de matar a Freddie Gray.

Si algunos miembros de la brigada de Jenkins eran conspiradores reacios, el sargento estaba a punto de recibir refuerzos. Pronto incorporaría un nuevo equipo de agentes que tenían menos reparos en utilizar su placa para cometer delitos.

Capítulo 13

Las escuchas

El sargento John Sieracki estaba en las oficinas del FBI de Woodlawn el último día del mes de marzo del año 2016 cuando un agente se le acercó con una noticia importante.[1] Le informó de que le habían enviado una copia de una llamada procedente de un pinchazo telefónico que los inspectores de estupefacientes del condado habían colocado a Shropshire. El agente se sentó a escuchar por los auriculares mientras Sieracki buscaba una reacción en su rostro. El agente desenchufó los auriculares para permitir que todos los que estuviesen en la habitación pudieran oír a través de los altavoces. Era la oportunidad que habían estado esperando.

Habían pasado unos meses desde que los investigadores federales encontraran el dispositivo GPS de Clewell y hablaran con Guinn sobre los vínculos de Gondo con Shropshire, pero aún no habían reunido suficiente información para intervenir el teléfono de Gondo. Los requisitos para solicitar una orden judicial que permita interceptar un teléfono son complicados de reunir, ya que los investigadores tienen que demostrar que es probable que pueda existir evidencia incriminatoria en las conversaciones telefónicas de dicho número y que, además, esta información es imposible de obtener por otros medios.

En ese momento, la escucha del teléfono de Shropshire, autorizada con anterioridad, había captado a este llamando a Gondo para preguntarle por un rastreador GPS que había encontrado bajo su coche.[2] Gondo le pidió que le llamara por

FaceTime para ver de qué estaban hablando exactamente. En la pantalla, Shropshire le mostró un rastreador negro, envuelto en papel de aluminio. Sin duda, era obra de las fuerzas del orden, le dijo Gondo.

«Fijo que es así —contestó Shropshire—. Se lo endosaré a otro en el coche».

Gondo se dio cuenta entonces de que estaba hablando con alguien cuyo teléfono podía estar intervenido.

«Eh… Ni siquiera sé con quién estoy hablando, así que hagas lo que hagas, ten cuidado», dijo antes de colgar.

Cuando Sieracki le puso la cinta a la agente especial Jensen, esta estaba eufórica. Ahora tenían a Gondo al teléfono ayudando a un traficante de drogas, y aquello, combinado con otros contactos de los registros telefónicos de Gondo, era suficiente para solicitar una intervención de su propio teléfono.

«¡Eso es! —dijo Jensen a otros miembros de la brigada de corrupción pública—. Vamos a solicitar esa intervención. Vamos a pillar ese teléfono».[3]

Una vez que se activaron las escuchas telefónicas en el móvil de Gondo a finales de abril, no tardaron en dar sus frutos. A los dos días, Gondo recibió una llamada de Glen Wells, un socio de Shropshire. La novia de Gondo contestó al teléfono y le pidió a Wells unos analgésicos porque a Gondo le habían sacado un diente. Esto demostraba una «relación personal de larga duración», según escribieron las autoridades más tarde en los documentos judiciales.[4]

Ese mismo día, los agentes estaban escuchando la intervención, cuando Gondo le dijo a alguien: «Tengo que hacer otras cosas extra para ganar mil doscientos dólares en un día, ya me entiendes…».

El 4 de mayo, otro miembro del Grupo Especial de Rastreo de Armas, Rayam, llamó a Gondo con una propuesta críptica.[5]

«Puede que tenga algo… puede que tenga algo con lo que podemos petarlo —le contó Rayam—. El plan es: si te llamo, entonces vale la pena que vengas».

«De acuerdo», dijo Gondo.

«Sé que tienes cosas que hacer, pero confía en mí».

«Bien, lo pillo, tío».

«Tú solo… solo ven conmigo, eh… ven conmigo, y te vas a la media hora. ¿Lo pillas?».

Después de esta conversación, los investigadores escribieron, con cierto eufemismo, que estaban «preocupados por el tono y la vaguedad de la conversación, y creían que, si se tratara de una actividad legítima, hablarían abiertamente de los detalles».[6]

Otra conversación grabada reforzó aún más la hipótesis de los investigadores acerca de los vínculos entre Gondo y la banda de Shropshire. En ella, Gondo hablaba de organizar un acceso especial para Wells, Shropshire y él mismo a un club de lujo. Más tarde, en una llamada a primera hora de la mañana en la que arrastraba las palabras después de una noche bebiendo en un club de D. C., le dijo sin rodeos a una mujer por teléfono: «Vendo drogas. Eso es lo que he hecho hoy».

El caso dio un giro brusco la tarde del 9 de mayo.

Jensen estaba en la sala de escuchas de la oficina del FBI en Woodlawn, escuchando las llamadas de Gondo por los auriculares. Este había contactado con una informante para contarle el plan de reventar una operación de venta de drogas. Fue una de las primeras oportunidades que tuvo Jensen de escuchar a Gondo mientras trabajaba.

«¿Podremos hacer eso esta semana? ¿[Con] el chico blanco?», preguntó Gondo al informante.[7]

«Sí, pero la cosa es que primero tengo que conseguir unas barritas [de Xanax] —contestó la informante, antes de corregirse—: Oh, no, no. Ya tengo».

«Claro —dijo Gondo—, porque no te va a alcanzar».

Establecieron el modo en que la informante iba a «tender una trampa» a un hombre de veinticinco años del condado de Harford llamado Nicholas DeForge. Gondo le pidió a la chica que se asegurara de que DeForge acudiría a la reunión con una pistola para que los agentes pudieran detenerlo con ella. Cuando la informante volvió a llamar más tarde, aseguró que el plan estaba en marcha.

Hacia el mediodía, Sieracki estaba en la calle en otra investigación cuando Jensen le pidió que pasara por allí y realizara una vigilancia.[8] Llovía a cántaros, y se situó a un par de manzanas para vigilar. Desde su posición, el encuentro parecía un control de tráfico normal, pero, a través de las escuchas telefónicas, Jensen oyó que se desarrollaba una secuencia de acontecimientos diferente.

DeForge y su novia conducían su Scion gris de 2011 por West Baltimore y seguían a la informante de Gondo hasta un lugar de encuentro. A ella le preocupaba que DeForge se diera cuenta que le seguía la policía. «Tienes que atraparlos», le rogó la informante a Gondo.

Él, junto con Rayam, Daniel Hersl y su sargento, Thomas Allers, detuvieron el coche cerca de la Universidad Estatal de Coppin.

Gondo llamó a la informante.

«Tiene una pistola en el bolsillo derecho, en la chaqueta», comentó la informante.

«¿Has visto esa mierda?», preguntó Gondo.

«Sí. La saca cada vez que viene porque lleva mucho dinero y tiene miedo. Porque él seguramente lleve también como seiscientos o setecientos dólares —dijo—. Piensa que le van a robar, por eso viene siempre con ella [una pistola]».

Pero cuando los agentes lo estaban cacheando, dijo Gondo, no vieron una pistola en la chaqueta. Ni siquiera había una chaqueta, pues DeForge llevaba una camiseta.

«La tiene ahí —insistió la informante—. No va a venir sin ella».

«Menea la cabeza como diciendo que no lleva nada», recalcó Gondo, en referencia a que Hersl estaba registrando el coche.

«Está en el coche, nunca viene sin ella».

«Lo están registrando. No la tiene en el bolsillo».

«Bueno, busca en el coche, mira debajo del asiento».

Al final, encontraron el arma —una pistola de dos disparos del calibre 22— en una mochila, y detuvieron a DeForge.[9]

La conversación entre Gondo y la informante le había sonado extraña a Jensen, sobre todo porque habían pasado mucho tiempo hablando acerca de que los agentes no encontraban el arma. Después de esto, sacó la declaración de causa probable que acompañaba a la detención. No se parecía en nada al encuentro que Jensen había escuchado.

Los agentes declararon que habían dado el alto a DeForge porque iba detrás de un vehículo que no respetaba la distancia de seguridad, y que luego, al acercarse a su coche, Hersl había «observado que DeForge acercó la mano al bolsillo derecho del pantalón, y que había metido un arma de fuego de pequeño calibre en una mochila de camuflaje». Tal y como demostraron las escuchas telefónicas, Hersl no pudo haber observado eso, puesto que los agentes habían tenido muchos problemas para localizar el arma. Lo que habían descrito en la declaración de causa probable para la detención por el cargo de posesión de armas era una secuencia demasiado definida de acontecimientos que justificaba las acciones de los agentes.

Para los investigadores federales, el encuentro reveló no solo que Gondo trabajaba con narcotraficantes, sino que su brigada y él mentían en los informes sobre las labores policiales que llevaban a cabo. Pero aún quedaba otro giro más en la secuencia de hechos.

A continuación, el equipo de investigadores federales decidió recuperar las llamadas telefónicas que DeForge había hecho desde la cárcel, incluida una entre DeForge y su novia poco después de que lo ficharan.[10] En la llamada, la pareja especulaba acerca de la posibilidad de que alguien conocido les hubiera tendido una trampa, y decían que los agentes habían mentido sobre la infracción de tráfico que había propiciado su detención.

Entonces la novia de DeForge preguntó: «¿Qué ha pasado con tu dinero?».[11]

«La policía me dijo que te lo habían dado», respondió él.

«No. Eso es una mentira total —dijo—. Me dieron mi cartera con el dinero que [ya] tenía dentro. Tu cartera la saquearon por completo. No me han dado nada».

«No lo guardo en la cartera; lo tenía en el bolsillo, en una pinza para billetes».

«No vi ninguna pinza con dinero».

DeForge había traído dinero en efectivo para la compra de droga, tal y como la informante le había dicho a Gondo que haría, pero el dinero no se contabilizó en la documentación judicial. La informante le dijo al agente que DeForge iba a llevar setecientos dólares. La madre del detenido declaró más tarde que su hijo llevaba al menos mil quinientos dólares.[12] Los documentos judiciales no mencionaban que se hubiera incautado ningún dinero.

Jensen estuvo en contacto permanente con Wise, el fiscal federal que ahora supervisaba la investigación, y lo puso al día. «No te vas a creer lo que está pasando aquí. Bueno, lo que yo especulo que está pasando —le dijo al fiscal—.[13] Creemos que se está sustrayendo dinero».

El caso había pasado de una investigación sobre la posible connivencia de un agente con una banda de narcotraficantes a posibles violaciones de los derechos civiles por las mentiras de los agentes en el informe de detención del control de tráfico y de la incautación del arma, e incluso a robos por parte de los agentes a los detenidos.

La madre de DeForge, Laura Slater, recuerda que la novia de su hijo llamó desde el lugar de los hechos cuando los agentes los pararon. «Me parece que van a detener a Nick», le contó. Llevaban un *pitbull* en el asiento trasero, y la novia explicó que los agentes amenazaban con llevar al perro a control de animales e incautar el vehículo si DeForge no los ayudaba a tenderle una trampa a otra persona para que pudieran detenerla. La madre de este afirma que su hijo hizo lo que le pidieron, pero sus esfuerzos no fueron satisfactorios para los agentes, y, al final, acusaron a DeForge por tenencia de armas. La hora de registro de esa detención parece confirmar la versión de los hechos: aunque habían parado a DeForge a la una y cuarto de la tarde, este no fue registrado en las dependencias policiales hasta las 19:43.

Jensen, apodada «Tejón melero» por sus colegas del FBI debido a su persistencia en seguir con las investigaciones, decidió arriesgarse de nuevo.[14] Pidió a una fuente del departamento que obtuviera imágenes de la detención grabadas por las cámaras de vigilancia de la ciudad en la zona del arresto y se pasó el fin de semana revisando las cintas. Las imágenes confirmaron lo que había oído aquel día: los agentes habían pasado mucho tiempo tratando de encontrar el arma de DeForge y, por tanto, no habían visto el arma enseguida, como se relataba en los documentos judiciales jurados. También vio que Rayam rebuscaba en los bolsillos del detenido.

El FBI aún no quería establecer contacto con DeForge, puesto que se mostraban cautos por si la investigación llegaba de algún modo a manos de estos agentes. Nunca tuvieron la oportunidad de hablar con él: ocho meses después, DeForge sufrió una sobredosis de fentanilo y cocaína.

Jensen sabía que habían dado con un posible foco de corrupción dentro del Grupo Especial de Rastreo de Armas. Pero necesitaba más pruebas: un caso aislado de irregularidades cometidas por unos agentes no resultaba nunca un caso tan fuerte como la demostración de un pauta existente dentro de la policía, y, si la investigación continuaba, podría conducir a delitos más graves y a más involucrados. Ella y su equipo sopesaron las opciones de las que disponían para hacer avanzar el caso: podían presentar un informante confidencial propio a los agentes, pero se dieron cuenta de que Gondo y Rayam se mostrarían reservados. «Incluso si se lograba introducir a un informante confidencial, sería muy improbable que Gondo o Rayam confiaran en él, y solo tendrían una vigilancia limitada de sus actividades», redactó Jensen en aquel momento.[15] El mismo problema se planteaba con un agente encubierto: «Para introducir a un empleado encubierto en esta investigación, habría que establecer una relación con Gondo y Rayam. También existe bastante probabilidad de que Gondo y Rayam estén ya familiarizados con este procedimiento, lo que pondría en peligro la investigación y al empleado», escribió.

Entonces pasaron a otra opción: una operación encubierta.

El FBI alquiló una autocaravana Ford Yellowstone de ocho metros y medio y diez años de antigüedad, e instaló en su interior dispositivos de grabación de vídeo y audio.[16] Colocaron cuatro mil quinientos dólares como «cebo», junto con algunos objetos personales que harían más creíble que el vehículo había sido utilizado y que había gente viajando en él. La autocaravana estaba aparcada en un área de descanso de la Interestatal 95, en el sureste de Baltimore.

Un supervisor del equipo de McDougall del condado de Harford haría una llamada al Grupo Especial de Rastreo de Armas, con el objetivo de solicitar ayuda para asegurar y registrar la caravana.[17] Se comunicaría a los agentes de la ciudad que los agentes del condado habían detenido a una persona que estaba cooperando, que les había hablado de la caravana y les había dicho que la llave del vehículo estaba escondida bajo el parachoques. Los agentes del condado dirían que estaban ocupados con el interrogatorio y que iban a estar fuera del lugar de los hechos.

Así que solo estarían el Grupo Especial de Rastreo de Armas y una autocaravana llena de dinero. Y habría cámaras de vídeo en funcionamiento.

La ventaja evidente era que se podría pillar a los agentes *in fraganti,* de forma irrefutable. Pero también había un inconveniente a tener en cuenta: si, contra todo pronóstico, los agentes actuaban de acuerdo a todos los procedimientos legales, sus abogados defensores podrían poner la cinta en bucle cuando llegase el juicio como prueba de que los agentes no habían mordido el anzuelo, y de que habían sido engañados por una administración paranoica.

Los investigadores pusieron en marcha el plan hacia las doce de la mañana en un día de principios de junio. Jensen escuchaba la reacción de los agentes del Grupo Especial de Rastreo de Armas a través de la línea, mientras estos comprobaban las cámaras de vigilancia y registraban la zona. Este tipo de cosas no eran las que hacían habitualmente los agentes cuando se les pedía que ayudaran a otros.

«Ellos, sobre todo Rayam, se mostraban muy recelosos y preocupados por lo que les esperaba. Rayam incluso preguntó por teléfono si podía tratarse de un montaje de Asuntos Internos», recordó Jensen más tarde.[18]

A ella le preocupaba que los agentes descubrieran la operación encubierta. La llegada de los agentes era inminente, y tenía que tomar una decisión. Si funcionaba, la operación proporcionaría pruebas irrefutables de que los agentes estaban robando. Pero también podría ser contraproducente y desenmascarar toda la investigación.

«Teníamos todas las de perder», comentó más tarde.

Decidió cancelar la operación.

Los investigadores de Harford hicieron señas a los policías de la ciudad, y el FBI pudo sacar la autocaravana de la plaza de viajes sin que los agentes lo vieran.

Jensen decidió seguir escuchando la intervención, pero la paranoia de los policías ese día les sirvió de advertencia. Se desechó el plan que habían organizado, en el que dos agentes encubiertos se entrevistarían con Gondo en un club nocturno de Washington D. C.[19]

También hubo otro hecho que llamó la atención de los investigadores. El día de la operación encubierta, Rayam había sido el supervisor en funciones, un nombramiento que se otorga a un agente cuando el supervisor permanente no está disponible. Este supuso el primer indicio de que iban a avecinarse cambios en el Grupo Especial de Rastreo de Armas; cambios que amenazarían con dar al traste con todo el caso de Jensen.

Mientras la investigación del Grupo Especial de Rastreo de Armas avanzaba en la sombra, toda la atención se dirigía a los juicios de los agentes acusados por la muerte de Freddie Gray: los «Seis de Baltimore», como algunos los llamaban. Puesto que los agentes rara vez se enfrentaban a cargos penales, en todo el país se consideraba un caso de prueba: ¿podría la oficina de Mosby conseguir condenas? Pero también era diferente de muchos otros casos de gran repercusión que habían desencadenado el movimiento *Black Lives Matter* [Las vidas negras importan]: a Gray no lo habían tiroteado, y los fiscales no alegaban que se lo hubiera golpeado. En consecuencia, el caso resultaba más complicado: se acusaba a los agentes de haber efectuado una detención ilegal y de haber cometido una negligencia tan grave que le causó la muerte mientras lo llevaban a la cárcel.

Una vez que Mosby anunció los cargos contra los agentes, los meses siguientes consistieron sobre todo en maniobras legales por parte del equipo de defensa, un conjunto de los mejores abogados de la zona. Un equipo de defensa en la sombra, formado por abogados que no estaban oficialmente en el caso, ayudó a redactar las mociones entre bastidores. Los abogados intentaron, sin éxito, que el juicio se trasladara fuera de Baltimore y que se retiraran los cargos. Sin embargo, consiguieron una importante victoria cuando el juez Barry Williams dictaminó que los agentes tendrían que ser juzgados por separado. Si comparecían ante el tribunal como grupo, el peso colectivo de las acusaciones contra cada uno de los agentes podría recaer sobre los seis. No obstante, si se les juzgaba uno por uno, los agentes podrían culpar a aquellos que no estaban presencialmente en el juicio.

Los fiscales siguieron estudiando la jurisprudencia y reexaminando las pruebas, lo que provocó un cambio en su teoría del caso. Seguían convencidos de que la navaja que llevaba Gray era perfectamente legal, lo que significaba que su detención era injustificada y, por tanto, una agresión, pero les preocupaba que el argumento fuera demasiado jurídico para que un jurado público lo entendiera.[20] En su lugar, iban a argüir que los agentes no tenían ningún motivo para detener a Gray al principio. También habían estado examinando documentos de formación, tratando de demostrar que los agentes habían actuado en contra de las políticas oficiales del departamento.

El primer juicio se celebró ante un jurado. Atrajo la atención de medios de comunicación nacionales y generó pequeñas protestas pacíficas. Se acusó al agente William Porter de homicidio involuntario y agresión, entre otras cosas, por no sujetar a Gray con el cinturón de seguridad ni llamar a un médico cuando este lo solicitó. Se declaró la nulidad del juicio tras el empate del jurado, que estuvo a un voto de absolver a Porter del cargo de homicidio involuntario, pero se inclinó a favor de condenarlo por los cargos menores de imprudencia temeraria y conducta indebida en el cargo.[21]

En mayo, el segundo agente en ir a juicio, el agente que detuvo a Gray, Edward Nero, optó por un juicio sin jurado, es decir, que fuera el juez quien determinara su suerte. Los fiscales argumentaron que Gray había sido perseguido sin justificación, y que detenerlo en esas circunstancias equivalía a una agresión. Normalmente, la solución a una detención incorrecta es que se anulen los cargos o que se interponga una demanda civil, no que se acuse al agente con pena de cárcel. Durante ese mismo periodo de tiempo, un juez dictaminó que la Sección Especial de Aplicación de la Ley de Jenkins no tenía un motivo válido para detener a un hombre al que habían arrestado por arrojar supuestamente una pistola en los alrededores de una vivienda social. En lugar de acusar penalmente a los agentes, el juez sobreseyó el caso y elogió su labor: «Se encuentran en una zona de alta criminalidad, están controlando las cosas y están haciendo lo que se supone que deben hacer… Transmito mi agradecimiento a los agentes por hacer su trabajo, con independencia de mi decisión».[22] Los miembros de la acusación en el caso Gray argumentaron que resoluciones como esa no habían servido como elemento disuasorio a los agentes, por lo que era necesario adoptar una aproximación más punitiva.

«La policía tiene que confiar en su instinto. Pueden cometer errores —defendió el abogado de Nero ante Williams, el juez que presidía el tribunal—.[23] Y, la mayoría de las veces, el Estado argumenta que bueno, sí, es un error, pero se hizo de buena fe, y aun así queremos que se admita, y no debería suprimirse, excepto en el caso del agente Nero. Porque, por alguna razón, en este caso con el oficial Nero, la posición del Estado es que los errores que se cometieron suponen un delito, y que el agente debe ser procesado. Y ese argumento no es la ley».

Williams absolvió a Nero de todos los cargos, afirmó que su culpabilidad individual estaba limitada por la implicación de otros agentes y que sus acciones propias estaban justificadas dada su formación. Quedaban cinco juicios, pero estaba claro que los fiscales se enfrentaban a una ardua tarea.

Capítulo 14

El avispero

Durante los meses que había estado al frente de la Sección Especial de Ejecución de la Ley, Wayne Jenkins se había asegurado de que los altos cargos conocieran su buen trabajo, mediante correos electrónicos que incluían resúmenes de sus detenciones por armas cortas.

«No está nada mal para los dos primeros meses —escribió Jenkins a su supervisor el 1 de marzo de 2016—. Me gustaría acelerar el ritmo y superar las doscientas [detenciones por tenencia de armas cortas] en 2016».

«Wayne, lo que estás aportando al departamento es inconmensurable», escribió el capitán Kevin Jones, comandante de la Sección de Inteligencia Operativa que supervisaba todas las unidades de paisano, en respuesta a uno de los correos electrónicos. «Cada arma, cada persona detenida reduce la violencia a una escala mayor de lo que podríamos imaginar. Seguid con esta labor excelente y protegeos ahí fuera».

En mayo, un par de semanas después de que Jenkins estrechara la mano del comisario y recibiera una Estrella de Bronce por su actuación durante los disturbios, argumentó que su brigada podría hacer aún más con recursos adicionales. De modo que insistió en que era necesario que seleccionase él mismo a sus nuevos agentes.

Esta noche, 4 de mayo de 2016, mis hombres alcanzaron la detención número cincuenta por violación de armas de mano. Me gustaría hacerle saber que hemos ganado nuestros últimos nueve juicios con jurado. Juntos, no hemos perdido un solo caso de ARMA todavía en nuestra ciudad. Además, este tipo de aplicación proactiva de la ley a un ritmo así, por lo general, suscita quejas de los detenidos o civiles. Llevamos una queja en lo que va de año, que está en proceso de cerrarse. La mayoría de la gente piensa que estas armas las recupero yo, pero quiero dejar claro que estas armas y el caso los procesan mis hombres. No podría hacer nada sin ellos.

Me gustaría solicitar tres oficiales de mi elección para entrenar a mi manera, respetuosa pero agresiva, en la captura de los delincuentes de armas de fuego en nuestra ciudad. Si consideramos lo que hemos logrado juntos en el último año, creo que con dos Impala y tres oficiales más —de mi elección— alcanzaremos cifras mayores de detención y enjuiciamiento de delincuentes por tenencia de armas de fuego, y salvaremos más vidas.

Tres agentes más formados por mí AHORA antes del verano, sin duda, SALVARÁN vidas, y conducirán a detenciones de delincuentes con armas de fuego. Si dispongo de estas herramientas —mano de obra y vehículos— salvaremos más vidas y reduciremos la delincuencia.

Tras enviarlo, Jenkins remitió una copia del correo electrónico a Donald Stepp.

Un mes después, el teniente coronel Sean Miller envió un correo electrónico a otro comandante para notificarle los cambios de personal que se avecinaban.

«Lunes —escribió—.[1] Allers al Grupo 52 [de la DEA] y Jenkins al Grupo Especial de Rastreo de Armas. Tres de la brigada de Jenkins serán absorbidos por el Grupo Especial de

Rastreo de Armas. Este grupo tendrá, además, responsabilidades adicionales muy pronto».

Se había nombrado a Wayne Jenkins nuevo supervisor del Grupo Especial de Rastreo de Armas, y se llevaba consigo al grupo a Ward, Hendrix y Taylor, con los que había estado robando, para que se unieran a Gondo, Rayam y Hersl, que ya habían cometido sus propios delitos. La decisión fue un error garrafal de los jefes del Departamento de Policía de Baltimore, que creyeron conceder los recursos que necesitaba para limpiar la ciudad a uno de sus trabajadores más infatigables. Por el contrario, estaban ofreciendo nuevas oportunidades para que Jenkins y el resto de estos agentes potenciaran su mal comportamiento.

Al mismo tiempo, esto resultó un regalo para los investigadores federales que ya estaban investigando a la brigada de Gondo: si hubieran buscado crear un supergrupo de agentes corruptos con la finalidad de acorralarlos a todos a la vez, no podrían haberlo hecho tan bien a propósito.

Pero los federales no tenían ni idea de lo que acababa de pasar. Jenkins aún no había sido investigado. De hecho, al equipo federal le preocupó entonces que su investigación sobre el Grupo Especial de Rastreo de Armas pudiera haberse visto frustrada: el cambio les había parecido a los investigadores tan inusualmente brusco que creyeron que quizá había sido provocado por alguna filtración. ¿Por qué razón, en medio del caso de las escuchas telefónicas, habían enviado de repente a Thomas Allers, supervisor del Grupo Especial de Rastreo de Armas, a un puesto que había permanecido vacante un tiempo dentro del grupo de trabajo de la DEA? Apenas cuatro días antes del correo electrónico de Miller que anunciaba los cambios, Dean Palmere, el subcomisario del departamento de policía, envió un correo electrónico de cuatro palabras que preguntaba por su antiguo conductor: «¿Han trasladado a Allers?».[2]

Los propios agentes sospechaban que podía haber algo raro.[3] Gondo llamó a Rayam para contarle que otro agente le había avisado de que Allers había sido trasladado a la DEA debido a una investigación sobre su unidad.

«Escúchame bien, tengo algo —lo alertó Gondo—. Me ha dicho: "Eh, tío, me han soplado que os están vigilando". Y voy, y le digo: "¿A quiénes?". Dijo que a la unidad de armas, y que Tommy Boy se había largado porque lo estaban vigilando… Yo le dije: "Bueno, todas nuestras cosas… no soy adivino. Nadie está haciendo nada. Ni siquiera lo veo, ¿sabes lo que digo? Puede que esté pasando cualquier cosa. Digo que podría ser debido a, ya sabes, que ellos [los nuevos miembros asignados al Grupo Especial de Rastreo de Armas] están viniendo».

A Gondo parecía preocuparle que los agentes que se unían a la brigada pudieran formar parte de una trampa.

«Me dijo que era un rumor —continuó Gondo—. Pero yo solo paso la información».

Tal vez estaba montando una farsa para quien pudiera estar escuchando, pero el caso es que declaró explícitamente su inocencia.

«Yo no he hecho *ná,* ¿me entiendes? Estamos currando… No sé, es decir, no lo sé, Rayam».

«¿Así que eso se cuenta, que por eso [Allers] se largó?», respondió Rayam.

«Tal cual, me había llegado algo… quiero decir, que se puede entender eso, y no se puede entender eso, porque ellos [la DEA] han tratado de atraparlo [Allers] durante mucho tiempo, ¿lo pillas?», siguió Gondo.

«Y encima sigue formando parte de él».

«Exacto, yo también lo dije, ¿me entiendes?».

«De todas formas, ahora no hay nada», señaló Rayam, vagamente.

«Todo lo que te digo es que te andes con ojo, ¿lo pillas? Con esos —insistió Gondo, refiriéndose a los nuevos miembros del equipo—. Se cuenta mucha mierda de esos».

La agente especial Jensen se había cruzado con Jenkins en el otoño de 2013, cuando trabajaba en el equipo Safe Streets [Calles seguras] del FBI, un grupo que investigaba delitos violentos. Su brigada había llevado a cabo una investigación de larga duración de escuchas telefónicas cuando Jenkins y su equipo de entonces irrumpieron en el lugar de los hechos y detuvieron a una de las personas a las que el grupo había estado siguiendo. Jensen sabía que era difícil trabajar con él, pero no que era un policía corrupto.

De hecho, según McDougall y Kilpatrick, en aquel momento Jensen apreciaba lo suficiente a Jenkins como para sugerirle que se uniera al grupo, y que ayudara a acabar con Gondo y los demás. «Tenemos que advertirla de que se está metiendo en un avispero», Kilpatrick recuerda que le dijo Jensen.

Kilpatrick y McDougall se mostraron cautelosos a la hora de hacer más explícitas sus sospechas sobre Jenkins, pero advirtieron a Jensen de que no incluyera a Jenkins en nada. «Démosle dos semanas y veamos qué pasa», sugirieron.

Por supuesto, Guinn ya había avisado a Jenkins seis meses antes de la posibilidad de una investigación de este tipo al Grupo Especial de Rastreo de Armas, después de que el FBI se pusiera en contacto con él en diciembre de 2015.

«Cuando llegamos por primera vez al Grupo Especial de Rastreo de Armas, Wayne nos dijo que a Gondo y Rayam los estaban investigando los federales por vender drogas. Era la segunda vez que nos lo decía», recordó Ward más tarde.[4]

En una llamada intervenida poco después de que Jenkins se hiciera cargo de la unidad, Ward le explicó a Gondo lo que podía esperar del nuevo jefe: estaba permitido llegar al trabajo tarde y hacer muchas horas extraordinarias.

«Así es el tío este —comentó Ward—.[5] No le gusta llegar a la hora. Llega tarde todos los días, así que normalmente no entramos a trabajar hasta las diez u once. Y, según cómo le dé, o salimos a la hora de siempre, o trata de que hagas horas, o bien ve si estás dispuesto a hacer horas extra cada día. Así es él, tío. Y luego, nos dan luz verde: lo vimos [a otro supervisor] anoche. Dijo que el presupuesto para horas extra acababa de abrirse otra vez, y que podíamos trabajar todo lo que nos diera la gana».

Gondo se rio.

«Anoche nos dijo que metiéramos seis hora extras en la lista —contó Ward maravillado—. Nos follamos las horas extra, tío. A tope».

Gondo llamó a Rayam para contarle la buena noticia.[6]

«Solo te lo digo, hermano: consigue esa pasta».

«¡Hostia, claro!», exclamó Rayam.

La nueva brigada se puso manos a la obra, y Jenkins siguió enviando resúmenes de sus detenciones por correo electrónico sin cesar. Los comandantes y otros supervisores estaban encantados con los resultados.

«¡¡¡¡¡Wayne ha vuelto!!!!! El Grupo Especial de Rastreo de Armas ha triplicado sus números en un día ¡JA!», escribió el sargento John Burns en un correo electrónico a Jenkins.[7]

«Acabo de decirle a sus hombres que no he visto un correo electrónico suyo por un tiempo. Me han dicho que es porque ustedes se han cambiado de unidad. Sabía que volverían a la carga. Excelente como siempre, Wayne», ponía en otro.

«El trabajo en equipo hace que los SUEÑOS se cumplan», respondió Jenkins.

Como los investigadores federales no estaban seguros de lo que iba a ocurrir bajo la dirección de Jenkins, siguieron vigilando a Gondo y Rayam de cerca.

Gondo y Rayam tenían entre manos un posible gran golpe. Los agentes del distrito Suroeste habían estado investigando a un presunto traficante de drogas llamado Ronald Hamilton, puesto que creían que estaba traficando con una gran cantidad de droga en la zona, así que decidieron ponerse en contacto con el Grupo Especial de Rastreo de Armas para pedir ayuda.

«Por mucho que odie tener que hacerlo... [la] investigación se ha desarrollado mucho más allá de nuestro distrito», escribió un sargento del distrito Suroeste a un supervisor en un correo electrónico,[8] «creo que tu patrullero medio no tiene los recursos necesarios para finalizar esta investigación».

Hamilton ya acumulaba múltiples condenas federales por drogas. En 1998, cuando tenía veintisiete años, había sido identificado por la Policía Estatal de Maryland como la persona «que controlaba la mayor parte del tráfico de drogas en el oeste y suroeste de la ciudad, y el condado de Baltimore».[9]

La policía había interceptado un paquete de casi dos kilos de cocaína que había sido enviado desde Los Ángeles a su casa, en las afueras de la ciudad, y en una redada había encontrado un poco más de medio kilo de cocaína, una pistola cargada del calibre .22 y 496 dólares en efectivo. Hamilton había cumplido nueve años de prisión por aquello, y llevaba poco tiempo fuera de la cárcel cuando volvió a meterse en líos. En mayo de 2009, los empleados de una empresa de transporte de California identificaron un paquete que iba a enviarse a Baltimore Oeste y que contenía un frigorífico pequeño lleno con dieciséis kilogramos de cocaína, por valor de unos doscientos cincuenta mil dólares, y avisaron a los agentes de la DEA de Baltimore.[10] Se retiró la cocaína y se sustituyó por material falso. Los agentes transportaron la droga por avión a través del país, y un agente encubierto se hizo pasar por un empleado de una empresa de transportes en el lugar de recogida en Baltimore. Dos hombres recogieron el paquete, y fueron detenidos por agentes federales. Hamilton y otras tres personas fueron detenidas en las inmediaciones, y sus teléfonos móviles iban a ayudar a establecer su relación con la trama criminal.

Debido a las condenas anteriores de Hamilton, la Fiscalía Federal notificó que el Gobierno iba a solicitar que fuera condenado a una pena mínima obligatoria de cadena perpetua sin libertad condicional y a una multa de ocho millones de dólares.[11] Los documentos demuestran que Hamilton ayudó al Gobierno a identificar al líder y organizador de ese envío, así como de dos envíos relacionados de 380 000 dólares en efectivo.[12] En lugar de cadena perpetua sin libertad condicional, Hamilton fue condenado a seis años de prisión.

En 2016, dos años después de su puesta en libertad, Hamilton compró una casa de unos 1200 metros cuadrados con piscina y dos acres de propiedad por 535 000 dólares en el extrarradio rural del condado de Carroll.[13] ¿Se trataba de la historia de superación de un exdelincuente, o Hamilton había vuelto a las andadas? Un informante —según se supo más tarde, uno de los propios familiares de Hamilton— contó a la policía que había vuelto a traficar con drogas.[14] Gondo y Rayam idearon un plan para colocar un rastreador GPS no autorizado bajo uno de los vehículos de Hamilton, con el fin de poder vigilarlo a distancia.

«La mejor opción es que, cuando veas un coche en la entrada, pongas la mierda esta», le había explicado Gondo a Rayam en una llamada intervenida el 8 de junio.

La instalación fue un éxito. A la mañana siguiente, Rayam le contó entusiasmado a Gondo lo que había revelado el rastreador.

«Ya sabes que dejo lo mejor para el final. Ese negrata está fuera de Westminster, tío. Está en una mansión enorme que flipas, con piscina detrás», dijo Rayam.

«Vaya *flipao* el negrata», contestó Gondo.

A primera hora de la tarde, ya estaban pensando en las opciones que tenían. Gondo instó a tener paciencia.

«Igual es mejor esperar un poco, J. Yo no lo atraparía ahora mismo —sugirió—. Y te voy a decir por qué... Quieres conseguir su..., conseguir su pauta, me entiendes? Así que yo..., yo esperaría. Estoy dentro, pero esperaría sobre todo a ver de dónde saca la pasta. ¿Me entiendes?».

«Sí, sí, sí», contestó Rayam.

«Mejor saber dónde está la casa en la que guarda el dinero y la casa donde guarda la droga antes de pillarlo».

Pero unos días más tarde, la noche después de que mencionaran la posibilidad de que los estuvieran investigando, grabaron a Gondo y Rayam hablando de quitar el localizador GPS del coche de Hamilton.[15]

Parecían asustados.

A los federales les preocupaba que las sospechas de los agentes les hicieran abandonar sus tareas delictivas. Era posible que se frustrara la investigación de las escuchas.

Sin embargo, en algún momento de ese mes y sin que los investigadores federales estuvieran al tanto, el nuevo jefe del Grupo Especial de Rastreo de Armas y sus agentes llegaron a un acuerdo. Más tarde se sabría que Jenkins había preguntado enseguida a Rayam si estaba dispuesto a vender las drogas que confiscaban.[16] Poco después —también sin que los federales lo supieran—, Jenkins, Gondo y Rayam detuvieron a una persona, fueron a su casa sin una orden judicial y encontraron una pistola y casi medio kilo de marihuana, que Jenkins encargó a Rayam que vendiera. Gondo consiguió que Glen Wells, su amigo de la infancia y uno de los socios de Shropshire, comprara la hierba a Rayam.[17]

A continuación, Gondo y Rayam informaron a los nuevos miembros del Grupo Especial de Rastreo de Armas acerca de los negocios de Hamilton, y se reanudó la búsqueda. Esta vez, Jenkins se dirigió hacia allí, y los tres siguieron a Hamilton mientras conducía una noche. Jenkins contó a los agentes que había visto a Hamilton detenerse junto a un coche con matrícula de Nueva York y había intercambiado una bolsa grande. «Tío, sé que había dinero o algo tocho ahí dentro —le contó Jenkins a Rayam—.[18] Me entraron ganas de pegarle una paliza y quitarle la bolsa».

Se había advertido a todos los agentes de la unidad de que los miembros del grupo podrían ser objeto de una investigación federal. No obstante, los delitos continuaron.

«Pensábamos que Jenkins estaba mintiendo con lo de la investigación federal. ¿Cómo iba a ser tan tonto de hacer trapicheos con alguien si sabía que lo estaban investigando? —explicó Ward luego—.[19] Pensábamos que Jenkins intentaba, de algún modo, mantenernos separados para salir más beneficiado mientras Rayam, Gondo y Hersl hacían trapicheos. Cuando recibía una llamada de Gondo o Rayam, nos decía que ya podíamos irnos a casa, que estaba cansado. Pero él no se iba, y más tarde nos enteramos de que se reunía con la otra mitad de la brigada».

En el juicio de junio de 2016 contra el tercer acusado en el caso de Freddie Gray, el oficial Caesar Goodson, que conducía la furgoneta en la que Gray sufrió las lesiones mortales, se manifestaron públicamente las tensiones entre la fiscalía y la policía. Goodson se enfrentaba a los cargos más graves —asesinato por indiferencia depravada en segundo grado—, y los fiscales afirmaban que había conducido de forma imprudente y no le había puesto el cinturón a Gray en la furgoneta. Un vídeo de las cámaras de vigilancia de la ciudad mostraba a Goodson saltándose una señal de *stop* e invadiendo el sentido contrario mientras giraba a la derecha. El agente cruzó la línea del carril con la maniobra. A menos de una manzana de distancia, Goodson se detuvo y se dirigió a la parte trasera de la furgoneta para comprobar cómo se encontraba Gray sin anunciar la parada por radio, tal y como era preceptivo. El fiscal Michael Schatzow acusó a Goodson de trasportar «de modo brusco» a Gray a propósito. Goodson fue el único de los agentes que se negó a declarar sobre lo ocurrido aquel día. El equipo de su defensa argumentó que la lesión de Gray tuvo que producirse hacia el final del trayecto en furgoneta, con el objetivo de minimizar las oportunidades que Goodson tuvo de intervenir.

Al igual que el agente que lo precedió, Goodson optó por un juicio sin jurado en lugar de un juicio con jurado.

Los fiscales creían que los investigadores policiales habían suavizado ciertos aspectos del caso de Goodson o se habían negado en redondo a examinar otros aspectos inculpatorios directamente. Las filtraciones posteriores que llegaron al equipo de la defensa y las tentativas del departamento de policía por recopilar todas las pruebas que los fiscales consideraban una «contrainvestigación» acentuaron esas preocupaciones.

En el período previo al juicio, se habían entregado a la defensa archivos policiales que parecían manipulados para sembrar dudas o desviar la atención de las cuestiones centrales del caso. Uno de ellos era un documento creado el día en que la fiscal Marilyn Mosby anunció los cargos, donde un sargento afirmaba que Gray se había quejado de que «tenía mal la espalda». El médico forense que realizó la autopsia de Gray declaró que no había encontrado pruebas de una enfermedad subyacente que pudiera tener alguna relación con sus lesiones traumáticas, como si una mala espalda pudiera relacionarse con una columna vertebral rota, de todos modos. Otra filtración parecía destinada a minar el apoyo a Gray, pues mantenía que había sido un informante de la policía.

Cuando llamaron a la inspectora principal del caso, Dawnyell Taylor, como testigo de la defensa, el fiscal Schatzow fue directo contra ella, e intentó convencer al juez de que esta había trabajado activamente para socavar el caso.

«Inspectora Taylor, ¿es consciente de que fue apartada como inspectora principal de esta investigación a petición mía cuando la acusé de sabotear la acusación?», preguntó.

Para sorpresa de Schatzow, Taylor contestó que nadie la había apartado del caso.

«Soy consciente de que lo solicitó, pero no tiene autoridad alguna para apartarme del caso», respondió.

El juez Williams absolvió a Goodson de todos los cargos el 23 de junio. En la sentencia expresó que consideraba que los fiscales habían presentado un caso basado en deducciones sobre lo que el agente Goodson podría haber hecho para causar la lesión de Gray, pero que no habían logrado demostrar con pruebas que Goodson lo hubiera hecho a sabiendas. Por otra parte, Williams explicó que consideraba que había cinco posibles hipótesis que podrían explicar la lesión de Gray. El juez procedió a señalar los testimonios médicos de los expertos como contradictorios, y preguntó: «Si los médicos no tienen claro lo que podría haber sucedido en ese momento, ¿cómo podría saberlo una persona de a pie o un agente sin formación médica?».

El sindicato de la policía de la ciudad pidió a Mosby que «reconsiderara su maliciosa acusación» contra los agentes y afirmó que estaba malgastando el dinero de los contribuyentes. Los partidarios de la acusación lamentaron que se siguiera el camino previsible. «Tenemos que volver a empezar aquí en Baltimore y Maryland, redactar normas, reglamentos y leyes que modifiquen el comportamiento de la policía —manifestó el presidente de la Asociación Nacional para el Progreso de las Personas de Color local—, porque resulta evidente que pueden llevar a cabo acciones que consideramos que no son correctas, pero en la sala de un tribunal… no se consideran como acto criminal».[20]

Después de unos días en los que trabajó con Jenkins, Gondo advirtió a su amigo de la infancia, Glen «Kyle» Wells, que se mantuviera alejado del área por donde patrullaba el agresivo sargento.

«Sé que tenían la costumbre de ir por el noreste, y Kyle era amigo mío —recordaba Gondo después—.[21] Jenkins «normalmente robaba a la gente para coger el dinero. Así que no quería que su víctima fuera un amigo mío de la infancia al que le robara o, bueno, que yo estuviera en medio, ya que estaba trabajando para él... Así que traté de impedirlo contándole a Kyle lo que estaba pasando».

Aunque Gondo ya había trabajado —y robado dinero— con Jenkins antes, ahora, al fin, veía cómo era Jenkins cuando estaba desatado y patrullaba por las calles.

Jenkins «era muy imprudente, ¿sabes? Me refiero..., estaba completamente descontrolado. Ponía a los ciudadanos en peligro, ¿sabes?: conducía por la acera, golpeaba los parachoques de la gente. Nunca había visto nada parecido... Este tío estaba fuera de control, ¿sabes? Era increíble», confesó Gondo más tarde.[22]

«No sabía que era así, tío», le dijo Gondo a Wells en una llamada telefónica grabada.[23]

«Toda la basura que cuentan es muy real», contestó este.

«Pero basura de la buena; basura que te pasas», se sorprendía Gondo.

«Ya lo sé —dijo Wells—. Tiene peligro».

«Sí, tiene mucho peligro», expresó Gondo.

«Como un *rottweiler* con la polla fuera», dijo Wells.

Cuando su amigo recibió una serie de mensajes de texto sospechosos en su teléfono el 5 de julio, compartió una captura de pantalla con Gondo de una conversación, y le preguntó si podría tratarse de Jenkins haciéndose pasar por un comprador de droga que intentaba engañarlo e implicarlo. «¿Suena como él [Jenkins]?», preguntó Wells. El mensaje le había llegado desde un número que solo podía recibir mensajes de texto, no llamadas, y enviaba emoticonos y términos en jerga como los que usa la gente de color que resultaban forzados. A Gondo le pareció el clásico «Jenkins intentando hacerse pasar por otro». Se puso en contacto con Rayam, que estuvo de acuerdo.

«Se lo sacaré, tío», le dijo Gondo a Wells, y le prometió que hablaría con Jenkins.

Mientras tanto, su rutina diaria continuaba tal y como Ward le había prometido que sería bajo el mando de Jenkins: animaba a los agentes a «tomárselo con calma hasta las cinco o las seis, y luego juntarse y meterse en algún jaleo callejero, e intentar pillar a alguno».[24]

A principios de julio, los agentes estaban entusiasmados por la cantidad de dinero que ganaban con Jenkins mediante las horas extraordinarias.[25] Rayam confesó que su paga de dos semanas ascendía a casi cinco mil dólares.

«Cuando lo vi, me dije: "Dios mío, ¿quién ha currado tanto? Esto es mentira"», bromeó entre risas mientras los investigadores escuchaban.

«¡Joder! Flipa con que estos negratas hayan hecho tanta pasta, tronco —celebró Gondo—. ¡Flipa!».

Les habían contado que la paga quincenal de Jenkins había superado los ocho mil dólares en una ocasión.

«Está como una puta cabra, pero se organiza —se sorprendió Gondo—. Él… él… él… es la bomba».

«Sí que es la bomba, sí», respondió Rayam.

«Claro, todos los negratas se quedan aquí por la pasta, tío», comentó Gondo.

«Pero, G, lo que te he dicho, ¿eh?, ya sabes: vamos a disfrutar ahora y tener de todo a tope, porque todo lo bueno se acaba. El tronco este es la polla».

«Es la puta polla, B».

«Es la repolla, B».

«Es la mismísima repolla, ¡ya ves!».

«¡Sí, señor! ¡Sí, señor!».

«Es la repolla bendita, ese tronco, tío. Ese es la repolla, tío».

«¡La hostia! ¡sí!».

Capítulo 15

Construir la excelencia

El 8 de julio, dos días después de que los fiscales de la ciudad iniciaran otro juicio en el caso de Freddie Gray, Gondo y Rayam siguieron a Ronald Hamilton fuera de la ciudad y decidieron avanzar con el plan.

Hamilton estaba comprando persianas en una tienda Home Depot con su mujer, cuando se fijó en un hombre que parecía seguirlos de pasillo en pasillo: se trataba de Rayam. Entonces Hamilton y su mujer salieron, y se dirigían a la tintorería cuando Jenkins, que estaba lejos de allí, dio la orden de proceder a la detención.

«¿Podemos detenerlos en el condado?», preguntó Gondo mientras los agentes federales escuchaban.[1]

«Podemos detenerlos en el condado y traerlos a la academia —respondió Rayam—. Gracias al sargento Jenko».

De improviso, Gondo y Rayam, junto con Hersl y Clewell, que iban en otro coche, encajonaron el vehículo de Hamilton. Rayam desenfundó su pistola, sacó a Hamilton del asiento del conductor y lo empujó contra el vehículo.

«¿Dónde está el dinero?», le gritó. Hamilton llevaba 3400 dólares en efectivo, que Rayam se metió dentro del chaleco antibalas.

Los Hamilton fueron esposados y metidos en vehículos separados. Gondo tomó el teléfono para poner al día a Jenkins.

«Mmm… Tenemos el paquete», informó Gondo.

«¿Está en el coche contigo? —preguntó Jenkins—. ¿Les has dicho algo?».

«No», respondió Gondo.

«De acuerdo. Cuando llegue, trátame como si fuera el puto fiscal federal —ordenó el sargento—. Preséntame como el fiscal federal».

«Lo pillo», afirmó Gondo.

«Muy bien, amigo», respondió Jenkins.

Trasladaron a los Hamilton al Granero, un remolque situado en el aparcamiento de un antiguo colegio público de la ciudad, en el noroeste de Baltimore, que ahora se utilizaba como academia de formación del departamento de policía. Estas oficinas-satélite se habían diseñado como lugares discretos para que las unidades especializadas pudieran llevar a los informantes, pero también estaban aisladas del resto de las delegaciones y del personal al mando. Gondo, Rayam y Hersl llevaron a Ronald Hamilton al interior durante casi una hora, mientras Clewell permanecía fuera con Nancy Hamilton. Los agentes le dijeron a Hamilton que lo habían estado vigilando. Tenían unos papeles dentro de unas carpetas que arrojaron delante de él. Los agentes afirmaron que conocían su historial, y le preguntaron si tenía drogas o dinero en efectivo en su casa.

«Te hemos pillado en tres compras controladas», lo amenazó Jenkins.[2]

«Tío, dejadme en paz —declaró Hamilton que les había dicho—. Yo no vendo putas drogas».

Los agentes no lo creyeron. Rayam ya había obtenido órdenes de registro de un juez para la casa del condado de Carroll y también para una casa en el oeste de Baltimore, tras haber alegado falsamente que la información que había obtenido en realidad por el seguimiento por GPS la había conseguido por sus propias observaciones.

«Lo de la casa fue una pifia —explicó Gondo luego sobre la casa del oeste de Baltimore—.[3] No había nada dentro. Si hubiéramos creído que iba a haber drogas o armas o cualquier otra cosa en ella, uno de nosotros se habría separado y habría entrado en la casa».

Por el contrario, enviaron a Clewell solo.

Gondo describió a Clewell como un «tipo analítico [que] no iba a mancharse las manos».

«Yo no lo consideraba un poli de calle —expresó Gondo—. Nunca estuvo implicado en la sustracción de dinero cuando ejecutábamos órdenes de registro ni nada. La brigada le mantenía al margen de esos líos».

«Básicamente se podría decir que no formaba parte del equipo», declaró Rayam después.[4]

El resto del grupo se dirigió a Westminster. Hersl conducía el camión de Hamilton, mientras que Gondo y Rayam lo seguían en un coche de policía camuflado, donde la mujer de Hamilton estaba esposada en el asiento trasero.

Hamilton se había tragado el farol de los policías, y había aceptado que siguieran adelante con la operación y lo detuvieran por la presunta compra de drogas, pero en lugar de dirigirse al centro de la ciudad, estaban conduciendo hacia el norte por la Interestatal 83. Hamilton presintió que algo malo estaba a punto de ocurrir. Se inclinó hacia su mujer y le dijo: «Estate quieta. Van a robarme».[5]

Los hijos de los Hamilton estaban en casa, y los agentes hicieron que su madre los sacara. Los policías entraron «a hurtadillas» en la casa, con la intención de echar un vistazo al interior antes de notificar «oficialmente» la orden judicial. La ley permitía a los agentes entrar y «asegurar» una residencia, es decir, echar un vistazo superficial para asegurarse de que no había nadie dentro destruyendo pruebas, pero no estaba permitido proceder con un registro en toda regla. La Policía Estatal de Maryland había recibido la notificación de que se iba a presentar una orden, pero aún no había llegado.

Gondo entró en el dormitorio de la pareja y, en un armario, encontró fajos por el valor de 50 000 dólares dentro de una bolsa termosellada, además de otros 20 000 dólares; los contó y los volvió a guardar. Rayam bajó las escaleras e informó a Jenkins sobre el dinero.

«Oye, ¿qué quieres hacer?», preguntó Rayam.

«Adelante, tómalo», contestó Jenkins.

Pero no encontraron nada ilegal mientras registraban.

Hamilton insistió en que ganaba dinero vendiendo coches en subastas y apostando en juegos de azar.

Cuando llegó la policía estatal, los agentes recogieron los 50 000 dólares que había en la bolsa termosellada del armario. En virtud de las leyes de confiscación de bienes, aunque no se habían encontrado drogas en ninguna de sus propiedades, los agentes podían llevarse el dinero en efectivo de Hamilton y obligarle a declarar sobre él más tarde, porque decían que sospechaban que era un traficante de drogas. Los agentes hicieron firmar a Hamilton un recibo de propiedad, y este se dio cuenta de que no figuraban los 20 000 dólares. «¿Y el resto?», preguntó Hamilton a un agente, que respondió que no sabía de qué estaba hablando.

Después, Gondo declaró que estaba fuera esperando para marcharse cuando Rayam salió con una bolsa llena de dinero.

«Vete, G, tío, yo me lo llevo», le dijo Rayam.

Gondo prefería registrar la parte de arriba de las casas después de detener a alguien con drogas o armas. Quedarse el dinero sin más resultaba demasiado arriesgado. «Has llegado tarde a la fiesta», le dijo Rayam.

Después de que los agentes se marcharan, Jenkins volvió a preguntarle a Hamilton si estaría dispuesto a colaborar con la policía en una trampa para un objetivo mayor, y utilizó la excusa que usaba habitualmente: preguntó a Hamilton a quién robaría.

«Si cuidas de nosotros, nosotros cuidaremos de ti —le dijo Jenkins, según Hamilton—.[6] Podrías despertarte un día con diez kilos en tu patio trasero».

Hamilton declaró que evitó la pregunta. Rayam le dio una tarjeta.[7]

«Por si cambias de opinión», le explicó Rayam.

Los agentes salieron de casa de Hamilton y fueron a un restaurante local, donde pagaron la cuenta con parte del dinero robado. «Podemos hacer esto tres veces al año, conseguir tres peces gordos —los tentó Jenkins—.[8] Pero no seáis avariciosos».

Los agentes regresaron a la ciudad para recoger sus coches particulares y luego se dirigieron a otro bar del barrio de Canton, en el sureste de Baltimore. Eran las diez y media de la noche.

De camino, Rayam llamó a Gondo al teléfono que tenía pinchado para contarle que creía que le faltaba dinero.

«Cuento, y cuento y cuento…», se lamentó Rayam.[9]

«Yo nunca… ¡vamos, hombre! —le aseguró Gondo—. Nunca te mentiría».

«Está bien —respondió Rayam—. Lo contaré otra vez».

«¡Vamos, hombre! ¡Que soy yo!», insistió Gondo.

«¡Eh, hermano! Bueno, solo te digo, si es un error…».

«Yo no me equivoco contando el dinero», protestó Gondo.

Antes de que Rayam se lo llevara, Gondo había contado 20 000 dólares en el armario, estaba seguro. Rayam había dejado el dinero arriba un momento antes de consultar con Jenkins si podía llevárselo. Gondo y Rayam recordaron que Hersl había estado arriba solo en un momento dado. ¿Se había llevado los tres mil dólares sin decírselo a nadie? Seguramente, pensaron. Los agentes informaron a Jenkins de sus sospechas, pero este les aconsejó que lo dejaran pasar.

A la agente especial Jensen le explotó la cabeza mientras escuchaba las llamadas: no esperaba que los agentes hablaran abiertamente de robar a la gente, pero esta conversación era lo más parecido a una confirmación de sus sospechas que los federales podían esperar.

Los agentes tomaron unas copas y luego se separaron: Gondo y Rayam se dirigieron al Casino Maryland Live!, en el condado de Anne Arundel, y Jenkins y Hersl al Casino Horseshoe, en el centro de Baltimore. En el vídeo de la cámara de vigilancia se ve a Rayam con cuatrocientos dólares en efectivo.[10]

Gondo había aprovechado la oportunidad en el bar para hablar con Jenkins sobre Glen Wells. «Tenemos mucha más gente a la que perseguir», le rogó Gondo a Jenkins, que accedió a retirar el plan contra él. Cuando Gondo llamó a Wells al día siguiente para contárselo —«Esta noche he apartado su culo [de Jenkins] de tu jeto»—, Wells se lo agradeció y le invitó a un viaje a Miami.[11]

«Se lo agradezco, señor», le dijo Wells a Gondo.

«No tienes que agradecer *na*, tío —replicó Gondo—. Eres mi hermano».

Mientras los agentes se divertían con el dinero de Hamilton, este luchaba por recuperar la parte que le había sido incautada. Presentó una petición ante el tribunal del condado de Carroll, y trató de demostrar el modo en que había ganado todo ese dinero en efectivo, pero tuvo que conformarse con que le devolvieran menos de la mitad. Después de que concluyera la vista, declaró Hamilton, Rayam lo amenazó.[12] Previamente había enviado un mensaje de texto a Rayam, que le había dejado su tarjeta tras descubrir que le faltaba dinero.[13] «Me has robado», escribió, pero Rayam no respondió.

«Tenían algo más que poder. Mucho más que poder —declaró Hamilton luego en una entrevista en el *New York Times*—. Tenían kriptonita. Esos policías hicieron lo que les dio la gana con todo el que quisieron en esta ciudad. Y todos esos que fueron a la cárcel… Hubo gente que fue a la cárcel por algo que nunca, nunca, nunca ocurrió, y todo porque un tipo con placa llegó allí y los acusó».

A finales de ese mes, Jenkins envió otro correo electrónico masivo en el que promocionaba el trabajo de la unidad.

«Quiero dar las gracias personalmente a los miembros del Grupo Especial de Rastreo de Armas —escribió Jenkins el 22 de julio de 2016—. Los presiono y les pido mucho a diario, pero siguen viniendo a trabajar todos los días y arrestando a individuos por portar armas de fuego. De verdad creo, sin lugar a dudas, que los siguientes miembros han salvado vidas y evitado que se produzcan delitos violentos gracias a su dedicación y ética de trabajo».

«Su liderazgo es la materia que construye la excelencia. Siga trabajando duro y cuídese», respondió el subcomisario Dean Palmere. «Wayne, verdaderamente es usted el motor que mueve este tren. Gracias por su iniciativa», celebró el teniente coronel Sean Miller. «¡Jesús! Van a tener que llamarle "futuro comisario Jenkins"», contestó otro oficial.[14] «¡Gran trabajo, teniente Wayne!», escribió un supervisor que revisaba los ascensos en la oficina del subcomisario administrativo.[15]

Jenkins, por supuesto, seguía siendo sargento. El remitente aludía a sus recientes intentos por ascender. Se había presentado al examen de teniente y había alcanzado el número dieciocho de la lista. «¿Crees que lo lograré?», respondió Jenkins. «Por descontado. ¡Se mueren por tenerte entre ellos!», respondió el supervisor.

El comandante del distrito Noreste, Richard Worley, preguntó a Jenkins si podía enseñarles sus tácticas a otros agentes: «Si pudiéramos conseguir que el resto de los equipos de operaciones se acercaran a sus números, supondría un triunfo para la ciudad. ¿Hay algo que pueda enseñar o en lo que pueda formar a las demás unidades? ¿Podemos hacer que otras unidades u oficiales acompañen a su equipo? Agradeceríamos cualquier sugerencia».[16]

«Gracias, señor. Es todo ética de trabajo —respondió Jenkins—. Uno de cada diez lo da todo porque es lo que hay que hacer. La gente nos necesita y, por suerte, puedo elegir a mis inspectores yo mismo. Me gustan los que todavía trabajan en puestos fijos, los que corren aun sin el respaldo de otro agente, los que persiguen a un tipo en el callejón oscuro. Esos pocos policías son los que tengo ahora, y de los que necesitamos más».

El juicio contra el teniente Brian Rice, que había supervisado y participado en la detención de Freddie Gray, también terminó en absolución, el 18 de julio. Los fiscales de la ciudad de Baltimore no habían logrado ninguna condena en ninguno de los cuatro juicios que habían tenido lugar contra los agentes acusados de la muerte de Gray. Además, habían anulado uno de los juicios. No obstante, aún quedaban tres más. El juez había dejado claro con cada resolución que rechazaba los casos, pero la fiscalía quería seguir presionando. El siguiente juicio, que era contra el agente Garrett Miller, iba a conllevar una serie de dificultades añadidas: la fiscalía tenía que contratar a un nuevo equipo de fiscales para el caso de Miller, y los nuevos abogados se opusieron a seguir adelante con el proceso.[17]

El primer día del juicio contra Miller, el 27 de julio de 2016, los fiscales que habían llevado los casos anteriores entraron en el tribunal y pusieron fin a los procesamientos. Eso incluía retirar los cargos contra el agente William Porter, a pesar de que la fiscalía estaba convencida de que este había mentido a los investigadores y permitido un encubrimiento, aunque carecían de pruebas para demostrarlo.

Los periodistas se apresuraron a acudir a la rueda de prensa que Mosby ofrecía en Gilmor Homes, el lugar donde Gray había sido detenido. Mosby se situó detrás de un atril, flanqueada por el equipo de la acusación y el padrastro de Gray. Desde allí, se lamentó por las sentencias dictaminadas hasta el momento y criticó el papel de las fuerzas dentro y fuera del departamento de policía que, según ella, habían frustrado sus esfuerzos.

«Tal y como todo el mundo ha podido comprobar en estos últimos catorce meses, el enjuiciamiento de agentes de policía en servicio activo en este país es sorprendentemente infrecuente, y está manifiestamente plagado de complicaciones sistémicas e inherentes —declaró, con una frustración evidente—. Hay algo de lo que nos hemos percatado muy pronto en este caso, y es el hecho de que, cuando la policía investiga a la policía, ya sea entre amigos o simplemente entre compañeros, siempre resulta problemático. Existen una reticencia y una parcialidad obvias que se pusieron de manifiesto, no en el Departamento de Policía de Baltimore al completo, pero sí en individuos dentro de la división, durante cada etapa de la investigación; un hecho que se ha manifestado con más descaro aún en los juicios posteriores».

Mosby afirmó que su equipo seguía estando convencido de que la muerte de Gray justificaba condenas penales.

«No creemos que Freddie Gray se suicidara».

«¡Eso es! ¡Así es! —gritaban los asistentes—. ¡Sabemos que te obligaron a hacerlo, y que sobornaron al juez!».

«Me ha quedado claro —continuó Mosby—, que, cuando no puedes trabajar con una agencia de investigación independiente desde el principio, ni tener voz en la elección de si nuestros casos proceden ante un juez o un jurado, ni existe una supervisión colectiva de la actuación policial en esta comunidad, ni hay reformas sustanciales y auténticas del actual sistema de justicia penal, podemos juzgar este caso cien veces, y otros tanto casos iguales, y siempre obtendremos el mismo resultado».

Para salvar las apariencias, Mosby afirmó que el mero hecho de presentar cargos había propiciado la reforma al sacar a la luz los fallos del sistema. Cuando el equipo de defensa, compuesto por más de una docena de abogados, celebró su propia conferencia de prensa, se decidió que el abogado Ivan Bates hablara en nombre de todos ellos. La razón detrás de esta decisión era que Bates ya había decidido presentarse contra Mosby en las elecciones de 2018. Bates, que casualmente representaba a Oreese Stevenson y a algunos otros individuos que habían alegado maltrato por parte de Jenkins, se había hecho cargo del caso de la sargento Alicia White, y había llegado a creer que esta había sido acusada de forma injusta en relación con la muerte de Gray. Bates declaró a los medios de comunicación allí reunidos que el caso había sido una «pesadilla» para los agentes acusados, provocada por una fiscal que había iniciado una cruzada contra ellos y rechazada por un juez imparcial que en ocasiones anteriores había perseguido la conducta indebida de la policía. «Es la Fiscalía de Baltimore la que no ha concedido justicia a la familia Gray», afirmó Bates. Existían todavía casos disciplinarios internos contra los agentes que estaban pendientes: se examinaría su conducta en busca de infracciones de las normas del departamento en lugar de acusarlos con delitos. El comisario Kevin Davis pidió a los departamentos suburbanos de los condados de Howard y Montgomery que se hicieran cargo de las investigaciones y dotaran de personal adecuado a los tribunales internos que examinarían los casos. A pesar de que los agentes no hubieran sido condenados con penas de prisión por negligencia, seguramente alguno perdería su trabajo por la muerte innecesaria de un hombre bajo su custodia. De acuerdo a la ley, Davis no tenía potestad para tomar ninguna medida sin que el tribunal emitiera previamente un dictamen de culpabilidad.

Los dos policías en bicicleta que habían detenido a Gray aceptaron un castigo menor. El conductor de furgoneta, Caesar Goodson, se enfrentaba a veintiún cargos administrativos, y su abogado sabía que, aunque ganara, a su cliente le asignarían un trabajo de oficina y no le permitirían volver a las calles.[18] El abogado intentó llegar a un acuerdo por el que Goodson obtendría una suspensión de treinta días y se jubilaría gracias a una cláusula existente dentro de la normativa sobre pensiones. Los abogados de la ciudad se rieron en su cara.

Goodson y los otros tres agentes fueron absueltos de toda culpa. Todos los agentes cobraron sus salarios atrasados y volvieron al trabajo. Actualmente, siguen trabajando en el departamento.

Era ya casi la medianoche del 3 de agosto de 2016 cuando los agentes de policía del condado de Baltimore comenzaron el registro de una vivienda en la zona de Rosedale en busca de drogas.[19] El caso lo había iniciado Jenkins, que lo había llevado ante los policías del condado y había dado una curiosa versión de los hechos.[20] Jenkins contó que se encontraba en casa cuando uno de sus informantes lo había llamado y le había dicho que iba a tener lugar una gran transacción de heroína. Jenkins contó que había acudido al lugar —solo—, había esperado entre unos arbustos y luego había seguido al presunto traficante. Cuando hubo presenciado una entrega en el exterior de un edificio de apartamentos de gran altura, dijo, se había acercado y había encontrado cien gramos de heroína y otras sustancias dentro de una bolsa. Seguramente había más en la casa del objetivo, había pensado Jenkins.

El sargento de la Policía del Condado de Baltimore Bruce Vaughn, cuya brigada se encargaba del seguimiento, interrogó a Jenkins y le dijo que necesitaba saber quién era el informante.[21] Jenkins se negó y añadió que la persona ya no era un informante registrado. Vaughn envió a un agente para que verificara la versión de Jenkins con las imágenes de vigilancia del lugar en el que el sargento afirmaba haber interceptado la venta de droga; las versiones parecían coincidir. Se le pidió a Jenkins que fuera a la comisaría de Essex y escribiera toda la información para redactar una orden de registro. Cuando terminaron, Jenkins comentó que iba a volver a casa y pidió a los agentes que le informaran de lo que habían encontrado. Los inspectores se dieron cuenta más tarde de que las pruebas que Jenkins había presentado solo contenían diez gramos de heroína, y no cien como él había informado.

Los agentes del condado estaban ejecutando la orden cuando un monovolumen Dodge se detuvo frente a la vivienda. El inspector del condado Jason Metz encendió su linterna y vio a Jenkins y a un pasajero.[22] Metz no conocía a Jenkins, pero, al igual que Kilpatrick, había oído hablar mal de él.

Jenkins salió de la furgoneta gritando: «¿Dónde está la droga?». Entonces Metz vio que un hombre blanco completamente calvo, con lo que parecía ser una placa de policía colgada alrededor del cuello, salía del coche de Jenkins. A Metz, el hombre le resultaba familiar, pero no lo reconoció en el momento.

A diferencia de la policía de la ciudad, la del condado tiene agentes con funciones equivalentes a los de Asuntos Internos que siempre acompañan a las unidades de estupefacientes en las órdenes de registro, y a uno de estos agentes también le llamó la atención la presencia de Jenkins y del agente calvo.

«¿Me pueden dar su nombre y número de placa?», preguntó cuando se los encontró en la casa.

Jenkins facilitó sus datos. El segundo hombre murmuró un número de placa similar al del primero, dio su apellido y salió.

El agente del condado se volvió hacia Jenkins, y este vaciló.[23] «No tiene número de placa —dijo el sargento—. Es un miembro del "grupo Especial"». Explicó que el hombre era su primo y que acababan de jugar una partida de baloncesto justo en ese momento, aunque era más de medianoche.

El agente siguió presionando. «¿En qué delegación ha dicho que estaba su compañero?».

«El grupo especial de fugitivos», respondió Jenkins.[24] Se dirigió a la cocina de la vivienda, donde los agentes le oyeron decir: «Aquí hay más droga y una pistola. ¡Tiene que haberla!».[25] Un agente del condado le pidió que se callara, porque los individuos objetivo de la redada aún seguían en la vivienda.[26] Jenkins y su compañero no tardaron en marcharse.

En algún punto de la noche, Metz se dio cuenta de quién era el calvo extraño.

«¿Qué hacía Donald Stepp aquí?», les preguntó a los demás.

Dos años antes, a Metz le habían asignado la investigación del chivatazo de un informante que afirmaba que Stepp era un traficante de cocaína a gran escala.[27] La policía había recibido pistas previas sobre este que se remontaban a 2012, pero nunca se abrió ningún caso. En 2015, Metz hizo rondas de vigilancia en la casa de Stepp al menos en dos ocasiones, pero sostuvo que nunca había visto ninguna prueba de tráfico de drogas. Aun así, el último lugar en el que Metz esperaba ver a Stepp era paseando con un sargento de la policía de la ciudad en el lugar en el que se estaba ejecutando una orden de búsqueda de drogas.

Les pidieron a todos los policías del condado que escribieran lo que habían visto.

En su informe, el sargento Vaughn redactó que Jenkins había mentido sobre la situación de su informante al no revelar inicialmente que no era un informante registrado, que había estado trabajando mientras se suponía que estaba de baja y que no había notificado sus acciones al condado ni había realizado una comprobación de coordinación de operaciones sobre el objetivo.

«El condado de Baltimore nunca permitiría a sus agentes actuar en dichas circunstancias —escribió Vaughn en su informe—. El sargento Jenkins violó la ley y la política del departamento». Vaughn afirmó que esperaría instrucciones de los supervisores y de la Fiscalía del condado sobre si debía acusar a Stepp por hacerse pasar por un agente de policía.

Cuando Metz se encontró con Kilpatrick en la oficina, le contó lo que había visto. Kilpatrick, que sabía que el FBI estaba investigando a Jenkins, se aseguró de que los agentes estuvieran informados acerca del extraño encuentro. No obstante, nadie informó al Departamento de Policía de Baltimore.

Capítulo 16

La caza

Después de más de un año investigando al Departamento de Policía de Baltimore por abusos contra los derechos civiles tras la muerte de Freddie Gray, el Departamento de Justicia entregó su informe el 10 de agosto de 2016.

«Hemos constatado que el Departamento de la Policía de Baltimore ha seguido una pauta o práctica que conlleva graves violaciones de la Constitución de los Estados Unidos y de la legislación federal, y que ha perjudicado de forma desproporcionada a la comunidad afroamericana de Baltimore y afectado negativamente a la confianza de la ciudadanía en la policía —declaró Vanita Gupta, fiscal general adjunta principal y jefa de la División de Derechos Civiles—. La institución de la policía tampoco proporciona a los agentes la orientación, la supervisión y los recursos que necesitan para ejercer su labor policial de forma segura, constitucional y eficaz».

A pesar de que tuvo acceso a los expedientes de Asuntos Internos con acceso restringido por la ley estatal al público general, la investigación del Departamento de Justicia no detectó informes generalizados de robos de dinero por parte de los agentes. En las más de ciento sesenta páginas del informe, no había más que un puñado de referencias de este tipo. En cambio, el informe sí reveló que el Departamento de Policía de Baltimore tenía problemas con las paradas y registros inconstitucionales, que apuntaban de forma desproporcionada a personas de raza negra, y se realizaban con una supervisión y responsabilidad mínimas. El Departamento de Policía de Baltimore realizaba aproximadamente el cuarenta y cuatro por ciento de sus identificaciones en dos pequeños distritos predominantemente afroamericanos en los que reside solo el once por ciento de la población de la ciudad. A menudo paraban a las personas y las registraban o cacheaban sin que existiera una sospecha razonable. Un hombre negro de unos cincuenta años fue detenido treinta veces en menos de cuatro años, sin que ninguna de las identificaciones se saldara con una citación o una acusación penal. Durante un viaje con funcionarios del Departamento de Justicia, un sargento anónimo del Departamento de Policía de Baltimore dio instrucciones a un agente de patrulla para que parase a un grupo de jóvenes negros en una esquina, los interrogara y les ordenara que se dispersaran. El agente protestó y dijo que no tenía ninguna razón válida para hacerlo. El sargento le respondió: «Entonces invéntate algo».

El informe ofrecía la imagen de un organismo desorganizado que pisoteaba de forma recurrente los derechos de los residentes de la ciudad: las carencias e infracciones que detallaba iban desde los aparatos de tecnología desfasados que se utilizaban en el departamento hasta una mala gestión de los casos de agresión sexual, pasando por el uso excesivo de la fuerza por parte de los agentes y violaciones de la primera enmienda.

Durante muchos años, los ciudadanos se habían quejado de abusos por parte de los agentes, mientras que la sucesión de comisarios que iba nombrando el departamento se lamentaba, por su parte, del estado en el que les había llegado el distrito. Finalmente, los problemas se habían recopilado con meticulosidad en un documento que allanaba el camino para un decreto de consentimiento, en el que un equipo de supervisión y un juez harían cumplir las reformas o la reescritura de la normativa, pero también vigilarían en general la actuación del departamento.

Esa noche, el Grupo Especial de Rastreo de Armas salió a la calle como de costumbre y detuvo a varios hombres negros por infracciones relacionadas con el cinturón de seguridad. Los registraron sin una causa probable, tal y como había desaconsejado el informe que había sido publicado a bombo y platillo ese mismo día. «Nos dedicamos a dar vueltas y a cazar, para ver qué podemos pillar», explicó Hersl en una ocasión.[1]

La ley permite a los agentes de policía parar a personas por cualquier número de infracciones y tomar medidas adicionales si lo justifican sus observaciones u otras circunstancias. Este proceder se considera a menudo una buena labor policial.

«Los casos más importantes que vas a conseguir en tu vida... son los que no proceden de razones de peso», explicó Jenkins a Clewell después de parar a un hombre por estar mal aparcado.[2]

Pero, tal y como señala David Jaros, catedrático de Derecho de la Universidad de Baltimore, «no nos damos cuenta de todos los casos en los que la posterior detención no conduce a la prueba de un delito, y de todas las formas en que ese tipo de actividad perjudica a las personas vigiladas y a la policía en cada comunidad. Muchas de las consecuencias de estos procesos quedan ocultas».[3]

Algunos de esos encuentros se estaban grabando, como parte de las reformas ya en marcha; el departamento había estado instalando cámaras corporales y, por fin, se había asignado una a Hersl. Durante años, Jenkins y los demás agentes solo se habían servido de su palabra para informar con detalle de las detenciones que realizaban, o habían manipulado sus propios vídeos utilizando teléfonos con cámara para demostrar que seguían las reglas.[4] Pero ahora el departamento les exigía que grabaran vídeos con cámaras corporales, con la finalidad de discernir las razones por las que la unidad estaba acumulando una cifra de incautaciones de armas tan impresionante. Ese verano, sin embargo, solo dos de los agentes de la unidad, Hersl y Gondo, habían sido equipados con una cámara de ese tipo.

Uno de los hombres a los que se dio el alto y que fue registrado aquella noche de agosto, horas después de que se publicara el informe del Departamento de Justicia, era D'Andre Adams, de veinticinco años.[5] Adams, que era un guardia de seguridad y detective privado con licencia, estaba enseñando a conducir a un joven pariente.[6] En una concurrida calle del centro, los agentes se dirigieron al coche de Adams para detenerlo por delante. Jenkins, que vestía chaleco negro y pantalones cargo, se arrodilló junto a la puerta del lado del copiloto.

«Caballero, soy el sargento Wayne Jenkins, del Grupo Especial de Rastreo de Armas. La razón por la que ha sido detenido hoy es porque no lleva puesto el cinturón de seguridad. ¿Por qué no tiene puesto el cinturón de seguridad?».

«No me lo he puesto», respondió Adams.

«¿Está nervioso, señor? Lo estamos grabando; está usted temblando. ¿Suele temblar así?», preguntó Jenkins.

«Estoy bien, agente», contestó Adams, aparentando calma.

Durante muchos años, la policía había alegado que el nerviosismo con el que actuaban algunas personas suponía una razón de peso que justificaba los registros. Las grabaciones de las cámaras corporales, obtenidas desde el punto de vista de los agentes, cuestionan seriamente, y con frecuencia, que eso sea cierto. Adams salió del coche y los agentes le pidieron que se colocara en la parte trasera, mirando hacia el lado opuesto, mientras registraban el coche. La cámara de Hersl grabó a Adams, no a los agentes en el momento en que realizaban el registro.

«Se le ha advertido a usted de la razón por la que lo hemos detenido —mantuvo Hersl—. Tiene que ponerse el cinturón de seguridad».

«Eso está muy bien, pero ¿por qué están registrando mi coche? No he autorizado a nadie a que registre mis cosas».

Hersl agitó la mano en señal de negación delante de Adams, incapaz de responder. «No vamos a discutir con usted», evadió la pregunta.

«Está bien. No pasa nada. Siga adelante y haga lo que tenga que hacer», cedió Adams, lleno de resignación.

La hija de Adams estaba en el asiento trasero, así que este preguntó si podía darse la vuelta y ver al menos lo que hacían. Se ofreció a que le esposaran si era necesario. Hersl le contestó que no podía.

«Se trata de un registro ilegal», protestó Adams de nuevo.

«No, no es un registro ilegal», negó Hersl.

«Vale. Me ha parado usted por el cinturón de seguridad, ¿por qué estoy fuera del coche ahora mismo entonces?», argumentó Adams.

«Todo está grabado», dijo Hersl, como si eso respondiera a la pregunta.

«No me preocupan sus cámaras. Es un hecho, y usted, como policía, debería saberlo, colega».

Según las marcas de tiempo de esa noche, los agentes del Grupo Especial de Rastreo de Armas paraban a alguien cada diez o veinte minutos en el recorrido que llevaban, mientras atravesaban la ciudad de una punta a la otra. Inmediatamente después de dejar marchar a Adams, vieron un coche que salía del aparcamiento de una droguería CVS.[7] El conductor no llevaba puesto el cinturón de seguridad y aún no había encendido ni las luces del coche. Jenkins y Clewell se colocaron en lados opuestos del vehículo y se inclinaron con las cabezas tocando la parte superior de las puertas para echar un vistazo al interior. Hersl, el único con una cámara corporal en funcionamiento, se apartó del coche para que la conversación no quedara recogida en la grabación. Sin previo aviso, Jenkins sacó al copiloto del coche.

«Hay una pistola en la bolsa que tienen entre los pies», le dijo Jenkins a Clewell.

«¡No es mía!», suplicó el hombre.

«No me importa si es tuya o no: hay una pistola entre tus piernas. No me importa si es tuya».

«¡Acabo de entrar en el coche!».

Jenkins interrogó al conductor, una persona parapléjica que utilizaba un dispositivo especial para conducir el coche, sobre el cinturón de seguridad. «Acabamos de salir del CVS», se encogió de hombros.

El conductor asumió la propiedad del arma, con lo que absolvió al pasajero que podría haber sido acusado por ello. Mientras los agentes procesaban toda la información, Hersl espetó al conductor que la próxima vez llevara las luces encendidas.

«Y una mierda», murmuró él.

«Seguro que tú estás lleno de mierda todo el tiempo, ¿eh?», le contestó Hersl con sorna.

Encontraron armas de fuego solamente una de cada tres veces en las paradas por infracciones relativas al cinturón de seguridad.

Más detenciones se sucedieron a medida que avanzaba la noche. Por ejemplo, persiguieron a un hombre en Baltimore Norte, registraron su coche y no encontraron nada. Después, detuvieron a otro hombre que llevaba alcohol en el coche y que afirmó ser trabajador municipal. «Estamos buscando asesinos y armas, no nos interesa el alcohol», dijo Jenkins. Tras tirar el alcohol, registraron el coche y lo dejaron marchar.

En una gasolinera del noroeste de Baltimore, pararon a un vehículo con cuatro jóvenes en el interior.[8] El coche no había llegado a alejarse ni un metro y medio del surtidor de gasolina cuando los agentes les dieron el alto por no llevar puesto el cinturón de seguridad. «Estás temblando mucho —le dijo Jenkins al pasajero—. ¿Por qué no llevas puesto el cinturón de seguridad?».

«Acabo de salir de la gasolinera —respondió el hombre—. Le pido disculpas».

«Está bien, pero cuando el vehículo está en movimiento, debes tener el cinturón de seguridad puesto, ¿de acuerdo?».

Hersl señaló una bolsa que había en el suelo del coche y le dijo que querían registrarla porque habían encontrado un arma esa misma noche en una bolsa similar, una razón totalmente injustificada para registrar a ese hombre y esa bolsa. El tipo, de pie con las manos detrás de la cabeza, se dejó registrar.

Tenían una pequeña cantidad de hierba, pero no había nada más en el coche.

Ahora era solo uno de cada seis.

En las semanas que siguieron al informe del Departamento de Justicia, el Grupo Especial de Rastreo de Armas cometió al menos dos robos más. En uno de ellos, las escuchas telefónicas captaron a Gondo y Jenkins discutiendo si entrarían o no en el domicilio de un hombre cuando no tenían aún una orden de registro.[9] Los agentes nunca activaron sus cámaras corporales en dichas interacciones.[10] Grabaron a Hersl después de eso, cuando comentaba que iba a guardar la cámara corporal en su maletero «hasta que alguien le diga algo» y que, «a menos que pongan alguna queja», dudaba de que alguien en el Departamento de Policía de Baltimore la buscara.[11]

Aunque el FBI tenía interceptado el teléfono de Gondo, esas llamadas no proporcionaban una vigilancia completa al total de las actividades del Grupo Especial de Rastreo de Armas. A finales de agosto de 2016, los investigadores estaban preparados para avanzar otro paso más en la investigación de la unidad: iban a poner micrófonos ocultos en el coche de Gondo.

Durante casi dos meses, la agente especial Jensen y los demás investigadores habían estado discutiendo con los fiscales la posibilidad de ocultar un dispositivo de grabación en el interior del vehículo que Gondo conducía para llegar a su casa, con la esperanza de que un aparato instalado en su coche particular captara conversaciones más directas o esclarecedoras.[12]

A mediados de agosto se produjo un incidente que aumentó la preocupación por la posibilidad de que los agentes cambiaran sus pautas de actuación. Un agente estaba vigilando el exterior del complejo de apartamentos de Gondo cuando este lo vio. El agente arrancó el vehículo cuando Gondo empezó a acercarse, pero el hombre aceleró detrás de él. Gondo continuó la persecución durante un kilómetro y medio hasta que alcanzó al espía.

«¿Quién eres?», exigió saber.

«No sé de qué me está hablando», respondió el agente.

Gondo se puso en contacto con Jenkins y le dijo que tenían que verse.

Si había que cambiar de táctica en algún momento, aquel era el adecuado. El dispositivo podría grabar tanto sonido como vídeo, y estaría colocado en la parte trasera del coche, en lugar de en la parte delantera, para que los agentes pudieran observar la actividad telefónica no captada por las escuchas, como los mensajes de texto o FaceTime.[13]

Para obtener una orden de grabación, tendrían que demostrar al Departamento de Justicia que en el coche se estaban produciendo conversaciones delictivas, pero no lo consiguieron. Debido a esta razón, decidieron apoyarse en su lugar en la política de suministro de coches para llevar a casa, del Departamento de Policía de Baltimore, en la que se especificaba que los agentes renunciaban a su privacidad y podían ser vigilados en el momento de aceptar uno de estos coches.

Sin embargo, esto también significaba que debían interrumpir la intervención del teléfono de Gondo, ya que no podían mantener ambas en marcha al mismo tiempo.

Después de que los investigadores se enteraran de que Gondo iba a salir de la ciudad, decidieron instalar el dispositivo. Suponía todo un reto: la instalación no era un trabajo que pudiese completarse rápido. En consecuencia, los investigadores tuvieron que trasladar el coche de Gondo a otro lugar, y luego volver a colocarlo en el sitio de origen sin levantar sospechas. Muchísimas cosas podían salir mal durante el proceso: ¿y si un vecino los veía en el aparcamiento y se lo comentaba a Gondo? Aparcarían un coche señuelo en su lugar hasta que pudieran volver. Pero, ¿y si alguien, digamos, un conductor ebrio, chocaba por accidente contra ellos mientras conducían el vehículo de Gondo? ¿Cómo lo iban a explicar?

Los agentes desactivaron la alarma del coche y entraron en el vehículo. Jensen observó que el coche estaba muy limpio por dentro. Bajo el asiento delantero, sin embargo, encontraron una caja de cigarrillos y, en su interior, había una bolsa de botecitos con cápsulas que contenían heroína.

Jensen llamó a Derek Hines, uno de los fiscales federales, para que le aconsejara qué debía hacer. Normalmente, ese tipo de pruebas se incautarían, sin duda. Pero los investigadores no querían que se descubriera la operación. Además, Gondo podría haber robado las drogas, pero también podrían ser pruebas de un caso que aún no se habían presentado a Control de Pruebas. En cualquier caso, los investigadores decidieron retirar una cápsula para analizarla y confirmar que era heroína, y dejar el resto.

La operación se llevó a cabo con éxito, y Jensen estaba ansiosa por escuchar lo que Gondo y los demás pudieran estar ocultando de las líneas telefónicas. La noche siguiente, el 31 de agosto de 2016, el dispositivo oculto estaba grabando mientras los agentes entraban con un coche en una gasolinera de la zona oeste del centro.[14] La inspectora Taylor comentó luego que el hombre que iba dentro estaba mirando hacia abajo y parecía estar liándose un porro.

«A lo mejor conseguimos algo de él», sugirió Hersl.

El coche se dio a la fuga y los agentes lo persiguieron.

«¡No lleva las luces! ¡no lleva las luces!», dijo Rayam.

El vehículo en fuga se saltó un semáforo en rojo y chocó contra otro coche, que giró ciento ochenta grados y se subió a la acera como consecuencia del golpe.[15] El conductor resultó herido por la colisión.

«¡Mierda!», gritó Gondo.

Los agentes se mantuvieron a la espera y discutieron entre ellos si debían acudir en ayuda del herido o si podían, por el contrario, escabullirse sin que los vieran.

«No pareceremos muy pirados, ¿verdad? —preguntó Gondo—. Hay cámaras ahí arriba, y también abajo de la mierda esa».

«Vuelve atrás. Nos han grabado —le ordenó Rayam—. Puedo llamar por radio y decir que acabo de recibir el informe de un accidente».

«No —protestó Hersl—. Wayne ya nos lo ha dicho; yo no diría nada todavía… Wayne solo quiere quedarse en la zona, cerca, y ver qué va pasando cuando se enteren».

Rayam quería ayudar: «¿Y si vamos a la escena y actuamos en plan, "Perdone, ¿está todo bien?" ¿Me seguís?».

«Ese tío está inconsciente. No puede decir ni una puta palabra», comentó uno de los agentes.

«Creo que hemos dado en el clavo», añadió Gondo. Sobre las cámaras de tráfico, dijo: «No creo que [las cámaras] puedan hacer *zoom* y pillarnos la cara».

«Solo has encendido las luces muy al principio en la gasolinera, ¿verdad?», preguntó Hersl.

«Sí, en ese semáforo. Las he apagado después de eso», contestó Gondo.

«Esta es la movida con Wayne. Él se pasa muchísimo con esta mierda —se lamentó Hersl—. Estas persecuciones de coches... Esto es lo que pasa. Es una ruleta rusa, ¿me seguís?».

Hersl propuso que los agentes rellenaran sus fichas de control de horas con información falsa para demostrar que habían dejado de trabajar una hora antes de que ocurriera el accidente.

«¡Eh, estaba conduciendo a casa! —bromeó Hersl entre risas—. Tengo curiosidad, ¿qué había en ese coche...?».

En ese momento, escucharon a Jenkins hablando desde otro vehículo, no estaban seguros de si por radio policial o por teléfono.

«A mí qué me importa», contestó Jenkins.

«Ya lo sé, pero tengo curiosidad», insistió Hersl.

«Volved a la oficina central».

Jensen confesó más adelante que se había quedado «verdaderamente horrorizada» con el hecho de que los agentes no hubieran asistido al accidente.[16] No obstante, como la investigación seguía en curso, el FBI tampoco intervino. El hombre que resultó atropellado aquella noche era un inmigrante senegalés de treinta y dos años llamado Serigne Gueye, que volvía a casa con su mujer embarazada cuando el vehículo que huía se saltó el semáforo en rojo. Cuando Gueye fue demandado meses después por el conductor que se dio a la fuga, que afirmó falsamente que Gueye había provocado el accidente, nadie dio un paso al frente para respaldar su versión.

Las autoridades federales interceptaron a través de las escuchas telefónicas del 22 de septiembre una conversación en la que Rayam y Gondo hablaban de que Jenkins estaba metido en algo «gordo» y quería que solo ellos participasen, ninguno de los otros agentes del grupo.[17] Jenkins tenía otra condición: no quería que su nombre apareciera en ningún documento relacionado con el caso. «Está cansado de poner su nombre en mierda que pueda acusarlo. Yo le dije: "Dame al hijo de puta que sea y pondré mi nombre" —contaba Rayam—. Él estaba del palo: "Tío, ese tipo es bueno, por lo menos vale doscientos. Podríamos pillarlo". Le dije: "De acuerdo". [Respondió:] "Si lo hacemos, seremos tú y yo"».

Sin embargo, una acusación de conducta indebida hizo estallar a Jenkins. Dos días después de la conversación grabada de Gondo y Rayam, el Grupo Especial de Rastreo de Armas persiguió por un callejón a un hombre que se había deshecho de una pistola.[18] En un vídeo de una cámara corporal aparecía Jenkins hablando con el tipo para intentar que admitiera la posesión del arma.

«Lo que me gustaría saber es si alguien está intentando matarte, si alguien está intentando atacarte. Si tu vida está en peligro, puedes decirme dónde o quién, y puedo investigar para intentar sacar más armas de la calle. ¿Tu vida corre peligro?».

«Tío, aquí la vida de todo el mundo está en peligro. Estamos en la ciudad de Baltimore —respondió el hombre—. El año pasado perdí a tres compañeros en dos meses. He perdido a dos primos este año».

Justo entonces le sonó el móvil. El hombre le preguntó a Jenkins si podía decirle a la persona que lo llamaba que lo estaban llevando a la cárcel. Jenkins accedió, mantuvo la llamada abierta y permitió que el hombre hablara por el altavoz. «Han encontrado un porro en el callejón —le contó el hombre a la persona, usando el argot para referirse a un arma—. [Estos] Me han llenado de mierda pero bien».

Jenkins colgó el teléfono. «Eso no me ha gustado. No somos unos polis podridos: tú mismo has tirado esa mierda con la mano derecha. Lo que acabas de decir nos falta mucho el respeto. No somos policías corruptos, no nos rebajamos con cosas así: eso es una mala labor policial. Si alguien trata de encasquetarle un arma a otra persona, y no era el arma de esa persona, un policía así debe ser perseguido y acusado. Nosotros no hacemos eso. ¿Estos policías que ves aquí? Estos hacemos las cosas según las normas».

Albert Peisinger, un antiguo fiscal de estupefacientes de la ciudad, recuerda conversaciones privadas similares con Jenkins.[19] Peisinger, que había trabajado ocasionalmente con Jenkins durante bastantes años, afirmó que el inspector «aceptaba las críticas constructivas e intentaba mejorar el modo de construir sus casos. Había muchos otros policías, y él mismo, que nos escuchaban».

»Al final de su carrera como policía, creo que llegó incluso a desarrollar una doble personalidad —explicó Peisinger—. No entendía nada, se preguntaba: "¿Por qué todo el mundo piensa que soy un poli corrupto?"».

En octubre de 2016, se publicó un boletín interno del departamento.[20] En la primera página, el comisario Davis escribía a sus agentes sobre la entrada en vigor del inminente decreto de consentimiento. «Un decreto de consentimiento no hace magia por sí solo. Sin embargo, es un mandato judicial que nos obligará a introducir las mejoras necesarias en procesos que se han descuidado durante mucho tiempo. En ocasiones, introducirá cambios en nuestra organización que puedan causar preocupaciones. Al fin y al cabo, la policía no suele adaptarse bien a los cambios. Pero no debemos confundir las tradiciones consagradas de nuestra profesión con las mejoras necesarias que deban implantarse para mejorar como institución. Debemos honrar nuestras tradiciones, pero no aferrarnos a ellas. Debemos aceptar los cambios que nos permiten combatir mejor el crimen y erigirnos como representantes dignos de la comunidad, y no rechazarlos como si fueran contrarios al concepto de la "verdadera labor policial"».

Dos páginas más adelante, el boletín destacaba el trabajo del Grupo Especial de Rastreo de Armas como modelo a seguir para el resto del departamento: una foto de Jenkins flanqueado por Hendrix, Taylor, Rayam y Ward presidía el texto.[21] Un supervisor, el teniente Chris O'Ree, redactó este texto de propaganda del departamento.

«Huelga decir que este es un momento extremadamente difícil para las fuerzas del orden en todo el país. Los agentes se cuestionan tanto a sí mismos como el papel que desempeñan en la sociedad, y se preguntan qué ocurrirá con el panorama en constante cambio de las fuerzas del orden. En este contexto, me enorgullece enormemente destacar el trabajo del Sargento Wayne Jenkins y del Grupo Especial de Rastreo de Armas. Este equipo de dedicados inspectores mantiene una ética de trabajo intachable».

Hasta ese momento, la brigada había incautado ciento treinta y dos armas cortas y había realizado ciento diez detenciones por infracciones relacionadas con armas cortas en nueve meses. «Su labor incansable propicia que nuestras calles estén más seguras. La clave de su éxito reside en la confiscación de las armas y la detención de las personas adecuadas por las razones correctas —escribió O'Ree—. No podría estar más orgulloso del potente trabajo de este equipo».

A nadie parecía importarle mucho cómo se desarrollaban posteriormente estos casos en los tribunales: entre 2012 y 2016, los fiscales desestimaron el cuarenta por ciento de los casos de Jenkins relacionados con armas de fuego, una cifra superior a la media del departamento, a pesar de los elogios que le llovían por su habilidad para incautar y detener.[22] A pesar de que la policía y la fiscalía habían declarado que su prioridad era mandar a las personas sorprendidas llevando armas a los tribunales, los agentes reconocieron más adelante que nadie comprobaba posteriormente los resultados de las detenciones.

Un ejemplo de ello fue el juicio a Oreese Stevenson, a quien vaciaron la mitad del contenido de su caja fuerte en marzo. Stevenson había contratado al abogado Ivan Bates, quien declaró que había empezado a buscar específicamente a acusados a los que Jenkins había detenido. Bates confesó que elegía así a sus clientes porque las tácticas irregulares del agente propiciaban que los casos se pudieran ganar.[23] Con todo, Bates nunca había acusado públicamente a Jenkins de robar: resultaba demasiado arriesgado para sus clientes y era una acusación grave para que un abogado la mantuviese sin pruebas. Bates recordó que una vez había ofrecido a un fiscal uno de esos clientes, pero el fiscal se mostró más interesado en que el cliente hablara de sus propios delitos.[24]

En aquel momento, en octubre, Bates y Stevenson se encontraban en la sala del juez Barry Williams, tres meses después de que este desestimara el último de los casos de Freddie Gray.[25] Stevenson le contó a Bates que Jenkins le había robado. Stevenson lo sabía, Bates lo sabía y Jenkins lo sabía.

Si se tenían en cuenta, por un lado, la jugosa incautación declarada por el Grupo Especial de Rastreo de Armas, de varios kilogramos de cocaína, y, por otro lado, los antecedentes penales de Stevenson, con mucha probabilidad, el caso debiera haberse llevado ante la justicia federal, pero la Fiscalía Federal ya sabía lo suficiente como para mantenerse al margen de los casos del Grupo Especial de Rastreo de Armas, así que había desestimado con discreción media docena de estos casos que estaban pendientes allí.

Bates planeaba conseguir que se retirara el caso pidiendo que se examinara la parada inicial al vehículo. Llamaron a Jenkins al estrado y dio su versión de la parada: afirmó que los agentes se habían acercado a Stevenson solo para mantener una charla.

«Solemos parar a vehículos y preguntar si todo va bien —sostuvo Jenkins—. Nunca sabemos quién nos puede facilitar información sobre delitos actuales o pasados. La persona que nos proporcione esta información puede ser vieja, joven, negra, blanca, mujer u hombre. Nunca se sabe quién está dispuesto a hablar con la policía».

Jenkins relató que, cuando se había acercado al coche, había seguido cuidadosamente las normas para que el caso pudiera procesarse correctamente en los tribunales. Explicó que había aprendido de los errores del pasado. Esa declaración impresionó al juez Williams, pero este señaló que, durante la descripción de la aproximación al coche, Jenkins también había comentado que su brigada había rodeado el vehículo, lo que equivalía legalmente a una detención que no estaba respaldada por una sospecha razonable. Este detalle convertía la parada en una parada indebida, de modo que Williams rechazó las pruebas. Sin la evidencia de la parada de tráfico, el posterior registro en casa de Stevenson también quedaba invalidado, consecuencia de la denominada «doctrina de la inadmisibilidad de la prueba obtenida ilegalmente». Los fiscales no tuvieron más remedio que abandonar el caso. Stevenson había quedado exculpado, pero Jenkins también.

Cuando hubo concluido la vista, Williams llamó al fiscal al estrado.

«Se lo digo solo para que lo sepa: su agente me ha parecido relativamente creíble —le comentó el juez Williams al fiscal de manera confidencial—. Explíquele bien lo que es legal. Un oficial de policía tiene derecho a cercar a un sospechoso, absolutamente. Pero no se puede salir de un coche y rodear el vehículo de un sospechoso sin más. El agente pensó que la persona tenía drogas en su poder, y probablemente las tuviera. Eso es indiscutible, pero hay otras maneras de hacer las cosas».

Bates siguió a Jenkins fuera de la sala.[26]

«No sé lo que te traes entre manos, pero todo el mundo me dice lo mismo de ti: robas y robas, y te llevas el dinero de todo el mundo —le soltó Bates a Jenkins—. Vamos, tío».

«No sé de qué me está hablando», respondió Jenkins.

Después de que hubiera esquivado una vez más la responsabilidad por una actuación policial indebida, Jenkins consideró oportuno tomarse un tiempo libre. Su mujer estaba embarazada de nuevo y estaba a punto de dar a luz a su tercer hijo. Pocas semanas antes, Jenkins había informado a sus oficiales de que se iba a tomar pronto una excedencia.

Esta excedencia iba a durar tres meses.

Capítulo 17

Leer entre líneas

Unas semanas antes de que se fuera de permiso, Jenkins incorporó al inspector James «K-Stop» Kostoplis al Grupo Especial de Rastreo de Armas. Esto supuso un reencuentro muy esperado por Kostoplis, que ya había tenido la oportunidad de admirar a Jenkins como agente novato en el distrito Noreste en 2012. Kostoplis había dejado el departamento poco después de los disturbios de 2015 y se había marchado a trabajar con una división de la policía ferroviaria en Nueva Jersey, su ciudad natal. Cuando solicitó regresar al Departamento de Policía de Baltimore a principios de 2016, la sección de reclutamiento le dio largas, así que se puso en contacto con Jenkins, que envió un mensaje de apoyo al subcomisario De Sousa en su nombre.

«Estoy seguro de que recuerdan el nombre de KOSTOPLIS porque estaba acabando con la Fundación Nacional para la Democracia con órdenes de registro e incautaciones de armas.[1] En resumen, es un activo preciado para nuestro departamento y deberíamos hacer todo lo posible para retener a un oficial de este calibre y con esta ética de trabajo. Intenté hablar con la unidad de reclutamiento, pero básicamente me ignoraron», escribió Jenkins. «Estoy seguro de que si [el oficial de reclutamiento] lo contactase un miembro del mando respetado como usted, entonces se daría cuenta de la necesidad de volver a contratar a este trabajador infatigable para que ayude a nuestra ciudad en estos tiempos difíciles».

«Mensaje recibido, Wayne, conozco bien a K-Stop. Era una estrella como tú. Ahora mismo estoy enviando otro correo electrónico al comandante Handley. No sabía que estaba intentando volver», respondió De Sousa.[2]

Jenkins había asegurado que incorporaría a Kostoplis a la unidad de armas, pero no lo hizo de inmediato. Kostoplis tendría que volver a patrullar, y estaba de acuerdo con ello, pues se alegraba de regresar a Baltimore y no tener que comprobar más el estado de las instalaciones de los trenes y los vagones de carga.

A finales de octubre llegó la llamada: Kostoplis se incorporaba al Grupo Especial de Rastreo de Armas. Kostoplis recuerda la vuelta de presentación por la sede central con Jenkins, quien le dio la bienvenida, ya que oficialmente había «llegado» al departamento. «Nunca más tendrás que volver a patrullar después de esto —le dijo Jenkins—. Podrás trabajar en la unidad especializada que quieras».

Enseguida, Kostoplis se dio cuenta de que el ritmo de trabajo del Grupo Especial de Rastreo de Armas era frenético y las horas, largas. En la calle, según muestran las grabaciones de las cámaras corporales, Kostoplis a menudo permanecía cerca de Jenkins, atento, mirando unas veces a Jenkins y otras a las personas a las que interrogaba en la calle.

«Recuerdo que llamé a mi padre de camino a casa porque no me lo podía creer —recordó Kostoplis después—.[3] Creo que hicieron siete detenciones por armas de fuego en un día. Nunca había oído algo así».

Sin embargo, cuando Jenkins se fue de permiso, todo se paralizó. Hersl se tomó un mes libre para remodelar una casa que había comprado en el condado de Harford. Según Kostoplis, los demás agentes dejaron de trabajar y se pasaban el día sentados en la oficina. Kostoplis era el nuevo en la brigada y estaba ansioso por un poco de acción, pero no tenía ninguna influencia sobre los demás. Intentó encontrar otras formas de trabajar: recibía llamadas del teléfono de la policía sobre personas armadas y propuso ir a campos de tiro para comprobar los registros de las personas que tenían prohibida la posesión de armas de fuego pero que iban allí a disparar de todos modos. De forma irónica, ese era exactamente el tipo de cosas para las que se había creado originalmente el Grupo Especial de Rastreo de Armas. Los nuevos compañeros dijeron a Kostoplis: «Nosotros no hacemos eso».

El miedo a una posible investigación seguía acechando al resto de la brigada, aunque no los inquietaba especialmente. A principios de mes, el dispositivo de grabación del coche de Gondo los grabó a Rayam y a él hablando, una vez más, de que alguien les había informado sobre una investigación federal.[4] Gondo mencionó que Jenkins le había dicho que podrían ser los «federales», y que la investigación podría llevar desarrollándose desde hacía incluso cinco años. Gondo se burló: «No somos Pablo Escobar, somos la policía». A continuación, enumeró los nombres de otros agentes de Baltimore que habían sido detenidos por el FBI antes: «King y Murray, [la duración de la investigación] fue como un año o nueve meses. Y ya está. Sylvester, fueron meses. [Kendall] Richburg, meses».

Cuando los policías McDougall y Kilpatrick, de la unidad de estupefacientes del condado, se disponían por fin a presentar su caso contra Shropshire, que habían recopilado con meticulosidad durante todo un año, los agentes de la ciudad se abalanzaron sobre ellos. Y no se abalanzó contra ellos una brigada cualquiera: se trataba del sargento Keith Gladstone, antiguo mentor de Jenkins, y su equipo, que por su cuenta habían obtenido una orden de registro para el domicilio de Shropshire. El grupo de Gladstone debería haber comprobado las bases de datos de «coordinación de operaciones» antes para asegurarse de que nadie más iba tras Shropshire. Kilpatrick explicó luego que sospechaba que la unidad de Gladstone sí que lo había comprobado antes, pero que no le había importado.

Cuando Gladstone y los agentes llegaron a la casa de Shropshire, lo encontraron en la entrada, lo registraron y hallaron veinticinco gramos de heroína.[5] «¡Llama a Wayne!», gritó Shropshire a los agentes, refiriéndose a Jenkins.[6] Shropshire declaró más adelante que Jenkins lo había parado una vez, le había dado su número y le había dicho que le llamara si alguna vez tenía problemas con la policía de la ciudad. Shropshire dijo que había sacado la tarjeta ya una vez antes, y que, después de hablar con Jenkins, el oficial lo dejó ir. Afirmó con rotundidad que no había hecho nada a cambio por el favor de Jenkins.

A primera vista, la redada fue un éxito para los policías municipales: no solo el equipo de Gladstone informó de que Shropshire llevaba drogas encima, sino que los agentes encontraron una pistola cargada debajo de su colchón y una prensa hidráulica, que puede utilizarse para empaquetar droga, en el sótano. Dado que habían atrapado a Shropshire *in fraganti* con un arma, la posibilidad de condenarlo aumentaba de manera automática. En su coche encontraron un escáner utilizado para detectar dispositivos GPS u otros localizadores. También recogieron un teléfono que Shropshire había estado usando, que estaría potencialmente lleno de pruebas útiles. En un proceso policial corriente, idealmente todas estas pruebas se sumarían al caso que los federales ya habían construido.

No obstante, los federales ya albergaban dudas sobre la credibilidad de Gladstone, y se negaban a aceptar sus casos. Las grabaciones de las cámaras corporales hubieran podido disipar esas dudas, pero el equipo de Gladstone no había encendido sus cámaras hasta que hubo ocurrido la inspección inicial de la casa, cuando estaban inmersos en un registro secundario. En lugar de aportar pruebas al caso federal que se estaba preparando, la participación del equipo de Gladstone propició que se eliminaran pruebas clave del caso, puesto que se consideraron pruebas contaminadas. Shropshire pudo pagar la fianza de cien mil dólares y quedó en libertad.

Seis días después de la detención por el equipo de Gladstone, las autoridades federales obtuvieron una acusación sustitutiva contra Shropshire y otro hombre más, utilizando las pruebas que habían reunido durante el último año.

Fue una semana después del Día de Acción de Gracias de 2016 cuando al fin detuvieron a Shropshire. Este recuerda a los inspectores bajando de un Toyota 4Runner blanco con los cristales tintados. Shropshire no solo había vuelto a traficar tras pagar la fianza, sino que ese día se mostró especialmente descuidado. Llevaba droga encima —quince gramos de heroína y ciento ochenta gramos de cocaína—, porque un cliente insatisfecho se la había devuelto. Kilpatrick se acercó y se identificó como agente de policía del condado de Baltimore. «¿Condado de Baltimore? —pensó Shropshire—. ¿Qué coño quieren?». Kilpatrick le explicó que tenían una orden de detención federal. Se le encogió el corazón. Sabía que esto iba a ser bastante más serio que las otras veces.

El caso había comenzado con «Brill», la figura en las sombras, objeto de múltiples descripciones. Ahora, por fin, se encontraban cara a cara con él y, después de más de un año de investigación, los inspectores tenían la sensación de haber llegado a conocer a Shropshire. McDougall le preguntó si quería llamar a su prometida y contarle lo que había ocurrido, así que le pidió su número de teléfono.[7] Shropshire le dio los seis primeros dígitos antes de que McDougall marcara él mismo los cuatro últimos, ya que conocía el número. McDougall también se refirió al hijo de Shropshire por su apodo, como si fueran amigos de la familia.

Mientras McDougall y Kilpatrick lo llevaban en coche al juzgado federal del centro de la ciudad, Shropshire explicó a los agentes que debían «deshacerse» de las drogas que le habían incautado.[8] Usen un informante confidencial, insistió, y luego «cómprenles algo bonito a sus esposas».

Kilpatrick recordó que Shropshire dijo: «Vamos, hombre. Si se la llevó Gladstone».

En la fecha de su comparecencia inicial ante el tribunal, el 2 de diciembre de 2016, las autoridades llevaron a Shropshire a una sesión organizada a toda prisa de «ofrecimiento de pruebas», en la que los fiscales comparten pruebas contra un acusado con la esperanza de conseguir que este coopere.[9] Shropshire no tenía ningún interés en hablar de su caso, pero los investigadores seguramente estaban mucho más intrigados por lo que había dicho acerca de Gladstone unos días antes, y le hicieron una pregunta de interpretación abierta sobre lo que sabía acerca de los oficiales corruptos.

Los nombres que Shropshire señaló como policías corruptos eran exactamente los mismos que ya estaban en el punto de mira de las autoridades federales: Jenkins, Gondo, Hersl y Gladstone. La corrupción de estos oficiales era, aparentemente, un gran secreto a voces.

En septiembre, de acuerdo a lo que declaró Shropshire, Gondo había pedido reunirse con él en un Home Depot y le había advertido que le iban a detener, según las notas de la reunión.

«Tienes que tranquilizarte —le dijo Gondo, que le aconsejó que se deshiciera de los móviles que había estado utilizando hasta el momento—. Lee entre líneas».

Shropshire les contó cómo Gondo había estado protegiendo a traficantes de drogas del barrio donde habían crecido, y llamó a Gondo «tipo servicial». Añadió, además, que había salido de fiesta con Gondo, quien le había advertido sobre Jenkins, y le había comentado que «ya no estaba de nuestro lado» y que encerraría a Shropshire si tuviera la más mínima oportunidad, a pesar de los intentos de Gondo de interferir.

Gladstone y Jenkins estaban «podridos», insistió Shropshire a las autoridades. Se llevaban dinero de la gente muy habitualmente y no lo declaraban como incautado. En 2008, dijo Shropshire, Gladstone había detenido a Glen Wells y se había llevado 50 000 dólares. De hecho, los registros demuestran que Wells fue detenido por Gladstone ese mismo año.

Todos los traficantes de Baltimore que estaban «haciendo dinero» habían tenido encontronazos similares con Gladstone, afirmó Shropshire.

Jenkins, por su parte, no fingía en absoluto que se dedicara a hacer el trabajo de un policía. En la ciudad se decía de él que no solo aceptaba dinero de las personas a las que paraba, sino también drogas, y que no presentaba cargos ni denunciaba los incidentes. Shropshire sostuvo que había oído historias en las que Jenkins había parado a gente que él conocía y les había dicho que estaba buscando armas y que iba a registrarlos, pero que, si los traficantes le daban drogas sin que él tuviera que realizar un registro, Jenkins no los detendría. Si los traficantes accedían, Jenkins se marchaba de allí como si no hubiera pasado nada. Shropshire citó dos ejemplos recientes en los que las víctimas eran personas que conocía.

La mayor parte de la información que proporcionó era de experiencias que había conocido de oídas; los investigadores también sabían que estos agentes estaban robando dinero. Sin embargo, esto pudo haber sido uno de los primeros indicios que tuvieron los investigadores de que Jenkins estaba incautando drogas, aunque no estaba claro con qué objetivo lo hacía.

El 12 de enero de 2017, tras meses de negociaciones, la ciudad de Baltimore y el Departamento de Justicia de Estados Unidos firmaron un decreto de consentimiento por el que el departamento de policía se comprometía a llevar a cabo una reforma judicial. Las conversaciones se habían acelerado después de que el presidente Trump resultara elegido, debido al miedo, tanto por parte de la policía como de la oficina del fiscal, a que el candidato a fiscal general de Trump, Jeff Sessions, que ya había hecho declaraciones en las que se había mostrado crítico con los decretos de consentimiento, boicoteara el acuerdo. El pacto, de 227 páginas, exigía todo tipo de nuevos requisitos para los agentes, como, por ejemplo, la orden de que los agentes «pararán y detendrán vehículos solo cuando tengan una causa probable de que el conductor ha cometido una infracción de tráfico, o sospechas razonables basadas en hechos específicos y articulables de que el vehículo o el ocupante del vehículo ha estado, está o está a punto de verse involucrado en la comisión de un delito». Se ordenaba el mismo proceso con los registros de personas y sus vehículos. Incluso aunque las personas dieran su consentimiento a los agentes, estos tendrían que proporcionar formularios para documentarlo, y los sujetos podrían revocar su consentimiento en cualquier momento.

Mientras que las autoridades municipales y los grupos de defensa de los derechos civiles aplaudieron la medida, los agentes de policía se quejaron de lo restrictivo que resultaría para su trabajo. El exsubcomisario Anthony Barksdale declaró al periódico *Sun* que controlar de ese modo las interacciones policiales en las calles provocaría, en consecuencia, que los traficantes de drogas y los portadores ilegales de armas lo tuvieran más fácil.

«Han concedido demasiado poder al elemento criminal —protestó Barksdale—.[10] Sí, puede resultar más beneficioso para algunas personas de la comunidad, pero ¿qué pasa con todos los demás?».

Alrededor de las dos de la madrugada de un día de finales de enero de 2017, un somnoliento Wayne Jenkins encendió las luces de su casa y abrió la puerta principal a un agente de la patrulla del condado de Baltimore.[11] Jenkins había llamado al agente, y afirmaba que había vuelto del trabajo y había descubierto que le habían robado su Dodge Grand Caravan de 2016 en la entrada de su casa.

Mientras el agente tomaba nota de la información sobre el coche desaparecido, Jenkins soltó que tenía siete vehículos todoterrenos muy caros en su garaje, y que le preocupaba que también se los hubieran llevado. Pero no fue así. «Me asusté de la hostia: tengo tanto dinero en todoterrenos que lo primero que hice fue salir corriendo a mirar». Jenkins le aseguró que no echaría de menos el vehículo: «Me compraré otro dentro de una semana», comentó.

Una semana después, un hombre que estaba de excursión en una zona boscosa a cinco kilómetros de la casa de Jenkins llamó a la policía para denunciar que se había topado con lo que resultó ser el todoterreno que le habían robado al sargento.[12] Alguien se había afanado bastante en él: tenía todas las ventanas rotas, el parachoques delantero estaba arrancado, los paneles habían sido arrancados del interior, todas las luces estaban arrancadas. El interior estaba completamente desmontado, y alguien había grabado la palabra «jódete» en el capó.

La Policía del condado pensó que podían haber sido unos chavales gamberros. Sin embargo, la ira y la agresividad de los daños sugerían más bien que alguien a quien Jenkins había agraviado quería enviarle un mensaje. Nunca se presentaron cargos contra nadie.

Jenkins volvió al trabajo. Durante su ausencia, la disminución de la productividad del Grupo Especial de Rastreo de Armas que observó Kostoplis también había sido constatada por los mandos, que instaron a los supervisores de Jenkins a que le obligaran a «volver al trabajo y centrarse».[13] Jenkins, por el contrario, expresó que ahora necesitaba un cambio. El teniente Chris O'Ree recordó que Jenkins se había mostrado «muy expresivo» sobre su deseo de no volver a realizar el mismo tipo de trabajo, y que quería que lo trasladaran al Grupo Especial de Órdenes de Detención, donde ejecutaría órdenes de detención contra personas en busca y captura en lugar de realizar investigaciones y comparecer ante los tribunales. Le comentó a O'Ree que había decidido que su familia era lo más importante en su vida y que «no quería seguir corriendo los mismos riesgos». La teniente Marjorie German, otra supervisora, también recordó que Jenkins había solicitado ser trasladado al Grupo Especial de Órdenes de Detención, tras alegar que estaba disgustada «por conseguir todas esas armas para los mandos y que, a pesar de todo, lo menospreciaran».

Ivan Bates, el abogado defensor, recordó una conversación similar tras encontrarse con Jenkins en el juzgado a finales de febrero.

«Me dijo: "Solo quiero que sepas que ha sido estupendo pelearme contigo, te tengo respeto, pero nunca volveré a hacer un arresto —Jenkins a Bates—. Que le den por culo a este sitio. Que se vayan todos a la mierda, todos esos que no valoran lo que hago. Voy a convertirme en teniente. A la mierda todo"».[14]

La brigada de órdenes judiciales sería sin duda un trabajo menos glamuroso. Durante años había sido un lugar donde el departamento solía esconder a los agentes problemáticos para que siguieran trabajando, pero sin necesidad de tener que subir al estrado y ser objeto de un interrogatorio. La razón detrás de esta decisión recurrente de los mandos era que los agentes allí solo realizaban detenciones en los casos ya recopilados por otros agentes: para ello, se movían por toda la región para entrar en domicilios y encontrar a personas con órdenes de detención pendientes. Sin embargo, el traslado de Jenkins nunca llegó.

Una noche de febrero, poco después de que Jenkins regresara de su permiso, los miembros del Grupo Especial de Rastreo de Armas se encontraban en su despacho de la sexta planta de la jefatura de policía cuando Jenkins y Hersl se acercaron a Kostoplis: querían dar una vuelta en la furgoneta de Jenkins.[15] No le dijeron de qué se trataba, pero a veces los chicos eran así de lacónicos; a veces solo les apetecía ir a comer algo. Jenkins los alejó de la central, pero no mucho, y se detuvo en una manzana relativamente tranquila de Water Street, junto a un aparcamiento. Jenkins le pidió a Kostoplis que se quitara el equipo y se dirigiera a la parte trasera del vehículo.

El sargento y Hersl estaban de pie uno al lado del otro, dos hombres corpulentos frente al delgado Kostoplis.

«¿Qué opinas de seguir a traficantes de droga de altos vuelos —le preguntó Jenkins—, y averiguar dónde guardan el dinero en efectivo, y llevárselo sin más?».

La respuesta de Kostoplis fue sencilla.

«Es una idea terrible —respondió—. No se puede llevar una placa y andar metido en esas historias».

«Tienes toda la razón», respondió a su vez Jenkins.

Kostoplis interpretó que le habían formulado la pregunta como una prueba de su integridad, para asegurarse de que se podía confiar en él y que iba a hacer lo correcto. Recordó que en 2012, la primera vez que trabajó con Jenkins, el sargento le había explicado que había dos reglas básicas para trabajar con él, una de las cuales era que nunca robaría.

Volvieron a la jefatura central y no hablaron más del tema.

Unos días después, sin embargo, Jenkins sentó a Kostoplis y le informó de que iba a ser trasladado fuera de la unidad. Le contó que sabía que le gustaba ser proactivo, pero que, como Jenkins aspiraba a ascender a teniente y tenía demasiadas quejas abiertas con Asuntos Internos, era necesario para él pasar desapercibido durante un tiempo. Le explicó a Kostoplis que estaría mejor en otra brigada.

«Sé que te gusta estar en la calle, sé que odias estar en la oficina —le dijo Jenkins—. Pero, por desgracia, ahora tengo que trabajar desde la oficina. Tengo muchísimas probabilidades de ascender si me lo monto bien».

Kostoplis protestó. Solo había podido trabajar bajo la tutela de Jenkins un par de semanas, y encima le había pillado en medio su permiso de paternidad.

«No, he venido expresamente a trabajar contigo —se negó Kostoplis—. Quiero trabajar contigo».

«No, no, no. Vas a ir a este [otro] equipo. Es lo que más te conviene», respondió Jenkins.

Kostoplis se encontró más adelante a Jenkins y al Grupo Especial de Rastreo de Armas en la calle. No parecía que estuvieran intentando pasar desapercibidos. Se preguntó si acaso la cuestión había sido, simplemente, que no estaba a la altura.

La verdad era que Jenkins no podía tener en su equipo a alguien que no estuviera dispuesto a meterse en chanchullos. Aunque había asegurado a todo el mundo que encontraba que deseaba reducir su carga de trabajo, los agentes que ya trabajaban con él decían que Jenkins, por el contrario, parecía querer aumentar sus cifras de detenciones por delitos. Y, en particular, quería volver a intentarlo con Oreese Stevenson.

Jenkins les pidió a Taylor y Ward que se reunieran con él en el aparcamiento cercano a un complejo de apartamentos del noroeste de Baltimore. Él ya se encontraba allí junto con Hersl, y estaban bebiendo Twisted Teas, un licor de malta con té que se consideraba en el departamento como una de las bebidas favoritas de Jenkins. Este expuso el plan: sabía con certeza, puesto que había investigado el pasado de Stevenson con anterioridad, que formaba parte de una banda asociada a un restaurante llamado Downtown Southern Blues, cuyos miembros habían sido detenidos por cargos federales de tráfico de drogas una década antes. Jenkins creía que algunos de los nombres del caso seguían siendo traficantes importantes en la ciudad. Ya le había explicado a Taylor que quería volver a asaltar la casa de Stevenson y ver qué más podían conseguir. Jenkins explicó que su plan era comprar chalecos de agente federal, colocar localizadores GPS en los coches de Stevenson y seguir sus movimientos durante un par de días. Si conseguían identificar una rutina fija en esos días, llegarían a la casa cuando calcularan que estaría vacía, tirar la puerta abajo y llevarse drogas y dinero. Hersl y Taylor estaban de acuerdo, pero Ward dudaba. Ya le habían robado a ese tío decenas de miles de dólares, ¿por qué arriesgarse a volver allí de nuevo? Cuando Taylor también cambió de opinión, Jenkins se enfadó.

Por aquel entonces, Jenkins contó a los agentes que tenía un amigo de la infancia que era propietario de un taller de chapa y pintura, pero que también traficaba con drogas y al que le habían faltado un par de kilos en un trato reciente. Había sido aquel amigo quien le había pedido que detuviera al proveedor y quien le había facilitado toda la información. Ahora era Jenkins el que proponía que le siguieran la pista a ese traficante y le robaran también. Mencionó que ese proveedor podía tener hasta un millón de dólares, que podían repartirlo y «mantenerse» dijo Jenkins.

«Quería disfrazarse de agente federal y llevar unas máscaras mientras entrábamos en la casa», explicó Ward más tarde.

El inspector Evodio Hendrix, otro miembro de la brigada, recordaba exactamente los mismos detalles: «Nos dijo que quería que lo persiguiéramos, que investigáramos dónde vivía, dónde tenía el dinero y las drogas. Pero en realidad quería que le robáramos».

En el garaje de la comisaría de policía, Jenkins les enseñó cómo planeaba llevar a cabo el delito. Abrió las puertas de su furgoneta y descubrió una bolsa de lona llena de herramientas de ladrón: palancas y machetes, mazos y cizallas, prismáticos, e incluso un garfio. En otra bolsa había una máscara que parecía una calavera, con los ojos cubiertos por una malla, como las que se ven en las películas de terror. También había pasamontañas, prismáticos, guantes y zapatos, todos ellos negros. Jenkins tenía todo lo necesario para llevar a cabo la operación, pero Hendrix y Ward confesaron que se habían escandalizado al ver ese tipo de herramientas y que intentaron ignorar a su jefe. Parecía estar cada vez más descontrolado.

«El sargento Jenkins está loco», recuerda Hendrix que le dijo a Ward.

III
DESMANTELAMIENTO

Capítulo 18

Disonancia cognitiva

Durante la investigación que habían llevado a cabo con el Grupo Especial de Rastreo de Armas, las autoridades federales se abstuvieron de ponerse en contacto con las víctimas potenciales, que estaban bastante preocupadas con la posibilidad de que llegara a los oídos de los agentes todo el tema por lo que se comentaba en las calles, o bien por los abogados defensores. En lugar de usar sus testimonios, los investigadores reconstruyeron la versión de los hechos acerca de los robos a partir de las conversaciones intervenidas, las grabaciones de los micrófonos y las llamadas desde la cárcel que hacían por aquellas fechas los detenidos, en las que contaban a sus amigos o seres queridos que les faltaba dinero.

Desde la baja por paternidad de Jenkins, no había habido nuevos delitos que los investigadores pudieran rastrear. El Grupo Especial de Rastreo de Armas también parecía estar disolviéndose por aquella época, puesto que algunos de los agentes se estaban trasladando a otras unidades. Rayam, al que le habían reducido la carga de trabajo debido a una operación en la pierna, estaba trabajando con otra unidad en el Granero; Gondo y Hersl se trasladaron juntos a la unidad de tiroteos de toda la ciudad, donde se les encomendó la tarea de resolver los tiroteos no mortales.

Los investigadores federales siguieron captando conversaciones de los agentes en las que hablaban de sus sospechas acerca de que podrían estar siendo investigados.[1] El 15 de febrero de 2017, el micrófono grabó a Gondo y Hersl en el coche del

243

primero cuando estaban bromeando sobre una posible investigación RICO, el acrónimo para referirse a un caso de chantaje en el sistema federal. Gondo volvió a descartar esa posibilidad, con el argumento de que, con el actual régimen del departamento de policía, ya habrían sido suspendidos. Hersl le recordó que se suponía que Jenkins tenía que haberse trasladado a la unidad de órdenes judiciales, pero que no había sucedido. También afirmó que Jenkins seguía muy preocupado por la posibilidad de que los estuvieran investigando.

El FBI interpretaba que era muy probable que, debido a su continua preocupación, los agentes podrían estar destruyendo posibles pruebas.

De modo que ya era hora de empezar a preparar los cargos contra la unidad de armas.

El primer obstáculo que encontraron Jensen y su equipo fue la negativa de las víctimas del Grupo Especial de colaborar con ellos cuando por fin se pusieron en contacto con ellas, y convencerlas para que hablaran. La mayoría de ellas «no quería tener nada que ver con esto», sostuvo Jensen más tarde sobre las víctimas.[2] Algunas no querían sacar a la luz sus negocios delictivos, temerosas de que las fuerzas del orden las estuvieran engañando o pudieran utilizar más tarde la información que habían facilitado en su contra. Otras consideraban que cooperar, incluso aunque fuera contra policías corruptos, era equivalente a chivarse, y tampoco querían participar en ello.

Oreese Stevenson y su esposa estaban entre aquellas que no querían participar. Wise recuerda haberse sentado con Stevenson en una reunión organizada por mediación de su abogado, Ivan Bates, quien le instó a describir lo que le habían hecho los agentes.[3] «Te ha tocado la lotería», Bates felicitó a Stevenson en referencia a la retirada de los cargos, puesto que un caso como el suyo podría haberle acarreado décadas de cárcel. «Se lo debes a todos; tienes que dar un paso al frente y contarles [a los federales] lo que pasó».

A regañadientes, Stevenson les contó a los federales que los agentes no solo le habían robado dinero, sino también bastantes más kilos de cocaína de los que habían declarado como incautación. Bates también presentó a los investigadores federales a otros clientes que, a lo largo de los años, habían denunciado haber sido perjudicados por Jenkins y algunos de los otros agentes.[4]

Bates les contó que «había estado ganando casos gracias a Jenkins, puesto que podía imponer su argumento en los casos con asuntos como la supresión de pruebas a un ritmo mucho más rápido del habitual —recordó Hines más tarde—. La forma en que lo explicó fue como si dijera: "De verdad, no soy tan bueno"».[5]

Además de los registros ilegales, la extorsión y los robos, los investigadores federales habían descubierto el engaño sobre la cantidad de horas extraordinarias que habían trabajado los agentes, que suponía un número considerable. El hecho de que hablaran abiertamente en las escuchas telefónicas de no ir a trabajar o de llegar tarde con regularidad había conducido a los investigadores a utilizar el acceso a las bases de datos del departamento de Sieracki para obtener las hojas de horas de los agentes. En un momento dado, Jenkins había cobrado horas extra mientras estaba de vacaciones con su familia en Myrtle Beach, Taylor cobró una jornada y media durante su estancia en la República Dominicana y Hersl cobró horas extras mientras trabajaba desde su casa.

Precisamente el individuo sobre el que los investigadores encontraron escasas pruebas de irregularidades fue el agente por el que inicialmente se inició la investigación: John Clewell. El GPS a su nombre había desencadenado todo el proceso, pero no tenían pruebas de que hubiera participado en los robos, y no parecía estar aprovechándose de las horas extraordinarias como todos los demás. Había abandonado la brigada en otoño y se había unido a un grupo especial de la DEA.

A pesar de los meses de pruebas que habían llegado a recopilar, el caso contra el Grupo Especial de Rastreo de Armas no era pan comido. Un año antes, los fiscales federales de

Pensilvania habían perdido un caso similar contra seis policías de la unidad de estupefacientes de Filadelfia. Esa brigada en particular había sido acusada de robar cuatrocientos mil dólares, golpear a sospechosos —en uno de los casos, incluso, habían llegado a colgar a alguien de un balcón— y mentir en los tribunales. Antes incluso de que el caso llegara a juicio, se habían anulado más de ciento cincuenta condenas sostenidas por las pruebas recopiladas en las detenciones realizadas por estos agentes. Un antiguo miembro de la brigada testificó sobre los delitos que habían cometido. Pero los otros seis agentes se mantuvieron firmes y lucharon contra los cargos, y sus abogados defensores instaron a los miembros del jurado a no fiarse de la palabra de los traficantes de drogas y de un policía corrupto. En mayo de 2015, un jurado federal absolvió a todos los agentes de Filadelfia.

A ningún miembro del Departamento de Policía de Baltimore se le había informado de la investigación del Grupo Especial de Rastreo de Armas hasta ese momento, con la excepción de los agentes que habían sido asignados al FBI. El comisario Kevin Davis solo sabía que se estaba trabajando en un caso anticorrupción, pero desconocía el resto de detalles. Cuando le revelaron todos ellos al completo, se sorprendió: la investigación tenía que llevar años en marcha, pensó. No obstante, comprendió por qué el FBI no le había informado antes, pues habría sentido la obligación de retirar a los agentes de la calle y habría puesto en un compromiso la investigación. De modo que intentó centrarse en las buenas noticias, puesto que los agentes del Departamento de Policía de Baltimore que formaban parte del grupo de trabajo del FBI habían participado también en la preparación del caso. «No, lo digo completamente en serio: estaba orgulloso de que los hubieran detenido mientras yo era comisario de policía», recordó Davis más tarde.[6] Davis esperaba que la opinión pública reconociera algún mérito al departamento.

Había llegado el momento de actuar.

Jensen consideró varias opciones para la operación de desmantelamiento.[7] Los equipos de detención podían entrar antes del amanecer en los domicilios de los agentes, del mismo modo en que se realizan la mayoría de las detenciones, pero Jensen se resistió a ese planteamiento. Los miembros del Grupo Especial de Rastreo de Armas eran policías armados cuyas vidas estaban a punto de venirse abajo, por lo que cabía la posibilidad de que pudieran hacerse daño a sí mismos o a otros. Pensó en un subcomisario del condado de Cook con el que había trabajado en la oficina del FBI en Chicago. Otros agentes y él mismo habían utilizado sus placas para robar a traficantes de drogas durante controles de tráfico y allanamientos de morada durante años. A las pocas horas de ser detenido, el agente se ahorcó con una sábana en su celda.

Jensen y los fiscales decidieron que tendrían que detener a toda la brigada al mismo tiempo. Una de las opciones que barajaron las autoridades fue invitar a los agentes a las oficinas del FBI para una falsa entrega de premios —a Jenkins le encantaba que lo adularan— y detenerlos allí. O bien podrían encontrar la manera de atraerlos al juzgado. El comisario Davis pensó que era importante que las detenciones se produjeran «en territorio del Departamento de Policía de Baltimore, para no dar la impresión de que somos incapaces de participar en investigaciones de corrupción de nuestra propia gente —explicó más tarde—.[8] Odio usar la expresión "percepción pública"…, pero resultaba clave en este asunto».

Decidieron citar a los siete agentes en la propia sede de Asuntos Internos del Departamento de Policía de Baltimore como parte de una treta. Se les ocurrió una tapadera sólida, relacionada con una operación fallida que se había realizado unos meses antes, a finales de octubre, cuando los agentes habían intentado instalar otro dispositivo de grabación en la furgoneta del departamento utilizada por Jenkins. Cuando Sieracki se disponía a conducir la furgoneta desde el garaje de la sede hasta el lugar que habían acordado para proceder con la instalación, se oyó un fuerte estruendo que atrajo las miradas de los demás presentes en el garaje.[9] Los investigadores no estaban seguros del momento exacto en que se había producido el daño, ni del modo —se había hablado de que un coche había chocado contra un poste—, pero el caso era que Jenkins había dejado de utilizarla. Aunque la instalación del dispositivo había sido un fracaso, los federales se dieron cuenta después de que podrían utilizar el vehículo dañado como pretexto para hablar con los agentes que se disponían a detener.

El plan era que un supervisor de Asuntos Internos llamara a los miembros de la brigada y les dijera que acudieran a la oficina de Baltimore Este, la mañana del miércoles 1 de marzo de 2017. Les dirían a los agentes que estaban investigando un caso de atropello con fuga en el que estaba implicado un coche de policía camuflado que había atropellado a un niño y abandonado el lugar de los hechos, y que querían preguntarles si estaban implicados. «Sabíamos con certeza que tenían un coche siniestrado en el garaje y que, por lo que nos habían dicho, no lo habían denunciado. No estábamos seguros de lo que había pasado», recordó Jensen que habían dicho como excusa para convocarlos.[10] Continuaron argumentando que era algo que tenían que aclarar primero para poder tramitar el ascenso de Jenkins a teniente. Como no tenían motivos para pensar que los agentes del Grupo Especial de Rastreo de Armas habían atropellado realmente a un niño, estaban seguros de que los agentes no evitarían la visita a Asuntos Internos para ser interrogados sobre un incidente de ese tipo. El FBI y el Departamento de Policía de Baltimore colaboraron para poner en marcha el plan de detención.

Las posibilidades de que se produjeran filtraciones en ese momento habían aumentado de manera exponencial. La noche anterior a la redada, el 28 de febrero, el FBI vigiló el paradero de los agentes mediante el GPS de sus teléfonos: querían asegurarse de que ninguno de ellos tenía la tentación de dirigirse a un aeropuerto o salir fuera del estado. Algunos equipos de agentes de otros estados estaban preparados por si el GPS señalaba que uno de los agentes se disponía a huir.

Jensen y otros agentes llegaron sobre las cuatro de la mañana al centro de mando del FBI, a las afueras de la ciudad, desde donde supervisarían la operación. Sieracki, que había dormido unas dos horas, era el encargado de la oficina de Asuntos Internos de Baltimore Este y llegó cargado con dos cartones de café y tres cajas de dónuts. El ambiente en el puesto de mando era tranquilo. «Sabíamos que [una vez que el caso se hiciera público] iba a ser un desastre», recuerda Jensen.

Un equipo SWAT (Equipo Especial de Armas y Operaciones) del FBI entró para ocupar su posición en la segunda planta, donde se esconderían en las escaleras que se encontraban a cada lado de un ascensor. En los simulacros aprendieron que el ascensor a lo mejor se cerró enseguida, así que se advirtió a los inspectores de Asuntos Internos que escoltaban a los agentes de que se aseguraran de mantener la puerta abierta con el brazo. Mientras tanto, el Departamento de Policía de Baltimore había desalojado la segunda planta de la oficina de Asuntos Internos y había comunicado a los inspectores que normalmente trabajaban allí de que tenían que asistir a una sesión de formación.[11] El jefe de Asuntos Internos, Rodney Hill, había ordenado a un supervisor que preparara rápidamente un plan de formación para mantenerlos ocupados. «Solo di que el jefe está enfadado por algo», recordaba Hill que les había dicho.

Se había pedido a los agentes que acudieran entre las nueve menos cuarto y las nueve de la mañana, por lo que ya llegaban tarde. En un momento dado, el GPS del teléfono de Jenkins indicó que se encontraba en Washington, D. C., y Jensen temió que se hubieran dado a la fuga.[12] Pero enseguida se dio cuenta de que se trataba simplemente de un fallo del dispositivo, ya que Jenkins no tardó en llegar a la oficina de Asuntos Internos. En el puesto de mando, Jensen no tenía conexión de vídeo en directo con la oficina, así que tendría que esperar a que Sieracki le contara cómo habían ido las detenciones.

Jenkins fue el primero en llegar puntual, sobre las 8.45. Como en cualquier otra zona denominada segura, tuvo que seguir el procedimiento estándar para entrar: comprobó su pistola y, luego, su teléfono. Dos agentes de Asuntos Internos bajaron al vestíbulo y lo acompañaron hasta los ascensores de la segunda planta.

Cuando salió, fue rodeado por miembros del SWAT y esposado. «¡Soy uno de los vuestros! ¡Soy uno de los vuestros!», gritó, creyendo que se trataba de un error.[13]

Rayam fue detenido ocho minutos después.[14] Ward y Taylor llegaron juntos poco después que él. Ward recuerda que estaba nervioso cuando llegó, puesto que Asuntos Internos no llamaba nunca a tanta gente al mismo tiempo, pero tampoco consideraba que hubiera hecho nada malo, al menos nada de lo que tuviera conocimiento el departamento. «Lo último en lo que pensaba era en que me fueran a detener», confesó después.[15] Taylor llamó varias veces a Jenkins desde el vestíbulo, puesto que no sabía que incluso el supervisor del grupo estaba detenido.

Llevaron a todos los agentes al segundo piso, y allí los detuvieron.

Hersl fue detenido a continuación, seguido de Hendrix. Gondo fue el último, ya que llegó casi cuarenta minutos tarde.

Condujeron a los agentes a habitaciones separadas. Davis, el comisario, recorrió todas las salas de una en una.[16] El FBI le había pedido que no abriera la boca, pero al menos quería mirar directamente a los ojos de cada agente un momento. La mayoría de ellos bajaron la cabeza o miraron hacia otro lado.

Excepto Jenkins, que le devolvió la mirada, desafiante.

Los federales se apresuraron a registrar los domicilios y los vehículos de los agentes. Como no querían derribar las puertas de sus casas, se habían hecho con unos corredores que iban a traerles las llaves de los agentes a la sede del FBI en ese momento. A pesar de todo, no recuperaron casi nada de valor para la investigación de estos sitios.

Curiosamente, los investigadores se encontraron pistolas de aire comprimido en algunos de los coches de los agentes.

El jefe de Asuntos Internos, Rodney Hill, informó a su equipo de lo ocurrido, y hasta se oyó que alguien emitía un grito ahogado. «Es el mayor caso de corrupción de la historia del departamento —recordó Hill—. Esta historia nos va a acompañar durante mucho tiempo».

Unas pocas horas después, en una conferencia de prensa en la Fiscalía General Federal, el comisario Davis se encontraba junto al fiscal saliente de Maryland, Rod Rosenstein —que estaba a punto de incorporarse a la administración de Trump como fiscal general adjunto—, y el jefe de la oficina local del FBI, Gordon Johnson. En un cartel colocado en la sala de reuniones estaba escrito: «ABUSO DE PODER»; en otro, aparecía el pasaje del Código de Conducta de la Policía que regulaba la no participación en corrupción ni sobornos. Rosenstein informó a los periodistas de que siete agentes de una unidad de élite de paisano habían sido detenidos por extorsión, entre otros cargos, y puestos bajo custodia del FBI. El grupo de oficiales, declaró, había estado «involucrado en un pernicioso plan de asociación ilícita que implicaba abuso de poder». A Gondo también lo procesaron como coacusado en el caso de confabulación por estupefacientes de Shropshire.

Davis denominó a los agentes «gánsteres de los años treinta, por lo que a mí respecta».

Los teléfonos de los abogados defensores y los fiscales de toda la ciudad comenzaron a sonar sin descanso debido a la noticia de las detenciones. Durante muchos años se habían enfrentado unos a otros en los tribunales por casos relacionados con estos agentes, pero una cosa era que se plantearan ciertas dudas sobre la corrupción policial, y otra muy distinta que se validaran de una forma tan contundente. A la Fiscalía General del Estado no se le había informado de la investigación, así que algunos fiscales se dedicaron a tramitar en ese mismo momento las causas que habían abierto los agentes. La fiscal auxiliar del Estado, Anna Mantegna, volvió a su despacho, en el que algunas personas se habían congregado para llorar.[17]

«No se trataba de lágrimas de tristeza —recordó Mantegna más adelante—. Eran más bien lágrimas de rabia y traición.

Mi mayor pesadilla, y la de cualquier fiscal (y creo que puedo afirmarlo sin temor a equivocarme), es la idea de que alguien pueda haber sido condenado y encarcelado por algo que no hizo realmente. En ese momento, de repente, todos los casos que había procesado de los miembros de esa brigada me daban vueltas en la cabeza».

Otro fiscal de la época declaró más tarde: «Los abogados defensores decían en casi todos los casos: "Mi cliente afirma que este [agente] es corrupto". Al final, no puedes evitar pensar: "A menos que tengas algo concreto que demostrarme, no tengo nada en lo que basarme, salvo que tu cliente no quiere que lo procesen". Creo que fue una sacudida de advertencia para la mayoría de la gente de nuestro oficio».[18]

A los abogados defensores les afectó de un modo parecido, puesto que muchos de sus clientes habían afirmado a menudo que la policía se llevaba dinero, pero muchos de ellos se habían encogido de hombros ante esas afirmaciones. No se trataba necesariamente de que los abogados dudaran de ellas, aunque algunos admiten que fue así. En última instancia, las acusaciones no podían probarse y, de hecho, podían enturbiar otra estrategia de defensa que resultaba más viable. Era un obstáculo que había que sortear en la mayoría de las conversaciones con los clientes.

A los pocos días, Davis convocó a los agentes de paisano en el mismo auditorio en el que los había reunido en el verano de 2015 y les comunicó que iba a disolverse la unidad, que volverían a ponerse los uniformes y serían enviados a trabajar fuera de los distritos. Los agentes no recibieron la noticia con mucho entusiasmo. «Esto supuso el desmantelamiento absoluto y definitivo de la División de Impacto de Delitos Violentos», explicó Davis más tarde, en referencia a las agresivas unidades de paisano establecidas por sus predecesores.

El departamento encargó una investigación interna a los supervisores del Grupo Especial de Rastreo de Armas centrada específicamente en el fraude relativo a las horas extraordinarias.[19] No había indicios de que los supervisores hubieran participado en los robos de la unidad, pero, no obstante, la exorbitante paga de los agentes por las horas extraordinarias requería de una aprobación previa del supervisor. ¿Cómo pudo Jenkins haber recibido el sueldo correspondiente a una jornada y media mientras se encontraba en Myrtle Beach?

La teniente Marjorie German, que había supervisado a Jenkins de forma intermitente desde 2015, les proporcionó una perspectiva exhaustiva de lo que suponía ser la supervisora de Jenkins: ella lo llamó una «pesadilla administrativa». En muchas ocasiones, explicó, ni siquiera sabía que Jenkins estaba trabajando horas extra hasta que llegaba un correo electrónico de su puño y letra que anunciaba un arresto por arma de fuego. Ella le preguntaba por qué estaba en la calle, y él respondía que un superior, como pudiera ser, por ejemplo, el coronel Sean Miller, los había llamado directamente para «encargarse de erradicar la violencia». Miller se disculpaba con ella y decía que se le había olvidado mencionarlo. German se quejaba constantemente de que Jenkins trabajaba desde una oficina distinta: las unidades de paisano, el Grupo Especial de Rastreo de Armas incluido, debían estar en el Granero, en el noroeste de Baltimore, pero él trabajaba desde la jefatura principal de la policía. «Era de dominio público que Jenkins tenía línea directa con los mandos superiores para conseguir todo lo que quería», declaró German a los investigadores de Asuntos Internos. Citó como ejemplo el hecho de que Jenkins pudo conseguir finalmente un coche de alquiler cuando ella había denegado la solicitud previamente. Dos semanas después del rechazo de la primera solicitud, el coche ya era suyo. German sospechaba que se había puesto en contacto con el subcomisario, Dean Palmere, y los correos electrónicos de Jenkins acabaron por confirmar esta cuestión. «¿Qué otro sargento de este departamento tiene la posibilidad de que le asignen un coche personalmente?», protestó German a los investigadores de Asuntos Internos.

Pero también elogió ciertas habilidades de Jenkins, y lo llamó «el mejor policía armado que este departamento ha tenido». Ella pudo verlo en acción personalmente, comentó, cuando él estaba en un «tiempo muerto» mientras esperaba la resolución de un expediente por disciplina en el caso de plantación de drogas de Walter Price en 2014. Jenkins solicitó hacer horas extra, pero el coronel Miller le contestó que solo podría trabajar si le acompañaba un supervisor, y German fue testigo de cómo incautaba dos pistolas esa sola noche, manifestó asombrada.

Otro teniente interrogado por asuntos internos, Chris O'Ree, describió a Jenkins y su brigada como un «recurso valioso de primera categoría» del cuerpo y los «mejores cazadores de armas» de la ciudad.[20] La decisión de trasladar a Jenkins al Grupo Especial de Rastreo de Armas en junio de 2016 surgió de Palmere, y a la brigada se le concedió el permiso para abarcar toda la ciudad en sus patrullas.

Eran los «únicos que mantenían las cifras de detención e incautación después de Freddie Gray», dijo.

Ni O'Ree ni German habían firmado los resguardos de las horas extraordinarias durante los periodos en los que Jenkins se encontraba fuera de la ciudad; por su parte, otros dos sargentos de una unidad diferente admitieron haber dado su visto bueno, y afirmaban que era una práctica habitual en todo el departamento que un supervisor firmara el resguardo de las horas extraordinarias de alguien que no pertenecía a su unidad si el supervisor de la unidad de ese miembro no estaba disponible, particularmente en el caso de las unidades especializadas.

El investigador de Asuntos Internos preguntó a German si tenía alguna idea de que los agentes del Grupo Especial de Rastreo de Armas estaban cometiendo delitos o si había alguna otra señal de alarma. German dijo que fue una «patada en el estómago» y que últimamente había estado «experimentando una montaña rusa de emociones». No conocía bien a los oficiales subordinados de Jenkins, pero desde luego «no esperaba esto de él».

«Está siempre trabajando al ciento cincuenta por ciento en la calle, siempre corriendo y disparando. Y eso es lo que les gusta [a los mandos]», afirmó German. Aunque no estaba dispuesta a eximir a los agentes de la responsabilidad de su comportamiento, manifestó: «El mando creó al monstruo y permitió que no se controlara».

Los siete oficiales del Grupo Especial de Rastreo de Armas fueron acusados de extorsión y se enfrentaron a una pena máxima de veinte años de prisión. Gondo también se enfrentaba a una pena obligatoria de cinco años, y hasta cuarenta años de prisión por conspirar para distribuir al menos cien gramos de heroína en el caso Shropshire. En sus comparecencias iniciales ante el tribunal, los agentes fueron considerados una amenaza para la comunidad por un juez de paz, y se ordenó su detención en espera de juicio. Al principio, fueron detenidos y encerrados juntos en la cárcel de los suburbios del condado de Howard.

Según Ward y Hendrix, Jenkins intentó convencer a los agentes para que se mantuvieran unidos y lucharan; a veces se dirigía al grupo al completo como si siguiera dirigiendo la brigada y otras veces se acercaba a cada uno de ellos para mantener conversaciones individuales.[21] Jenkins pensaba que el vídeo manipulado que había registrado la supuesta apertura de la caja fuerte de Oreese Stevenson podría refutar las acusaciones de robo y que los federales nunca podrían demostrar lo contrario. En otro momento, recordó que había enviado mensajes de texto que presionaban a Rayam para que le pagara tres mil quinientos dólares, así que instó a los demás agentes a que declararan que habían hecho apuestas de quinientos dólares en partidos del videojuego de fútbol Madden.[22] Cuando no los animaba a permanecer juntos, Jenkins culpaba de los problemas de la unidad a Rayam, y le decía que debía asumir la responsabilidad del dinero robado.

Pero una sensación de pánico se imponía sobre todo lo demás. A Jenkins le preocupaba que le hubieran pinchado el teléfono y el tipo de pruebas que pudieran tener las autoridades. «He estado haciendo muchas cosas fuera del trabajo —recuerda Hendrix que dijo Jenkins—.[23] Me van a empapelar».

Jenkins se puso en contacto con unos abogados para que lo representaran. Entre ellos estaba Ivan Bates, el mismo abogado que había representado a tantas de sus víctimas. Bates declinó debido a esos conflictos.

Wise y Hines, los fiscales a los que se había asignado el caso, lo retrasaron con la esperanza de que alguno de los agentes acudiera a ellos en busca de un acuerdo.[24] Ward fue el primero en pedir uno a través de su abogado, seguido de Rayam, con quien los fiscales hablaron primero. Le siguieron otros dos, Hendrix y Gondo. Al cabo de unas semanas, cuatro de los siete acusados estaban preparados para cantarlo todo.

Durante unos meses, los fiscales hicieron visitas a diario a las cárceles del condado para reunirse con los agentes. Wise y Hines les dejaron marcar las pautas. A medida que los agentes iban describiéndoles los delitos que las autoridades conocían y, en ocasiones, incluso otros que desconocían, los fiscales sentían cada vez más alivio al comprobar que el caso se confirmaba y reforzaba.

Algunos de los agentes declararon que la corrupción era generalizada, lo que molestó a Sieracki, el sargento de Asuntos Internos que había trabajado anteriormente en la unidad de estupefacientes.

«Yo no hacía esas cosas, y la gente con la que trabajaba tampoco las hacía —aseguró airado Sieracki más tarde—.[25] Llegué a replanteármelo, si había sospechado alguna vez siquiera que alguien hubiera podido hacer lo que ellos hacían, y no: nunca tuve ninguna interacción [de ese tipo]».

Pero estos agentes estaban abriendo una puerta a un mundo secreto. A Wise le llamó la atención la actitud relajada que mostraban ante las drogas que encontraban: «[Los agentes] tiraban drogas constantemente. Simplemente [ellos] no las entregaban en jefatura. Lo que nos contaron es que las tiraban por la ventanilla mientras iban conduciendo por la Interestatal 83, porque era un rollo presentar todo el papeleo».[26]

Wise aseguró que los agentes «seguían considerándose a sí mismos buenos policías. Había una disonancia cognitiva entre estos roles».

Los agentes comenzaron a revelar no solo las cosas que habían hecho ellos mismos, sino también las cosas que otros habían hecho o les habían contado. Gondo habló a las autoridades del allanamiento de morada de Rayam en 2014 contra los propietarios de la tienda de palomas, algo que el propio Rayam confirmó. Se trataba de un caso que no estaba antes en conocimiento de los investigadores, y Rayam proporcionó, además, los nombres de sus cómplices.

Rayam y Gondo también admitieron que habían participado en el allanamiento de la casa de Aaron Anderson, el incidente que había desencadenado toda la investigación después de que encontraran el GPS de Clewell en el coche de Anderson. La desconcertante teoría de McDougall había dado en el clavo, después de todo. Los agentes explicaron que el robo había sido propuesto por «Twan», el alias de Antoine Washington, que se había enterado de que Anderson llevaba cien mil dólares en efectivo encima. Gondo había compartido el plan con Rayam, pues sabía con certeza que este había entrado antes en casas para llevar a cabo robos. «Gondo me llamó y me preguntó si quería hacerlo. Y yo le dije: "Sí, estoy dentro"», contó Rayam más adelante. Fue él quien puso una pistola en la cara de la novia de Anderson, mientras Gondo se quedaba fuera vigilando. Ambos declararon que Clewell no tenía ni idea de para qué se utilizaba su rastreador; los inspectores solo le habían dicho que estaban «investigando algo».

Hendrix relató a los agentes que había intentado alejarse de Jenkins después de enterarse de que probablemente traficaba con drogas. A los pocos meses de entrar a formar parte de la Sección Especial de Ejecución de la Ley, Jenkins le había preguntado a Hendrix si tenía algún pariente que pudiera vender drogas. Hendrix explicó a los investigadores que más tarde vio al sargento termosellando una bolsa que contenía drogas, y afirmó que además Ward le había dicho que lo había oído hablar por teléfono mientras preparaba lo que parecía una transacción de estupefacientes.

Mientras tanto, la familia de Hersl estaba intentando defenderlo públicamente. De acuerdo a sus argumentos, Hersl estaba siendo procesado de forma injusta. Jerome Hersl visitó el ayuntamiento del condado de Harford y afirmó que, si se impedía a policías como su hermano menor hacer su trabajo, la delincuencia iba a extenderse por toda la región.[27] «Los narcotraficantes ya controlan completamente las calles de la ciudad de Baltimore —dijo—. ¿Acaso respetan alguna frontera? ¿Cuánto tiempo van a tardar en controlar las calles del condado de Harford?». Además, manifestó que los fiscales estaban utilizando pruebas endebles y la amenaza de la cárcel con el fin de coaccionarlos para obtener una declaración de culpabilidad. «¿Acaso no vivimos en los Estados Unidos de América?», preguntó, sin atisbo alguno de ironía.

A finales de junio de 2017, los fiscales habían reunido suficiente nueva información de los agentes que se habían prestado a cooperar con ellos para presentar una acusación sustitutiva, esto es, para añadir más cargos al caso contra aquellos agentes que se habían negado a cooperar: Jenkins, Hersl y Taylor.

Y ahora podían sacar la artillería para acusar a un octavo agente, puesto que Gondo y Rayam habían implicado al supervisor anterior a Jenkins, Thomas Allers, en el robo de dinero en efectivo durante varias órdenes de registro. En uno de los robos estuvo presuntamente implicado, además, el hijo adulto de Allers, que, según declararon, acudió como acompañante y se llevó una parte del dinero robado.[28] También relataron otro caso que había pasado desapercibido en las escuchas telefónicas de abril de 2016: los agentes habían esperado a que un hombre llamado Davon Robinson saliera de su casa y luego le dieron el alto por conducir con el carné suspendido. Después de entregarle una citación, habían vuelto a la casa de Robinson y habían llamado a la puerta, donde, según afirmaron más tarde los agentes en los documentos judiciales, su novia les había permitido entrar y registrar la casa. En un dormitorio del piso superior, los agentes encontraron una pistola Ruger de 9 mm cargada y sin número de serie, según escribió Rayam en su informe. Los agentes detuvieron a Robinson por posesión de armas.

El informe no mencionaba otra cosa que habían recogido de la casa aquel día: diez mil dólares en efectivo, que resultaron ser el dinero que Robinson necesitaba para pagar una deuda de drogas. En el mundo de la droga, en el que cada robo acarrea serias consecuencias, un informe que hubiera documentado que la policía incautó ese dinero podría haber concedido una tabla de salvación a alguien. En este caso, por ejemplo, Robinson no tenía ninguna prueba en su favor, y muy probablemente hubieran sospechado que mentía.

Unos meses más tarde, Robinson estaba sentado en su coche frente a la casa de su abuela. Su novia estaba en otro coche con su hija de tres años cuando se acercó un hombre que llevaba una sudadera con la capucha puesta en un día de calor abrasador. Se miraron a los ojos cuando el hombre pasó junto al coche de ella, sacó una pistola plateada y disparó contra el coche de Robinson hasta que lo mató.[29]

A Allers, al que habían transferido a un grupo de trabajo de la DEA cuando la investigación del FBI comenzaba, lo habían suspendido por precaución desde la primera ronda de acusaciones. Rechazó las peticiones de cooperación y mantuvo ante sus allegados que era inocente. Finalmente, se acogió a una baja médica por estrés.[30] Fue acusado de chantaje y robo por un gran jurado el 24 de agosto de 2017. Entre los compañeros de las fuerzas del orden de los agentes acusados, la acusación de Allers fue la que, al parecer, causó una mayor conmoción.

Los federales también se remontaron al pasado del departamento para buscar acusaciones históricas de corrupción. Cuando se detuvo a los agentes del Grupo Especial de Rastreo de Armas, las autoridades se preguntaron qué era lo que hacían con las pistolas de aire comprimido encontradas en sus vehículos. Los agentes que cooperaron explicaron luego que Jenkins les había advertido de que tuvieran siempre a mano algo para plantar si alguna vez se veían en un aprieto. «Nos dijo que, por si acaso, en el supuesto de que ocurriera algo y tuviéramos que salir de la situación, (porque, básicamente, tenemos mujeres e hijos que nos necesitan), así que, en otras palabras, eran para que nos protegiéramos en caso de que ocurriera algo», declaró Hendrix más tarde.[31]

Habían pasado siete años desde que Burley entrara en una prisión federal a causa de su encuentro con Jenkins. Se encontraba encerrado en un centro de Oklahoma cuando se enteró de la detención de los agentes.[32] Pronto recibió un mensaje a través del sistema de correo electrónico de la prisión federal de su compañero Brent Matthews, que ya había cumplido su propia condena, en relación con el caso de 2010 cuando se informó de que se habían encontrado drogas en su vehículo después del accidente mortal. Matthews le contaba a Burley que Jenkins había estado entre los acusados en el nuevo caso de chantaje policial. «Es posible que te dejen volver a casa por esto», le explicó.

Burley esperó un tiempo a que las autoridades se pusieran en contacto con él, hasta que un compañero de celda le sugirió que tenía que ser proactivo. «Tienes que actuar ya: está pasando ahora», le instó el compañero de celda.

Burley, que ese verano había sido trasladado a otra prisión de Virginia Occidental, había estado enviando cartas a abogados con la esperanza de conseguir representación legal, cuando los guardias se acercaron a su celda.

«Recoge todas tus cosas, te vas de aquí».

En agosto de 2017, seis meses después de que se presentaran las acusaciones contra el Grupo Especial de Rastreo de Armas, Burley fue trasladado desde Virginia Occidental a la cárcel Supermax de Baltimore. Estuvo allí un par de días antes de que lo llevasen ante el tribunal federal, donde se reunió con Wise y Hines.

Para su sorpresa, Burley no tuvo que explicar su historia ni alegar su inocencia. «No tienes que decir nada —le explicaron—. Ya sabemos que te tendieron una trampa. Ya sabemos cómo lo hicieron».

Todos los agentes que habían cooperado declararon ante el FBI que Jenkins les había contado versiones de una historia similar: un incidente ocurrido años antes, cuando trabajaba en otra brigada. La historia trataba de un accidente de coche y la muerte de un anciano, y de drogas que habían sido colocadas. Los investigadores federales no tardaron en determinar que se trataba del caso de Burley.

En poco tiempo, este se sentó ante un gran jurado y les explicó lo que había sucedido. Les habló del tiempo que se había perdido con su familia y de que nunca había conocido a sus nietos. Lloró, y los miembros del jurado también lloraron con él.

A las pocas semanas, lo citaron en un juzgado para un proceso a puerta cerrada. Sellaron con papel de impresora pegado las ventanas encima de las puertas del juzgado, y la familia de Burley tuvo que permanecer fuera del recinto. Los fiscales expusieron las acusaciones al juez y pidieron que Burley quedara en libertad mientras seguían construyendo el caso. El juez accedió, y este salió de allí vestido con un mono desechable. Por fin tuvo la oportunidad de abrazar a sus nietas por primera vez.

«Fue increíble —recuerda—. Me acogieron muy bien».

Jenkins también se había comprometido con los federales para una oferta.[33] La mayoría de las declaraciones de los agentes supusieron el preludio de una declaración de culpabilidad. Pero el sargento mantuvo su inocencia respecto a ciertas acusaciones que las autoridades consideraban ya comprobadas. Entre todas las que negó se encontraba el caso Burley. Jenkins admitió que ese día se habían colocado drogas, pero culpó de ello a otro agente implicado en la detención.

Los federales comenzaron a ponerse en contacto con otros agentes que habían estado presentes ese día. Ryan Guinn y Sean Suiter eran los otros dos policías que habían sospechado de Burley. Los investigadores se habían puesto en contacto con Guinn en las primeras fases de la investigación del Grupo Especial de Rastreo de Armas, a finales de 2015, para pedirle información sobre Gondo. Desde entonces, había habido ocho policías imputados, cuatro que habían aceptado declararse culpables y un quinto en camino. Pero Jenkins, que desde aquel momento había surgido como el principal objetivo, aún no había cedido. Entonces, casi dos años después, era el momento de que Jensen y Sieracki le hicieran otra visita a Guinn.

Entre las preguntas que le formularon se encontraba la siguiente: ¿Quién había colocado las drogas en el lugar de los hechos ese día?[34]

Capítulo 19

Harlem Park

Sean Suiter había recorrido una larga trayectoria desde sus días como policía de estupefacientes. Este veterano del ejército de cuarenta y tres años, que había servido en Iraq de 2005 a 2007, había cambiado el traje de paisano por la gabardina y se había trasladado a la unidad de inspectores del distrito, donde investigaba tiroteos no mortales, robos y otros delitos graves.

«Desde el principio de su carrera se sabía que [Suiter] podía ascender a cualquier puesto que eligiese», afirmó el comandante Martin Bartness.[1] A finales de 2015, en plena oleada de asesinatos en la ciudad, la unidad de homicidios llamó a Suiter, donde, tal y como ocurría siempre, no tardó en hacer amigos. «No era solo un buen policía: además, era inteligente y sonreía mucho —recuerda el sargento retirado Rick Willard—.[2] Todos los que trabajaban con él lo querían. Incluso cuando uno estaba deprimido, él mostraba esa sonrisa traviesa y hacía que todo el mundo estuviera contento y se sintiera a gusto». Su compañero en la unidad de homicidios, Jonathan Jones, recordaba que una vez estaba en la calle con Suiter cuando alguien lo llamó a gritos.[3] Era un hombre al que él solía perseguir por el distrito Oeste. El hombre tenía ahora trabajo, y agradeció a Suiter el modo en que lo había tratado en el pasado.

El 15 de noviembre de 2017, Suiter y el inspector David Bomenka se adentraron en el barrio de Harlem Park, en la zona oeste de la ciudad. Suiter conocía bien la zona de las dos épocas de su carrera: había trabajado en casos de drogas y tiroteos allí antes. Era su segunda visita en otros tantos días. El día anterior, le había pedido a Bomenka que lo acompañara en el seguimiento de un triple homicidio ocurrido en diciembre de 2016.[4] En aquel caso, el asesino había irrumpido en una vivienda del bloque 900 de Bennett Place, en la zona oeste de la ciudad, y había matado a tiros a tres personas. Se decía que la vivienda era un «lugar de reunión» de la poderosa banda «Black Guerrilla Family», y las pistas habían sido escasas.[5] Bomenka, que se había incorporado a la unidad apenas cinco meses antes, también tenía un caso pendiente que había tenido lugar en la zona y estaba intentando encontrar a uno de sus testigos.

El bloque 900 de Bennett Place está justo al oeste del centro de la ciudad, cerca de la salida de la tristemente célebre «Autopista a ninguna parte», una vía rápida que se puso en marcha en los años setenta para que los habitantes de los suburbios entraran y salieran de la ciudad más rápido, pero cuya construcción se paralizó después de construir un kilómetro y medio. Cientos de personas se vieron obligadas a desplazarse debido a la autopista, lo que produjo un abismo físico entre los barrios. Al este de Bennett Place hay una comunidad de viviendas unifamiliares de patios con césped, llamada Heritage Crossing. Se construyó en el lugar donde se encontraban las infames Murphy Homes: unos rascacielos de apartamentos de los que se habían adueñado durante años los principales traficantes de drogas de la ciudad, auténticos capos, hasta que fueron derribados en 1999. A solo doce metros de distancia, al otro lado de la avenida Fremont, se encuentran las decrépitas casas adosadas de Bennett Place. En los cuatro años anteriores, solo en ese cruce habían muerto asesinadas once personas, algunas de ellas, tiroteadas. La policía instaló un foco para disuadir la actividad delictiva y en un momento dado, en un acto de desesperación, colocó barricadas en la manzana y a un agente allí las veinticuatro horas del día.

Suiter y Bomenka llevaban horas recorriendo los alrededores de Bennett Place. Eran casi las cuatro de la tarde y Suiter iba al volante de un Nissan Altima camuflado, con Bomenka de copiloto. Le sonó el móvil, contestó y le dijo a la persona que estaba al otro lado que no podía hablar.

Al girar hacia Bennett Place, explicó Bomenka luego, ambos se fijaron en algo agazapado en el callejón, que parecía ser un hombre que llevaba una chaqueta negra con una raya blanca. No sabían bien quién era ni qué hacía, pero decidieron hablar con él. Cuando salieron del coche y entraron en el callejón, ya no había nadie. Bomenka se topó con un montón de basura y se preguntó si podrían haberlo confundido con el hombre de la chaqueta.

Suiter sugirió que dieran una vuelta y regresaran para ver si la persona estaba allí de nuevo. Visitaron su antiguo puesto, en Brice Street, y luego regresaron a Bennett Place.

«Ahí está el tipo», le señaló Suiter a su compañero. Bomenka no vio a nadie, pero dijo que estaba dispuesto a seguir el instinto de su colega más experimentado. Ya empezaba a oscurecer, los inspectores volvieron a salir del coche y caminaron por un callejón adyacente. El teléfono de Suiter volvió a sonar, pero hizo caso omiso de las llamadas. Subieron por el callejón y salieron por un descampado que daba a Bennett Place.

Su turno terminaba a las cinco de la tarde. Bomenka tenía una cita por la noche y quería terminar cuanto antes, pero Suiter, por alguna razón, estaba interesado en averiguar si había alguien en el callejón.

Este juego del gato y el ratón no era lo que solían hacer los inspectores de homicidios habitualmente, pero otros policías afirmaron luego que era posible que, dada la reputada experiencia de Suiter en el trabajo con estupefacientes, pudiera ser más proclive al trabajo callejero. Aun así, para Bomenka no tenía sentido que alguien estuviera allí, y que siguiera sin aparecer.

«Voy a esperar aquí a ver si vuelve a salir», comentó Suiter, según Bomenka. Indicó a Bomenka que caminara hasta el final de la calle, y que se quedara en algún lugar desde el que pudiera ver si alguien salía por otro espacio del descampado. Durante todo ese tiempo, Suiter permaneció en la parte trasera de una furgoneta blanca aparcada junto al descampado. Pasaron unos minutos. Entonces, mientras Bomenka esperaba en la esquina, Suiter le hizo un gesto; fue un movimiento del brazo con el que parecía decir: «¡Vamos!», o al menos eso interpretó Bomenka.

De repente, Suiter desenfundó su pistola y se adentró en el solar hasta desaparecer de la vista de Bomenka.

«¡Alto! ¡Alto! ¡Policía!», oyó gritar Bomenka a Suiter.

Luego oyó disparos.

Bomenka corrió hacia el ruido y vio a Suiter tendido bocabajo a seis metros en el interior del solar. Bomenka creyó seguir oyendo disparos, pero declaró que no vio a nadie. Tenía miedo de que la persona que estaba disparando siguiera cerca, así que se dio la vuelta y corrió de vuelta a la calle, buscó a tientas su teléfono móvil —no se había llevado la radio de la policía— y marcó el teléfono de emergencias para pedir ayuda. El tono de alerta —«pí-pí-pí-pí-pí-pí»— sonó en la centralita de la policía, y el operador facilitó el código correspondiente a un agente en apuros. «Código 13. Código 13. Bennett y Fremont, Bennett y Fremont, para Código 13 en la Central».

Es frecuente que se oiga varias veces a lo largo del día un «Código 13» en las emisoras de la policía, pero la gran mayoría de ellas acaban siendo una falsa alarma. Sin embargo, esta vez el operador ordenó: «Vamos», insistiendo en que la señal de alerta era real aquel momento. «Bennett y Fremont. Llamada informando de que han disparado a un compañero, sin descripción, sin más información».

Cuando llegaron los refuerzos, Bomenka se adentró en el descampado con los agentes que habían acudido. Uno de ellos sacó su pistola para cubrir a los demás mientras Bomenka corría hacia el cuerpo inmóvil de Suiter. Le dieron la vuelta y dejaron su arma en el suelo; había recibido un disparo en la cabeza y estaba inconsciente. Las gafas se le habían caído de la cara. En la mano izquierda aún sujetaba la radio de la policía.

Bomenka comenzó a realizar la reanimación cardiopulmonar, pero los agentes decidieron no esperar a una ambulancia:

metieron a Suiter en un coche patrulla y lo llevaron a toda velocidad al Centro de Traumatología de la Universidad de Maryland, a alrededor de un kilómetro y medio de distancia. El agente que conducía el coche dio marcha atrás y colisionó contra otro vehículo de policía por la prisa con la que maniobró debido a la urgencia por llegar al hospital; después, al cruzar el bulevar Martin Luther King cerca del hospital, colisionó con otro vehículo más. Una ambulancia cercana recogió a Suiter y completó el traslado.

Durante el viaje, el móvil de Suiter vibró en su bolsillo. Era un mensaje de texto de su abogado:

«Tienes citación para el gran jurado [mañana] a la 1 de la tarde en el juzgado federal. Y una reunión a las once de la mañana en USAO [la Oficina del fiscal federal]».

Luego, otro:

«Tío, ¿qué coño está pasando?».

Los mandos policiales irrumpieron en el lugar de los hechos, en Bennett Place, y se acordonó una zona de seis manzanas a la redonda, de modo que los residentes no podían entrar o salir. Se pidió a Bomenka que describiera al hombre que disparó, pero declaró que no había visto a nadie desde que hubo visto al hombre de la chaqueta con la raya blanca, más de media hora antes. Cuando dobló la esquina hacia el descampado, explicó, vio el cuerpo de Suiter que caía al suelo y la nube de humo de una pistola en el aire sobre él, pero ningún hombre huyendo. «Sean me llamó para que fuera; él corrió, yo doblé la esquina y se oyeron disparos. Yo estaba mirando hacia el otro lado —describió—.[6] Ni siquiera vi de dónde procedían los disparos».

La incertidumbre expresada por Bomenka hizo suponer a la policía que los disparos podrían haber sido efectuados desde una ventana o desde un tejado, lo que puso en alerta a la policía de nuevo. El operador ordenó: «Pónganse todos a cubierto. Aléjense de las ventanas. No sabemos de dónde procedían los disparos». El agresor podría estar escondido en el interior de una vivienda, por lo que los agentes se retiraron de la manzana. Llamaron a las unidades de SWAT, que comenzaron en las horas siguientes a entrar en los edificios cercanos para buscar al sospechoso. Durante ese tiempo, los investigadores de homicidios se mantuvieron alejados de la escena del crimen.

Incluso con el decreto de consentimiento en vigor, los agentes no siempre activaban sus cámaras corporales mientras registraban a los ciudadanos y sus domicilios. Una mujer que vivía en la calle del lado opuesto al descampado dijo que los agentes le habían preguntado si vivía con alguien y, cuando oyeron un ruido en el piso de arriba —había sido su perro—, entraron con las armas desenfundadas y registraron durante diez minutos. Se cacheó a otras personas sin que existieran sospechas razonables articulables. Más tarde, el supervisor del decreto de consentimiento sostuvo que esto demostraba «un fallo de supervisión o de formación que hubiera dejado claro que las circunstancias no justifican automáticamente la realización de un registro a cualquier persona que ronde el perímetro o que permanezca dentro de él».[7]

Enseguida se corrió la voz en el departamento de policía de que la víctima había sido Suiter, y que estaba gravemente herido. En el exterior del Centro de Traumatología, estaba el comisario Kevin Davis reunido con los jefes de los principales organismos federales encargados de hacer cumplir la ley: el FBI, la DEA y la ATF.

Pasaron algunas horas antes de que la esposa de Suiter, Nicole, pudiera llegar desde el sur de Pensilvania, donde habían decidido criar a sus cinco hijos.[8] La primera llamada fue de una amiga cuyo marido también estaba en el cuerpo. Le contó que Sean había tenido un accidente y que estaba bien, pero que sería mejor que fuera al hospital de inmediato.

La recogieron unos policías del estado de Pensilvania, que también le aseguraron que Sean estaba bien. No obstante, conducían muy rápido, con las luces y las sirenas encendidas. Nicole recuerda que entró en el hospital, donde había decenas de policías de la ciudad reunidos. Alguien se acercó a ella y le dijo: «Era un buen hombre».

Yo me encontraba entre una multitud de periodistas y agentes de policía, en calidad de reportero del periódico *The Baltimore Sun* que cubría el tiroteo, esperando fuera de la unidad de trauma para obtener información sobre el estado de Suiter. En mi teléfono móvil apareció un número que no reconocí y contesté. Al otro lado, oí la voz de una mujer: era una persona con la que había trabajado en un artículo años atrás. No habíamos mantenido el contacto, pero todavía la recordaba. Me dijo que Suiter tenía que testificar contra un policía corrupto al día siguiente.

«Ha sido una trampa», afirmó acerca del tiroteo. Susurraba, pero sonaba muy nerviosa; posiblemente estaba en estado de *shock*. Insistió en que Suiter iba a testificar contra policías corruptos. «No ha sido una casualidad. Fue una trampa preparada deliberadamente contra ese inspector. Aquí no ha habido nada dejado al azar, ¡y punto!».

Después de escucharla asegurar varias veces que la muerte de Suiter había sido un «trabajo» interno, colgué e intenté procesar todo lo que había dicho. Estaba claro que los federales seguían investigando la corrupción entre sus filas: en aquel entonces, nueve oficiales o exoficiales de la ciudad habían sido acusados en el cada vez más extenso caso contra el Grupo Especial de Rastreo de Armas, incluido un exoficial que luego trabajó para el Departamento de Policía de Filadelfia, y cuya acusación se había hecho pública el día anterior de que Suiter fuera tiroteado. El anuncio de la Fiscalía Federal describía el estado de la investigación como «ampliándose».

La hipótesis de que Suiter hubiera sido asesinado para evitar que fuera a juicio me produjo un escalofrío, pero ¿a qué vista judicial relacionada con policías corruptos podía estar refiriéndose mi compañera? No existía nada en el sumario del caso del Grupo Especial de Rastreo de Armas: los procedimientos pendientes ante el gran jurado eran secretos y desconocidos para el público en ese momento.

Pasadas las nueve de la noche, un grupo formado por el alcalde, el comisario de policía, el fiscal del Estado y el médico jefe del hospital se reunió para dirigirse a los medios de comunicación en el exterior del centro. El doctor Thomas Scalea declaró que Suiter, a esas horas, todavía se aferraba a la vida.

Davis informó a los periodistas que la «investigación está siendo muy fluida, está en curso, es compleja», y dijo que la policía estaba buscando a un hombre con una chaqueta negra con una franja blanca. «Esa descripción puede cambiar en algún momento, pero eso es todo lo que sabemos por ahora», explicó, calificando al tirador de «asesino frío e insensible».

«Esta es una profesión peligrosa, este es un trabajo peligroso. Los policías son conscientes de que en cualquier momento pueden enfrentarse a alguien que quiera hacerles daño, y eso es precisamente lo que ha ocurrido esta noche».

Wise, fiscal federal, se encontraba en Washington D. C., cuando su teléfono recibió la noticia de que el hombre al que iba a llevar ante un gran jurado a la mañana siguiente había recibido un disparo en la cabeza.

Dos años después, Wise, que conocía cosas que aún no se habían hecho públicas, recordaba tiempo después el primer pensamiento que le surgió aquella noche: que Suiter se había quitado la vida.

Ryan Guinn se presentó al día siguiente, como estaba previsto, para testificar ante el gran jurado.[9]

«Odio tener que ser el que te cuente esto, pero Sean acaba de morir», recuerda Guinn que le dijo Sieracki.

Guinn mantuvo la compostura durante su testimonio, pero cuando uno de los miembros del gran jurado formuló una pregunta sobre Suiter, Guinn se echó a llorar.

El cuerpo de Suiter permaneció en el hospital dos días más para extraerle los órganos, lo que retrasó la autopsia oficial, pero los médicos de urgencias informaron a los investigadores que creían que Suiter había recibido un disparo en el lado izquierdo de la cabeza; dado que la pistola se había encontrado en el suelo junto a su costado derecho, pensaban que el asesino había dejado caer el arma mientras huía. La zona en torno a Bennett Place permaneció cerrada: los residentes tenían que enseñar el carné de identidad y los agentes tomaban nota de sus datos.

En la unidad de homicidios, los compañeros inspectores que investigaban el caso pidieron a Bomenka que describiera al sospechoso.

«Descripción física: altura, peso… ¿Viste algo?», preguntó el inspector Joe Brown.

«No vi nada, Joe —respondió Bomenka—. No oí que ningún coche saliera deprisa. No oí a nadie corriendo».

Ofrecieron una recompensa de 215 000 dólares —la más sustanciosa que se recuerda— por información que pudiera conducir a una detención. Una persona llamó a *Metro Crime Stoppers* y dio el nombre de alguien que, según ella, era un «conocido asesino a sueldo», lo llevaron allí y solicitó un abogado.[10] Una mujer llamó y contó que su sobrino era el sospechoso, pero luego confesó que se había inventado la historia. Otra persona llamó al teléfono de la policía y explicó que había oído a un grupo de hombres hablar del tiroteo, y que uno de ellos había dicho que había sido él. Los llevaron a todos a la unidad de homicidios, los interrogaron y los pusieron en libertad. Hubo otras pistas fáciles de descartar: una persona que llamó a *Metro Crime Stoppers* afirmó que el comisario Kevin Davis era el sospechoso que buscaban, mientras que otras mantenían que habían tenido una «visión divina» o que tenían poderes psíquicos.

La DEA intervino todos los teléfonos conectados con actividades relacionadas con el negocio de estupefacientes en los alrededores de Bennett Place que pudo conseguir, con la esperanza de captar cualquier conversación reveladora que pudiera ayudar a la investigación, pero solo pudieron oír a los traficantes lamentarse de cómo la presencia policial estaba afectando a las ventas.[11] Siguiendo una pista no comprobada sobre un posible sospechoso, unos equipos SWAT fuertemente armados entraron en una vivienda cercana, ordenaron a todo el mundo que se tirara al suelo y se metieron a toda prisa en el cuarto de baño del piso de arriba, donde se estaba duchando un niño de seis años. Los ocupantes de la casa fueron trasladados a la comisaría para ser interrogados. El Departamento de Policía de Baltimore también había registrado, sin una orden judicial, una vivienda vacía próxima al solar donde dispararon a Suiter, y había encontrado pruebas de un asesinato sin relación alguna con este ocurrido un año antes.[12]

Cada día se publicaban más datos y, entretanto, la policía pedía ayuda: Davis informó a los periodistas que la policía había encontrado pruebas que sugerían que el tirador había quedado herido, pero rechazó dar más detalles. Afirmó que la policía estaba buscando en salas de urgencias de los hospitales y consultorios médicos a «cualquier persona con una lesión que no pueda explicar».[13] A continuación, confirmó que Suiter había efectuado al menos un disparo antes de morir. También dijo que había indicios de que había mantenido un forcejeo «breve y violento» con su agresor, pero no quiso dar más detalles sobre lo que le había llevado a esta conclusión.

Un hecho crucial cambió unos días después de que se realizase la autopsia oficial: la inspección de la herida demostró que Suiter no había recibido un disparo desde la parte frontal e izquierda de la cabeza, como habían pensado los médicos de urgencias, sino desde la parte posterior-derecha, y a corta distancia. Los investigadores de criminalística habían encontrado tres casquillos de bala, pero ninguna bala hasta ese momento, y habían estado buscando casquillos siguiendo la hipotética dirección que había seguido la bala. Habían dividido el solar en una cuadrícula y habían excavado casi todas las baldosas que esta contenía, excepto aquella en la que se había acumulado sangre en el suelo: allí encontraron una bala incrustada en la tierra.[14] Más tarde dio positivo en las pruebas de ADN de Suiter.

«La recuperación de estas pruebas me da esperanzas —declaró Davis a la prensa cinco días después del tiroteo—. Estoy convencido de que nos ayudará a identificar al asesino. Lo pienso de verdad».

El dictamen oficial de la oficina del médico forense del estado sobre la causa de la muerte de Suiter fue homicidio. Con todo, algunos investigadores del departamento de policía ya habían empezado a murmurar si acaso las pruebas apuntaban a algo diferente: creían que no solo era posible, sino probable, que Suiter se hubiera disparado a sí mismo.

Si Suiter y su atacante se habían enzarzado en una lucha violenta, tal como dijo el comisario, ¿podría haberse escapado de verdad sin que Bomenka lo hubiera visto? Tampoco existían pruebas balísticas que indicaran que hubieran disparado una segunda arma: los tres casquillos recuperados eran de una Glock del calibre .40, el mismo tipo de arma que la pistola de Suiter, que había efectuado tres disparos. El nuevo ángulo del disparo, desde la derecha, era la mano del arma de Suiter.

La tarde anterior al Día de Acción de Gracias, siete días después de que Suiter fuera tiroteado, Davis confirmó en una rueda de prensa que Suiter había sido asesinado el día antes de que tuviera que comparecer ante un gran jurado que investigaba al Grupo Especial de Rastreo de Armas.

«Me han puesto al tanto en este momento del testimonio que tenía pendiente el inspector Suiter ante el gran jurado federal en torno a un hecho ocurrido hace varios años con agentes del Departamento de Policía de Baltimore, que fueron acusados con cargos federales en marzo de este año», sostuvo Davis, leyendo de una declaración preparada.

Aunque Davis dijo que lo habían «puesto al tanto en este momento», conocía de antemano la información sobre el testimonio del gran jurado desde la mañana siguiente al tiroteo de Suiter, pero había optado por no revelarla. Davis declaró más tarde que el FBI le había asegurado que Suiter no era objetivo de la investigación, por lo que Davis consideró que la información era demasiado problemática para revelarla en un ambiente tan cargado.

«Precisamente porque el tipo tenía previsto testificar ante el gran jurado al día siguiente, hubiera sido una reacción cobarde por mi parte decir: "Permitidme que os cuente esta teoría de la conspiración" —confesó Davis luego—.[15] No podía pisotear la tumba de este hombre basándome en información que no me preocupaba en absoluto sobre Suiter».

Durante una semana, la ciudad estuvo en vilo por el asesinato de un policía en servicio y, a pesar de la investigación infatigable que solo los asesinatos de policías parecen merecer, los investigadores no tenían ninguna pista sobre un posible sospechoso. Las preguntas se arremolinaban: ahora existía un vínculo directo con el escándalo de corrupción en curso, lo que planteaba nuevas preguntas muy interesantes, y proporcionaba además un terreno fértil para las teorías conspiratorias. Resultaba necesario mantener el escepticismo ante la hipótesis de que pudiera haber existido un complot tras la muerte de Suiter, pero las revelaciones de mi excompañera seguían atormentándome, que había insistido en que le habían «tendido una trampa». Al fin y al cabo, ella había afirmado con exactitud que Suiter iba a testificar durante el caso que se estaba procesando, en un momento en el que se suponía que nadie sabía nada de ese procedimiento.

Tanto en la ciudad como en las redes sociales, algunos especulaban de forma abierta con la implicación de Bomenka, el compañero de Suiter aquel día, en el asesinato. El comisario Davis rechazó las acusaciones de conspiración y señaló que los movimientos de Bomenka habían sido captados por una cámara de vigilancia de la calle y, más tarde, por una cámara corporal, y parecían respaldar su versión de que había buscado cobertura tras los disparos. Las personas que habían podido hablar con el inspector aseguraron que se encontraba traumatizado por la experiencia.

El motivo de la comparecencia de Suiter ante el gran jurado seguía sin estar claro para la ciudadanía, y Davis se limitó a declarar que no había «ninguna información que se me haya comunicado de que el inspector Suiter fuera ninguna otra cosa más que un inspector magnífico, un gran amigo, un marido cariñoso y un padre dedicado».

Y luego llegó otra noticia bomba, cuando el departamento confirmó públicamente que creía que Suiter había sido disparado con su propia arma, por lo que, quienquiera que lo hubiera hecho, tuvo que haberlo desarmado antes.[16]

Suiter tuvo el funeral de un héroe el 29 de noviembre, dos semanas después del tiroteo. Cientos de agentes de todo el estado acudieron a una iglesia enorme al noreste de Baltimore para asistir al servicio.[17] Entre los portadores del féretro se encontraba el inspector Eric Pérez, uno de los mejores amigos de Suiter, que había sido asignado como uno de los principales inspectores que investigaban la muerte de este.[18]

Davis, vestido con el uniforme azul, se sirvió de sus propias palabras para contestar a las críticas contra el departamento en el funeral: «Suiter se esforzó, y el Departamento de Policía de Baltimore se esfuerza cada día. Es hora de que las historias que se cuentan, tanto a nivel local como a nivel nacional, comiencen a reflejar esta realidad», manifestó.

Sin embargo, dentro del departamento estaban cada vez más preocupados por si Davis hubiera podido engañar al público falseando pruebas clave en sus declaraciones a la prensa tras la muerte de Suiter. Por ejemplo, cuando contó que Suiter había participado en un «forcejeo violento», se estaba refiriendo a la suciedad que había en la pernera del pantalón de Suiter, que para otros podría haberse producido fácilmente al caer al suelo tras recibir un disparo. Cuando Davis declaró que la policía creía que el sospechoso había sido herido, se refería a dos manchas de sangre encontradas en el descampado que no pertenecían a Suiter, una de las cuales, según la policía, se determinó más tarde que pertenecía a un animal, mientras que la otra se relacionó con un consumidor de drogas con coartada. La descripción de un sospechoso que vestía una chaqueta negra con una franja blanca correspondía a alguien que, según Bomenka, habían visto media hora antes, y ni siquiera estaba seguro de ello, por lo que difícilmente podría haber sido declarado sospechoso. Algunos investigadores empezaban a creer que Suiter se había quitado la vida y lo había escenificado para que pareciera un homicidio. Davis rechazó la teoría.

«Hay posibilidades, y hay probabilidades», dijo después.

Al día siguiente del funeral, Wise y Hines obtuvieron una nueva acusación del gran jurado contra Jenkins, alegando encubrimiento en el caso de Umar Burley. La heroína encontrada en el coche de Burley —citada hasta entonces como la razón por la que Burley huyó, y que provocó un accidente mortal que había dado lugar a una condena por homicidio involuntario— había sido colocada después del hecho por Jenkins, afirmaba la acusación.

Suiter nunca llegó a la sala del gran jurado, pero la acusación lo describió como ignorante de lo que había ocurrido, pues sostuvo que había enviado a Suiter para encontrar las drogas colocadas porque «"no se enteraba de nada", o alguna otra frase con ese sentido».[19] La nueva acusación imputaba a Jenkins con los cargos de «destrucción, alteración o falsificación de registros en una investigación federal» y «complicidad en la privación de derechos con arreglo a la ley», alegando que había redactado una declaración de causa probable en la que afirmaba que Burley y su pasajero Brent Matthews tenían heroína, cuando en realidad sabía que las drogas habían sido colocadas.

Aunque no identificaron a Guinn por su nombre, al comparar el acta de acusación y la declaración original de Jenkins, quedó claro que los fiscales federales se habían fiado de Guinn para construir su versión. Guinn declaró más tarde que, hasta donde él sabía, la detención de Burley fue «legítima», y que Suiter parecía haber recuperado las drogas directamente, aunque Guinn también señaló los comentarios de Jenkins en el lugar de los hechos y su extraño comportamiento posterior.[20] Guinn no estaba implicado en la conducta indebida ni en el encubrimiento, pero debido a su proximidad al caso, el departamento de policía lo suspendió de sus funciones en la academia de policía, como medida de precaución.

El 29 de noviembre, el congresista de Baltimore Elijah E. Cummings presionó al director del FBI para que convirtiera la investigación de la muerte de Suiter en «una prioridad absoluta», y pidió a la delegación federal que «hiciera todo» lo que estuviera en su mano para ayudar. Al comisario Davis ya se le había comunicado en privado que el FBI no se iba a hacer cargo del caso, pero en un intento por ejercer presión pública, Davis envió una carta oficial por su cuenta. La alcaldesa Catherine E. Pugh, miembros del consejo municipal, el gobernador Larry Hogan y el presidente del sindicato de policía, el teniente Gene Ryan, se mostraron partidarios de que el FBI se responsabilizara del caso. El FBI lo rechazó y alegó que no había pruebas que conectaran el asunto con alguno de sus casos. En su comunicado, el FBI utilizó en varias ocasiones la palabra «muerte» en lugar de «asesinato».

Unas semanas después, Burley y Matthews entraron trajeados en un tribunal federal, acompañados de sus nuevos abogados.[21] Wise y Hines leyeron el nuevo escrito de acusación de Jenkins y pidieron al juez Richard D. Bennett, que años antes había condenado a los dos hombres, que anulara sus condenas. Bennett bajó del estrado y cruzó la sala para estrechar las manos de Burley y Matthews. «Lo siento mucho», se disculpó.

Bennett había firmado algunas de las órdenes de detención antes de que el caso contra el Grupo Especial de Rastreo de Armas se hiciera público, por lo que tenía mucha más información sobre el caso de corrupción. «Por desgracia, esto aún no ha terminado», se lamentó.

Fuera del juzgado, Burley habló por primera vez. Tenía nuevas alegaciones que presentar: afirmaba que Jenkins, Guinn y Suiter no solo lo habían perseguido y habían colocado drogas aquel día de 2010, sino que, además, Suiter había embestido el coche de Burley por detrás, y que los agentes habían saltado llevando máscaras negras y las armas desenfundadas, según describió su abogado.

«Durante todos estos años, el escarnio ha recaído sobre el señor Burley. Este hombre ha tenido que vivir con la culpa de haberle quitado la vida a otro hombre, cosa que le ha afectado sobremanera, de corazón, pero que, en esencia, debería recaer sobre estos agentes de policía —acusó el abogado Steve Silverman—. Todos estos policías —reiteró, refiriéndose no solo a Jenkins, sino también a Guinn y Suiter— eran una banda de delincuentes sin escrúpulos».

Capítulo 20

Culpable

El 13 de diciembre de 2017, una mujer de cuarenta y ocho años conducía su monovolumen hacia la central eléctrica situada al final de Carroll Island Road, en la zona de Bowleys Quarters, en el condado de Baltimore.[1] Luego giró a la derecha por Seneca Park Road y atravesó, a ambos lados, parcelas cubiertas de césped que tenían la longitud de dos campos de fútbol: era una tranquila calle residencial frente al mar donde casi todas las casas tenían su propio embarcadero. Ya había oscurecido cuando introdujo el coche en la entrada de Donald Stepp y se quedó sentada dentro un rato con los faros encendidos.

Stepp abrió la puerta de su casa, se dirigió al coche y se sentó en el asiento del copiloto. Unos minutos después salió y volvió a entrar en su casa.

Cuando la mujer que conducía el monovolumen arrancó, la Policía del condado la siguió de cerca.

Los policías la siguieron y condujeron detrás de ella a lo largo de ocho kilómetros mientras viajaba hacia el oeste, y luego la detuvieron después de que se saltara una señal de *stop*. El veterano inspector de estupefacientes, Christopher Toland, se acercó al asiento del copiloto y empezó a hablar con ella. Al mirar en el interior, vio trozos de malla metálica de color cobre, del tipo que se utilizaban habitualmente como filtro en las pipas de cristal para fumar *crack,* esparcidos por todo el vehículo. La mujer aseguró que no consumía drogas, y permitió a la policía a registrar su coche. Salió del coche y empezó a sacar cosas del bolso nerviosa y a entregárselas al agente. De pronto, se arrodilló e intentó meter algo que había en el bolso por la parte trasera de los pantalones. Se trataba de un sobre amarillo que contenía unos doscientos gramos de cocaína.

Aquello no fue un encuentro casual: un mes antes, Toland y otro inspector habían sido convocados a la oficina del fiscal federal en el centro de Baltimore.[2] Allí se reunieron con Hines y Wise, y con los inspectores Sieracki y Jared Stern. Hines les contó que las autoridades federales tenían grabaciones que mostraban llamadas telefónicas entre Jenkins y Stepp que habían tenido lugar más o menos al mismo tiempo o justo después de los robos que el primero había cometido.

«Todos los que han cooperado hablaron de ello: que Jenkins estaba asociado con un misterioso hombre blanco, un agente de fianzas que aparecía en ciertos momentos —explicó Wise después—.[3] Sabían que Jenkins tenía a un tipo que copiaba las llaves, que entraba en los coches, que tenía localizadores GPS para seguir a la gente, que tenía acceso a lectores de matrículas. Cosas necesarias para pillar un buen botín».

Los investigadores se dieron cuenta entonces de que Gondo no había estado desviando las drogas a la banda de Shropshire, tal como habían creído en un principio. Por el contrario, los agentes del Grupo Especial de Rastreo de Armas que cooperaron explicaron que era Jenkins quien a menudo guardaba las drogas, y los fiscales formularon la hipótesis en consecuencia de que Jenkins estaba utilizando a Stepp de mediador para venderlas. Si los inspectores del condado logran preparar un caso contra Stepp, los animó Hines, la Fiscalía Federal se encargará del caso e intentará convertir a Stepp en un cooperador que provea información contra Jenkins.

La Policía del condado ya había investigado anteriormente al agente de fianzas: a lo largo de varios años, los informantes habían comunicado a la policía que Stepp traficaba con grandes cantidades de cocaína, pero el caso había pasado de inspector en inspector, y los intentos discontinuos de vigilancia no habían dado ningún resultado.[4] Y más tarde pudieron presenciar esa extraña camaradería entre ellos, en agosto de 2016, cuando los agentes del condado informaron haber visto de forma inesperada a Jenkins y Stepp juntos en el lugar donde se estaba ejecutando una orden de registro. Los dos se habían escabullido cuando los agentes del condado comenzaron a indagar sobre la identidad de Stepp.

Toland había recibido su propio chivatazo sobre Stepp en el verano de 2017, pero el informante no había podido facilitarle un número de teléfono operativo. Toland realizó vigilancias ocasionales, pero tampoco habían conducido a nada sustancial. Unos pocos días antes de reunirse con Wise y Hines, había estado rebuscando entre su basura con la esperanza de encontrar envases de droga o parafernalia relacionado con el tráfico fuera de la casa de Stepp. No hubo suerte.

Tras reunirse con el fiscal federal, la Policía del condado redobló sus esfuerzos. Un grupo de nueve agentes de la Unidad de Antivicio y Estupefacientes del condado estableció turnos de vigilancia fuera de la casa de Stepp. Después de eso, el 1 de diciembre, el FBI instaló una cámara enfocada hacia su casa y permitió el acceso de sus imágenes a Toland para que la vigilara a distancia desde una tableta.

Cuando Toland detuvo a la mujer que salía de la casa de Stepp con drogas un par de semanas después, la policía tuvo, por fin, pruebas suficientes para obtener una orden de registro. Esa misma madrugada, poco después de la medianoche, la unidad de antivicio se acercó con sigilo a la casa de Stepp. El murmullo de un arroyo cercano era lo único que podía oírse en aquel momento. Subieron el tramo de escaleras hasta la entrada principal y llamaron a la puerta. «Policía: orden de registro».

Los agentes vieron a Stepp en la cocina, inmóvil y contemplativo. Habían pasado unos años desde que había estado en prisión. Había construido una nueva vida. Su hija de cinco años con necesidades especiales dormía en una cuna en el piso de arriba. Y en ese momento los agentes estaban derribando la puerta de su casa con un ariete.

Cuando los policías consiguieron entrar en la casa, encontraron decenas de miles de dólares en drogas, concretamente, cocaína, *crack,* heroína y éxtasis, dentro de un cuadro eléctrico atornillado y escondido debajo de una cama.

Stepp debía de haberse imaginado que algo así iba a ocurrir: en un cajón del escritorio, los investigadores encontraron una copia impresa de la acusación sustitutiva contra Jenkins, Hersl y Taylor. Sin embargo, había continuado traficando, e incluso guardando la droga en su propia casa.

La fianza de Stepp se fijó en cien mil dólares. Pudo pagarla y salir de la cárcel a la mañana siguiente.

A las ocho y treinta y uno de esa misma mañana, Hines ya había redactado un acta de acusación y la había enviado por correo electrónico a los inspectores para preguntarles si estarían disponibles para comparecer ante un gran jurado después de comer.[5] Antes de que acabara el día, habían conseguido una acusación federal contra Stepp por cargos de estupefacientes que conllevaba un mínimo obligatorio de diez años de prisión y un máximo de cadena perpetua. Fue detenido de nuevo al día siguiente.

Stepp cambió de bando enseguida, y por completo. Los federales habían establecido la hipótesis de que vendía drogas para Jenkins, pero no tenían pruebas. Por aquel entonces, apenas unas semanas antes de que Jenkins fuera a juicio, Stepp contó a los agentes que llevaba años traficando con drogas, aparte de cometer otros delitos, con Jenkins, con la esperanza de reducir su condena. Había guardado fotos suyas cometiendo algunos de esos delitos, junto con imágenes suyas y de Jenkins en el Casino Delaware Park, en la Super Bowl y haciendo el tonto dentro de la jefatura de policía. Stepp incluso dijo a los policías que habían pasado por alto otros tres kilos de cocaína más cuando habían registrado la casa, y les explicó dónde podían encontrarla. Les habló de un reloj carísimo que Jenkins le había regalado tras robárselo a un sospechoso de tráfico de drogas: Stepp lo había tirado al arroyo que había detrás de su casa. Un equipo de buceo del FBI se sumergió en las aguas y lo recuperó, justo en el lugar donde les había indicado.

Stepp calculó que había vendido drogas por valor de un millón de dólares con Jenkins, todo beneficio.

¿Y qué pasó con el coche que Jenkins había denunciado que le habían robado en la entrada de su casa, y que habían encontrado poco después desvalijado en el bosque con la palabra «Jódete» escrita en el capó?[6] Según Stepp, Jenkins le contó que lo había mandado destruir porque no quería seguir pagando las cuotas del coche, un fraude a la compañía de seguros que se unía a los cargos por robos y al tráfico de drogas.

Los fiscales consideraron que ya tenían pruebas suficientes de una impactante serie de delitos cometidos por Jenkins. No obstante, la confesión de Stepp abrió muchas nuevas posibilidades.

Cuatro oficiales se habían declarado culpables, y para los otros tres —Jenkins, Daniel Hersl y Marcus Taylor— se acercaba el juicio, cuyo inicio estaba previsto para finales de enero de 2018.

Pero el 3 de enero, tres semanas después de que Stepp fuera acusado, y tras considerables negociaciones entre los fiscales y el abogado defensor sobre la declaración de los hechos, Jenkins aceptó declararse culpable.[7]

En una nueva comparecencia dos días después, Jenkins se puso en pie y levantó la mano derecha, como tantas personas a las que había detenido a lo largo de los años, y deletreó su nombre para el secretario.

«¿Cómo se declara en relación a los cargos número uno a seis de la acusación sustitutiva?», preguntó la jueza Catherine C. Blake.

«Culpable, señoría», respondió Jenkins.

La jueza Blake leyó la larga lista de delitos de los que Jenkins se declaraba culpable, desde extorsión hasta robo, pasando por registros e incautaciones ilegales y tráfico de drogas. En su declaración de culpabilidad se citaban muchos delitos que no habían sido revelados previamente: admitió que había robado motos de *cross* a personas que las conducían de forma ilegal por el interior de la ciudad, y que después las vendía a través de un socio, y que había birlado del correo cinco kilos y medio de marihuana de una gran calidad que habían sido interceptados por las fuerzas del orden. Aparte de eso, estaban los delitos que había cometido con Stepp. Blake tardó varios minutos en desgranar todos los puntos del alegato.

«¿Está usted de acuerdo, señor, en que la declaración de los hechos es correcta y que hizo usted todo lo que aquí se describe?», preguntó Blake.

Jenkins solo demandó corregir una cosa: Blake había afirmado que Jenkins era «responsable de haber colocado heroína en ese vehículo», refiriéndose a Umar Burley en 2010. De todas las cosas terribles que Jenkins estaba admitiendo, se opuso a la descripción de su papel en el caso Burley.

«Está negando que plantara las drogas —preguntó el abogado de Jenkins, Steve Levin, a Blake—, aunque está reconociendo que fue el autor de un informe falso con respecto a otro agente que plantó esas drogas». ¿Estaba Jenkins acusando a Suiter? ¿O a otra persona? Los fiscales no reconocieron esta corrección, y Blake dio por concluida la vista. La sentencia se fijó para una fecha posterior.

«¿Hay alguna pregunta, señor, para mí o para su abogado, sobre su declaración de culpabilidad o los términos de su acuerdo de culpabilidad?», preguntó Blake.

«No, señoría —respondió—. Me avergüenzo de mí mismo».

Capítulo 21

Policías y ladrones

«Tenemos un departamento de policía disfuncional —reconoció el comisario Davis en una entrevista días después del alegato de Jenkins—.[1] Se lo digo como persona que ha sido testigo de cómo funciona una institución en condiciones. Este departamento no lo es, pero estamos avanzando todo lo posible a la mayor velocidad que podemos para conseguirlo».

Davis luchaba por su puesto: había asumido el cargo pocos meses después de la muerte de Freddie Gray, y era un poli «de fuera» que estaba intentando tender suficientes puentes en la comunidad para evitar más disturbios civiles a medida que las causas judiciales contra los agentes se desmoronaban. Al mismo tiempo, trataba de no enemistarse con una fuerza policial con la que era fácil chocar y a la que necesitaba para combatir el aumento de la violencia. El escándalo del Grupo Especial de Rastreo de Armas se había producido durante su mandato, pero había tomado medidas para poner fin al estilo de interacción policial agresiva propia de los agentes de paisano y había ideado un plan para hacer un seguimiento de la solidez de los casos de armas de fuego y de su evolución en los tribunales, en lugar de limitarse a contabilizar las detenciones.

«Hemos heredado una mentalidad que considera que la responsabilidad por una actuación policial es un grano en el culo —añadió—. Y eso supone años y años de negligencias, años y años de perseguir las dos haches: homicidio y heroína.

»¿Que alguien debería haberlo sabido antes [lo de los agentes del Grupo Especial de Rastreo de Armas]? Por supuesto que deberían haberlo sabido antes».

Dos semanas más tarde, el 19 de enero, el viernes anterior al inicio del juicio de Marcus Taylor y Daniel Hersl, los dos agentes del Grupo Especial de Rastreo de Armas que no se habían declarado culpables, la alcaldesa Catherine Pugh despidió a Davis. No mencionó ni el escándalo del Grupo Especial de Rastreo de Armas ni la gestión del caso Suiter, sino que señaló como razón del despido la elevada tasa de delincuencia que seguía registrándose en la ciudad. Por segunda vez en tres años, se habían producido 342 homicidios, un récord per cápita. «La delincuencia se está extendiendo ahora por toda la ciudad y tenemos que centrarnos», declaró Pugh a los medios de comunicación.[2]

Nombró a Darryl De Sousa, un veterano de la institución de policía, como próximo comisario: los fiscales federales habían oído este nombre durante la investigación.

Pero antes de dedicarse a eso, tenían que juzgar a dos inspectores del Grupo Especial de Rastreo de Armas.

Muchos detalles del caso contra el Grupo Especial de Rastreo de Armas habían permanecido en secreto de sumario, aparte de que los delitos de los agentes se habían resumido mucho en las acusaciones y los acuerdos de culpabilidad. Si Daniel Hersl y Marcus Taylor se hubieran declarado culpables como los demás, probablemente hubiera sido igual. Un juicio exigía exponer las pruebas claramente.

El primer día del juicio, Wise se levantó, se abrochó la chaqueta y se dirigió a los miembros del jurado.[3] «En el transcurso de este juicio, ustedes se adentrarán en el Departamento de Policía de Baltimore, en las divisiones de operaciones y en unidades especiales de élite, incluida una denominada Grupo Especial de Rastreo de Armas, en la que operan inspectores y otros oficiales de alto rango, incluidos estos hombres: el acusado Daniel Hersl y el acusado Marcus Taylor —explicó Wise—. Y las pruebas demostrarán que estos hombres se dedicaron al chantaje, concretamente, cometieron robos, extorsiones y fraude acerca de las horas extraordinarias... Lo que estos acusados hicieron en su base fue abusar de la confianza depositada en ellos como agentes de policía, como oficiales de categoría superior asignados a unidades de élite, para enriquecerse.

»Los agentes del Grupo Especial de Rastreo de Armas no se convirtieron en delincuentes a raíz de unirse a esta división —continuó Wise—, sino que ya eran una unidad de inspectores que delinquían... Eran, en pocas palabras, policías y ladrones al mismo tiempo».

El abogado de Hersl, William Purpura, intentó una estrategia de defensa novedosa: admitió que Hersl robó dinero, pero argumentó que el hecho de que un agente se llevara dinero en efectivo durante una detención constituía un delito de hurto, no un robo, y por tanto no podía considerarse un delito federal de extorsión.[4] Como agente de la ley, argumentó, Hersl estaba autorizado a confiscar dinero si creía que había una causa probable, y cualquier dinero que se embolsara después era un hurto al departamento de policía. Wise y Hines, «las Torres Gemelas de la justicia», exageraron los cargos contra los agentes en conspiración, acusó.

El posterior testimonio de los agentes que cooperaron reveló públicamente, y por primera vez, la gravedad de la conducta indebida llevada a cabo por la unidad. Aparte de los robos, comentaron los perfiles de delincuencia en términos racistas y hablaron de las detenciones a sospechosos sin una orden judicial; era su pan de cada día. Explicaron que el fraude en las horas extraordinarias estaba muy extendido, y Ward señaló a un alto mando de Asuntos Internos que, antes de entrar en ese destino, mientras trabajaba en la división de paisano, fue el primer oficial al que oyó emplear el concepto de «fumarse jornadas».[5] Los agentes utilizaban ese término cuando recibían remuneración fuera de los registros por un día en que no trabajaban como recompensa por conseguir un arma.

En un momento del juicio, arrastraron dos bolsas de lona hasta el centro de la sala y Hines empezó a sacar objetos: una contenía ropa y guantes negros, y una máscara.[6] La otra estaba llena de herramientas. Habían encontrado ambas durante el registro de la furgoneta de Jenkins. El inspector Evodio Hendrix, que antes se había declarado culpable de extorsión, testificó que Jenkins había contado a sus agentes que «tenía todas esas cosas por si se encontraba con un "monstruo" o con un gran golpe».

«¿Y qué era un "monstruo"? —preguntó Hines—. ¿Qué entendió usted que significaba?».

«Alguien con mucho dinero o drogas», contestó Hendrix.

Cuando Stepp subió al estrado, Hines mostró capturas de pantalla de su historial de pedidos en Amazon, que demostraban que había sido él quien había comprado las herramientas y otros equipos contenidos en las bolsas de lona.[7]

Stepp declaró que había cometido numerosos allanamientos por orden de Jenkins, incluido uno en el que participó otro agente de policía del condado de Baltimore no identificado. Contó que en una ocasión se había reunido con un proveedor de estupefacientes dominicano en el club de *striptease* Scores, y que Jenkins le había ofrecido a unos agentes de policía para que se encargaran de su seguridad privada. Stepp explicó que Jenkins y él habían seguido una vez a Kenneth «Kenny Bird» Jackson, propietario de un club de *striptease* famoso por sus presuntos vínculos con el mundo de la droga, que habían entrado en su Acura plateado en un aparcamiento del club nocturno *Sam's* y le habían robado entre doce mil y diecinueve mil dólares.

«¿Usted… usted… robó en el coche de Kenny Bird Jackson?», preguntó Purpura incrédulo.

«No me gustaría ofender a Kenny Bird Jackson ni a ninguno de los demás, pero no tenía ni idea de quiénes eran», respondió Stepp.

Curiosamente, los fiscales también hicieron comparecer a las víctimas de los delitos del Grupo Especial de Rastreo de Armas, traficantes de drogas que normalmente habrían tenido un juicio a la inversa, en el que la policía testificase como acusación. Protegidos con inmunidad admitieron haber traficado con drogas y después explicaron a los miembros del jurado sus encuentros con el grupo especial. Oreese Stevenson, que expresó con franqueza que no le gustaba estar allí, contó a los miembros del jurado que tenía en su poder bastante más droga de la que los agentes del Grupo Especial de Rastreo de Armas habían presentado como prueba.[8]

Hines llamó a declarar a un hombre llamado Shawn Whiting, quien afirmaba que Ward y Taylor le habían robado dinero en efectivo y drogas en 2014, y le preguntó por qué no presentó una queja cuando se le acusó de tener una cantidad menor de drogas de la que sabía con certeza que tenía.[9]

«Señor Whiting, ¿por qué no se quejó de los estupefacientes desaparecidos?», preguntó Hines.

«¿Qué *pringao* va a declarar que tiene aún más droga?», respondió Whiting.

De forma irónica, Whiting se quejó en vano por el dinero que le robaron a Asuntos Internos y al Departamento de Justicia.

A Ronald Hamilton, al que habían asaltado cuando salía de un Home Depot con su esposa, se le mostró el reloj Rolex que había recuperado el equipo de buceo del FBI en el arroyo situado detrás de la casa de Stepp.

«¿Es esta la primera vez que lo ve desde el 22 de marzo de 2016?», preguntó Wise.

«Sí».

La defensa acribilló a preguntas a Hamilton sobre si era o no un traficante de drogas en activo.[10] Insistió en que ganaba dinero apostando en juegos de azar y vendiendo coches, pero un libro de contabilidad del casino mostraba ganancias y pérdidas mínimas bajo su nombre, y su propio historial de ventas de coches, sencillamente, no cuadraba. Cuando el abogado de Taylor le preguntó cómo podía permitirse una casa tan bonita, Hamilton estalló.

«Esto ha destruido a toda mi puta familia —gritó. Se disculpó ante el juez, pero continuó—: Esto ha destruido a toda mi familia. Ahora mismo estoy en trámites de divorcio por culpa de esta mierda. Esto ha destruido a toda mi puñetera familia, tío. Estás aquí sentado haciéndome preguntas sobre una puta casa, ¡joder! Mi mujer se queda en la mierda del Walmart todas las putas noches hasta que llego a casa. Si querías saber eso, pues ya lo tienes. ¡Joder! Ahí está el problema, tío. Han destruido la vida de todo el mundo. Mi casa no tiene nada que ver con esto».

Rayam también se derrumbó en el estrado cuando los miembros del jurado escucharon una conversación telefónica intervenida, en la que se oían las voces de los hijos de sus hijos de fondo en la llamada.[11] Volvió a emocionarse de nuevo cuando los fiscales reprodujeron el audio de la noche de agosto en la que él y los demás agentes persiguieron a un sospechoso que luego estrelló su coche contra un vehículo que circulaba en sentido contrario.

«Fue horrible. Fue horrible, de verdad. Fue... fue horrible —se lamentó Rayam acerca del accidente—. Yo solo quería volver para ver cómo estaban, y quería regresar porque podíamos meternos en problemas por eso. Quiero decir que aunque estaba haciendo muchas cosas ilegales, llegó un punto en el que ya era demasiado».

Hines preguntó por qué ninguno de los agentes se detuvo a ayudar.

«Porque fuimos unos imbéciles. No lo sé. No lo hicimos, y ya está... Fue bastante horrible. Y... y podríamos haber sido cualquiera —continuó, dirigiéndose al jurado—. Podría haber sido cualquiera de ustedes, o mi madre, o mi padre. Y no nos detuvimos».

Gondo fue el último de los agentes que cooperaron en declarar.[12] En el careo, los abogados de la defensa sacaron detalles de las sesiones de ofrecimiento de pruebas de Gondo. Este declaró que su compañero Rayam —compañero durante mucho tiempo— le había confesado que su tercer tiroteo en 2009, en el que murió Shawn Cannady, de treinta años, había sido injustificado y encubierto. El vehículo de Cannady no había golpeado la pierna del compañero de Rayam tal como se informó en aquel momento, sostuvo Gondo que le había dicho.

«A la mierda, no quería perseguirlo», manifestó Rayam, según Gondo.

Declaró que el actual subcomisario, Dean Palmere, había aconsejado a Rayam sobre lo que debía decir a los investigadores. Palmere negó la acusación mientras anunciaba su jubilación a mitad del juicio.[13]

Uno de los abogados defensores de Taylor preguntó a Gondo sobre los comentarios que había hecho al FBI acerca de robar dinero mucho tiempo antes de entrar en el Grupo Especial de Rastreo de Armas.[14]

«¿Antes comenzó a hablar usted de cómo empezó a aceptar dinero hará unos diez años, cuando aún estaba en la División de Impacto de Delitos Violentos?».

«Correcto».

«De acuerdo. ¿Y eran usted, el inspector Suiter, Ward, Ivery y Tariq Edwards…?».

Suiter.

«Así es», respondió Gondo.

«Y así cinco o seis agentes, cogían dinero y se lo repartían entre ustedes, ¿no?».

«Correcto».

Habían surgido dudas sobre el papel de Suiter en el incidente de la colocación de estupefacientes de Umar Burley, y entonces uno de los testigos estrella del gobierno lo acusó directamente de robar dinero. Algunos pensaban que las pruebas sugerían que Suiter pudo haberse quitado la vida, pero, dado que los federales afirmaban que no era un objetivo en la investigación de Burley, no quedaba claro de qué podría haber tenido miedo. En ese momento las acusaciones de Gondo plantearon la posibilidad de que Suiter hubiera tenido algo más que ocultar: ¿Podría haber temido que los fiscales comenzaran a investigarle por robar dinero?

Sin embargo, el juicio no incluía a Sean Suiter y esta acusación no se investigó más a fondo.

La familia de Suiter contestó a la acusación: «Sean nunca hizo nada malo en su vida. La gente dice de todo, así que no me paro a oír lo que dicen».[15]

Los fiscales llamaron al inspector James Kostoplis como último testigo.[16] Habló de la noche en que Jenkins y Hersl lo llevaron a dar una vuelta y le preguntaron cuál era su opinión acerca de robar dinero a los traficantes de drogas. «Todo juicio es una representación teatral de la moralidad», explicó Wise más tarde, y Kostoplis ilustró para el jurado el camino que no habían seguido los agentes corruptos.

«En algún punto en la carrera de estos dos hombres... ambos tuvieron exactamente la misma oportunidad de elegir hacer lo correcto —expuso Hines al jurado en su alegato final—. Y si James Kostoplis, de veintiséis años, pudo enfrentarse a Wayne Jenkins y a Daniel Hersl, veterano con diecisiete años de experiencia a sus espaldas, entonces estos dos hombres seguramente podrían haber elegido lo mismo. Pero no lo hicieron».

El juicio había acabado con lo poco que quedaba de la credibilidad del Departamento de Policía de Baltimore. No se trataba de un incidente aislado y controvertido, ni de un caso concreto de un policía corrupto: la opinión pública oyó a los propios agentes, que se habían agrupado en una unidad de élite bien considerada, admitir una serie de conductas indebidas generalizadas, y comprobar que ninguno de los sistemas diseñados específicamente para detener este tipo de conductas pudo frenarlas durante muchos años.

El jurado estuvo deliberando durante unas doce horas a lo largo de dos días. Cuando se informó de que había llegado a un veredicto, los asistentes entraron, y sacaron a Hersl y Taylor del calabozo. Taylor se reclinó en su silla, mientras Hersl, con las manos juntas agarradas enfrente de la cara, miró a su familia y emitió un profundo suspiro. Wise y Hines se pusieron en pie juntos. «Acéptalo como venga», le susurró Wise a Hines; estaba animándolo para que se sintiera orgulloso de su esfuerzo, con independencia del resultado.[17]

Los miembros del jurado eran en su mayoría blancos y mujeres, pero habían elegido como presidente al único joven negro entre todos ellos. Podría tratarse de un gesto simbólico, teniendo en cuenta las víctimas a las que había acosado la brigada policial.

Cuando el juez anunció los cargos —culpable de extorsión, conspiración y robo—, Hersl bajó la cabeza. Los asistentes no tuvieron ninguna reacción en particular. La agente especial Jensen, sentada en una mesa detrás de los fiscales, se sentía confundida. A pesar de que habían logrado el resultado deseado, no estaba de humor para celebraciones. «Todo había sido tan desastroso que no me sentí contenta para nada —confesó—.[18] Era todo un poco triste».

Por el contrario, aquellas personas acosadas durante años por los agentes por fin podían respirar tranquilas. Alex Hilton, de treinta y ocho años, asistió al juicio, pues afirmaba que Hersl le había detenido en varias ocasiones unos años antes. Declaró sentirse aliviado: «Cada vez que veo un coche de policía o el coche de un "mamporrero", miro a ver si él está dentro. No puedo quitármelo de la cabeza».

En el exterior del tribunal, Wise y Hines se reunieron con el fiscal federal en funciones, quien afirmó a los periodistas que la investigación sobre corrupción en el Departamento de Policía de Baltimore seguía su curso.

Después de las increíbles revelaciones surgidas en el juicio, el nuevo comisario de policía, Darryl De Sousa, declaró que estaba planeando crear una unidad anticorrupción para investigar todas las denuncias presentadas a raíz del escándalo del Grupo Especial de Rastreo de Armas. «Vamos a dejar una cosa clara: tengo TOLERANCIA CERO con la corrupción», afirmó De Sousa en un comunicado.[19] Al mismo tiempo, como respuesta a la delincuencia proponía reinstaurar las unidades de paisano, aquellas que supusieron durante años una fuente de casos de corrupción y denuncias. De Sousa era un veterano con treinta años de experiencia, y la institución de la policía había contado siempre con este tipo de unidades.

A mediados de febrero, De Sousa explicó que también iba a nombrar un tribunal de expertos externos para revisar el caso de la muerte de Suiter. Aunque la oficina del médico forense del estado seguía clasificándolo oficialmente como homicidio, cada vez eran más las voces que aseguraban que Suiter probablemente se había quitado la vida.

«Vayan adonde les lleven las pruebas», explicó De Sousa al tribunal de expertos en su primera reunión en la jefatura de policía.

No obstante, no tuvo la oportunidad de supervisar el fin de la investigación.

Ward había contado a los investigadores federales que Jenkins había parado una vez a una mujer conocida de De Sousa y la había pillado con drogas, y que la había dejado marchar tras una llamada telefónica con De Sousa. Y fue el propio De Sousa quien había firmado la anulación del expediente disciplinario de Jenkins en 2015.

Los investigadores federales habían estado investigando a De Sousa y descubrieron que llevaba años defraudando en los impuestos. Wise y Hines presentaron cargos federales en mayo. Al principio, los dirigentes municipales intentaron apoyarlo, pero al final presionaron para que dimitiera y acabó en la cárcel tras declararse culpable de fraude fiscal. Por segunda vez en cuatro meses, el departamento de policía que tantos problemas había acumulado tenía que buscar un nuevo jefe.

Capítulo 22

Posibilidades y probabilidades

Dado que se acercaba el final de su carrera de cuarenta y seis años en las fuerzas del orden, el inspector Gary T. Childs había planeado hacer un viaje de siete semanas al Gran Cañón con su mujer, y luego regresar e invertir más tiempo en su granja de pavos. Había fundado la granja años antes pensando en esta ocasión: la llamó «Granja Dunlawin», para cuando «dejara de ser poli» (en inglés: *done law-ing*).

Durante veintidós años había perseguido a asesinos y estupefacientes como inspector del Departamento de Policía de Baltimore, y había pasado los últimos veintiún años en el cuerpo del condado de Baltimore. En total, había participado en la investigación de más de seiscientos homicidios.

Un caso había destacado por encima de todos para él. El compañero y amigo de Childs, Marcellus «Marty» Ward, trabajaba de incógnito el 3 de diciembre de 1984, haciéndose pasar por un traficante de drogas de Filadelfia y participando en un trato con heroína. Llevaba un micrófono para grabar las interacciones y estaba sentado en un apartamento del tercer piso, encima de una tienda llamada Kandy Kitchen, en el suroeste de Baltimore. Había hecho dos compras al por menor en reuniones anteriores, y, esta vez, las autoridades planeaban entrar para detenerlo. Cuando el equipo de detención llegó al primer piso, el objetivo, Lascell Simmons, de veintiséis años, se asustó y disparó a Ward. El micrófono del cuerpo grabó en detalle toda la situación: los estruendosos golpes de la Magnum

.357 de Simmons, los aullidos de dolor de Ward y la urgencia de Childs por ayudar a su compañero. «¡Marty, Marty, Marty! Marty, ¿dónde estás?», gritaba. Desde un pasillo fuera de la habitación donde Ward agonizaba, Childs instó a Simmons a que se rindiera. «¡Aquí tienes mi placa! —dijo Childs, arrojando su cartera dentro de la habitación—. Ahora: tira el arma, baja y, como ese hombre muera, ¡juro que te mato!».

El caso cambió la forma en que la Policía de Baltimore gestionaba las compras de droga encubiertas: comenzaron a ser más selectivos en ese tipo de operaciones, y esperaban que esa rigurosidad tuviera a su vez más peso ante los jueces.[1] Las cosas siguieron como estaban hasta mediados de la década del dos mil, cuando el modelo policial neoyorquino, que se basaba en presionar particularmente las zonas de venta de estupefacientes, se replicó en Baltimore. En consecuencia, miles de casos leves colapsaron los tribunales y, lógicamente, tuvieron menos peso.

Para Childs, los efectos más duraderos fueron los personales. Ward y Childs se conocieron a mediados de la década de los setenta: Ward trabajaba como agente de paisano y ayudó a Childs en un enfrentamiento con un hombre que intentaba arrebatarle el arma. Más tarde trabajarían en una brigada de estupefacientes y, después, en un grupo especial de la DEA. Se hicieron muy amigos fuera de las horas de trabajo, y sus hijos jugaban juntos. Childs se entristeció por su muerte. «Yo estaba allí, lo oí todo y no pude hacer nada. Fue tan rápido, tan repentino… lo que creíamos que era una investigación rutinaria. No hicimos nada que no hubiéramos hecho ya cientos de veces», manifestó en una entrevista en 1985.[2] A día de hoy, hablar de la muerte de Ward hace que Childs se derrumbe.[3] «Hay momentos —comenta Childs—, en los que se me viene encima. Eso es lo que me da fuerzas para resolver casos».

Por aquel entonces, Childs formaba parte del equipo reunido para revisar la investigación de la muerte de Sean Suiter.

En Baltimore existían precedentes de tribunales externos que revisaban casos policiales controvertidos: se habían utilizado para investigar el tiroteo de «fuego amigo» de 2011 que había sucedido fuera de un club nocturno del centro de la ciudad, y en el que falleció el agente William H. Torbit júnior, y asimismo para la muerte en 2013 de Tyrone West, un hombre que perdió la vida en un enfrentamiento con la policía tras un control de tráfico. Pero las revisiones de esos casos se habían iniciado después de que los fiscales ya se hubieran negado a presentar cargos penales. Por el contrario, a este tribunal iba a solicitársele que revisara lo que técnicamente era una investigación de homicidio abierta y pendiente, cuyos detalles suelen mantenerse normalmente en secreto.

La Junta de Revisión Independiente (IRB) iba a estar presidida por un especialista afincado en Virginia, James «Chips» Stewart, antiguo director del Instituto Nacional de Justicia, el sector dedicado a la investigación dentro del Departamento de Justicia de Estados Unidos. Había dirigido juntas anteriormente en los casos de Tyrone West y Torbit. También formaban parte del tribunal un superintendente jubilado de la Policía del Estado de Nueva Jersey y un jefe de inspectores jubilado de la Fiscalía del distrito del condado de Rockland (Nueva York). Aparte de Childs, otro inspector de homicidios jubilado de la ciudad, Marvin Sydnor, fue elegido para formar parte del tribunal.

Se establecieron unas reglas básicas para el tribunal: se les pidió que no volvieran a investigar el caso, sino que examinaran el trabajo ya realizado por la unidad de homicidios. No obstante, Childs tenía la esperanza de que la participación de todos ellos pudiera generar nuevas pistas; pudiera ser que alguien se hubiera mostrado reacio a llamar al departamento de policía de la ciudad, y que ahora estuviera más dispuesto a ayudar a un equipo externo. Aunque las hipótesis habían cambiado y muchos dirigentes consideraban entonces la muerte de Suiter como un probable suicidio, Childs estaba más que abierto a la posibilidad de que Suiter hubiera sido asesinado. De modo que, ya que estaba catalogado como un caso de asesinato, Childs quería resolverlo.

«Para mí, eso sería como ganar la Super Bowl: si pudiéramos conseguir pruebas suficientes y que "Homicidios" pudiera detener a un tipo por este asesinato», confesó Childs.

Childs, de sesenta y nueve años, recibió el expediente de la investigación en un disco duro. Empezó a revisarlo durante su viaje al Gran Cañón después de jubilarse, y luego lo estudió con detenimiento en el despacho de su casa, situada en una comunidad rural al norte de Baltimore.

Primero se interesó por el caso sin resolver del triple homicidio de Bennett Place que Suiter había estado investigando. Tal vez Suiter hubiera estado a punto de encerrar a un sospechoso, pensó Childs, o su investigación había enfurecido a alguien que lo quería muerto.

A medida que leía el expediente, le asaltaron las dudas. El triple asesinato había ocurrido en diciembre de 2016. Se supone que los inspectores introducen «notas de evolución» en el sistema informático para detallar el progreso en el caso. Childs se sorprendió al descubrir que el último informe de progreso notable de Suiter para el caso se había presentado a finales del mismo mes del asesinato. En septiembre se realizó una búsqueda de testigos no identificados, y otra más el día antes de que dispararan a Suiter. Algunos agentes declararon que Suiter había revelado que buscaba a una prostituta llamada «Mary», que seguramente podría tener información sobre el caso, pero en las notas no se menciona a esa persona. Al mismo tiempo, existía una pista prometedora que, de acuerdo a Childs, Suiter había pasado por alto: el laboratorio de criminalística le informó de que se había detenido a una persona que llevaba el arma utilizada en el triple asesinato, pero Suiter no había tomado nota de la información ni había hecho ningún seguimiento de ella.

Childs se centró en las pruebas materiales: la aparente ausencia de ADN de otra persona en el cuerpo de Suiter y el hecho de que pareciera que se hubiera disparado con su propia arma eran preocupantes. Pensó en el caso de Marty Ward. «No se puede mantener una lucha a vida o muerte como la que escuché durante los diez segundos con Marty, y no dejar algún

ADN identificable en algo —sostuvo Childs—. Suiter no tenía más lesiones: ni heridas en las manos, ni heridas de defensa, ni lesiones por caerse de cara».

Los movimientos de Suiter justo antes del tiroteo fueron captados por una cámara de vigilancia situada en el extremo opuesto de la manzana y, aunque las imágenes de la grabación eran difíciles de distinguir, parecían mostrarle de pie detrás de una furgoneta aparcada en la entrada del descampado. Childs supuso que, si Suiter se estaba escondiendo de un sospechoso en el solar, debería haberse colocado en el lado opuesto de la furgoneta, utilizándola como escudo. Pero en lugar de eso, se encontraba en la parte trasera del vehículo, exponiéndose potencialmente a la otra persona.

Childs realizó pruebas para cuestionar algunas afirmaciones y suposiciones: disparó un arma en un campo de tiro para comprobar si el humo del disparo pudiera haber permanecido un tiempo sobre el cuerpo de Suiter como Bomenka había declarado (y así fue). Si alguien hubiera pasado corriendo después de los disparos, como sugería la prueba, la nube probablemente se hubiera disipado. El jefe del laboratorio criminalístico ayudó a investigar cuál podría haber sido la causa para que el ADN de Suiter se introdujera en el cañón de su pistola, y si la explosión de una bala disparada pudiera haberlo eliminado (no hubiera podido). El forense estudió teorías sobre la trayectoria utilizando sondas introducidas en la cabeza de un maniquí. Los disparos adicionales que Bomenka declaró haber oído podrían atribuirse a un «efecto cañón» del eco, debido a los edificios circundantes, afirmó el tribunal.

Las últimas palabras conocidas de Suiter, «¡alto, policía!», tampoco le cuadraron a Childs. «No vas a ponerte a gritar: "¡Alto, alto, policía!". Vas a gritar: "¡No te acerques, joder!" o "Dave, Dave" [a Bomenka]. O bien, nada —explicó—. Eso es lo que gritas cuando estás persiguiendo a alguien, no cuando estás en medio de un enfrentamiento».

De acuerdo a los hallazgos del tribunal, existía también una prueba que se había pasado por alto: las salpicaduras de sangre de Suiter encontradas en el interior del puño de la manga derecha de su camisa, que concuerdan con el retroceso del arma de Suiter, puesto que la mano derecha se encontraba cerca de su cabeza y con la manga abierta cuando se efectuó el disparo.

No pudo haber un atacante, concluyeron Childs y el tribunal, basándose en las pruebas materiales.

Childs supuso que, cuando Suiter le hizo señas con la mano a Bomenka, intentaba indicarle que se alejara del descampado y lo perdiera de vista. Pero Bomenka lo interpretó como un gesto para que se acercara a él, lo que significaba que la oportunidad que tenía Suiter se estaba esfumando. Childs cree que Suiter entró al descampado, se tiró al suelo y disparó dos veces al aire, con la esperanza de que Bomenka se pusiera a cubierto o al menos se detuviera. «Suiter lo ve por el rabillo del ojo y sabe que tiene solo unos segundos», explicó Childs. «Dispara dos veces para frenarlo. Cuando eres un agente de policía, en el momento en que se producen disparos, tu instinto es ponerte a cubierto: no vas a oír los disparos y asomar la cabeza enseguida. Dispara dos tiros, hace dudar a Bomenka unos segundos y luego, con el mismo movimiento, se dispara a sí mismo», mientras se encontraba en decúbito prono.

¿Y por qué involucró a Bomenka?

«Sabía que necesitaba un testigo», dijo Childs.

Para Childs y el resto de la Junta de Revisión Independiente, el inminente interrogatorio de Suiter solicitado por la Fiscalía Federal no era un asunto sin importancia, y proporcionaba un motivo razonable que respaldaba las pruebas materiales. Childs recordaba que se puso como un manojo de nervios después de que Asuntos Internos lo interrogara una vez al principio de su carrera. ¿Por qué había elegido Suiter precisamente ese día para volver a ocuparse del caso del triple homicidio, después de haberlo dejado inactivo por meses? «Si yo supiera que tengo que acudir al fiscal federal debido a una acusación por la que podría acabar en la cárcel, no me pondría a buscar a «Mary» y seguir un caso del que no me he ocupado en un año», sostiene Childs.

A través de sus interrogatorios, la Junta de Revisión Independiente supo que Suiter solo se había reunido una vez con el FBI, el 24 de octubre. No había hecho declaraciones, había solicitado un abogado y había preguntado a los agentes si podía llegar a perder su trabajo. Aunque la junta no preguntó al abogado de Suiter, Jeremy Eldridge, puesto que este mantenía el secreto profesional, tuvo acceso a los mensajes de texto que se enviaron entre sí desde el teléfono de Suiter, y que arrojaron algo de luz sobre sus conversaciones.

El día anterior al tiroteo intercambiaron mensajes para concertar una reunión.[4] Entonces, el día del tiroteo, a las cuatro y un minuto de la tarde, media hora antes de que le dispararan, Suiter recibió una llamada de Eldridge. Bomenka dijo que recordaba que Suiter había atendido una llamada, y que había explicado al interlocutor que no podía hablar. Después había rechazado dos llamadas posteriores de Eldridge.

Gondo había declarado en el juicio del Grupo Especial de Rastreo de Armas que había robado dinero nueve años antes, cuando trabajaba con un grupo de agentes entre los que se encontraba Suiter. Existían otros indicadores de una relación entre ellos, y también, quizá, de un intento de ocultar esta relación: un análisis del teléfono de Suiter demostró que había borrado a Gondo y Ward de los contactos de su agenda.[5] También había borrado setenta y cinco mensajes y 313 entradas del registro de llamadas. Se desconoce cuántas de ellas, si es que había habido alguna, habían sido conversaciones con Gondo o Ward. Pero su teléfono aún mantenía registros de contacto con Gondo en marzo de 2016. La junta también recibió una carta cuyo breve resumen se introdujo en el informe, enviada por Hersl desde la cárcel, que hablaba de un encuentro que había tenido con Suiter y Gondo justo antes de que los agentes fueran detenidos. Hersl relataba que Gondo «desaparecía bastante, se pasaba por la unidad de homicidios y se quedaba un rato con el inspector Suiter; y este, en ocasiones, se pasaba por la quinta planta para recoger a Gondo, para que los dos se fueran de la oficina también *[sic]* para tener una charla en privado, desapareciendo a veces hasta veinte o treinta minutos».[6]

En agosto de 2018, la junta de revisión emitió sus conclusiones.

«La Junta concluye que, basándose en la totalidad de las pruebas, el inspector Suiter se quitó la vida intencionadamente con su arma reglamentaria», reza el informe.[7]

«Suiter tenía varios motivos para fingir que su muerte no había sido un suicidio, si es que realmente había decidido quitarse la vida», añadió el tribunal. Señalaron que el conjunto de prestaciones del Departamento de Policía de Baltimore a disposición de la familia de un agente de policía muerto en acto de servicio es mucho más lucrativo que el de un agente que se ha quitado la vida, y que el Departamento de Justicia proporciona fondos a las familias de los agentes de las fuerzas del orden caídos en servicio.

«No sabemos en qué estado mental se encontraba el inspector Suiter el 15 de noviembre de 2017 —concluyó el tribunal—. Pero sí sabemos que amaba a su familia y su familia lo amaba a él, y que dejó muchos amigos. También sabemos que soportaba más estrés del que la mayoría de nosotros soportamos: ser un agente del Departamento de Policía de Baltimore es muy estresante, incluso en las mejores circunstancias, y el departamento no se encontraba precisamente en las mejores circunstancias. El inspector tenía que testificar al día siguiente ante un gran jurado federal que investigaba el que ha sido, probablemente, el peor escándalo de la historia del Departamento de Policía de Baltimore. Le habían ofrecido una oferta de inmunidad limitada, al menos, en lo referente a las acusaciones de colocación de pruebas en el caso de Umar Burley. No obstante, si Gondo y otros agentes han declarado la verdad a la Policía Federal, el inspector Suiter se enfrentaba a una difícil elección: podía testificar la verdad y estar protegido por la inmunidad federal, mas, sin embargo, al reconocer de este modo una conducta personal indebida mientras trabajaba para la institución de la policía, probablemente su carrera acabaría. Una admisión así constituiría un motivo de despido, y también podría surgir la amenaza de un proceso penal estatal. De hecho, cuando los agentes del FBI se acercaron a Suiter aproximadamente un mes antes, este preguntó si podría perder su trabajo. Como alternativa, Suiter podría haber negado una conducta indebida ante el gran jurado. Sin embargo, eso podría exponerlo a cargos federales si el gran jurado y los fiscales concluyeran que no había dicho la verdad. El inspector Sean Suiter pasó la última hora de su vida ignorando las llamadas y los mensajes de su abogado. En su lugar, condujo repetidamente por Bennett Place, aparentemente en busca de una misteriosa «Mary», y tal vez de otro sospechoso misterioso, pero, tal como sugirió el inspector Bomenka, «quizá no había nada». El inspector Suiter tenía una reunión a las cinco de la tarde para prepararse para afrontar su difícil decisión ante el gran jurado.

»El tiempo se agotaba. Las búsquedas fútiles de Suiter fueron quizá una señal de desesperación silenciosa previa a una decisión final trágica».

Un día después de la publicación del informe de la Junta de Revisión Independiente, Nicole Suiter acudió al bufete de abogados que tenía en el centro Eldridge, amigo y abogado de su marido.[8]

Nicole no había hecho ninguna declaración pública después de la muerte de su marido. Creyó que cuando saliera del hospital esa primera noche ya se habría detenido a un sospechoso, considerando la seriedad con la que se solían investigar los tiroteos contra agentes de policía. Y guardó silencio cuando empezó a surgir información sobre su testimonio ante el gran jurado, y cuando la investigación empezó a descartar la búsqueda de un asesino. Cada vez que se publicaba una noticia sobre el caso, echaba un vistazo a la sección de comentarios, donde, según ella, la mayoría de los autores afirmaban que su muerte formaba parte de una conspiración. Aun así, esperaba que una nueva investigación pudiera descartar las teorías del Departamento de Policía de Baltimore y encontrar algo nuevo en el expediente del caso.

En ese momento, decidió romper su silencio leyendo una declaración preparada para la prensa.

«Soy consciente de que la ciudadanía ha esperado con paciencia a que la esposa del inspector Sean Suiter hablara, pero, hasta ahora, no he tenido fuerzas para hacerlo —comenzó—. No voy a seguir permitiendo que nadie ensucie el nombre de mi marido y arruine su memoria con estas falsas acusaciones de suicidio… Sostengo las mismas hipótesis y pensamientos que la mayoría de la comunidad, esto es, que mi marido no se suicidó.

»No hago esta declaración porque sea una viuda desconsolada; la hago porque soy una persona informada que ha evaluado todas las pruebas que me han mostrado, y con la seguridad de que hay muchas pruebas que no me han enseñado… Basándome en el hecho de que nadie conocía a mi marido mejor que yo, no voy a aceptar la prematura muerte de Sean como otra cosa que no sea un asesinato, un asesinato encubierto por razones desconocidas para mí o para nuestra familia.

»Lo que la comunidad no sabe —continuó— es que pude hablar con mi marido menos de una hora antes de su asesinato. Sean estaba de muy buen humor, [y] con espíritu alegre; bromeamos un rato sobre un vídeo de él que yo había grabado en el que salía bailando. Quién me iba a decir que esa sería la última vez que iba a hablar con mi marido».

«Mi marido era un hombre íntegro —declaró Nicole más tarde en una entrevista—.[9] Si hubiera cometido un delito o hecho algo malo, lo habría tomado como un hombre y se habría enfrentado a ello… Mi marido no era en absoluto cobarde».

¿Qué le había contado Suiter a ella sobre su futura declaración?

«Me enteré al mismo tiempo que el resto de la gente», confesó Nicole Suiter.

Racionalizó esa omisión significativa argumentando que Suiter comparecía a menudo ante los tribunales como parte de su trabajo y que, dado que no tenía nada de lo que preocuparse, el caso no resultaba lo bastante importante como para que lo mencionase.

Aunque Suiter no había comunicado ni a sus compañeros de trabajo, ni siquiera a su esposa, la declaración pendiente, su abogado Jeremy Eldridge y él habían hablado largo y tendido sobre el tema. Eldridge sigue convencido de que Suiter no se suicidó.

«En ningún momento, nunca, estuve preocupado por él, ¡joder! —comentó Eldridge—.[10] No iban a acusarlo a él de ningún modo; nunca fue una situación que me preocupara, nunca estuvo implicado en ninguno de esos robos».

Pero su versión de los hechos plantea otras cuestiones.

Ambos se habían conocido unos años antes, cuando Eldridge era un joven fiscal y Suiter un policía de estupefacientes. Eldridge se convirtió en abogado defensor y Suiter ascendió a homicidios; eran amigos en Facebook y competían juntos en una liga *«fantasy»* de fútbol, pero no se veían mucho en persona.

A finales de octubre de 2017, Suiter se puso en contacto con él tras reunirse brevemente con el FBI. Según contó Suiter, Sieracki le había informado de que los investigadores tenían una denuncia sobre un incidente de colocación de pruebas sobre el que querían interrogarlo.[11] Suiter se sintió incómodo y preguntó si debería buscar un abogado. «¿Crees que lo necesitas?», respondió Sieracki. Fue en esa misma reunión cuando Suiter preguntó si iba a perder su trabajo.

Eldridge aceptó representarlo de forma gratuita y comenzó a hablar con Wise, el fiscal federal, para evaluar la situación. Eldridge afirmó que Wise le había dicho que Suiter no era sospechoso en el caso de colocación de pruebas que estaban investigando, y que otros testigos lo habían exculpado. Pero Wise se negó a comunicarle a Eldridge el caso concreto sobre el que querían hablar con Suiter. A Eldridge no le gustó la evasiva. «Era como un niño que no quiere compartir sus juguetes», dijo.[12] Cuando se dio cuenta de que se trataba del caso Burley, pidió documentos relacionados con el caso, pero Wise se negó de nuevo.

«Quiero que Sean me proporcione una perspectiva sin contaminar —explicó Wise, según Eldridge—.[13] Quiero asegurarme de que no tiene recuerdos inventados, porque sabemos con certeza que Wayne escribió la declaración de causa probable, y creemos que mintió al respecto».

De todos modos, Eldridge trató de conseguir los documentos, preguntando repetidas veces a Suiter si podía localizarlos.[14] «Tenía la obligación moral de hacer mi trabajo, que era averiguar qué estaba pasando y asegurarme de que mi cliente estaba preparado para responder a las preguntas», explicó. «Los federales lo sabían todo, pero no querían compartir nada; pregunté innumerables veces. No puedo expresar lo incómodo que me hicieron sentir».

Suiter parecía hacer caso omiso de las frecuentes peticiones de Eldridge sobre la declaración de causa probable del caso Burley.[15] «Estaba obsesionado con conseguir ese informe. Le insistía: "Puedes conseguirlo, puedes conseguirlo". Él decía: "Mmm… Puedo intentarlo", pero luego se olvidaba. No creo que no se lo tomara en serio, pero tampoco le quitaba el sueño esta mierda».

Eldridge trató de adelantarse a los federales.[16] Suiter no sabía nada de la colocación de drogas, pero ¿qué más podrían preguntarle los federales? Eldridge había asistido a sesiones de ofrecimiento de pruebas en las que las cosas se torcían porque a los clientes les hacían preguntas que no se esperaban. Recordaba haberle dicho a Suiter: «"No seamos ingenuos. Si te has enterado de que Wayne ha robado dinero, tienes que decírselo". Él dijo algo así: "Bueno, algo he oído". Yo le dije: "Más te vale contarles todo lo que has oído"». Suiter también le dijo a Eldridge que otros agentes, incluidos los supervisores, le habían recomendado que se alejara de Jenkins, y Eldridge lo avisó de que estuviera preparado para explicar por qué.

En sus conversaciones, Suiter hizo muchas preguntas.[17] Había testificado muchas veces ante los tribunales, pero esta vez era diferente. El caso del Grupo Especial de Rastreo de Armas era el primero, al menos en algún tiempo, en que la corrupción policial se tomaba en serio, y todavía seguía en curso. «Muchas de nuestras conversaciones no tenían nada que ver con que él hubiera hecho algo ilegal. Eran del estilo: "¿Qué pasará si tengo que declarar? ¿Cómo va a ser mi vida, me va a odiar todo el mundo? ¿Voy a seguir trabajando? Jeremy, no los han pillado a todos…"».

Eldridge admitió que había «frito» a Suiter con preguntas sobre si tenía conocimiento o no de que se estaban colocando estupefacientes, incluso después de que se hubiera cometido un delito. Suiter insistió en que no sabía nada. Wise le concedió inmunidad por testificar, y Eldridge sostuvo que no le preocupaba la posible culpabilidad penal de Suiter.

Tras enterarse del tiroteo, Eldridge pasó la noche en su despacho del centro sin dormir.[18] A la mañana siguiente, fue a visitar a Wise y Hines y les instó a que se implicaran en la investigación de la muerte de su cliente. «Quiero saber una cosa: ¿por qué está la Policía Local en esto? Era vuestro testigo, ¡joder!», recuerda haber dicho.

«Estaban conmocionados. Esa es la verdad —dijo acerca de Wise y Hines—.[19] Pero, por cuestiones políticas, después de aquello, en una semana estaban diciendo: "No era nuestro testigo, ni siquiera llegó a venir aquí". Así que parece ser que, como lo mataron, piensan: "No somos responsables de él"; pero a mí siempre me ha parecido una excusa».

Discutieron sobre la petición de informes que hizo Eldridge a Suiter sobre el accidente de Burley, y Wise le dijo en un momento dado: «Bueno, Jeremy: quizá, si le pediste que fuera a pillar algo controvertido, ¿has hecho tú que lo mataran?».[20]

Wise y Hines explicaron más adelante que las autoridades federales no se habían hecho cargo del caso porque afirmaban que no veían ningún nexo posible entre el tiroteo y su próxima testificación.[21] Los miembros del Grupo Especial de Rastreo de Armas «estaban todos encerrados —explicó Wise—. No existía en absoluto una lista alternativa de agentes a los que estuviéramos a punto de acusar y de la que Suiter tuviera la prueba clave. No había nada así. Se trataba de un caso histórico de colocación de pruebas, y el objetivo principal era Jenkins, que ya estaba encerrado… Gondo nos dio toda una lista de nombres [de agentes implicados en conducta indebida], y también Rayam y Ward. ¿Cuál podría haber sido el motivo para matar a este hombre? En ese momento, cuatro de los siete estaban entre rejas: esos cuatro no lo pudieron matar. Los tipos que lo implicaron [a Suiter] no van a matarlo. Ya están acabados».

Además, siempre se había barajado la posibilidad de que Suiter se hubiera quitado la vida, y los fiscales afirmaban que los informes posteriores de la investigación de la junta independiente no daban motivos para creer lo contrario.

«Dado que él [Suiter] era un testigo federal, por supuesto que preguntamos si había habido alguna evidencia de un agresor, pero se insistió repetidas veces en que no había evidencia alguna de una segunda arma», explicó Hines.

Eldridge consiguió convencer a los agentes federales para que registraran el coche de Suiter antes de que llegara el Departamento de Policía de Baltimore.[22] Eldridge creía que Suiter podría haber guardado documentos para la reunión en su coche privado y, en esos instantes justo después del suceso, quería comprobar si los documentos seguían allí o si quizá se los habían robado. El FBI confiscó y registró el coche sin avisar a la policía de la ciudad, pero no encontró nada.[23] Eldridge no llegó a ninguna conclusión en particular al respecto, aunque al menos parecía plantear la pregunta de si acaso Suiter no se había preparado para la reunión porque no pensaba acudir.

Eldridge arremetió contra las afirmaciones de la Junta de Revisión Independiente sobre el estado mental de Suiter antes del tiroteo. Cualquiera que hubiera interactuado con él en sus últimos días y horas, insiste Eldridge, habría considerado que la descripción de la Junta de Revisión Independiente era totalmente errónea.[24] El abogado recuerda su última llamada telefónica, poco antes del tiroteo, cuando Suiter le dijo: «Oye, J, estoy terminando una cosa. Estaré allí cuando termine».

«No puedo olvidar esa frase», confesó Eldridge.

El abogado aseguró que la Junta de Revisión Independiente también se había equivocado en un detalle que podría ser la clave del asunto: el tribunal afirmaba que Suiter había elegido a Bomenka para que le acompañase a Bennett Place esa noche porque era un inspector *júnior* que podía servir de testigo. Pero en realidad fue Bomenka quien eligió a Suiter para que le acompañara, porque estaba siguiendo uno de sus propios casos. Un fiscal de homicidios había pedido a la policía que localizara a una testigo de un caso pendiente que había estaba dudando sobre su testificación. Se había decidido que Bomenka podría intentar convencerla para que siguiera adelante. «La única persona que se ofreció a ir con Dave fue Sean —declaró un agente de la ley—. Si [la brigada que ayuda a localizar a gente] hubieran sido capaces de arrastrarla al estrado, ellos no habrían ido allí en absoluto». Y si se trataba de un trabajo de Bomenka, sugiere Eldridge, entonces resulta aún menos probable que Suiter hubiera tramado esa situación para llevar a cabo su plan.

A pesar de sus dudas, Eldridge no cree que Suiter fuera asesinado como parte de una conspiración para silenciarlo. Los cuatro agentes que se declararon culpables y cooperaron contra Jenkins ya habían proporcionado munición de sobra a los federales. «No se estaba "puteando" a nadie, aparte del tío que ya estaba en la cárcel, y al que todos los demás estaban "puteando" también —argumentó Eldridge, refiriéndose a Jenkins—. Así que eso no tiene ningún puto sentido».

¿Y si hubiera más secretos enterrados, secretos que solo conocieran los oficiales implicados en la corrupción?

«Entonces eso plantea la pregunta ¿quién lo sabía, quién tenía miedo?; y Sean: ¿sabía algo de alguien y estaba asustado, y por eso esa persona tenía un motivo para matarlo? Pero todo eso son solo suposiciones».

En el careo del juicio al Grupo Especial de Rastreo de Armas, Gondo declaró que había aceptado dinero de Suiter, una afirmación explosiva que quedó en el aire una vez finalizado el juicio. Pero él, al igual que otros agentes de la brigada, tenían más cosas que confesar en las sesiones a puerta cerrada con los fiscales, meses antes del tiroteo, y que nunca se hicieron públicas.

Una de las cosas que salió de la boca de Gondo a finales de marzo de 2017 fue que la primera vez que recordaba haber robado dinero había sido con Suiter, y el incidente le había llamado la atención.[25] Había sido la primera orden de registro de Gondo: se trataba de una narcocasa en Druid Park Drive, y habían encontrado setecientos dólares y algunos botes de droga. Después del registro, relató, Suiter, Ivery y él fueron al aparcamiento del Western District, donde se repartieron el dinero. Gondo no lanzó acusaciones contra todos aquellos con los que había trabajado; de hecho, excluyó explícitamente a otros dos agentes de estar implicados, asegurando que uno de ellos era un tipo honrado que nunca aceptaba dinero y que no se había fiado del otro.

Pero mantuvo que Suiter, al que se refirió como un «mentor para mí», estaba implicado.

Gondo continuó diciendo que Suiter le había contado que, en 2010, cuando estaba en la brigada de delitos graves con Jenkins, «pillaban dinero con cada parada», y pidió un traslado por esta razón. En cuanto al caso Burley, Gondo sostuvo que Suiter sabía que se habían colocado drogas y estaba «asustado» de que hubiera ocurrido algo así.

Rayam, en una sesión de ofrecimiento de pruebas en abril de 2017, también acusó a Suiter de robar, y aseguró a los investigadores que Jenkins había dicho a Rayam que Suiter y él «pillaban dinero constantemente».[26]

Jenkins, por su parte, insistía en que no fue él quien colocó la droga en el coche de Burley, aunque se declaró culpable por ayudar a encubrirlo.[27] Nunca identificó públicamente a la persona que, según él, había sido responsable. Sin embargo, confesó a los federales que había sido Suiter.

Estas declaraciones se realizaron mucho antes de que lo abatieran, y los federales guardaron la información en secreto hasta que pudieran necesitarla. Cuando los fiscales federales revelaron a Eldridge y al comisario Davis que Suiter no era un «objetivo» de la investigación, era muy posible que se debiera a que, en ese momento, estaban centrados en acabar con Jenkins.

Maurice Ward, uno de los inspectores del Grupo Especial de Rastreo de Armas que se declaró culpable y cooperó con la investigación acerca de la extorsión, respondió en favor de Suiter y cuestionó el testimonio de Gondo de que todos robaban dinero juntos como falso. «Sigo sin entender por qué Gondo contó que todos cogíamos cosas juntos a menudo, porque no es cierto. Yo nunca hice nada con Suiter ni con [su supervisor Kenneth] Ivery», protestó Ward.[28] Pero Ward también había dicho que nunca había robado manifiestamente con Gondo, lo que señalaba que la corrupción de los agentes no era tan flagrante como parecía. «Oí hablar de cosas en las que estaba implicado; probablemente él oyó lo mismo de mí, pero nunca hicimos nada así juntos».

Cabe destacar que nadie más de la brigada de la que Gondo afirmaba haber recibido dinero a finales de la década del 2000 fue acusado por los federales a raíz de las acusaciones de Gondo. Si las acusaciones eran ciertas y Suiter se suicidó por miedo a ir a la cárcel, esos temores podrían no haberse hecho realidad si hubiera aguantado un poco más.

La teoría de que Suiter se había quitado la vida se fue imponiendo poco a poco de manera unánime dentro del departamento, pero Eldridge seguía oponiéndose a la investigación, que todos los implicados estaban deseando abandonar cada vez más, según él veía. Entonces se topó con lo que le pareció una sugerente pista que había sido descartada por la policía y que la Junta de Revisión Independiente nunca había visto: en diciembre de 2017, un mes después de que a Suiter le dispararan, un antiguo miembro de la banda «Black Guerrilla Family» que se había convertido en informante, Donte Pauling, se sentó para un interrogatorio con los inspectores y proporcionó información sobre una serie de delitos. Pauling contó a la policía que la noche en la que a Suiter le dispararon, él se encontraba en la puerta de un bar a unas manzanas de Bennett Place cuando llegó su primo, alterado.[29] El primo le había dicho que una persona que conocía acababa de disparar a alguien que había aparecido de repente «en su alijo [de droga]».

«Cuando me contó la historia, no nos dimos cuenta de que hablaba de un poli hasta que toda la movida salió en las noticias», explicó Pauling a los inspectores.

Los fiscales federales ya habían utilizado la información de Pauling sobre otros casos en un juicio contra una banda de delincuentes muy conocida. Pauling dio a los inspectores el nombre de su primo, pero afirmó no conocer el nombre del supuesto sospechoso que disparó.

Cuando las imágenes del interrogatorio de Pauling con la policía aparecieron en las noticias, el departamento de policía se vio obligado a responder: explicó que había considerado que la información de Pauling no resultaba creíble.[30] Pero se negaron a explicar por qué.

La historia llamó la atención del fiscal auxiliar Patrick Seidel, que consideró que la policía debía haber seguido esta pista.[31] Seidel envió a unos inspectores para localizar al hombre de la historia de Pauling: en aquel momento se encontraba en el Medio Oeste, y los inspectores lo entrevistaron y recogieron una muestra de ADN. De improviso, parecía que el caso estaba cobrando un nuevo impulso.

Desde la muerte de Suiter dos años antes, cuatro comisarios habían pasado por el departamento. A principios de 2019, el veterano de Nueva Orleans, Michael Harrison, tomaba el timón del departamento. Harrison no tenía interés en el caso, aunque sí estaba deseando poder pasar página. De modo que hizo que la Policía Estatal de Maryland realizara una segunda investigación externa. Después de que se completara sin plantear conclusiones significativas, anunció a finales de 2019 que el caso de Suiter estaba cerrado. La fiscal del Estado Marilyn Mosby, sin embargo, declaró a los periodistas que su oficina consideraba que el caso de Suiter estaba aún «abierto y activo». Entretanto, las preguntas relacionadas con el chivatazo de Pauling se estaban agotando, por lo que Harrison tuvo que dar marcha atrás. No obstante, la policía y los fiscales se negaron a hablar del caso en los meses siguientes. Las fuentes revelaron que las pistas se habían topado con un muro.

El jefe médico forense del estado recibió la información de que el tiroteo había sido en realidad, con toda probabilidad, un suicidio, y decidió no revisar el dictamen. El doctor David Fowler declaró que Suiter había recibido formación sobre los análisis de las heridas de contacto. «En mi opinión, si buscaba fingir un homicidio, era demasiado listo como para ponerse directamente la pistola en la cabeza», explicó Fowler tras su jubilación a finales de 2019. [32] Al mismo tiempo, reconoció que la relación entre Suiter y los investigadores resultaba un problema. «Seguramente no es lo más apropiado que una institución policial investigue la muerte de uno de los suyos, especialmente si se trata de un inspector de homicidios», admitió Fowler.

Otros creen que aún quedaban dudas razonables para pensar que alguien pudo mantener un breve forcejeo con Suiter y le disparara, o provocara que Suiter se disparara por accidente, sin que nada de ello quedara recogido en las pruebas materiales.

Un compañero de Suiter, el veterano inspector de homicidios Jonathan Jones, se encuentra entre aquellos que creen firmemente que Suiter fue asesinado. [33] Aunque él nunca le habló de su testimonio ante el gran jurado acerca del Grupo Especial de Rastreo de Armas, Jones recuerda con nitidez que su compañero se encontraba muy animado el día de su muerte. Considera que si Suiter hubiera querido quitarse la vida y asegurarse de que su familia recibiera las prestaciones por ejecución del deber, simplemente podría haber dado un volantazo con el coche en la carretera de camino a casa. «¿Por qué iba a molestarse en organizar todo un escenario en el que todo tenía que ejecutarse a la perfección?», argumentó Jones, que defiende enérgicamente a Bomenka de las teorías conspiratorias sobre su implicación. Por otra parte, también se pregunta si Bomenka pudo haber quedado consternado tras ver que habían disparado a Suiter, de modo que hubiera pasado por alto otras observaciones. «Esto no es la tele; en la vida real, se tarda una fracción de segundo [en disparar a alguien] —explicó Jones, que lleva trece años investigando homicidios—. Si te centras demasiado en tu compañero que está en el suelo, alguien podría colocarse justo a tu lado y no te enterarías».

En el segundo aniversario del tiroteo, los familiares de Suiter y Eldridge organizaron una protesta frente al ayuntamiento. «Sean Suiter fue asesinado. ¡Resuelvan el caso!», rezaba un cartel. Otro decía: «¿Cuántas veces más vais a matar a mi padre?».

Eldridge continúa presionando a los investigadores para que sigan con las pesquisas. «Solemos bromear en casa acerca de que soy "el que lo encuentra". Encuentro cosas: encuentro las llaves de mi mujer; encuentro todo lo que los demás pierden. Por eso soy tan bueno en este puñetero trabajo. Por eso era tan bueno como fiscal, por eso soy bueno como abogado defensor. Mi hija ve a veces la foto de Sean en la tele, y me dice que ese era mi amigo, el que se murió… ¿quién lo mató? "No lo sé". Y me dice: "¿Y no puedes encontrarlo? Papá, ¡si tú eres 'el que lo encuentra!'"… No entiendo por qué todavía me preocupa todo esto… debo de ser de los pocos que quedan».³⁴

Childs, por su parte, confesó que algunos miembros del departamento lo han hecho sentirse mal por las conclusiones a las que llegó. «Miren, he investigado más de ciento veinticinco suicidios en mi carrera. Muchos familiares no quieren creer que su hijo o su hija se ha suicidado y no acudió antes a ellos para pedirles ayuda… Lo entiendo, lo comprendo. No resulta algo agradable de asimilar —explicó Childs—. Pero me pidieron que investigara [el caso Suiter] y querían la verdad. Y es lo que es. Las pruebas son contundentes al respecto».

La muerte de Sean Suiter está clasificada oficialmente como un homicidio sin resolver.

Capítulo 23

El abismo te devuelve la mirada

El 8 de junio de 2018, Wayne Jenkins estaba ante la jueza del Tribunal Federal del Distrito, Catherine C. Blake, esperando su sentencia por los cargos de extorsión, aparte de otros de los que se había declarado culpable. Había permanecido detenido sin fianza desde su arresto quince meses antes, moviéndose entre al menos cuatro centros penitenciarios de Maryland y Virginia. Jenkins llevaba un mono marrón rojizo con el cuello en forma de V; bajó la mirada cuando lo condujeron a la sala del tribunal. Se sentó en la mesa de la defensa y miró al frente. En la sala había un par de filas en las gradas ocupadas por miembros de su familia, pero les devolvió la mirada, con un destello de emoción cruzándole la cara, solo por unos segundos. Su abogado, Steve Levin, le ofreció un paquete de pañuelos de papel.

Antes de la vista, la familia y los amigos de Jenkins habían enviado al juez varias cartas pidiendo clemencia, en las que afirmaban que había sido un buen policía y un buen padre que se había equivocado. En una de ellas, su madre utilizó el mismo término que su hijo empleaba para referirse a las víctimas de sus robos más sustanciosos. Escribió: «Le prometo que no es un "monstruo"».

El tribunal permitió que dos familiares de Elbert Davis, el hombre fallecido en el accidente de Umar Burley, hicieran declaraciones sobre el impacto de sus acciones en las víctimas.

«Nos hemos quedado sin un padre con quien compartir nuestras vidas. Echamos de menos a nuestro padre. Ya no tenemos ocasiones especiales: los cumpleaños, las vacaciones que pasábamos con mi padre —se lamentó Shirley Johnson, una de las hijas de Davis—. Y descubrir, siete años después, que el agente Jenkins estuvo implicado en el accidente que acabó con la vida de mi padre, que no es más que un delincuente corriente con su grupo de operaciones especiales. Porque mi padre estaría vivo hoy si no hubiera sido por sus acciones de aquel día. Ha destrozado a toda nuestra familia. No volveremos a ser como antes».

El fiscal federal adjunto Wise sostuvo que la conducta criminal indebida de Jenkins había sido de una magnitud «impresionante». «Personas a las que se debería haber detenido por cargos de delitos de estupefacientes fueron liberadas porque Jenkins robó las drogas —expuso Wise a Blake—. Y presentaron descripciones falsas de las circunstancias de los arrestos de las personas a las que acusaron, que se entregaron a los jueces de nuestra ciudad y a nuestros tribunales estatales e incluso a nuestros tribunales federales».

Como sargento, acusó Wise, Jenkins debería haber desempeñado un papel clave en la observación y denuncia de la conducta policial indebida, y no en su propiciación. «Si un sargento es corrupto, no hay solución; no existen apenas modos de establecer un sistema que pueda evitarlo —dijo—. No hay forma de imaginarnos, de cara al futuro, cómo podremos enfrentarnos a este problema de nuevo si no utilizamos ahora métodos disuasorios, si no enviamos un contundente mensaje disuasorio a raíz de esta sentencia y de las sentencias de estos otros acusados».

Las condiciones de la declaración de culpabilidad de Jenkins demandaban una condena de entre veinte y treinta años. Las directrices para la imposición de penas establecían veinticuatro años. Wise y Hines pidieron a Blake que impusiera la máxima pena.

Levin esperaba convencer a Blake para que impusiera a su cliente la pena de veinte años.

«Señoría, en el libro de Gene Fowler, *Good Night, Sweet Prince,* John Barrymore decía las siguientes palabras: "Un hombre se hace viejo cuando los remordimientos sustituyen a los sueños". Aunque no ha cumplido aún los cuarenta años, Wayne Jenkins está tan lleno de remordimientos que ya es un anciano —acusó Levin—. Wayne Jenkins sabe que ha defraudado a su comunidad, a sus seres queridos y a sí mismo. Y por todo ello, señoría, está atormentado por el remordimiento.

»Cuando era un niño en Maryland, Wayne Jenkins tenía muchos sueños. Soñaba con ser, como su padre, un hombre bueno y decente, un hombre que Wayne Jenkins me ha descrito a mí, y a otros, como su mejor amigo. Soñaba con defender a los acosadores, y defender a otros de los acosadores, algo que quedó claro en las cartas que escribió a su señoría cuando era joven. Soñaba con servir en el Cuerpo de Marines de los Estados Unidos, como su padre. Y sirvió, y se licenció con honores, como reflejan los registros, sus condecoraciones y su certificado de baja, algunos de los cuales se han compartido con su señoría.

»También tenía sueños personales, algunos de los cuales se hicieron realidad. El señor Jenkins se casó con su novia del instituto, con la que sigue casado a día de hoy. Soñaba con tener una familia grande y cariñosa, con estar presente y participar en sus vidas. Tal y como sabe, como ha oído, señoría, tenga por seguro que los cumplió.

»Pero esos sueños se han acabado. Esos sueños ya no existen.

»Todos ellos han sido sustituidos por el dolor, por la pena que brota de su corazón. Y no me refiero al dolor físico que ha sufrido durante su detención. Me referiré a eso un poco más adelante, su señoría. Me refiero al dolor causado por el arrepentimiento que mantiene a Wayne Jenkins despierto por las noches, que hubiera deseado ahora haber actuado de otra manera. Esto es lo que hace que las lágrimas broten de sus ojos: saber que actuó de una manera en la que no debería haber actuado. Es lo que hace que su corazón se rompa cuando recuerda su conducta».

Jenkins había permanecido recluido en la misma cárcel del norte de Virginia en la que pronto iba a ser encerrado el líder de una banda de «*Bloods*» de Baltimore, que había denunciado años antes a Jenkins por colocar una pistola con el fin de acusarlo. Levin afirmó que Jenkins había sido atacado y herido gravemente por un compañero de celda que se enteró de que había sido un agente de policía, y advirtió a los funcionarios de prisiones de que se avecinaba un ataque contra él en vano, explicó Levin. Se le olvidó mencionar que, mientras había estado recluido en el Centro de Detención del Condado de Allegany a finales de 2017, Jenkins había instigado dos peleas. Los registros demuestran que Jenkins intentó darle un cabezazo a otro recluso cuando ambos discutían sobre lo que quería poner cada uno en la televisión, y que propició el cierre de las instalaciones dos meses más tarde cuando propinó puñetazos a un recluso en la cabeza durante un juego de cartas.

«En resumen —continuó Levin—, el señor Jenkins cumplirá una condena mucho más dura que otros reclusos. Su condena probablemente acarreará aislamiento por largos periodos, mayores niveles de miedo y ansiedad, y una separación casi total de su familia. Por lo que su sueño ahora es que todavía le quede algún resquicio de vida después de una condena de veinte años…

»No son gran cosa, en cuanto a sueños, y, desde luego, son muy diferentes de los que tuvo en mente cuando era más joven. Pero son algo a lo que aferrarse».

Blake preguntó entonces a Jenkins si deseaba dirigirse al tribunal. Se levantó y se dio la vuelta para dirigirse primero a los familiares de Davis.

«A los Davis, que perdieron a sus seres queridos: de todo corazón, me gustaría poder volver atrás en el tiempo, a ese día, y no parar ese vehículo. En el Hospital de la Universidad de Maryland, me senté y sostuve la mano de esa mujer durante más de una hora en la cama. La tomé de la mano durante más de una hora, a la pasajera del vehículo».

La familia de Davis aseguró después que no lo recordaba allí. Guinn mantuvo que fue él mismo quien estuvo junto a la cama del hospital agarrándole la mano a Phosa Cain.[1]

En cuanto a Burley, que no acudió a la sala ese día, Jenkins siguió manteniendo que él no había colocado las drogas, pero que sabía que alguien sí y no lo había declarado: «No lo confesé después de enterarme. Debería haberlo hecho y no lo hice.

»He manchado mi placa... He cometido muchos errores, Señoría. Durante toda mi vida, siempre me he disculpado cuando he cometido un error, pero no entonces... Una disculpa no sirve en este caso. Nunca nada me ha dolido tanto como ver a mis hijos a través de un cristal y no poder tocarlos cuando lloraban. Tengo un hijo de un año y medio que ni siquiera conozco. Y cuando entra en la sala para verme, ni se me acerca».

Jenkins sollozaba y de vez en cuando aumentaba el tono de voz mientras intentaba seguir hablando.

«Señora Davis, sobre su padre: siento mucho por lo que está pasando, porque mi padre es mi mejor amigo. Quiero a mi padre más que a la vida misma; mamá, a ti también. Ojalá nunca hubiera parado ese vehículo. No puedo volver atrás. Me entregué en cuerpo y alma a mi trabajo durante muchos años.

»Y, señoría, he estado solo casi todo este año y medio porque no puedo estar con gente en la cárcel, obviamente... Pero, insisto: es culpa mía. Sé que es mi culpa, porque yo lo hice. Y merezco ser castigado. Merezco ir a la cárcel».

Confesó que había recurrido a la Biblia mientras estaba en la cárcel, que la había leído treinta y una veces, en busca de perdón. Se volvió hacia su mujer. «Kristy —se disculpó—, lo siento mucho. Te mereces algo mejor que yo.

»Lo siento mucho, señoría. Quiero disculparme ante los ciudadanos de Baltimore. Señor Umar Burley... Dios me perdone. Desearía haberlo soltado todo cuando descubrí que colocaron las drogas. Debería haberlo soltado, y no lo hice. Lo siento mucho, su señoría».

Blake afirmó que creía que Jenkins estaba realmente arrepentido, pero que «el mensaje debe ser claro: los agentes que incumplan sus juramentos por robo y fraude serán perseguidos; serán castigados justamente por esa conducta», afirmó.

Le impuso una condena de veinticinco años.

Jenkins se encogió con vergüenza cuando los alguaciles le colocaron las esposas en las muñecas, y no se volvió cuando lo sacaron por la parte trasera de la sala. En unas pocas semanas, lo enviaron al oeste, a una prisión de alta seguridad en el desierto de Arizona, mientras que en su ciudad natal los fiscales seguían anulando las condenas impuestas en muchas de las detenciones que había realizado.

Capítulo 24

Hay que estar aquí

Los delitos de los miembros del Grupo Especial de Rastreo de Armas fueron tan importantes, tan repetidos durante un largo periodo de tiempo, que parecía imposible que los supervisores y los mandos no hubieran tenido conocimiento de ellos. Sin embargo, los investigadores federales no pudieron encontrar pruebas de connivencia de los altos mandos con respecto a los delitos de los agentes. Una supervisión deficiente, sin duda. Es probable que se fomentara tácitamente el incumplimiento de las normas. Pero ¿robos, tráfico de drogas y colocación de pruebas? Ninguno de los agentes que cooperaron indicaron que algún supervisor tuviera conocimiento concreto de estos hechos. Tal como dijo Leo Wise acerca de mantener la investigación de los federales en secreto: «La mejor manera de guardar un secreto es guardando el secreto».

Sin embargo, dentro de la institución, al menos algunos mandos debían de haber sabido lo que ocurría, aunque no conocieran los detalles, dado que habían trabajado también patrullando las calles. El mal comportamiento, aparentemente, se transmitía de generación en generación. «Date cuenta —me explicó el abogado jubilado Richard C. B. Woods, que había investigado a Jenkins dos veces hacia 2010— de que estos policías a los que han juzgado son solo la punta del iceberg del problema que ha existido en la Policía de Baltimore durante décadas. Estos policías no han aprendido a hacer trampas ellos solitos. Alguien les ha tenido que enseñar».[1]

Una vez que el Grupo Especial de Rastreo de Armas estuvo entre rejas, los investigadores federales continuaron indagando sobre el antiguo mentor de Jenkins, Keith Gladstone, que también tenía a su alrededor un remolino de acusaciones por conducta indebida que se remontaban a años atrás.

Gladstone se había jubilado pocas semanas después de la detención de los miembros del Grupo Especial de Rastreo de Armas.[2] Había trabajado en algunas de las unidades de élite de estupefacientes de la policía, así como en grupos especiales federales de estupefacientes durante la mayor parte de su carrera, que se remontaba hasta la década de los noventa. Y se había enfrentado durante años a acusaciones por conducta indebida. Pero nunca se enfrentó a cargos penales, hasta que decidió ayudar a Jenkins en el caso de Demetric Simon en 2014; fue su relación con él la que le llevó a enfrentarse a la ley.

En 2014, Jenkins atropelló a Simon con su coche, después de que este hubiera huido de él. Simon no iba armado, pero en el lugar de los hechos se recuperó una pistola de aire comprimido. Después de detener a los miembros del Grupo Especial de Rastreo de Armas, las autoridades federales encontraron pistolas de aire comprimido en algunos de sus coches, y los agentes que cooperaron contaron que Jenkins les había sugerido que llevaran ese tipo de armas para colocarlas en el lugar de los hechos en caso de que se metieran en problemas. El caso Simon tenía todas las características de un caso de colocación de pruebas falsas.

Más o menos al mismo tiempo que Jenkins se declaraba culpable, Gladstone organizó una reunión con uno de los agentes que trabajaba a sus órdenes, Carmine Vignola, según averiguaron luego los investigadores.[3] Los agentes utilizaron los teléfonos móviles de sus esposas para evitar que los descubrieran, y se reunieron en la piscina de un centro deportivo YMCA cercano a la casa de Gladstone, en Pensilvania, para asegurarse de que ninguno de los dos grababa al otro.

«¿Hay algo que te preocupe ahora? Ya sabes, desde que arrestaron a Wayne… ¿Te preocupa algo?», preguntó Vignola a Gladstone, según los fiscales.

Gladstone aseguró que no, excepto por el incidente de Demetric Simon. Vignola también conocía el caso: se trataba del agente que estaba comiendo con Gladstone cuando Jenkins llamó, y además Vignola había ido al lugar de los hechos con él. Allí en la piscina, Gladstone le pidió a Vignola que si los federales lo interrogaban, les dijera que había acudido al lugar de la detención solo para «evaluar el lugar de los hechos» y proteger a un tercer agente que estaba implicado.

Su pequeña conspiración no cambió nada: a Gladstone lo acusaron el 27 de febrero de 2019 de privar a Simon de sus derechos civiles y de manipulación de testigos. Gladstone aceptó cooperar y se declaró culpable.

Mientras esperaba la sentencia, Gladstone se sentó para declarar en una demanda civil en junio de 2019 y aseguró que nunca había mantenido una relación tan cercana con Jenkins. Entonces, ¿por qué arriesgó su carrera para colocar la pistola de aire comprimido en 2014?

«Creo que tiene que ver con mi personalidad —explicó este—. ¿Sabe?, yo no venía de un hogar demasiado bueno. Cuando vivía en mi casa, tenía hermanos y estábamos muy unidos, y así fue como salimos adelante: con mis hermanos. Me fui de allí y entré en el ejército: camaradería de nuevo. Entré en el departamento de policía: camaradería. Y sencillamente, ¿sabes?, te vas metiendo en estas situaciones, y esta persona siempre está ahí, apoyándote, y, bueno, ¿quién cuida de ellos? Nadie. Así que me llamó y me pidió ayuda. Lo hice, y tiré todo por la borda para hacerlo porque pensé que él lo hubiera hecho por mí».

«¿Le consideraba como a un hermano?», preguntó el abogado.

«Considero como un hermano prácticamente a todos los policías con los que trabajo. Y tal vez lo habría hecho igual por otras cien personas —respondió Gladstone—. Tenía dos familias, y me parece que puse a una de ellas muy por encima de la otra. Y ahora la otra lo está pagando».

A Vignola lo acusaron de mentir al gran jurado federal sobre el incidente de la pistola de aire comprimido. Aunque Wise y Hines le habían concedido inmunidad, Vignola declaró a los miembros del gran jurado que no había visto aquello que Gladstone sacó del maletero de su coche aquella noche, y que habían ido directamente a reunirse con Jenkins en el lugar de los hechos. Pero eso no era cierto: los agentes habían ido primero a casa de un tercer agente de la brigada, Robert Hankard, para recoger la pistola de aire comprimido, según admitió luego Vignola. Hankard también fue acusado de mentir al gran jurado sobre el incidente.

Wise comentó más tarde que, a pesar de todo lo que había visto a lo largo de cuatro años de investigar las fechorías de los agentes de policía de Baltimore, no podía creer que dos agentes a los que se había ofrecido inmunidad hubieran ido a la sala del gran jurado y hubieran mentido.[4] Este hecho provocó que la acusación de Gladstone contuviera información falsa. Fue la primera vez que Wise tenía constancia de que una cosa así ocurriera en sus quince años de carrera como fiscal. Wise confesó que, para él, ese momento arruinó el «mito» de que la sala del gran jurado federal era un espacio sagrado donde los oficiales encargados de hacer cumplir la ley siempre acudían para decir la verdad. Vignola había contado una historia inventada con todos los detalles: «Sabía cómo manipular a un organismo público», comentó Wise.

Los federales, que indagaron a conciencia en el pasado, obtuvieron nueva información sobre la redada de cuarenta y un kilogramos de cocaína que Jenkins había realizado en 2009 mientras formaba parte de una brigada con Gladstone. En aquel momento se consideró una incautación récord para el departamento.

En realidad, era incluso más grande de lo que pensaban.

Gladstone había transportado los estupefacientes de vuelta a la jefatura de policía en una furgoneta, con un equipo SWAT que suponía que lo ayudó e hizo guardia durante la rueda de prensa del entonces comisario de policía Frederick Bealefeld. Sin embargo, en la furgoneta quedaron tres kilos más de cocaína, no se sabe si por accidente o a propósito. Gladstone y otros dos agentes de esa brigada urdieron un plan para que uno de sus informantes confidenciales la vendiera y les devolviera los beneficios.⁵ El agente cuyo informante vendió la droga se llevó una tajada de veinte mil dólares; otro, que continuó trabajando en casos importantes con la ATF durante todo el culebrón con el Grupo Especial de Rastreo de Armas, recibió diez mil dólares. El delito había prescrito, pero los fiscales lograron acusarlos por mentir a los investigadores federales.

En total, ocho miembros del Grupo Especial de Rastreo de Armas fueron condenados a prisión federal —Jenkins, a veinticinco años; Hersl y Taylor, a dieciocho; Allers, a quince; Rayam, a doce; Gondo, a diez; y Hendrix y Ward a siete—, y otros siete oficiales o exoficiales, incluido el antiguo comisario, fueron acusados de delitos federales.

En comparación, Antonio Shropshire, cuya operación de narcotráfico desencadenó la investigación que frenó a los agentes, recibió veinticinco años.⁶

Los agentes que orbitaban alrededor de estos actos delictivos comenzaron a abandonar el departamento. Michael Fries, que había elegido a dedo a Jenkins para las unidades de paisano al principio de su carrera, y William Knoerlein, que había sido su supervisor mientras el grupo aumentaba a finales de la década del 2000, se retiró. El compañero de Jenkins en 2013 y 2014, Ben Frieman, dimitió a principios de 2019. También lo hizo Clewell, que, a pesar de que nunca había estado implicado en ninguno de los delitos del Grupo Especial de Rastreo de Armas, había sido suspendido y finalmente abandonó el departamento. Thomas Wilson, un veterano con una carrera de veinticuatro años al que Stepp había acusado en el juicio contra el Grupo Especial de Rastreo de Armas de proporcionar servicio de seguridad a una reunión de traficantes de drogas en un club de *striptease*, también se retiró en julio de 2018. Dos antiguos agentes de la ciudad que trabajaban en el condado de Baltimore y que habían sido implicados también abandonaron ese organismo.

La mayoría de los agentes que cooperaron habían declarado no solo que habían mentido y robado, sino que lo habían hecho durante años, sin albergar miedo alguno a que los descubrieran. Lo calificaron como «parte de la mentalidad» del Departamento de Policía de Baltimore. En aquel momento, cualquiera que hubiera trabajado con los agentes condenados también se encontraba bajo sospecha: ¿estaban al corriente de lo que pasaba? ¿Cómo es posible que no lo supieran? ¿Cuántos policías corruptos más había por ahí, actuando impunemente durante años? Matthew Ryckman, un exagente que trabajó con Jenkins en 2013 y 2014 y se convirtió en agente federal en California, contó al FBI los delitos que había cometido con Jenkins.[7] Ryckman nunca fue acusado, lo que plantea la pregunta de cuántos otros evitaron rendir cuentas mediante la cooperación.

Luego tenemos otras repercusiones más generales: ¿cuántas condenas injustas ha habido? ¿Cuántos culpables podrían quedar en libertad porque los agentes contaminaron los casos?

Y todo esto había ocurrido en un momento en el que se suponía que el decreto de consentimiento iba a restablecer la confianza en la policía de la ciudad.

Marilyn Mosby entró en la campaña de reelección tras haberse forjado una imagen de aliada de la comunidad, pero también cargó con las consecuencias de los procesos fallidos por la muerte de Freddie Gray, las tasas récord de homicidios y las acusaciones de que su despacho no había cumplido con su deber para detectar la conducta indebida de los inspectores del Grupo Especial de Rastreo de Armas.[8] A pesar de todo, se impuso al resto de candidatos y obtuvo un cuarenta y nueve por ciento de los votos, mientras que Ivan Bates y un tercer aspirante se repartieron el cincuenta y uno por ciento restante. Su oficina dedicó dos años enteros a revisar los casos de los agentes del Grupo Especial de Rastreo de Armas y de otras personas salpicadas por el escándalo, y anunció que la revisión daría lugar al sobreseimiento o la anulación de más de ochocientas causas penales. Se espera que esa cifra aumente a medida que más agentes se vean implicados. «Algunos de los individuos que han sido condenados son realmente peligrosos —explicó Mosby sobre los casos anulados a raíz del escándalo—.[9] Todo el asunto ha consumido una gran cantidad de recursos. También nos ha arrebatado muchísimo tiempo».

De forma sorprendente, a pesar de las revelaciones de corrupción sistémica y continuada expuestas por el caso, más de dieciocho meses después del juicio al Grupo Especial de Rastreo de Armas, el Departamento de Policía de Baltimore aún no había iniciado un análisis interno de sus circunstancias. Las acciones, o la falta de acción, en muchos agentes y exagentes planteaban problemas que, si bien no constituían por sí mismos delitos federales para los fiscales, exigían, no obstante, algún tipo de sanción interna por su responsabilidad en ellas, con el fin y la esperanza de que no volvieran a ocurrir en el futuro. Al fin y al cabo, la propia investigación federal solo se inició después de que los investigadores de estupefacientes de los suburbios se tropezaran con los delitos de los agentes mientras perseguían a una banda de traficantes de heroína. Casi todos los supervisores directos y mandos que no habían detectado o frenado la conducta indebida, desde los registros indebidos hasta el fraude por las horas extraordinarias, continúan trabajando en el departamento.[10]

El nuevo comisario Michael Harrison, veterano de Nueva Orleans, que había sido contratado en enero de 2019 tras una búsqueda de meses para sustituir a De Sousa, afirmó a una comisión estatal que, a pesar de que los comisarios anteriores habían prometido investigar, la delegación de Baltimore no había realizado todavía ninguna investigación de gran envergadura acerca de las causas que permitieron que la corrupción se enconara allí durante tanto tiempo.[11] Cuando se le pidió una explicación, remitió las razones del fiscal de la ciudad, que había indicado un principal argumento: la posibilidad de que entrañara más demandas civiles contra la policía de la ciudad, cuyo coste se estimaba que podría superar unos millones de dólares por su responsabilidad. Al fin, en los últimos meses de 2019, la ciudad nombró al exinspector general del Departamento de Justicia, Michael Bromwich, para llevar a cabo una investigación independiente.

La ciudad solicitó que se la eximiera del pago de las sentencias judiciales derivadas de la conducta de los agentes, calificando a estos de «delincuentes que resultaron ser, por desgracia, agentes del Departamento de Policía de Baltimore», y cuyas acciones estaban tan «fuera del ámbito de su trabajo» que los contribuyentes no deberían pagar por las consecuencias de sus delitos. A los jueces del Tribunal Superior de Maryland no les convenció el argumento.[12]

«Dada la atrocidad de la conspiración, la duración de la misma, el número de antiguos miembros del Grupo Especial de Rastreo de Armas del departamento que participaron en la conspiración y el reconocimiento del propio departamento de que abundaban los ejemplos de miembros del Grupo Especial de Rastreo de Armas que plantaban pruebas, es razonable concluir que el departamento debería haber tenido conocimiento de la conducta indebida de los antiguos miembros del Grupo Especial de Rastreo de Armas —escribió la jueza Shirley M. Watts en el informe para el tribunal—. La responsabilidad última de la conducta indebida de los agentes recae en las entidades gubernamentales que los emplearon y supervisaron, es decir, la ciudad y el departamento [de policía]».

A principios del verano de 2019, poco después de que Gladstone se declarara culpable, Ryan Guinn se encontraba sentado en el salón de su casa, justo al otro lado de la frontera del condado, en el noreste de Baltimore.[13] Llevaba pantalones de chándal, zapatillas de deporte y una sudadera con capucha, y tenía la serie de televisión *Mad Men* puesta en cola para ver en Netflix. Un *pitbull* viejo y manso dormía en el sofá.

En el comedor había cajas con sus cosas del trabajo.

«Que se fastidien —manifestó Guinn, en referencia al Departamento de Policía de Baltimore—. Me voy».

El FBI había pedido a Guinn que testificara ante un gran jurado federal sobre el caso de la colocación de pistolas de aire comprimido que implicaba a Gladstone; al igual que en el incidente con Burley, Guinn estaba presente en el lugar de los hechos cuando ocurrió. También como en el incidente de Burley, declaró que no había sido consciente de los delitos cometidos, pero, no obstante, pudo ayudar a proporcionar un marco de los agentes que estaban allí y sus movimientos.

Sin embargo, después de que a Gladstone lo acusasen, Guinn se encontró entre el grupo de agentes suspendidos por el comisario Harrison. La sombra de la sospecha se cernía de nuevo sobre aquellos que habían trabajado con los oficiales corruptos. A Guinn también lo habían suspendido inicialmente tras el caso Burley, pero esa suspensión había durado poco: el entonces comisario Davis había recibido garantías de las autoridades federales de que Guinn no había hecho nada malo, y fue readmitido. Y, desde entonces, la prensa había revelado el papel desempeñado por Guinn en la denuncia de Gondo y Rayam, así como en la prestación de asistencia al FBI en las primeras fases del caso Grupo Especial de Rastreo de Armas. Uno de sus antiguos supervisores le propuso para recibir la Medalla de Honor del departamento, la máxima condecoración.

Entonces, la nueva administración del departamento de policía no solo decidió suspender de nuevo a Guinn, sino que le comunicaron que también lo trasladaban de la academia de policía al centro de detención de menores, un destino poco recomendable y un lugar al que normalmente se enviaba a los agentes problemáticos. Un par de meses después de su suspensión, más de dos años después de las detenciones iniciales y más de un año desde el juicio al Grupo Especial de Rastreo de Armas, Guinn fue acusado por Asuntos Internos de haber «dado el chivatazo» a Jenkins de la investigación sobre Gondo.

«Tiene que ser una puta broma», expresó Guinn cuando le informaron de los cargos.

Había hablado con Jenkins sobre Gondo, pero en aquel momento a Jenkins no lo estaban investigando bajo pena de cárcel ni trabajaba con Gondo. Guinn aseguró que Jenkins siempre había hablado de que era un poli corrupto, y había pensado que Jenkins podría ayudar a facilitar información sobre él al FBI.

Nunca le habían gustado Gondo y Rayam. Jenkins tampoco le caía especialmente bien, pero, ante todo, se había sentido defraudado con él por el giro de los acontecimientos.

«Confiaba en él —comentó Guinn—. Igual que mucha gente. Mucha gente valoraba mucho a Wayne, incluido yo. Podía pasarme el día criticando las cosas que hacía mal, en lo referente a sus tácticas, pero, al fin y al cabo, todos creíamos que él era como un "superpoli" muy agresivo: así es como se presentaba a sí mismo. Todo el mundo quería a Wayne.

»La gente puede decir ahora que sabía que era un corrupto, ¡y una mierda! Nadie pensaba que Wayne fuera un corrupto. Y todos los que dicen eso ahora son unos putos mentirosos. Se saltaba pasos en los procedimientos, sí; ¿qué policía no lo hace? Preséntame a un policía que siga todos los pasos de uno en uno y que dé con la tecla correcta en una investigación. ¿Y con la presión a la que estamos sometidos para mantener las cifras?».

Guinn había trabajado en distintos momentos codo con codo, no solo con Jenkins, Gondo y Rayam, sino también con otros muchos policías acusados a lo largo de los años de conducta indebida. ¿Es posible realmente trabajar en ese mundo y no enterarse de nada ilegal?

«No robaron nunca cuando yo estaba presente —insistió—. Sabían que no podían hacerlo. No se fiaban de mí».

«Sé que no hice nada ilegal —continuó—. Arriesgué mi vida testificando, dando información sobre estos tipos. No tenía por qué haberlo hecho. Podía haberme callado como todos los demás policías que sabían que Gondo y Rayam estaban corruptos. Di un paso adelante. Hice lo que tenía que hacer».

Guinn no llegó a aceptar su nuevo destino en el centro de detención de menores. Estuvo de baja médica con ansiedad y depresión, a menudo paralizantes, intentando encontrar el equilibrio adecuado con los medicamentos. Guinn comenzó a anotar sus sueños en un cuaderno como le sugirió su terapeuta. Recordaba uno reciente en el que estaba en casa de sus padres en Nueva Jersey, pero su familia y él estaban viviendo allí. Oía llantos y gritos de niños, y corría hacia el sonido, que le condujo al sótano, donde se encontró con una gran puerta de pino que había construido su padre. La abrió y vio a dos hombres que llevaban sudaderas con capucha. Sus hijos estaban en el suelo, y los encapuchados se dieron la vuelta: eran Gondo y Rayam. Guinn buscaba su pistola, pero no estaba allí.

Esa noche, se despertó presa del pánico y fue a comprobar cómo estaban sus hijos. Ya no deja que sus hijos se sienten en el sofá que está junto a las ventanas delanteras de su casa, y no les permite salir a la calle sin él.

Guinn estaba esperando el momento adecuado para abandonar el cuerpo. Lo reclamaban a corto plazo en Nueva York, para trabajar atendiendo quejas en aseguradoras para la empresa de su suegro. Hizo el examen, y lo clavó: buscaba estar lo más lejos posible de Baltimore, y quinientos kilómetros eran más que suficientes.

Al anochecer de un sábado de otoño de 2019, Umar Burley conducía por una calle arbolada del oeste de Baltimore cuando un coche patrulla de la policía de Baltimore se detuvo detrás de él, con las luces de emergencia parpadeando. Burley sintió una oleada de pánico, pero sabía que era mejor no salir huyendo. Se detuvo enseguida y miró a su alrededor para comprobar si había algún testigo. Se preguntó si el agente sería amigo de Jenkins, y sacó el carné de conducir por la ventanilla mientras el agente se acercaba.

«¿Se encuentra bien, señor?», preguntó el agente, cuya cámara corporal estaba captando el encuentro.

«No, tuve un problema con la policía —dijo Burley—. Soy Umar Burley, el hombre al que [Wayne] Jenkins plantó droga. Así que no me encuentro muy cómodo con los agentes. Me gustaría terminar con esto rápidamente».

El agente le explicó a Burley que se le había fundido una luz de freno. Ya lo habían parado previamente debido a esa luz, y la policía estatal había emitido una orden para remolcarlo. El agente le explicó que le iban a confiscar el coche y le pidió las llaves. Burley buscó a tientas su teléfono para llamar a uno de sus abogados.

«No me fío de usted —espetó Burley al policía—. No me fío de usted».

Desde que había conseguido un coche, la policía de la ciudad lo había parado seis veces.

«Soy un blanco fácil —se lamentó luego—.[14] Es como si me cortaran el paso por todos lados, de modo que al final solo puedo volver a la calle».

Mientras su demanda contra el Departamento de Policía de Baltimore avanzaba en los tribunales, a Burley le contaron que no podría trabajar debido al trastorno de estrés postraumático que padecía y que, incluso si lo hacía, el dinero que ganara tendría que destinarse al proceso civil millonario en su contra del 2014. Al final, en noviembre de 2020, los abogados que representaban a Burley y a Brent Matthews, que iba en el coche con él cuando Jenkins lo detuvo, llegaron a un acuerdo histórico con la ciudad por ocho millones de dólares, más de lo que había recibido la familia de Freddie Gray. Pero Burley no estaba de humor para celebraciones el día que se hizo oficial el acuerdo: «Lo único bueno que le veo es que sigo vivo», manifestó.

James Kostoplis continuaba en el cuerpo: a finales de 2019 fue asignado a una de las unidades de paisano resucitadas, el Grupo Especial de la Avenida Pensilvania, y trabajaba en las calles con zapatillas de deporte, pantalones cargo azul oscuro y una sudadera con capucha. Kostoplis estaba ocupado llevando a cabo una investigación sobre drogas que llevaba en curso más de seis meses y utilizaba un rastreador GPS —legal—, además de otros métodos de vigilancia.

«Espero que una vez que demos con la pista, ya esté hecho. Cerrarán este bloque —afirmó—.[15] Al menos durante un tiempo. Eso creará un vacío y, aunque alguien más intentará entrar, espero que podamos detenerlo antes de que ocurra».

Era un martes lluvioso, y su compañero Joshua Rutzen y él recorrían la zona en busca de objetivos con órdenes de detención pendientes. No habían comenzado el turno pasando ronda con un oficial al mando, ni para recordarles las normas y reglamentos ni para hacerlos saber, en general, que tendrían que rendir cuentas por sus actos. Ya sabían lo que tenían que hacer, aseguraban sus superiores. Rutzen, a quien otros llamaban *«Rain Man»* por su asombrosa capacidad para recordar nombres y caras, sacó la cabeza de su monovolumen Ford, en busca de uno de los objetivos en una concurrida zona de Lexington Market: lo vio de pie frente a una tienda. Salió del vehículo y se acercó al hombre, que no opuso resistencia, y lo introdujo en una furgoneta de detención equipada con una cámara de vídeo orientada hacia atrás, un equipo que habían adoptado después de la muerte de Freddie Gray.

Ambos agentes consultaron varias veces sus teléfonos durante todo el turno: habían presentado su candidatura a sargento y corría la voz de que ese día se iba a difundir la lista de ascensos.

«No veo nada», dijo Kostoplis.

«Creo que eso es bueno —contestó Rutzen—. Creo que solo recibes un correo electrónico si no has entrado en la lista».

Kostoplis había dejado el departamento en 2015 y regresado en 2016, pero se había planteado volver a dejarlo tras su experiencia testificando en el juicio del Grupo Especial de Rastreo de Armas. «¿He vuelto para esto? ¿Para este lío?», recuerda sus pensamientos en el momento en que estaba esperando nervioso, los dos días previos a subir al estrado en el tribunal federal.

Pero desde entonces su determinación se había fortalecido. Ahora cuentan su historia en el curso de ética para alumnos de la academia de policía.

«Dejé el departamento, y las cosas no eran mucho mejores. Aquí hay muchas oportunidades para hacer cosas buenas. Hay mucha gente que necesita ayuda —expresó Kostoplis—. Hay que estar aquí».

La agente especial Erika Jensen dejó la oficina local en Baltimore para comenzar a trabajar en un nuevo destino en la sede central del FBI. Se lamentó de que nunca hubiera podido intervenir el teléfono de Jenkins. Durante su investigación, quedó claro que Jenkins participaba en robos y denuncias falsas, pero Jensen explicó que aquello por sí solo no satisfacía los criterios para pinchar su teléfono. El alcance y la profundidad de su comportamiento no se hizo evidente para ellos hasta después de que los cargos fueran presentados y la gente comenzó a alucinar. El FBI tampoco había encontrado nada en el registro de su domicilio después de la detención. Para los investigadores parecía como si Jenkins, ya fuera por filtraciones o por su propia conciencia, hubiera anticipado el final incluso cuando seguía tramando nuevos delitos.

«A veces, miro hacia atrás y me pregunto si sabía que [su detención] estaba cerca, que el tren iba a descarrilar, y no pudo evitarlo», dijo Jensen.[16]

¿Y qué fue de todo el dinero? Aparte de los robos y la venta de drogas, Jenkins se estaba embolsando ciento setenta mil dólares provenientes de la ciudad de Baltimore entre su sueldo, el pago de horas extra y el trabajo extra fraudulento. Aunque hizo obras en su casa y adquirió algunas casas baratas como propiedades para alquilar, Jenkins nunca se mudó de la pequeña casa estilo rancho que había comprado con su novia del instituto en 2005.[17] Un agente declaró al FBI que Jenkins había dicho en una ocasión que tenía doscientos mil dólares escondidos en algún lugar y que había llegado a acumular hasta quinientos mil.[18] No se ha localizado tal alijo. «Hemos realizado investigaciones para tratar de dar con ello [el dinero] —comentó Jensen—. No quiero hacerme la psicóloga, pero Jenkins tenía problemas para controlar sus impulsos. ¿Pudiera ser que los gastara tan rápido como los había conseguido?».

Wayne Jenkins guardó silenció públicamente hasta tres años después de su condena, a pesar de la avalancha de propuestas de periodistas y cineastas. Al principio, permaneció en una prisión de Arizona, pero lo trasladaron al Correccional Edgefield, de seguridad media, en Carolina del Sur a finales de 2018.

En enero de 2020, un sobre manila aterrizó en mi escritorio. Contenía una pila de papeles y un CD. La nota de la primera página, mecanografiada en una máquina de escribir de la cárcel, decía: «Correo especial», y estaba dirigida a «ciudadanos estadounidenses y medios de comunicación públicos en el extranjero».

«Creo que resultaría interesante que pudiera concederme de algún modo un momento para expresarme, por favor», comenzaba.

Con un lenguaje pomposo y a menudo difícil de descifrar, pensado para sonar como jerga legal, Jenkins trató de poner de relieve una demanda civil que se había presentado recientemente contra él y que había sido desestimada. El demandante, Andre Crowder, había participado en 2018 en una rueda de prensa celebrada por Ivan Bates en la que intervenían personas que aseguraban haber sido víctimas del Grupo Especial de Rastreo de Armas. Crowder contó a los periodistas que había sido detenido por Jenkins a causa de una infracción con el cinturón de seguridad, y que los agentes habían registrado su coche y encontrado un arma.[19] Afirmó que más tarde fueron a su casa y le robaron diez mil dólares. Su hijo de tres años murió mientras estuvo en la cárcel. Su historia había sido un ejemplo especialmente desgarrador del daño infligido por los agentes. En su demanda, Crowder alegó que el arma había sido colocada, pero en el transcurso del litigio, el abogado de Jenkins designado por la ciudad localizó imágenes de las cámaras corporales de la detención que mostraban claramente, de principio a fin, a los agentes encontrando el arma arrojada bajo el vehículo. Grabaron a Crowder asumiendo la propiedad y explicando a los agentes cómo había obtenido el arma.

La detención de Crowder no fue uno de los incidentes imputados en el caso federal de extorsión. La afirmación fraudulenta de este acerca de la colocación de un arma se realizó después de los hechos, entre las acusaciones que se iban acumulando contra los agentes. Difícilmente podía culparse a algunos de los arrestados por intentar equilibrar la balanza tras años de mentiras de la policía.

Pero Jenkins aprovechó la acusación denegada de Crowder para recuperar su reputación: el vídeo de la cámara corporal demostraba que las personas que hacían las denuncias mentían, aseguraba, y que él había hecho un trabajo policial bueno y honesto en todo momento.

Hersl, Taylor y Allers también han seguido manteniendo que los casos contra ellos eran invenciones. Hersl llegó a decir en las cartas enviadas desde una prisión de Misuri que se había encontrado «en una situación a lo "Serpico", siendo un buen policía que trabajaba con malos policías».[20]

«Como agente en acto de servicio, Wayne Earl Jenkins nunca plantó drogas, armas de fuego ni robó dinero a personas ni bajo custodia ni en ningún otro lugar», escribió Jenkins en su carta. El testimonio de Donald Stepp, afirmó, había hundido cualquier esperanza que tuviera de llevar su caso a juicio, mientras que Wise y Hines lo habían «acosado [y] asustado e intimidado a los coacusados y testigos para que se inventaran, mintieran y articularan lo necesario para *segurar* [sic] la condena o presentar su caso. Esta es la razón por la que yo mismo, el inspector Hersl y mi compañera la inspectora Taylor acabamos sin acuerdo de cooperación en la sentencia y con penas de prisión excesivas. ¡Porque nos negamos a mentir sobre los demás!». La esposa de Jenkins, que remitió la carta y el vídeo de la cámara corporal, anunció que Jenkins concedería una entrevista si yo publicaba el material, lo que yo pensaba hacer de cualquier manera. Pero mis intentos por llevar a cabo la entrevista resultaron infructuosos.

A través del sistema de correo electrónico de los reclusos, transmití a Maurice Ward lo que Jenkins me había dicho. «¡Vaya! Wayne sigue haciendo de las suyas, ja, ja», me contestó.

Está previsto oficialmente que Wayne Jenkins sea puesto en libertad en enero de 2039.

Epílogo

Cuando los disturbios por la muerte de Freddie Gray alcanzaron su punto culminante en la primavera de 2015, yo me estaba adentrando en el epicentro de los disturbios en las avenidas Pennsylvania y Norte. Mi instinto de reportero me llevaba allí, pero no estaba seguro de si era seguro. Estas preocupaciones se confirmaron en múltiples ocasiones: la primera vez que intenté abrirme paso hacia el sur por la avenida, un agente de policía me dijo que no podía dejarme pasar por mi propia seguridad. «Deme un respiro —le contesté—. Tengo que estar allí; ahí es donde está la noticia». «Pues por aquí no va a pasar», insistió. Me dirigí hacia el oeste por una calle lateral, donde una furgoneta con una familia se había detenido y una mujer en su interior me advirtió que no siguiera adelante. «Te van a matar si te metes», me avisó. Seguí adelante y, al doblar la esquina de la avenida Norte, todo era un caos absoluto: había gente por todas partes, un vehículo en llamas y un coche de policía destrozado. Me acerqué a la intersección donde estaban saqueando una farmacia CVS. Me apreté contra una casa adosada, con la esperanza de pasar lo más desapercibido posible.

Fue entonces cuando un hombre de dos metros se me acercó y, sin ninguna presentación, me pasó el brazo por el hombro. En esta situación, no me resultó amigable. Mi primer pensamiento fue que me tenía agarrado en una posición vulnerable y que en cualquier momento iba a mover su antebrazo desde mi hombro hasta debajo de mi cuello y hacerme una llave en la cabeza para robarme. Si pasaba, pues pasaba, así que intenté mantener la calma.

Le conté que era periodista y me respondió que iba a protegerme. No te harán nada si digo que estás conmigo, me explicó. Necesitamos que estés bien para que puedas contar lo que ha ocurrido hoy aquí de verdad. Me llevó a la fachada de una casa adosada de West North Avenue, desde donde podía ver todo lo que ocurría. La puerta estaba abierta y había varias personas delante. Algunas llevaban pañuelos azules, dijo que eran miembros de los «*Crips*». Me quedé con ellos, contemplando el caos reinante, incluida una escena de unos jóvenes que abrían el maletero de un coche de policía abandonado y saqueaban su contenido.

Sentí la atracción de adentrarme en el caos. Aunque los miembros de los *Crips* me habían asegurado que estaría a salvo con ellos, les di las gracias y me marché. No había avanzado demasiado cuando oí a alguien correr detrás de mí y exclamar: «Échalo». Llevaba la cara cubierta con una capucha y quería mi móvil. Sacó un bote de *spray* de pimienta y me di la vuelta justo a tiempo; me dio en la nuca.

Me retiré a la franja de casas adosadas donde había estado a salvo para seguir observando y, en un momento dado, me situé detrás de la verja en forma de tanque de tiburones de un negocio cuyo propietario nos encerró dentro. Llevaba horas contemplando la escena que se desarrollaba delante de mí, que había comenzado en el centro comercial Mondawmin Mall. Cuando ya disponía de una historia que publicar, le anuncié al hombre alto que me iba y le di las gracias por cuidarme. Insistió en acompañarme a la salida, y fuimos por el mismo camino por el que había entrado: un atajo acertadamente bautizado como Retreat Street (calle Retiro). Por segunda vez, recelé de la posibilidad de que me robara si le apetecía, pero se despidió sin más.

«Espera», lo llamé. «¿Cómo te llamas? ¿Cómo puedo ponerme en contacto contigo?».

Garabateé en mi cuaderno: «Charles Shelly», seguido de un número de teléfono.

Los meses siguientes continuaron siendo un periodo caótico para Baltimore: incesantes disturbios, seguidos de las acusaciones contra los agentes y, más tarde, el estallido de la violencia. Mi mujer estaba embarazada de ocho meses durante los sucesos de abril de 2015, y tuvo a nuestro primer hijo un mes después. Mientras aprendía a ser padre, seguí documentándome sobre los juicios de los agentes y la violencia callejera.

Aunque pensé en ponerme en contacto con Charles a menudo, pasaron probablemente un par de años antes de que sacara el cuaderno de aquel día y decidiera intentar encontrarlo. Cuando marqué el número que había apuntado, el teléfono estaba apagado. Mientras pensaba en la forma de localizarlo, me acordé de una historia ocurrida en los disturbios que había tenido repercusión en los medios de comunicación nacionales, sobre una tregua entre las bandas de la ciudad. Charles ocupaba un lugar destacado en la historia: aparecía en una foto con una camiseta de los Chicago Bulls y un pañuelo amarillo al cuello, con el brazo alrededor de un hombre identificado como miembro de los *Bloods*. Había refutado un informe de la policía, realizado horas antes del funeral de Gray el mismo día de los disturbios, según el cual las bandas se estaban uniendo para atacar a la policía.

«Es falso, absolutamente falso —había asegurado Charles—. Si así fuera, ¿por qué no lo hubiéramos hecho hoy? Hoy estábamos cerca de ellos».

¿Quién era ese tipo?, me pregunté.

Un mes después del motín, la policía y la DEA habían hecho una redada en la misma casa donde me habían ofrecido refugio. El cabecilla de la banda había sido acusado de posesión de armas y drogas, y el caso se llevó a instancias federales. La DEA proclamó que la banda había participado en el saqueo de la farmacia, pero nunca presentó la acusación ante el tribunal.

Cuando encontré a Charles e intenté reunirme con él cara a cara, ya había abandonado la ciudad y se había trasladado a Georgia. Nuestros intentos de contactar por teléfono siempre fracasaban.

Cuando se acercaba el quinto aniversario de aquel disturbio, en la primavera de 2020, volví a intentarlo. Entonces Charles había regresado a la ciudad, y quedamos en una casa del noreste de Baltimore donde se alojaba.

Me dio la bienvenida y me invitó a entrar en la desordenada casa que compartía con otras personas. Las luces estaban apagadas. Apenas habíamos empezado a ponernos al día cuando me dijo que íbamos a ir calle abajo, a una tienda de comestibles de la esquina a comprar comida para los demás. Había pasado un mes de la pandemia de coronavirus. Parecía conocer a todo el mundo, tanto fuera como dentro de la tienda. Más tarde, cuando le hice una pregunta sobre los miembros de los *Crips* en Baltimore, me respondió: «Hace un rato tenías cerca a unos cuantos. Pero no te lo voy a decir».

Charles explicó que, aunque en aquel momento no era consciente de ello, cuando ocurrieron los disturbios se había encontrado con una disyuntiva en su vida. Era, y sigue siendo, miembro de los *Crips*. «No puedo levantarme un día y decir que ya no soy un *Crip*. Esto no funciona así», afirma. Pero también se había matriculado en una universidad comunitaria y estudiaba para obtener el graduado escolar cuando comenzaron los disturbios. Vivía a unas manzanas al norte de las avenidas Pennsylvania y Norte, el epicentro de los disturbios, y asegura que no tuvo más remedio que entrar en la refriega. Afirmó que la tregua entre bandas había sido real, al menos en lo referente a aquellos que la habían promovido.

Charles sostuvo que, durante ese periodo, había recorrido las calles con otros miembros de la banda, promoviendo la paz y la unidad entre la gente que encontraban.

Por si esto pudiera parecer propaganda para las bandas, Charles también rechazó la versión de que los disturbios habían sido provocados únicamente por la policía. Afirmó haber oído él mismo en el metro, antes de que se produjeran los tumultos, a jóvenes hablando de la «Purga», una revuelta planeada que, al parecer, se había anunciado previamente en las redes sociales. «Me entró por un oído y me salió por otro: son críos, van de farol, no van a ponerle las manos encima a la policía. Y mira tú por dónde, va, y pasa esa mierda», explicó.

La tregua entre bandas fue espontánea, insistió, y más sencilla de lo que parecía: personas que habían tenido conexión y contactos previos, pero se habían convertido en miembros de organizaciones rivales, decidieron dejar a un lado esas alianzas. «Lo vimos en plan: yo visto de azul; tú, de rojo, pero la mayoría de los que estamos aquí somos negros. Si nunca habéis tenido un sentimiento de unidad negra, ahora puede ser un buen momento para empezar —explicó Charles—. Peña, tenéis un enemigo poderoso ahora mismo: no podéis ver al enemigo que tenéis delante si buscáis al enemigo que tenéis detrás».

Charles declaró que, a raíz de los disturbios, se reunió con diversos líderes influyentes que acudieron a la ciudad: Al Sharpton y Jesse Jackson, así como algunos raperos y otros famosos que asistieron. Además, apareció en la televisión nacional y en los medios de comunicación locales. No trató de aprovechar la atención para ganar dinero, dijo, ni se tradujo en nuevas oportunidades más allá del momento que estaban viviendo. Pero la experiencia afectó a su mentalidad.

«Me enseñó que puedo hacer grandes cosas… puedo conseguir un trabajo y hacer cosas positivas a menor escala, cosas con mi vida. Desde entonces, no he vendido drogas, no me he metido en ningún barullo violento con ninguna banda —me contó—. He intentado trabajar, pagar mis facturas, ahorrar, cuidar de mis hijos. Ser lo más positivo que pueda».

Pero aún quería que me explicase: ¿por qué se preocupó por mí ese día? Yo era un extraño en un momento en que él cuidaba de los suyos.

«Todo el mundo hacía lo que le daba la puta gana —explicó—. Las posibilidades [de que te pasara algo] eran del cien por cien».

Continué preguntando: ¿Y qué más daba?

«Me preocupo por la gente. Soy un buen tipo. ¡Qué más da la clase de mierdas chungas en que me haya metido! Soy como una paradoja —expresó—. Puedo hacerte daño. Puedo hacerte mucho daño. Pero debo tener una razón. Al mismo tiempo, no voy a dejar que te pase nada. Una vez que lo has hecho, es como: podría haber salvado a ese hombre. Aquel fue un período de cambios en mi vida. Creo en el karma. No lo hice necesariamente por ti. Fue por mí».

Charles había mantenido trabajos dentro de la legalidad en su vida, pero a menudo se sentía limitado por el trabajo de oficina o por cualquier otra situación en la que se sintiera menospreciado. En la calle, sabía que podía ganar dinero fácil traficando con drogas, pero eso conllevaba algunos riesgos. «Llegó un punto en que era *demasiado*. No puedo seguir poniendo excusas. No podía seguir (y las cosas cada vez estaban más chungas) volviendo allí [a la calle], porque si seguía volviendo allí, un día me iba a despertar y tendría cuarenta años, y seguiría en la esquina de alguien vendiendo drogas, e iría a la cárcel. Tendría que currarme algo diferente para cambiar».

Su traslado a Georgia no estaba planeado. Su padre se había mudado allí y le pidió que se quedara con él un mes. Charles había perdido un trabajo obtenido por una agencia de trabajo temporal y decidió aceptar la oferta de su padre. Le gustó el cambio de ritmo; el aire olía mejor allí. Consiguió un trabajo y decidió quedarse. Incluso solicitó y obtuvo un permiso para portar armas ocultas, que me enseñó con orgullo.

«Fue uno de los momentos más felices de mi vida —manifestó—. Con toda la mierda que he hecho… Estoy cambiando. Es como si la sociedad me estuviera aceptando poco a poco».

Charles confiesa que los disturbios fueron el resultado de arrinconar de forma continua a la gente y obligarla a retroceder. Le pregunté por el trato de la policía a la gente de su comunidad. Lo habían detenido muchas veces a lo largo de su vida, una de ellas, Danny Hersl, agente del Grupo Especial de Rastreo de Armas, en 2011. Llamó a Hersl cabrón, pero afirma que no le plantó drogas ni le dio una paliza. Con todo, había tenido malas interacciones con otros agentes, que incluían un registro físico en el que lo habían hecho desnudarse en la calle —esta es una práctica que se denunció en el informe de derechos civiles del Departamento de Justicia—, y una detención injustificada para intentar sacarle información.

«Se preguntan por qué, cuando la policía (los polis buenos) va a intentar investigar y hacer su trabajo correctamente, por qué reciben tanta rebelión y críticas de la comunidad —comentó mientras encendía un cigarrillo—. Porque no nos fiamos de ellos, ¡joder! ¿Qué habéis hecho para que nos fiemos de vosotros?

»Sinceramente —continuó—, nadie quiere vivir al lado de un asesino. Nadie quiere ver a gente vendiendo drogas todo el día en su calle, sobre todo en una zona como esta. Aunque esté muy jodida, hay gente que es propietaria de estas casas y no quiere ver esa basura. Pero no pueden llamar [a la policía]. No pueden ayudarte».

Durante años, los agentes que finalmente se unieron en el Grupo Especial de Rastreo de Armas habían registrado a personas sin justificación, mentido al entrar en sus casas sin una orden judicial, robado dinero y recirculado las drogas en la comunidad. Existen ejemplos documentados de pruebas plantadas o malversadas para que pudieran servir a los objetivos de los agentes. La gente a menudo ni siquiera se molestaba en quejarse. Los que lo hacían eran ignorados en su mayoría. Por supuesto, esa es una de las principales razones por las que esos policías fueron capaces de salirse con la suya con sus crímenes durante todo el tiempo que lo hicieron y ser cada vez más descarados al respecto. Mientras los dirigentes del departamento de policía rogaban a los ciudadanos que cooperaran, y muchos agentes se esforzaban por mejorar las relaciones con la comunidad, algunos de sus agentes de élite pasaban completamente de los hombres negros de los barrios pobres, lo que producía en consecuencia una zona libre de vigilancia para cualquiera que tratara de explotarlos. Entre aquellos que habían sufrido los abusos, y los familiares, amigos y compañeros de trabajo que habían escuchado historias como esas, la gente, que nunca había llegado a confiar en la policía, los despreciaba cada vez más. Las comunidades negras de Baltimore han estado sometidas tanto a una vigilancia excesiva de la policía como a una vigilancia insuficiente.

Unas semanas después del aniversario de la muerte de Gray, se hizo viral el vídeo del asesinato de un hombre de Georgia llamado Ahmaud Arbery. Los dos residentes blancos que abordaron a Arbery mientras hacía *footing* por su barrio afirmaron que creían que había cometido un delito, por lo que lo localizaron y le dispararon en la calle: fue un linchamiento en nuestros días. Después de aquello, una indignación nacional se expandió por el asesinato grabado en vídeo de George Floyd a manos de un agente de policía de Mineápolis que se arrodilló sobre el cuello de Floyd durante más de ocho minutos mientras este decía: «No puedo respirar». Las protestas «*Black Lives Matter*», ya paralizadas, volvieron a rugir, esta vez más numerosas aún y con una urgencia renovada. Se produjeron protestas masivas en casi todas las ciudades estadounidenses; quemaron las calles de Mineápolis, y los saqueos provocaron toques de queda en varias ciudades, como Nueva York, D. C., Atlanta y San Francisco.

Pero Baltimore no estaba entre ellas.

El ambiente durante las tres primeras noches de protestas locales era tenso; Baltimore ya había pasado por esto una vez, y muchos pensaban que poco había cambiado cinco años después. Para quienes creían que «sin justicia no hay paz» debía significar precisamente eso, otra revuelta más resultaría comprensible, si no, directamente, merecida. Pero esta vez, en las calles, la gente hablaba de cómo la última revuelta había manchado la reputación de la ciudad y de cómo otros individuos habían pagado su coste personalmente.

En las protestas dirigidas por jóvenes ante el ayuntamiento, los organizadores exigieron a los manifestantes congregados que no hicieran nada que pudiera provocar una respuesta policial agresiva que pudiera herir a individuos en la multitud. Un activista ahuyentó a un hombre que había tirado una papelera durante una protesta. La noche siguiente, cada vez que una botella volaba en dirección a la policía vestida con equipo antidisturbios, los líderes jóvenes de la comunidad se abrían paso entre la multitud y les cerraban el paso. Más tarde, se lanzaron petardos contra los agentes, y otros manifestantes tiraron al suelo a las personas que sospechaban que eran las responsables. La policía mantuvo el frente y observó cómo la multitud se controlaba. El mensaje había llegado y, durante las semanas siguientes, miles de personas participaron en apasionadas protestas pacíficas y se organizaron para futuras tentativas de presión. Esta vez se comprometieron a crear un cambio duradero.

En su testimonio de 2018, Donald Stepp, el socio del sargento Wayne Jenkins en el tráfico de drogas, comentó que los policías de Baltimore «eran los dueños de la ciudad». Y tiene razón en el sentido de que, durante años, pudieron enriquecerse e imponer su autoridad en las calles. Pero la tarea de generar confianza y mantener a salvo a la gente, el trabajo que juraron proporcionar, no era algo que solo pudiera conseguirse mediante el poder de los agentes.

Cuando presencié la vuelta de la comunidad a las calles, esta vez también reprimiendo a quienes pretendían provocar más violencia, recordé lo que Charles me había dicho a principios de esa primavera.

«Todavía dirigimos esta mierda —había afirmado—. Como agente de policía, literalmente, solo puedes hacer lo que nosotros te dejamos. Nosotros (la propia comunidad, incluidos los camellos) dirigimos esta ciudad».

Agradecimientos

Solo he podido contar esta historia a través de conversaciones con quienes la vivieron. Estoy especialmente agradecido a Umar Burley, Gary Childs, Jeremy Eldridge, Ryan Guinn, James Kostoplis, Antonio Shropshire y Maurice Ward por compartir sus historias, así como a la Fiscalía Federal de Estados Unidos, a la oficina del FBI en Baltimore y a la Policía de Baltimore por permitir el acceso a los interrogatorios con investigadores, entre los que se incluyen los fiscales adjuntos Derek Hines y Leo Wise, los agentes del FBI Erika Jensen y Gregg Domroe, y el sargento de la policía de Baltimore John Sieracki, a quienes agradezco su tiempo y sus puntos de vista. Gracias también al cabo del *sheriff* de Harford, David McDougall, y al sargento del condado de Baltimore, Scott Kilpatrick.

D'Andre Adams, Gary Brown, Serigne Gueye, Malik Mc-Caffity y Demetric Simon merecen un agradecimiento adicional por estar entre los que proporcionaron información crucial sobre sus interacciones con los agentes y el impacto de las mismas en sus vidas. Los abogados Ivan Bates, Joshua Insley, Deborah K. Levi, Erin Murphy y Steve Silverman encabezan el grupo de letrados de la ciudad que me ayudaron a informar sobre esta historia, mientras que Kevin Davis y Anthony Barksdale se encuentran entre los exaltos cargos policiales que se mostraron especialmente accesibles. También quiero dar las gracias a Robert F. Cherry por sus opiniones a lo largo de estos años.

Y, por último, gracias a Charles Shelly, por cuidar de mí —y de otros— en abril de 2015 y por sentarse a hablar de ello cinco años después.

Como se indica en la sección de notas, hay muchas otras personas entrevistadas a lo largo de los años para este proyecto a los que no se les reconoce en los créditos, ya sea porque su información no pasó a la imprenta o porque solo contribuyeron de manera general para la comprensión de ciertos temas o acontecimientos. Otros se jugaron el cuello y hablaron bajo condición de anonimato. No puedo nombrarles para darles las gracias, pero sepan que valoro su tiempo y sus comentarios.

Estoy en deuda con David Simon, que me planteó la idea de escribir un libro durante el juicio del Grupo Especial sobre el Rastreo de Armas y me puso en contacto con su agente literario, Rafe Sagalyn, que guio el proceso junto con su ayudante, Brandon Coward. La escritura de no ficción de David ha puesto un listón inalcanzable para los reporteros policiales de todo el país, y especialmente para los periodistas de *The Sun,* y he tenido el privilegio de poder llegar a él a lo largo de los años. Rafe y Brandon fueron pacientes conmigo cuando me enfrenté a este nuevo tipo de reto literario, y encontraron un hogar para el proyecto.

Estoy muy agradecido a Andy Ward, de Random House, que decidió hacerse cargo del proyecto y que, junto con Marie Pantojan, se encargó de la edición y la orientación. Andy se tomó la molestia de reunirse conmigo cuando se planteó el proyecto y siguió participando en él incluso cuando asumió un nuevo cargo en la empresa. Marie y él fueron unos editores atentos y cuidadosos que mejoraron mis palabras al tiempo que se adaptaban a las exigencias de mi trabajo diario en el periódico.

¿Qué habría hecho yo sin Peter Griffin? Peter me ayudó enormemente al trabajar de cerca conmigo como editor antes de los editores durante los seis meses más intensos de escritura, y también después.

Wil Hylton y Tom French me proporcionaron una orientación y un apoyo cruciales durante el proceso de elaboración de la propuesta. Wil fue un mentor y un oído comprensivo, mientras que Tom aceptó una sesión maratoniana de edición de la propuesta cuando me encontré perdido. Alec MacGillis y D. Watkins me proporcionaron otros consejos que también agradezco.

Quiero dar las gracias a mi familia, pasada y presente, en *The Baltimore Sun,* donde me contrataron en 2005. En 2008, finalmente me asignaron a la sección de policía, lo que me dio la oportunidad de informar sobre sucesos ocurridos durante una gran parte del periodo que abarca este libro. Gracias a mis compañeros en la cobertura de casos criminales del periódico durante esos años, en particular a Peter Hermann, Gus Sentementes, Melissa Harris, Justin George, Ian Duncan, Kevin Rector, Jessica Anderson y Tim Prudente. En particular, los tumultuosos acontecimientos de 2015 fueron un verdadero trabajo de grupo, y todo lo registrado en este libro se basa en todo su trabajo. Entre los que aún no han sido nombrados se encuentran Luke Broadwater, Colin Campbell, Meredith Cohn, Scott Dance, Doug Donovan, Erica Green, Jean Marbella, Mark Puente, Catherine Rentz, Dan Rodricks e Yvonne Wenger, así como la dirección editorial, que incluye a Trif Alatzas, Eileen Canzian, Sam Davis, Kalani Gordon, Richard Martin, Laura Smitherman y Sean Welsh. Hay muchos otros, como el magnífico equipo fotográfico, los correctores y los diseñadores, que contribuyen de manera decisiva a que nuestros lectores reciban las noticias. Gracias también a los muchos otros periodistas que cubrieron estos acontecimientos codo con codo con nosotros, en particular a Juliet Linderman y el personal del difunto *Baltimore City Paper,* a los que silenciaron en un momento crucial de la historia de nuestra ciudad.

Una mención especial a Diana Sugg, que me ayudó a orientar muchos de mis proyectos importantes en los últimos años y, en general, nos proporcionó apoyo a mí y a tantos otros.

Gracias también al abogado de Tribune Publishing, Mike Burke, por trabajar conmigo para esquivar las barreras de este proyecto.

Agradezco a los lectores que han apoyado el periodismo local, a los que aportan críticas productivas que nos mantienen alerta y con pensamiento crítico, y a todos los que me han dejado entrar en su mundo para contar historias a lo largo de estos años.

Gracias a Jennifer y Charlotte, por su paciencia y apoyo durante las noches y los fines de semana mientras trabajaba en este proyecto y, en general, por tolerar las exigencias a las que me sometí a lo largo de los años mientras intentaba hacer este trabajo lo mejor posible. Gracias también a mis padres, que estaban suscritos a dos periódicos, me ayudaban a repartir el diario cuando me quedaba dormido los fines de semana y, más tarde, apoyaron mis objetivos profesionales, así como a mis hermanos y demás familia.

Descansen en paz, Shawn y Kevin Cannady, Kendal Fenwick, Freddie Gray, Gregory Harding, Walter Price y Sean Suiter.

Notas

Este es un libro que aborda años de encubrimientos y mentiras, por lo que he procurado, siempre que ha sido posible, citar las fuentes dentro del texto. En esta sección de notas, intento localizar datos concretos que puedan atribuirse a una conversación, un documento o un acontecimiento en particular. En la elaboración de este libro, he entrevistado a más de doscientas personas, sin contar las entrevistas que realicé para *The Baltimore Sun*. En la medida de lo posible, las entrevistas fueron grabadas, pero algunas personas solicitaron el anonimato porque no estaban autorizadas a hablar o porque querían hacerlo con franqueza sobre temas delicados. A algunas fuentes se las consultó varias veces y durante horas; a otras, se las entrevistó sobre un hecho o aspecto concreto.

El número de expedientes judiciales y registros internos relacionados con los agentes que revisé se cuenta por miles y es incalculable. Los juicios de Daniel Hersl y Marcus Taylor, y de Antonio Shropshire y otros acusados en su caso de conspiración de narcóticos son fundamentales para la historia, pero hubo docenas de otros juicios en los que estaban implicados los agentes o sus objetivos, sobre los que vi cintas de los tribunales o leí transcripciones que no se citan de forma específica. Entre ellos, había personas detenidas por los agentes y también casos de otros agentes acusados de conducta indebida previamente, y sin relación con el caso del Grupo Especial de Rastreo de Armas.

Se obtuvo importante información a través de las solicitudes de registros públicos de grabaciones de las cámaras corporales de los agentes del Grupo Especial de Rastreo de Armas a los que se había entregado este tipo de cámaras, así como de correos electrónicos de Wayne Jenkins y, en menor medida, de Thomas Allers. La Policía del Condado de Baltimore aportó cientos de páginas relacionadas con sus investigaciones sobre Donald Stepp, y la Administración de Seguros de Maryland proporcionó otros cientos también sobre Stepp.

En Maryland, a pesar de los hallazgos producidos por este caso y por otros, los expedientes de conducta indebida policial siguen siendo secretos por ley a pesar de las continuas presiones para asegurar la transparencia de la información. La información reveladora facilitada por Asuntos Internos y el personal se obtuvo a través de fuentes que se arriesgaron personalmente al proporcionarla, y cuyos esfuerzos agradezco.

Aunque se cita el informe del Departamento de Justicia sobre el Departamento de Policía de Baltimore publicado en 2017, otro estudio sobre la división que utilicé como referencia fue el informe de marzo de 2016 de la coalición *No Boundaries* «*The People's Findings Regarding Police Misconduct in West Baltimore*».

1. MAMPORREROS

1. Umar Burley, entrevista, 7 de octubre de 2019.
2. Ryan Guinn, entrevista, 24 de junio de 2018.
3. *Ibid.*
4. Kevin Davis, entrevista, 14 de agosto de 2018.
5. Ryan Guinn, entrevista, 24 de junio de 2019.
6. Grabación de la radio de la policía.
7. Los vehículos recorrieron alrededor de un kilómetro antes del choque.
8. Burley, entrevista, 7 de octubre de 2019.
9. Guinn, entrevista, 24 de junio de 2018.
10. Acusación de los Estados Unidos contra Jenkins, 2017.
11. Guinn, entrevista, 24 de junio de 2018.

12. Burley, entrevista, 7 de octubre de 2019.

13. Expedientes judiciales, Estados Unidos contra Burley.

14. James Johnston, entrevista, 29 de abril de 2019; Johnston fue el abogado de Burley para los cargos estatales. Estas afirmaciones también están recogidas en las notas de Thomas Crowe, su posterior abogado federal, cuyo alegato se cita a continuación.

15. Guinn, entrevista, 18 de febrero de 2020.

16. Acusación de los Estados Unidos contra Jenkins.

2. CUESTE LO QUE CUESTE

1. Donald Kimelman, "Baltimore Mayor Charms City with Unusual Style," Knight-Ridder, 22 de agosto de 1979.

2. Peter Jensen, "Killer of Two Men, Their Pregnant Wives Gets Life, No Parole," *Baltimore Sun,* 16 de diciembre de 1989.

3. Matthew Jenkins, carta a la jueza Catherine C. Blake, presentada el 24 de mayo de 2018.

4. *Ibid.*

5. Andy Janowich, entrevista, 2019.

6. Anuario de Eastern Tech, 1998.

7. Lloyd Lee Jenkins II, carta al juez Blake.

8. Nick Arminio, entrevista, 2019.

9. Información de alistamiento del Cuerpo de Marines de los Estados Unidos.

10. Patrick Armetta, entrevista, 15 de febrero de 2020.

11. Cuerpo de Marines de los Estados Unidos.

12. Sargento Primero Todd A. Brown, carta al juez Blake.

13. Armetta, entrevista, 15 de febrero de 2020.

14. Eric Baumgart, exjefe del Cuerpo de Bomberos Voluntarios de Bowleys Quarters, carta al juez Blake. Continuó diciendo: «Aquella noche, asigné a Wayne docenas de rescates, y salvó incontables vidas. Sin él, no estoy seguro de cual hubiera sido el estado de las familias que rescató».

15. Información del archivo personal de Jenkins.

16. Entrevistas con los miembros de la promoción Jason Rathell, Dan Horgan y Gillian Whitfield, primavera de 2019.

17. David Simon, "In Police Front Lines, Sense of Duty Falters," *Baltimore Sun,* 8 de febrero de 1994.

18. James Q. Wilson y George L. Kelling, "Broken Windows: The Police and Neighborhood Safety," *Atlantic Monthly,* marzo de 1982, 29-36, 38.

19. Peter Hermann, "Police to Begin Ticketing in Oct.", *Baltimore Sun,* 18 de septiembre de 1996.

20. Peter Hermann, "Wanted: Less Social Work, More Law Enforcement; 'I'd Like for Us to Be the Police Again,' Says Commissioner," *Baltimore Sun,* 20 de abril de 2000.

21. Ivan Penn, "Black Officials Raise Zero-Tolerance Fears," *Baltimore Sun,* 21 de diciembre de 1999.

22. Van Smith, "Believe It...Or Not," *Baltimore City Paper,* 27 de agosto de 2003.

23. Gail Gibson, "U.S. Judge Rebukes City Police After Rejecting Evidence," *Baltimore Sun,* 10 de marzo de 2003.

24. Dan Horgan, entrevista, 2019.

25. Del Quentin Wilber, "Police Commissioner Begins Plan to Drive Drug Gangs off Streets," *Baltimore Sun,* 12 de mayo de 2003.

26. Ethan Brown, *Snitch: Informants, Cooperators and the Corruption of Justice* (Nueva York: Public Affairs, 2007), 172.

27. Matthew Dolan, "City Detective Speaks Out at Corruption Trial," *Baltimore Sun,* 28 de marzo de 2006.

28. Otro caso emblemático de la época fue aquel del «Equipo Especial de Ejecución de la Ley» del distrito Sureste. En una serie de demandas, sus miembros fueron acusados de algunos de los mismos tipos de conductas indebidas de los que se acusaría al Grupo Especial de Rastreo de Armas diez años más tarde: realizar paradas inapropiadas, entrar en casa de la gente sin una orden judicial y llevarse dinero. Los abogados de los demandantes redactaron en un escrito que el fiscal auxiliar Tony Gioia les dijo que uno de los miembros del

equipo SET accedió a cooperar y, a cambio, se le permitió continuar en su puesto de oficial y mantener su reputación. Gioia contó a los abogados que el agente que había cooperado prestó un testimonio detallado en el que admitía «falsificación de documentos de cargos, mentiras y robos» por parte de la brigada. Nadie fue acusado penalmente. El sargento, William Harris, fue incluido en la lista de «no convocar» de la fiscal por aquel entonces, Patricia C. Jessamy, pero la lista fue abolida en 2010 por su sucesor, Gregg Bernstein, y Marilyn Mosby nunca reestableció su uso. En los últimos años, Harris trabajó en el equipo SWAT y, gracias a las horas extraordinarias, un año se convirtió en uno de los empleados mejor pagados de la ciudad.

29. Gus G. Sentementes, "O'Malley, Hamm Hear Criticism of Arrest Policies," *Baltimore Sun,* 5 de enero de 2006.
30. Eric Kowalczyk, *The Politics of Crisis: An Insider's Prescription to Prevent Public Policy Disasters* (Oceanside, CA: Indie Books International, 2019), 24-25.
31. Testimonio de O'Connor contra Fries y otros, 2008.
32. Charles Lee, entrevista, 2019.
33. Michael Pulver, entrevista, 2018.
34. Robert Cirello, entrevista, diciembre de 2018.
35. Mike Fries, testimonio, juicio George Sneed contra Michael Fries y otros, 2010.
36. Registros estatales de la propiedad.

3. MALOS CON PISTOLAS

1. Aunque Bealefeld renegó de inmediato desde el principio de las tácticas de tolerancia cero, la demanda interpuesta en 2006 por la ACLU y la Asociación Nacional para el Progreso de las Personas de Color (Maryland State Conference of NAACP Branches y otros contra el Departamento de Policía de Baltimore y otros) no se formalizó hasta junio de 2010.
2. Anthony Barksdale, entrevista, 23 de abril de 2018.

3. John Skinner, entrevista, 20 de mayo de 2019.

4. Annie Linskey, "From the Sidewalk Up," *Baltimore Sun,* 18 de mayo de 2008.

5. Patricia Jessamy, declaración por correo electrónico, 6 de junio de 2020.

6. La unidad se denominó inicialmente *«Gun Tracing Task Force»* y, con el paso de los años, acabaría llamándose *«Gun Trace Task Force»*.

7. Ryan Guinn, entrevista, 18 de marzo de 2019.

8. En el informe anual de 2007 del Departamento de Policía de Baltimore, la misión de la unidad se describe de la siguiente manera: «Las investigaciones del grupo especial pueden llegar a ser exhaustivas y consumir mucho tiempo, y pueden también implicar análisis extensos de bases de datos y vigilancia en la calle para preparar un caso para la acusación y el proceso. De entre las diversas vías de investigación que se pueden seguir, los miembros del grupo de trabajo averiguan la identidad de los primeros compradores de las armas de fuego incautadas a los sospechosos, determinan el tiempo transcurrido entre la compra original del arma y su incautación por parte de las fuerzas policiales, investigan la relación entre el comprador original del arma y el sospechoso y revisan los registros de munición de los puntos de venta para averiguar si algún delincuente condenado ha intentado comprar munición para armas de fuego».

9. Policía de Baltimore, "Informe anual, 2008," 41.

10. Stephen Janis, "Mayors Vow Action on Illegal Firearms," *Baltimore Examiner,* 14 de febrero de 2008.

11. Wayne Jenkins, testimonio, juicio Troy Smith y otros contra Knoerlein y otros, 24 de marzo de 2011.

12. Ben Nuckols, "Baltimore Police Make Largest-Ever Drug Seizure," Associated Press, 21 de febrero de 2009.

13. Entrevista con un agente que habló bajo condición de anonimato, 2018.

14. Entrevista con otro agente que habló bajo condición de anonimato, 2018.

15. Entrevista con un tercer oficial que habló bajo condición de anonimato, 2020.

16. Del sitio *web* oficial del sistema M.A.S.T.E.R., el sitio descatalogado del entrenador de MMA de Jenkins, James Guy.

17. Rodney Bailey, testimonio, los Estados Unidos contra Mickey Oakley, 2010.

18. Antonio Lee murió de un disparo el 23 de enero de 2011, cuando una furgoneta se detuvo junto a su coche en Baltimore Este y abrió fuego. El juicio civil comenzó el 22 de marzo de 2011.

19. El abogado defensor de los oficiales era Michael Marshall.

20. Vídeo del proceso Eric Smith y otros contra el Departamento de Policía de Baltimore y otros, 30 de marzo de 2011.

21. Brendan Kearney, "Baltimore Jury Awards $1 to Bystander in Bar Bust," *Daily Record*, 30 de marzo de 2011. El demandante Troy Smith dio esta cita. El presidente del jurado, James Morrison, añadió: «Nos pareció que no había pruebas suficientes para condenar a ninguno de los acusados. Básicamente, estos tipos se encontraban en un sitio donde había… una redada de drogas».

22. Ryan Guinn, entrevista, 24 de junio de 2018.

23. Entrevista con un cuarto oficial que habló bajo condición de anonimato, 2019.

24. Este supuesto incidente está documentado en un informe interno del sargento inspector Robert Velte fechado en abril de 2011.

4. OJOS Y OÍDOS

1. El expediente personal de Wayne Jenkins.

2. James Kostoplis, entrevista, 8 de mayo de 2019.

3. Entrevista a Maurice Ward, [¿septiembre u octubre de 2018?].

4. James Kostoplis, entrevista, 28 de abril de 2020. Tres personas —dos hombres que huían de la policía y un transeúnte

inocente— murieron en el aparatoso accidente ocurrido el 24 de septiembre de 2013. Desde su inculpación han circulado rumores de que Jenkins, conocido por meterse en persecuciones a gran velocidad, desempeñó un papel activo en la carrera, y fue encubierto. Con la circunstancia de que, a lo largo de los años, se ha demostrado que muchos casos presentan una secuencia de acontecimientos diferente de la informada en su momento, mi informe no pudo corroborar que Jenkins estuviera implicado en la persecución más allá de entrar en la radio de la policía para preguntar por ella después de que otro sargento hubiera dado instrucciones a los agentes para que la interrumpieran. Los registros de la radio de la centralita demuestran que un sargento llamado Tashania Brown ordenó a los agentes que interrumpieran la persecución. A continuación, Jenkins contestó a la radio y preguntó dónde se había visto el vehículo por última vez. Después, uno de los agentes pasó a otro canal de radio y fue indicando las localizaciones de la persecución hasta el lugar del accidente. Tal y como se informó en este capítulo, Kostoplis afirma que iba con Jenkins en ese momento y que se encontraban en una zona diferente de la ciudad. Se dirigían a esa dirección para ayudar, y entonces oyeron que había habido un accidente. La persecución «no fue demasiado larga», me contó Kostoplis.

5. Kostoplis, entrevista, 8 de mayo de 2019.
6. Donald Stepp, testimonio, los Estados Unidos contra Hersl y otros, 1 de febrero de 2018.
7. James Johnston, entrevista, 2019.
8. Transcripción de la audiencia de modificación de sentencia, Estado contra Stepp, 2 de febrero de 2004.
9. Dennis Danielczyk, carta de referencia a la Administración de Seguros de Maryland, 2013.
10. Stepp, testimonio, los Estados Unidos contra Hersl y otros, 1 de febrero de 2018.
11. Localicé al hombre que respondió a la solicitud de Stepp para crear un logotipo y me reenvió el mensaje de Stepp.

12. Tyler Waldman, "Racy Bail Bonds Sign Draws Ire," *Towson Patch,* 15 de noviembre de 2011.

13. Wayne Jenkins, carta a la Administración de Seguros de Maryland, 21 de enero de 2003.

14. Stepp, testimonio, los Estados Unidos contra Hersl y otros, 1 de febrero de 2018.

15. Registros del Departamento de Policía del Condado de Baltimore.

5. NO TE PARALICES

1. Vídeo de la vista judicial, Shirley Johnson y otros contra Umar Burley, 14 de enero de 2014.

2. Umar Burley, entrevista, 7 de octubre de 2019.

3. A pesar de recortar cientos de puestos, el Departamento de Policía de Baltimore se mantuvo entre aquellos que disponían de más personal trabajando del país. El presupuesto del departamento también aumentó de forma considerable bajo el mandato de Rawlings-Blake, de 352 millones de dólares en 2011 a 466 millones en 2016. Pero las cifras resultan engañosas: el presupuesto de la policía aumentó 70 millones de dólares —el dieciséis por ciento— en un solo año (el año fiscal de 2013), gracias a un simple cambio contable, ya que ese año los costes de las pensiones pasaron de presupuestarse centralmente a realizarse desde cada delegación. Bajo la designación «Otros gastos de personal» dentro del presupuesto de la policía aumentó de 46 millones de dólares en el año fiscal 2012 a 111 millones de dólares en el año fiscal 2013, como resultado del cambio de las pensiones, incluso cuando el gasto salarial se redujo ese año. El gasto real no aumentó los 70 millones de dólares, por lo que el aumento a largo plazo es engañoso.

4. Tasion Kwamilele, "Anthony Batts, the Exit Interview: In Oakland, the Police Department Is Seen as the Necessary Evil," *Oakland North,* 7 de noviembre de 2011.

5. Demetric Simon, entrevista, 2018.

6. Audio de la radio de Wayne Jenkins.

7. Ryan Guinn, entrevista, 18 de marzo de 2019.

8. Keith Gladstone, acuerdo de culpabilidad.

9. Ben Frieman, transcripción del interrogatorio de Asuntos Internos, 2014.

10. Paul Polansky, entrevista, 2018.

11. Expediente de investigación para la revisión del Equipo de Investigación de la Fuerza del caso Demetric Simon.

12. Documentos del expediente personal de Wayne Jenkins.

13. Informe resumido de la investigación de Asuntos Internos, fechado el 17 de marzo de 2015.

14. Bryan Mobley, entrevista, 2017.

15. Molly Webb, entrevista, 2017.

16. La cita proviene de un informe de los hechos de la conversación que obtuve a través de una fuente a finales de 2017.

17. Expediente de Asuntos Internos, investigación Walter Price, 2015.

6. CAMBIO DE RASANTE

1. Marilyn Mosby, entrevista en *The Marc Steiner Show*, WEAA, 5 de junio de 2014.

2. Gregg Bernstein, conferencia de prensa, 24 de enero de 2013.

3. Marilyn Mosby, discurso de inicio de campaña, consultado en YouTube, 24 de junio de 2013, https://www.youtube.com/watch?v=iXu4-zZeXGM.

4. Mark Puente, "Mosby Says She Learned from Mistakes of Family Members in Law Enforcement," *Baltimore Sun,* 15 de julio de 2015.

5. Expediente de investigación, Investigación de Asuntos Internos del tiroteo del 4 de septiembre de 2013.

6. Justin George y Justin Fenton, "Man Killed in Police-Involved Shooting Is Identified," *Baltimore Sun,* 5 de septiembre de 2013.

7. Mark Puente, "Undue force," *Baltimore Sun,* 28 de septiembre de 2014. El exhaustivo informe de Puente demuestra que, desde 2011, los contribuyentes han pagado 7,5 millones de dólares en este tipo de acuerdos, y lo ilustra con historias de presuntas víctimas. Cabe señalar que Brendan Kearney, del *Maryland Daily Record,* ya había documentado el impacto financiero a partir de esa fecha en una serie de artículos en 2011 e informado de que la ciudad había pagado «al menos» —un oficial declaró que era probable que se tratara de «una cifra significativamente inferior»— 16,8 millones de dólares desde julio de 2004 hasta principios de 2011. Un artículo del *Sun* de 2006 afirmaba que la ciudad había pagado 3,5 millones de dólares solo en 2005, y 5 millones en 2004.

8. Entrevista con un antiguo oficial de la ciudad que pidió el anonimato.

9. Anthony Batts, declaraciones ante el *President's Task Force on 21st Century Policing,* 13 de febrero de 2015.

7. PERMANEZCAMOS UNIDOS

1. Amanda Petteruti, Aleks Kajstura, Marc Schindler, Peter Wagner y Jason Ziedenberg, "The Right Investment? Corrections Spending in Baltimore City," Justice Policy Institute y Prison Policy Initiative, 25 de febrero de 2015, www.justicepolicy.org/uploads/justicepolicy/documents/rightinvestment_design_2.23.15_final.pdf.

2. Lawrence Lanahan, *The Lines Between Us: Two Families and a Quest to Cross Baltimore's Racial Divide* (Nueva York: New Press, 2019), 11-12.

3. Catherine Rentz, "Videographer: Freddie Gray Was Folded Like Origami," *Baltimore Sun,* 23 de abril de 2015.

4. Kevin Rector, "The Forty-Five Minute Mystery of Freddie Gray's Death," *Baltimore Sun,* 25 de abril de 2015.

5. Terrence McCoy, "How Companies Make Millions off Lead-Poisoned, Poor Blacks," *Washington Post,* 25 de agosto de 2015.

6. «*The Baltimore Uprising-Part 1*», subido a YouTube por Baltimore BLOC. Subido el 26 de mayo de 2015, https://www.youtube.com/watch?v=Vz5urbdwjCg. Otros vídeos, publicados por el usuario «The AList» en Vine y YouTube; las imágenes muestran a un Jenkins uniformado respondiendo a un disturbio. «*Protesters put in back of the police wagon in front of shake and bake*»: https://vine.co/v/ea0636lIeuA; «*Protesters Surround a police car Pennsylvania Avenue #FreddieGray #JusticeForFreddie #BlackLivesMater*»: https://vine.co/v/ea06MDIZrUF; «*Police arrest Freddie Gray protesters on Pennsylvania Ave*»: https://www.youtube.com/watch?v=UoW7PLlQtjs&feature=youtu.be.

7. Material publicado e inédito del reportero del *Baltimore Sun* Justin George. El material publicado se incluyó en la serie del *Sun* «*Looking for Answers*», 9 de octubre de 2015. El material inédito fue proporcionado por George.

8. Jeffrey Alston obtuvo de un jurado una demanda por 39 millones de dólares tras quedar paralizado del cuello para abajo después de un viaje en furgón policial en 1997. Dondi Johnson sénior, que en 2005 contó a un médico que no le habían abrochado el cinturón de seguridad y su cuerpo se había golpeado contra el furgón después de que este hiciera un giro brusco, sufrió una fractura de cuello y murió dos semanas después de neumonía. Sus familiares ganaron una demanda por 7,4 millones de dólares. La ciudad llegó a un acuerdo por seis millones; el límite estatal de indemnización por daños y perjuicios hizo que la indemnización se redujera a 219.000 dólares.

9. Informe de Justin George.

10. *Ibid.*

11. Eric Kowalczyk, *The Politics of Crisis: An Insider's Prescription to Prevent Public Policy Disasters* (Oceanside, CA: Indie Books International, 2019), 97.

12. Jason Leopold, "Fearing a 'Catastrophic Incident,' 400 Federal Officers Descended on the Baltimore Protests," *Vice News*, 24 de junio de 2015.

13. Kevin Rector, "What Happened at Mondawmin? Newly Obtained Documents Shed Light on Start of Baltimore Riot," *Baltimore Sun,* 20 de abril de 2019.

14. Esta versión de los hechos se ha recopilado a partir de fuentes como la propia versión escrita del suceso por Jenkins y la versión presentada por sus superiores para una mención de honor, así como un relato de los hechos del cabo Andre Jones, jefe de la División Correccional, otros informes internos, imágenes de vídeo de medios de comunicación y de ciudadanos particulares, y entrevistas con personas que se encontraban en el lugar de los hechos. Obtuve un disco de imágenes emitidas por la CNN, mientras que las imágenes archivadas en línea proceden de una filial de la Fox (https://www.youtube.com/watch?v=sCtKKU64e1M, en torno al minuto 14:40), de CBS news (https://www.youtube.com/watch?v=UBNRj1eRWLs, en el minuto 5:45) y de RT (https://www.youtube.com/watch?v=_5kHRQGMyC0, en el minuto 21:10). Resulta preciso remarcar que ninguno de los otros siete agentes premiados por ayudar a Jenkins ese día quiso hablar sobre el incidente, y los informes del funcionario de prisiones indican que Jenkins pudo haberse identificado como otro agente cuando requisó el vehículo. Todos los informes del DOC identificaban al agente que se llevó la furgoneta como el sargento John Berry, que no estaba implicado.

15. Wayne Jenkins, correo electrónico, 18 de mayo de 2015.

16. Entrevista con un agente que habló bajo condición de anonimato, por no estar autorizado a hablar.

17. Múltiples agentes que no estaban autorizados a hablar lo recordaron en entrevistas.

18. Los dos párrafos siguientes se basan en mis propias observaciones, ya que ese día me encontraba en el centro de los disturbios.

19. Baltimore City Fraternal Order of Police, Lodge #3, "After Action Review: A Review of the Management of the 2015 Baltimore Riots," 8 de julio de 2015, https://fop3.org/wp-content/uploads/2019/08/AAR-Final.pdf, 30.

20. Documentos judiciales de los Estados Unidos contra Donta Betts.

21. Meredith Cohn, "DEA: 80," *Baltimore Sun,* 17 de agosto de 2016.

22. Donald Stepp, testimonio, los Estados Unidos contra Hersl y otros, 1 de febrero de 2018.

23. Sam Cogen, entrevista, 18 de abril de 2020.

24. Wil Hylton, "Baltimore contra Marilyn Mosby," *New York Times,* 2 de octubre de 2016.

25. *Ibid.*

26. Justin George, "Tension Mounts Between Police, Prosecutors as Charges Announced in Freddie Gray Case," *Baltimore Sun,* 9 de octubre de 2015.

27. Mensajes de texto incluidos en el expediente de investigación del caso Freddie Gray publicado por la policía.

28. Wayne Jenkins, correo electrónico, 1 de mayo de 2015.

29. Wayne Jenkins, correo electrónico, 14 de mayo de 2015. Los registros de la *Licor Boards* (Junta de Licores) demuestran el vínculo de Danielczyk como propietario.

30. Entrevista con una fuente que habló bajo condición de anonimato.

31. Entrevista con una fuente que habló bajo condición de anonimato.

32. Hunt fue detenido en octubre de 2013 por Jenkins y Frieman. El Grupo 52 de la DEA se unió al caso y recuperó dos kilos de heroína durante una orden de registro. Hunt cambió de parecer y se declaró culpable. Estaba previsto que se entregara el 18 de mayo de 2015. Fue asesinado a tiros a plena luz del día el 29 de abril de 2015. Los detalles biográficos proceden del artículo de Peter Hermann publicado el 17 de mayo de 2015 en el *Washington Post,* "After Rioters Burned Baltimore, Killings Pile Up Under the Radar".

33. Se refiere al asesinato de Jennifer Jeffrey-Browne y su hijo Kester «Tony» Browne el 28 de mayo de 2015.

34. Ronnie Thomas III recibió un disparo mortal el 31 de mayo de 2015. La primera vez que le dispararon fue en 2013, tras

noquear a alguien en una pelea a la salida de una marisquería del sureste de Baltimore. Al año siguiente, Thomas fue acusado de disparar a un individuo. Tres días después de que Carlos Wheeler, el hombre acusado de disparar a Thomas, fuera condenado, este fue asesinado. La violencia continuó: los fiscales sostienen que el hermano de Wheeler fue asesinado más tarde como represalia porque Wheeler disparó a Thomas en 2013.

35. Grabación del discurso de Anthony Batts a los oficiales en la reunión del sindicato, 26 de mayo de 2015.

36. Entrevista a Stephanie Rawlings-Blake, 1 de julio de 2019.

37. Stephanie Rawlings-Blake, rueda de prensa, 12 de julio de 2015.

38. Kevin Davis, entrevista, 14 de agosto de 2018.

39. Kowalczyk, *Politics of Crisis,* 131-33.

8. DESPEJADO

1. Maurice Ward, entrevistas.

2. Maurice Ward, testimonio, los Estados Unidos contra Hersl y otros, 23 de enero de 2018.

3. Ward, entrevistas.

4. Maurice Ward, memorando de sentencia, 29 de mayo de 2018.

5. Ward, entrevistas.

6. Wayne Jenkins, correo electrónico a Dean Palmere, 24 de diciembre de 2015.

7. Wayne Jenkins, correo electrónico a Darryl De Sousa, 4 de enero de 2016.

8. Ward, entrevistas.

9. Maurice Ward, testimonio, los Estados Unidos contra Hersl y otros, y entrevistas.

10. Varios familiares y amigos mencionaron al niño fallecido en las cartas que presentaron como parte del memorando de sentencia de Jenkins.

11. Rodney Hill, entrevista del verano de 2018 con *Al Jazeera,* y los archivos de personal de Jenkins. Los archivos personales de Jenkins demuestran que De Sousa y más tarde otro sub-comisario, Jason Johnson, aprobaron el castigo. De Sousa, por su parte, afirmó en mayo de 2019 que no recordaba el caso: «Todas las decisiones disciplinarias fueron someti-das a una adecuada ponderación por parte del personal de mando y el despacho legal del Departamento de Policía de Baltimore. Ninguna persona tenía la potestad para tomar decisiones disciplinarias unilaterales». *Al Jazeera* proporcio-nó una transcripción completa de la entrevista, incluidas extensas partes no emitidas.

12. Jessica Lussenhop, "When Cops Become Robbers," *BBC News,* 3 de abril de 2018.

13. Wayne Jenkins, declaración al capitán Kevin Jones, expe-diente personal, 15 de enero de 2016.

14. Los preparativos de la reunión están documentados en los correos electrónicos del 30 de septiembre y el 6 de octubre de 2015.

15. Jenkins, correo electrónico, 3 de diciembre de 2015.

16. Esta versión ha sido extraída de entrevistas con tres fuentes diferentes, así como documentada por Baynard Woods en el artículo "Internal Affairs," *Real News Network,* 23 de mayo de 2018.

17. Hill, entrevista *en Al Jazeera.*

9. LOCALIZADORES

1. Scott Kilpatrick, entrevista, 30 de agosto de 2019.

2. Además de las observaciones de Kilpatrick, los fiscales del condado de Baltimore confirmaron que en febrero de 2015 habían abandonado un caso presentado en su juris-dicción por Jenkins y Frieman, después de que el aboga-do defensor Ivan Bates hubiera alegado que los agentes tenían problemas de credibilidad. El fiscal, Fran Pilarski,

afirma que llamó a un funcionario del condado que conocía, quien coincidió en que Jenkins tenía problemas de integridad.

3. Informes del Departamento de Salud de Maryland.

4. Kilpatrick, entrevista, 30 de agosto de 2019.

5. Solicitud de registro escrita con bolígrafo, 14 de marzo de 2016.

6. Antonio Shropshire, entrevistas.

7. Registros judiciales.

8. Shropshire, entrevistas.

9. David McDougall, entrevista, 25 de junio de 2019.

10. Tim Prudente, "How Heroin Overdoses in the Suburbs Exposed Baltimore's Corrupt Police Squad, the Gun Trace Task Force," *Baltimore Sun,* 16 de marzo de 2018.

11. Testimonio, los Estados Unidos contra Shropshire y otros.

12. Kenneth Diggins, testimonio, los Estados Unidos contra Shropshire.

13. McDougall, entrevista, 25 de junio de 2019.

14. Kilpatrick, entrevista, 30 de agosto de 2019.

15. Estas versiones provienen del testimonio de los compradores en el juicio de los Estados Unidos contra Shropshire.

16. Video de compra controlada de Antonio Shropshire.

17. Registros del tribunal, los Estados Unidos contra Shropshire.

18. Solicitud de registro escrita a bolígrafo, 14 de marzo de 2016.

19. McDougall, entrevista, 25 de junio de 2019.

10. VALOR

1. Jemell Rayam, testimonio, los Estados Unidos contra Hersl y otros, 2018.

2. Shores y otros contra Rayam y otros. Demanda civil.

3. Thomas Finnegan, audiencia de sentencia, los Estados Unidos contra Finnegan.

4. Jemell Rayam, testimonio, los Estados Unidos contra Shropshire, 25 de octubre de 2017.

5. Cherelle Rayam, carta de recomendación para la sentencia.

6. Jemell Rayam, declaración a los investigadores, 2007.

7. La carta de Cherelle Rayam. Ella escribió: «El supervisor de su brigada en ese momento, el sargento Kevin Jones, valoraba tanto a Jemell que le dijo que, si no funcionaba en el otro sitio, siempre tendría un lugar para él en la brigada. Jemell estuvo formándose en Nueva York durante un par de semanas nada más, y luego me llamó para contarme que le había dado una corazonada fuerte, y que algo en su interior le instaba a volver a Baltimore. Volvió y fue acogido en la brigada del sargento Jones».

8. Transcripción de la entrevista de Keith Hill con inspectores de homicidios, 2009. Intenté hacer un seguimiento con Hill en 2019 a través de un abogado; se negó a ser entrevistado.

9. Cabe señalar que, según los informes, Rayam no estuvo implicado en ningún otro tiroteo después de 2009.

10. Jemell Rayam, testimonio, los Estados Unidos contra Hersl y otros, 30 de enero de 2018.

11. Gary Brown, entrevista, 19 de octubre de 2017.

12. *Ibid.*

13. El sargento Kevin Jones, que prometió un trabajo para Rayam si volvía de la Policía Estatal de Nueva York, estaba por entonces a cargo del Grupo Especial de Rastreo de Armas.

14. Jemell Rayam, declaración de 2013, Estate of Shawn Cannady contra Rayam y otros.

15. Anthony Batts, "Public Safety in the City of Baltimore: A Strategic Plan for Improvement," 21 de noviembre de 2013.

16. Los registros judiciales demuestran que el inspector Jay Rose acusó al hombre inocente de 17 cargos el 30 de junio de 2014. La orden fue revocada y los cargos fueron desestimados el 15 de julio de 2014. Debido a que el hombre no ha solicitado todavía que se borren estos cargos, siguen existiendo aún en el registro público.

11. EL CINTURÓN

1. Andrea Smith, entrevista, 9 de septiembre de 2019.
2. Esta evaluación de la ética de trabajo de Wise procede de entrevistas con colegas, entre ellos el exfiscal de Maryland Rod Rosenstein.
3. Entrevista a Leo Wise, 14 de agosto de 2019. Algunos antecedentes adicionales sobre Wise y Hines: Licenciado en Derecho por Harvard, Wise se incorporó al Departamento de Justicia en 2004 a través de su programa de honores. Vivió viajando durante cuatro años por todo el país y ayudando en casos mediáticos, como el caso de extorsión contra las tabacaleras y el caso Enron. Dejó el Departamento de Justicia para ocupar un puesto de nueva creación como primer supervisor independiente de la ética en la Cámara de Representantes. Entonces tenía solo treinta y un años, y su trabajo consistía en hacer preguntas a políticos poderosos que no estaban acostumbrados a ser interrogados de esa manera. En sus tres años de trabajo, él y un pequeño equipo causaron controversia al destapar abusos, aunque algunos protestasen contra ellos y los expulsaran de los despachos. Un comité de la Cámara de Representantes desestimó la mayoría de los casos que presentó, y los funcionarios se encontraban en medio del debate acerca de la reducción de las competencias de su oficina cuando se incorporó a la Fiscalía de Maryland. Wise había estudiado en la Universidad Johns Hopkins, donde conoció a su esposa, y ambos deseaban volver a Baltimore. Aceptó un recorte salarial de veintitrés mil dólares y se incorporó como fiscal de fraude y corrupción. Hines, por su parte, es nueve años más joven que Wise. Durante sus estudios universitarios en el Franklin & Marshall College de su ciudad natal, Lancaster (Pensilvania), se especializó en Políticas y Filología Hispánica, y jugó en el equipo de baloncesto antes de es-

tudiar Derecho en Villanova. Tras sus estudios de Derecho, viajó a Luisiana con el exdirector del FBI Louis Freeh para investigar las demandas fraudulentas relacionadas con el vertido de petróleo de Deepwater Horizon, y después pasó once meses en Montana como abogado de la tribu india Chippewa Cree, durante los cuales se ocupó de la controvertida destitución del presidente de la tribu.

4. Erika Jensen, entrevista, 16 de agosto de 2019.

5. David McDougall, entrevista, 25 de junio de 2019.

6. Esta información sobre Guinn que se presentó en 2013 puede verificarse en una declaración jurada de orden de registro. En ella se hace referencia a Guinn como Oficial-1: «Los investigadores creen que la motivación del Oficial-1 para presentar la información fue causada por su obligación laboral de informar sobre sospechas de comportamiento inapropiado y, además, los investigadores *cree* [sic] que el Oficial-1 resulta fiable». Los investigadores se refirieron repetidamente a la información de Guinn en las declaraciones juradas para establecer su causa probable para creer que Gondo tenía relaciones con traficantes de drogas.

7. Ryan Guinn, entrevista, 24 de junio de 2018.

8. Ryan Guinn, entrevista, 18 de marzo de 2019.

9. Se refiere al caso del inspector Joe Crystal, que afirmó que una rata muerta había aparecido en su parabrisas después de denunciar una agresión. Guinn no mencionó específicamente este caso, pero ocurrió en el mismo periodo de tiempo.

10. Órdenes de registro.

11. Jensen, entrevista, 16 de agosto de 2019.

12. Wise, entrevista, 14 de agosto de 2019.

13. También por estas fechas, en noviembre de 2015, volvió señalarse a Rayam por presuntas irregularidades cuando el juez del Tribunal de Circuito Barry Williams suprimió todas las pruebas en uno de sus casos. «Podría llegar un momento en el que aceptara su palabra [de Rayam]. Pero, debido a la forma en que se ha presentado hoy, este tribunal no puede aceptar su palabra para nada», manifestó Williams en la vis-

ta. Sin embargo, Rayam, tras declararse culpable más tarde y admitir años de comisión de delitos, siguió manteniendo que no había mentido sobre las circunstancias del caso, un hecho que pone en relieve la complicada tarea de clasificar las acusaciones de conducta indebida.

14. Julie Bykowicz, "Drug Case Falls Apart," *Baltimore Sun,* 27 de marzo de 2006. El abogado defensor era Bradley MacFee; la asesora jurídica jefe en aquel momento, que respondía a MacFee, era Karen Stakem Hornig.

15. Mark Puente, "Some Baltimore Police Officers Face Repeated Misconduct Lawsuits," *Baltimore Sun,* 4 de octubre de 2014.

16. Cubrí personalmente los cargos contra Young Moose, pero la mejor cobertura publicada sobre su situación vital llegó de manos del periodista musical Lawrence Burney en la revista *Vice,* «*How a Dirty Baltimore Cop's Vendetta Derailed a Promising Rapper's Career*», que se publicó el 10 de mayo de 2017.

17. John Burns, correo electrónico al Capitán Kevin Jones, 6 de abril de 2016.

12. MONSTRUOS

1. Este comentario lo hizo un inspector de homicidios durante un reportaje mío acerca de una investigación en la que estuve inmerso a finales de 2015, y que formaba parte de una serie de artículos para *The Baltimore Sun* titulada "Chasing a Killer".

2. El caso al que nos referimos aquí es el asesinato de Kendal Fenwick, abatido a tiros el 9 de noviembre de 2015 en Park Heights. El caso de Fenwick atrajo la atención de los medios de comunicación, ya que se decía que había sido tiroteado por traficantes de drogas molestos porque había construido una valla para impedir que atravesaran su propiedad. Una gran cantidad de diversos miembros de la comunidad se

unieron para terminar de construirla. Cuando el sospechoso fue a juicio, los fiscales argumentaron que Fenwick había sido asesinado en represalia por error, en un tiroteo destinado a otro. El fiscal del caso fue el fiscal auxiliar Patrick Seidel, que aparece en el capítulo 22.

3. Walter Price recibió un disparo mortal el 22 de noviembre de 2016, en el bloque 500 de Random Road.

4. Malik McCaffity, entrevista, 7 de noviembre de 2018.

5. Lori Turner, entrevista, 22 de febrero de 2019.

6. Leedra Turner, entrevista, 20 de febrero de 2019.

7. Memorando de sentencia, EE.UU. contra McCaffity.

8. Una nota sobre el caso de Malik: testificó ante un gran jurado federal, y su caso figuraba entre los cargos imputados en la acusación del Grupo Especial de Rastreo de Armas. Sin embargo, los fiscales nunca lo subieron al estrado en el juicio de los agentes; mientras el caso estaba pendiente, el joven de veintidós años atracó una licorería del noreste de Baltimore a punta de pistola. Las grabaciones de las cámaras corporales demostraron que los agentes que acudieron al lugar lo encontraron escondido en un frigorífico. «Si pudiera encontrar a ese policía, le daría un abrazo —confesó más tarde la madre de McCaffity, Lori Turner—. Ese policía podría haberlo matado. Pienso que manejó bien la situación». La Fiscalía Federal llevó el caso de McCaffity al ámbito federal, y fue condenado a ocho años de prisión por el robo, una sentencia con más años de la que recibieron algunos de los agentes corruptos por cometer una serie de robos utilizando el poder de su placa. McCaffity, cuya detención por arma de fuego realizada por Jenkins y su brigada fue desestimada, insiste, mientras cumple condena por el robo no relacionado, en que el arma por la que Jenkins lo detuvo no le pertenecía.

9. Maurice Ward, testimonio, los Estados Unidos contra Hersl y otros, 23 de enero de 2018.

10. Wayne Jenkins, testimonio, Estado contra Stevenson y otros, 31 de octubre de 2016. Ward, Oreese Stevenson y Evodio

Hendrix también testificaron en los Estados Unidos contra Hersl y otros, que habían tirado delante de la furgoneta.

11. Las palabras concretas de la conversación proceden de la versión de los hechos de los agentes en la orden de registro del domicilio de Stevenson. Hendrix declaró en el juicio los Estados Unidos contra Hersl y otros que Stevenson había dicho a los agentes que tenía una caja fuerte, kilos de cocaína y armas. Stevenson, sin embargo, negó en su testimonio en el mismo juicio que hubiera hecho tales declaraciones a los agentes.

12. Informe de la oferta de Hendrix.

13. La acusación a la que se hace referencia aquí es los Estados Unidos contra Rice y otros. Mientras inspeccionaba los documentos del caso, también consulté los informes de Van Smith, de *City Paper*.

14. Donald Stepp, testimonio, los Estados Unidos contra Hersl y otros, 1 de febrero de 2018. Stepp declaró que Jenkins había dicho: «Tenemos a un "monstruo"»; luego, Stepp se corrigió y afirmó que Jenkins había utilizado el término «capo de la droga» en esta ocasión concreta.

15. *Ibid.*

16. Registros de propiedades y negocios del estado.

17. Ward y Hendrix, testimonio, los Estados Unidos contra Hersl y otros, 23 y 29 de enero de 2018.

18. Ward, testimonio, los Estados Unidos contra Hersl y otros, 23 de enero de 2018.

19. Stepp, testimonio, los Estados Unidos contra Hersl y otros, 1 de febrero de 2018.

20. Transcripción de la conversación entre Oreese Stevenson y Keona Holloway, solicitud de registros de teléfonos móviles, 24 de febrero de 2017.

21. Holloway contó a los investigadores que había regresado a la casa alrededor de las 12:30, y que fue entonces cuando Jenkins llegó, le mostró la orden y le pidió que saliera. Esta información puede comprobarse en la solicitud de registros de teléfonos móviles presentada por el Gobierno Federal el 24 de febrero de 2017.

22. Vídeo de Wayne Jenkins filmado por Marcus Taylor, proporcionado por el propio Taylor.

23. No se ha llegado a un acuerdo sobre la cantidad. Ward y Hendrix declararon que se llevaron cien mil dólares y que dejaron otros cien mil dentro. Stevenson ha mantenido que había más: declaró al FBI que había «más de doscientos sesenta mil dólares» solo en la caja fuerte, y dos bolsas que contenían cuarenta mil dólares en total en otros lugares de la casa. Esta información se encuentra dentro de la solicitud de registros de teléfonos móviles presentada el 24 de febrero de 2017. En su testimonio en los Estados Unidos contra Hersl y otros, Stevenson declaró que tenía «doscientos mil dólares y algo de cambio» en la caja fuerte y cuarenta mil dólares en las bolsas.

24. Informe de la oferta de Ward.

25. Ward y Hendrix, testimonio, los Estados Unidos contra Hersl y otros, 23 y 29 de enero de 2018.

26. Vídeo de la apertura de la caja fuerte.

27. Ethan Glover, testimonio, los Estados Unidos contra Hersl y otros, 25 de enero de 2018.

28. Ward y Hendrix, testimonio, los Estados Unidos contra Hersl y otros, 23 y 29 de enero de 2018.

29. Ward, testimonio, los Estados Unidos contra Hersl y otros, 23 de enero de 2018.

30. El informe de la oferta de Ward.

31. Transcripción de la conversación entre Oreese Stevenson y Keona Holloway, solicitud de registros de teléfonos móviles, 24 de febrero de 2017.

32. Ward, testimonio, los Estados Unidos contra Hersl y otros, 23 de enero de 2018.

13. LAS ESCUCHAS

1. John Sieracki, entrevista, 12 de septiembre de 2019.

2. Acusación, Estados Unidos contra Shropshire y otros, y testimonio judicial de Momodu Gondo, 25 de octubre de 2017.

3. Erika Jensen, entrevista, 16 de agosto de 2019.

4. Solicitud de registro escrita con bolígrafo, 16 de mayo de 2016.

5. *Ibid.*

6. *Ibid.*

7. Solicitud de uso de circuito cerrado de televisión, 8 de junio de 2016.

8. Sieracki, entrevista, 12 de septiembre de 2019.

9. Documentos de acusación, El Estado contra Nicholas De-Forge.

10. Jensen, entrevista, 16 de agosto de 2019.

11. Solicitud de uso de circuito cerrado de televisión, 8 de junio de 2016.

12. Laura Slater, entrevista, 31 de julio de 2018.

13. Jensen, entrevista, 16 de agosto de 2019.

14. *Ibid.*

15. Solicitud de uso de circuito cerrado de televisión, 8 de junio de 2016.

16. *Ibid.*

17. David McDougall, entrevista.

18. Erika Jensen, entrevista, 19 de septiembre de 2019.

19. *Ibid.*

20. Entrevista con una fuente que habló bajo condición de anonimato.

21. El reportero del *Baltimore Sun* Kevin Rector y yo escribimos una historia publicada el 16 de enero de 2016, en la que un miembro del jurado proporcionó esta información: «El jurado del juicio del agente Porter estuvo a un voto de la absolución del cargo más grave».

22. Este comentario lo hizo la jueza del Tribunal de Circuito Pamela White en una audiencia de supresión el 27 de enero de 2016.

23. Este comentario fue realizado por el abogado Marc Zayon.

14. EL AVISPERO

1. Sean Miller, correo electrónico a Kevin Jones, 10 de junio de 2016.
2. Dean Palmere, correo electrónico a Sean Miller y Frank Ebberts, también BCC a sí mismo, 6 de junio de 2016.
3. Llamada telefónica intervenida entre Jemell Rayam y Momodu Gondo, 15 de junio de 2016.
4. Maurice Ward, entrevista.
5. Llamada telefónica intervenida entre Maurice Ward y Momodu Gondo, 14 de junio de 2016.
6. Llamada telefónica intervenida entre Jemell Rayam y Momodu Gondo, 14 de junio de 2016.
7. John Burns, correo electrónico, 15 de junio de 2016.
8. Robert Himes, correo electrónico, 10 de julio de 2016.
9. Peter Hermann y Nancy Youssef, "Loot Links Prothero Killing to Drug Ring," *Baltimore Sun,* 8 de marzo de 2000.
10. Documentos judiciales de los Estados Unidos contra Keenan Hughes y otros.
11. *Ibid.*
12. Los Estados Unidos contra Gregory Whyte.
13. Registros de la propiedad.
14. Declaraciones judiciales de William Purpura y Jemell Rayam, los Estados Unidos contra Daniel Hersl y otros.
15. Solicitud de orden de registro, 10 de agosto de 2016.
16. Jemell Rayam, testimonio, los Estados Unidos contra Daniel Hersl y otros, 29 de enero de 2018.
17. Acusación sustitutiva, los Estados Unidos contra Jenkins y otros.
18. Rayam, testimonio, los Estados Unidos contra Daniel Hersl y otros, 29 de enero de 2018.
19. Maurice Ward, entrevista.
20. Esta cita es de Tessa Hill-Aston, entonces presidenta de la Asociación Nacional para el Progreso de las Personas de Color.
21. Momodu Gondo, testimonio, los Estados Unidos contra Shropshire y otros, 25 de octubre de 2017.

22. *Ibid.*

23. Mensajes de texto entre Momodu Gondo y Glen Wells, 28 de junio de 2016.

24. Wayne Jenkins, en llamada intervenida con Momodu Gondo, 29 de junio de 2016.

25. Llamada intervenida entre Jemell Rayam y Momodu Gondo, 1 de julio de 2016.

15. CONSTRUIR LA EXCELENCIA

1. Transcripción de intervención telefónica, solicitud de intervención telefónica, 21 de octubre de 2016.

2. Ronald Hamilton, entrevista, "Charm City," pódcast del *New York Times*, 13 de junio de 2018.

3. Momodu Gondo, testimonio, los Estados Unidos contra Daniel Hersl y otros, 5 de febrero de 2018.

4. Jemell Rayam, testimonio, los Estados Unidos contra Jemell Rayam, 29 de enero de 2018.

5. Hamilton, "Charm City".

6. Ronald Hamilton, entrevista policial, orden de registro, 24 de febrero de 2017.

7. Ronald Hamilton, testimonio, los Estados Unidos contra Daniel Hersl y otros, 31 de enero de 2018.

8. Jemell Rayam, testimonio, los Estados Unidos contra Daniel Hersl y otros, 5 de febrero de 2018.

9. Dispositivo de grabación del FBI, 8 de julio de 2016.

10. Solicitud de orden de registro, 24 de febrero de 2017.

11. Gondo a Wells, conversación intervenida, 9 de julio de 2016.

12. Ronald Hamilton, solicitud de orden de paz, 21 de noviembre de 2016.

13. Hamilton, testimonio, los Estados Unidos contra Hersl y otros.

14. Juan Minaya a Wayne Jenkins, correo electrónico, 26 de julio de 2016.

15. Michael Pool a Wayne Jenkins, correo electrónico, 22 de julio de 2016.

16. Richard Worley a Wayne Jenkins, correo electrónico, 26 de julio de 2016.

17. La oficina del fiscal del Estado maniobró con éxito para poder llamar a los oficiales acusados como testigos unos contra otros. Pero para ello fue necesario que un nuevo equipo de fiscales, denominado el «equipo limpio», se encargara del procesamiento del oficial Garrett Miller, con el objetivo de garantizar que la información que este testificara no se filtrara en su propio caso. Como informé para *The Baltimore Sun,* los fiscales del «equipo limpio» consideraban que el caso contra Miller no debía seguir adelante.

18. Abogado de Goodson, Sean Malone, entrevista, 24 de abril de 2020.

19. Varios casos bien documentados en los que participaron los agentes quedaron fuera de este libro por razones narrativas. Uno de estos casos ocurrió dos días antes de este incidente: la detención por arma de fuego, el 1 de agosto de 2016, de un hombre llamado Albert Brown, que trabajaba para el programa antiviolencia *«Safe Streets»,* dirigido por la consejería de salud de la ciudad. El programa contrataba a convictos y otras personas con experiencia en las calles para mediar en disputas que no correspondían al ámbito de la policía. Brown fue uno más de los hombres que detuvieron en el aparcamiento de una gasolinera por no llevar puesto el cinturón de seguridad. La cámara corporal de Hersl no estaba encendida cuando Brown, supuestamente, dio permiso a los agentes para registrar su coche y estos encontraron una pistola y cocaína. Los agentes afirmaron que los objetos se hallaron en la zona del techo del vehículo, igual que en el caso Walter Price en 2014. Y, como en el caso Price, intentaron sonsacarle información sobre otros delincuentes. «Esta es como la tercera vez que cogemos a un tipo de *Safe Streets* con un arma—le reprendió Jenkins en el aparcamiento de la gasolinera. Entonces Jenkins bajó la voz—: ¿Quieres ir a

algún sitio y que hablemos de esto? ¿Quieres que parezca que te arrestamos y salir de aquí para que la gente no te vea? No me importan ni la pistola ni las drogas. ¿Quieres ir a algún sitio a hablar y contarnos la verdad, o no?». Debido a su trabajo como mediador en conflictos, Brown probablemente tenía todo tipo de información que la policía ansiaba conocer, pero la ética de trabajo lo obligaba a mantener esta información confidencial. «También podríais llevarme a la cárcel», respondió. Cuando los agentes doblaron la esquina seis minutos más tarde, Hersl aseguró a Ward que su cámara corporal estaba apagada. Sin embargo, Hersl aún no se había familiarizado con el nuevo aparato y, por el contrario, la cámara seguía funcionando. Se dirigieron a la dirección que figuraba en la lista de Brown, justo enfrente de la comisaría de policía del distrito Oeste, el punto de partida de la rebelión de Freddie Gray dieciocho meses antes. «¿Vais a entrar en casa sin orden judicial?», preguntó Brown desde el asiento trasero. «Podrías manipular alguna cosa —respondió Hersl—. Se denominan "circunstancias exigentes"». Murmuró: «*Safe Streets*, tronco, te digo: todos estos tíos son unos asquerosos. Hay que acabar con todo ese programa». Para cuando el caso alcanzó su primera comparecencia ante el tribunal, cinco meses después, en enero de 2017, el abogado de Brown, Ivan Bates, preguntó al fiscal del caso si veía algún problema en las imágenes. «¿Reconoce que sus oficiales tienen algunos problemas; [que] entraron en su casa sin una orden judicial?», preguntó Bates. «Y qué —respondió el fiscal—. Se trata de una parada en una gasolinera, [un registro de la casa sin orden judicial] no tiene nada que ver con este caso». «Sí que lo tiene —afirmó Bates—, porque mienten sobre todo».

20. Registros policiales del condado de Baltimore.
21. Informe del sargento Bruce Vaughn, 9 de agosto de 2016.
22. Jason Metz, entrevista, 9 de septiembre de 2019.
23. Informe del inspector Brian Cowley, 9 de agosto de 2016.
24. Informe del sargento Vaughn.
25. Informe del inspector Joe Backhaus, 12 de agosto de 2016.

26. Informe del inspector Cowley.

27. Registros policiales del condado de Baltimore de las investigaciones de Donald Stepp.

16. LA CAZA

1. Daniel Hersl, testimonio, 15 de enero de 2017.

2. Imágenes de la cámara corporal de Daniel Hersl, 10 de agosto de 2016.

3. David Jaros, entrevista, primavera de 2019.

4. La referencia a que los agentes grababan sus propios vídeos incluye otros vídeos aparte de este proveniente del iPhone de Oreese Stevenson; he encontrado numerosos casos de agentes que, antes de que se impusieran las cámaras corporales, escribían en las declaraciones de causa probable que habían presentado breves vídeos de iPhone en los que se grababan a sí mismos hablando con sospechosos o tomando declaración. Las personas detenidas por los agentes también afirmaron haber sido grabadas para fines concretos.

5. Cámara corporal de Hersl, 10 de agosto de 2016.

6. D'Andre Adams, entrevista, 27 de septiembre de 2018.

7. Cámara corporal de Hersl, 10 de agosto de 2016.

8. *Ibid.*

9. Acusación, los Estados Unidos contra Kenton Gondo y otros.

10. Obtuve un registro de todas las grabaciones subidas desde las cámaras de los agentes, y no se registró ninguna grabación correspondiente a estos incidentes. Los agentes no pueden borrar ni filtrar las grabaciones de sus cámaras.

11. Respuesta en oposición a la moción de revisión de la orden de detención, los Estados Unidos contra Hersl, 7 de marzo de 2017.

12. Erika Jensen, entrevista, 16 de agosto de 2019.

13. Nunca se mostró ningún vídeo del dispositivo; Jensen explicó que los agentes trabajaban principalmente de noche y que la calidad del vídeo era mala.

14. Audio del dispositivo de grabación, 31 de agosto de 2016.
15. Esta versión proviene de un vídeo que obtuve de la Universidad de Maryland, Departamento de Policía de Baltimore.
16. Jensen, entrevista, 16 de agosto de 2019.
17. Transcripción del dispositivo de grabación del FBI, 22 de septiembre de 2016.
18. Grabación de la cámara corporal, 24 de septiembre de 2016.
19. Albert Peisinger, entrevista, 25 de mayo de 2018.
20. Varios casos bien relatados en los que participaron los agentes se omitieron por razones narrativas. Otro tuvo lugar por estas fechas, el 5 de octubre de 2016: el atraco a Gregory Harding. Según la acusación, los agentes se embarcaron en una persecución a gran velocidad en la que Harding arrojó más de doscientos cincuenta gramos de cocaína por la ventanilla antes de que Jenkins chocara a propósito contra su vehículo, cerca del centro comercial Mondawmin. Las cámaras corporales captaron los instantes siguientes, en los que Jenkins le dice a Gondo: «Igual que la última vez. Aquí hay medio [kilo]; podemos conseguir gran cantidad de esta mierda», y más tarde: «Este tipo tiene mucha pasta. Tenemos que montárnoslo bien, hacer los deberes y seguir con él». En un momento dado, preguntó a Gondo si su cámara corporal seguía funcionando. Rayam declaró más tarde que Jenkins le había dado la cocaína y le había dicho que la vendiera y le devolviera los beneficios. Dos días después, Rayam viajó a Filadelfia para reunirse con un exagente del Departamento de Policía de Baltimore que en ese momento era policía en Filadelfia, Eric Snell, quien le entregó la droga a un familiar para que la vendiera. Snell fue acusado en noviembre de 2017 y llevó su caso a juicio. Los fiscales presentaron pruebas que incluían mensajes de texto que mostraban a Rayam y Snell usando un lenguaje codificado para discutir la venta. Jenkins también había enviado mensajes de texto urgentes a Rayam, que este testificó que el sargento había enviado con el objetivo de cobrar el dinero. Unos días antes del juicio de Snell, hablé con Harding, que estaba preocupado por si lo

llamaban a declarar contra los agentes: «Solo quiero seguir adelante con otras cosas. No fue este el primer encuentro que tuve con policías corruptos. Esto ha sido siempre así en Baltimore». Al final, no lo llamaron. Unos meses después, el 26 de febrero de 2019, Harding, de treinta y nueve años, fue asesinado a tiros en el noreste de Baltimore. La policía no dio a conocer el motivo y no ha realizado detenciones.

21. *Your BPD News,* octubre de 2016.

22. Análisis de Christine Zhang para *The Baltimore Sun.* "Cops and Robbers, Part II: Corrupt Squad Scoured Baltimore Streets in Pursuit of Black Men to Search, Arrest-and Steal From," 12 de junio de 2019.

23. Ivan Bates, entrevista, 17 de octubre de 2018.

24. Ivan Bates, testimonio, *Commission to Restore Trust in Policing*, 11 de junio de 2019.

25. Vídeo del Estado contra Oreese Stevenson y Demetrius Brown, 31 de octubre de 2016.

26. Bates, entrevista, 17 de octubre de 2018.

17. LEER ENTRE LÍNEAS

1. Wayne Jenkins, correo electrónico, 2 de febrero de 2016.

2. Darryl De Sousa, correo electrónico, 3 de febrero de 2016.

3. James Kostoplis, entrevista, 8 de mayo de 2019.

4. Grabación del FBI, 5 de octubre de 2016, descrita en la primera acusación de la página 26. King, Murray y Sylvester aparecen antes en el libro; Kendall Richburg era un inspector de la Sección de Impacto de Delitos Violentos, cuyo teléfono fue intervenido por el FBI en 2012. De este modo se reveló que estaba conspirando con un informante. Admitió haber devuelto a la circulación drogas incautadas, haber planeado la colocación de pruebas y haberle pedido al informante que robara a alguien a quien Richburg había registrado previamente. Richburg fue condenado a ocho años de prisión federal.

5. Este arresto tuvo lugar el 11 de octubre de 2016.

6. Antonio Shropshire, entrevista.
7. *Ibid.*
8. Scott Kilpatrick, entrevista y testimonio en la corte.
9. Registro policial de la sesión de ofrecimiento de pruebas de Shropshire, 30 de noviembre de 2016.
10. Kevin Rector, Justin George y Luke Broadwater, "Baltimore, Justice Department Reach Consent Decree Agreement on Police Reform," *Baltimore Sun,* 12 de enero de 2017.
11. Policía del Condado de Baltimore, vídeo de la cámara corporal, 29 de enero de 2017.
12. Policía del Condado de Baltimore, cámara corporal e informe del incidente, 5 de febrero de 2017.
13. Informe de Asuntos Internos.
14. Ivan Bates, entrevista, 17 de octubre de 2018.
15. James Kostoplis, testimonio judicial y entrevista del 8 de mayo de 2019.

18. DISONANCIA COGNITIVA

1. Transcripción del dispositivo de grabación.
2. Erika Jensen, entrevista, 16 de agosto de 2019.
3. Leo Wise, entrevista, 14 de agosto de 2019.
4. Ivan Bates, testimonio, *Commission to Restore Trust in Policing*, 11 de junio de 2019.
5. Derek Hines, entrevista, 14 de agosto de 2019.
6. Kevin Davis, entrevista, 14 de mayo de 2019.
7. Jensen, entrevista, 16 de agosto de 2019.
8. Davis, entrevista, 14 de mayo de 2019.
9. John Sieracki, entrevista, 12 de septiembre de 2019.
10. Jensen, entrevista, 16 de agosto de 2019.
11. Rodney Hill, entrevista.
12. Erika Jensen, entrevista, 19 de septiembre de 2019.
13. Sieracki, entrevista, 12 de septiembre de 2019.
14. Las horas a las que llegaron los agentes fueron facilitadas por el agente del grupo Especial del FBI John Sieracki.

15. Maurice Ward, entrevista.

16. Kevin Davis, entrevista, 14 de agosto de 2018.

17. Anna Mantegna, entrevista, 2019. Mantegna tuvo más implicación en el caso de la que he podido retratar aquí: Wise y Hines afirmaron que un fiscal de la ciudad había avisado a Jenkins de la investigación federal (a la que se hace referencia en el capítulo 17), y la Fiscalía Federal acabó comunicando a la Fiscalía del Estado que creían que aquel fiscal era Mantegna, basándose en los registros telefónicos que demostraban que ella y Jenkins habían mantenido una conversación bastante larga por esas fechas. Aunque los fiscales federales sostuvieron que no tenían base para acusarla, Mantegna fue despedida por la Fiscalía de la ciudad. Mantegna ha mantenido que no sabía, y que nunca supo, nada de la investigación federal. «No tenía ni idea» de que se desarrollaba una investigación federal, me dijo Mantegna. «Nada en absoluto». Sí admitió que había hablado con Jenkins acerca de su preocupación por si Rayam y Gondo mentían. Mantegna dijo al FBI que le había dicho a Jenkins: «Esos tipos son unos corruptos: vigílalos como un halcón». Mantegna presentó sin éxito una demanda.

18. Un fiscal de la época que habló bajo condición de anonimato, 2019.

19. Informe de Asuntos Internos.

20. *Ibid.*

21. Maurice Ward, entrevista, corroborada por las versiones de otros oficiales.

22. Las versiones de los hechos que Momodu Gondo y Evodio Hendrix ofrecieron.

23. Versión de los hechos ofrecida por Evodio Hendrix.

24. Entrevista a Leo Wise y Derek Hines, 14 de agosto de 2019.

25. Sieracki, entrevista, 12 de septiembre de 2019.

26. Leo Wise, entrevista, 21 de febrero de 2018.

27. Grabación de archivo de la reunión del Consejo del Condado de Harford, 21 de junio de 2017.

28. Acusación, los Estados Unidos contra Thomas Allers.

29. Testimonio de Lekyle Whitaker, Estado contra Antwon Frazier. «Nunca olvidaré cómo me miró», declaró Whitaker. Frazier, el hombre acusado de matar a Robinson, fue absuelto por un jurado de todos los cargos: un testigo clave se negó a cooperar y el abogado defensor de Frazier contó a los miembros del jurado que había demasiadas dudas.

30. Angel Allers, entrevista, 10 de mayo de 2018.

31. Evodio Hendrix, testimonio, los Estados Unidos contra Hersl y otros, 29 de enero de 2018.

32. Umar Burley, entrevista, 7 de octubre de 2019.

33. El fiscal federal en funciones Stephen Schenning reveló que Jenkins había llegado a una oferta de acuerdo en una carta del 15 de febrero de 2018, en la que hablaba de un fiscal de la ciudad del que creía que había filtrado la información sobre la investigación. La información adicional sobre las ofertas de Jenkins proviene de otras fuentes.

34. Ryan Guinn, entrevista, 24 de junio de 2018.

19. HARLEM PARK

1. Martin Bartness, entrevista, 16 de noviembre de 2017.

2. Rick Willard, entrevista, 16 de noviembre de 2017.

3. Jonathan Jones, entrevista, 16 de noviembre de 2017.

4. Independent Review Board, "Report to the Commissioner of the Police Department of Baltimore City Concerning an Independent Review of the Nocontra 15, 2017 Incident and Its Aftermath," 27 de agosto de 2018, 26.

5. Justin George, "Police Say Home Where Three Killed Was Gang Hangout," *Baltimore Sun,* 7 de diciembre de 2016.

6. David Bomenka, en la cámara corporal de los agentes con los que habló, según se describe en *Independent Review Board,* "Report to the Commissioner," 39.

7. "Baltimore Police Department Monitoring Team: First Semiannual Report," 18 de julio de 2018, 64.

8. Nicole Suiter, entrevista, 5 de mayo de 2019.

9. Ryan Guinn, entrevista, 18 de marzo de 2019.

10. De un informe resumido de las pistas recibidas por la policía.

11. Documentos de investigación del Estado contra Carey Olivis, 2018.

12. Mociones de los Estados Unidos contra Sydney Frazier. Frazier mantenía la vigilancia y el control de la vivienda situada junto al descampado donde tirotearon a Suiter; estaba en reformas y parecía vacía. La policía entró sin orden judicial y encontró una caja de armas y otros objetos de contrabando en su interior, tras lo cual solicitó una orden de registro alegando que un rastro de sangre había conducido al solar de la vivienda. Nunca existió tal rastro.

13. Kevin Davis, conferencia de prensa, 16 de noviembre de 2017.

14. Esto ocurrió el lunes 20 de noviembre de 2017.

15. Kevin Davis, entrevista, 14 de mayo de 2019.

16. Kevin Davis, rueda de prensa, 17 de noviembre de 2017.

17. El funeral tuvo lugar en la iglesia de Mount Pleasant.

18. El sargento que dirigía la investigación, James Lloyd, fue acusado penalmente en julio de 2020 de secuestro y extorsión. Supuestamente amenazó a un contratista que trabajó en su casa con arrestarlo si no recibía un reembolso, y condujo al hombre a un banco para retirar dinero. El departamento mantenía que Lloyd estaba de servicio cuando ocurrió el incidente.

19. Las palabras de la acusación decían concretamente: «Tras el choque, y después de que U.B. y B.M. hubieran sido detenidos, Jenkins dijo al agente n.º 2 [Guinn] que llamara a un sargento que no se encontraba en el lugar de los hechos porque tenía el «material» o la «mandanga» en su coche, o alguna palabra por el estilo. El agente n.º 2 llamó al sargento, pero la conversación fue breve, porque el sargento ya había llegado al lugar de los hechos tras oír la petición de ayuda del agente n.º 2 por la radio de la policía. Tras hablar con el sargento, el agente n.º 2 centró su atención en el

conductor de edad avanzada que permanecía atrapado en el interior de su vehículo en el porche delantero de la casa adosada. Después de que el personal médico de emergencia llegara al lugar, el agente n.º 2 se volvió hacia Jenkins, que se encontraba de pie cerca del coche de U.B. y B.M. En ese momento, Jenkins le dijo al agente n.º 2 que el «material» o la «mandanga» estaban en el coche, refiriéndose al coche de U.B. y B.M., y que Jenkins iba a enviar al agente n.º 1 [Suiter] al coche para que las encontrara porque el agente n.º 1 «no tenía ni idea», o palabras por el estilo. Algún tiempo después, el agente n.º 2 vio al agente n.º 1 registrando el coche. El agente n.º 1 le indicó que había encontrado algo. El agente n.º 1 encontró aproximadamente veintiocho gramos de heroína que Jenkins había colocado en el vehículo».

20. Ryan Guinn, entrevista, 24 de junio de 2018.
21. Audiencia judicial, 18 de diciembre de 2017.

20. CULPABLE

1. Informes de la Policía del Condado de Baltimore acerca del inspector Christopher Toland.
2. Registros policiales del condado de Baltimore.
3. Leo Wise, entrevista, 21 de febrero de 2018.
4. Registros policiales del condado de Baltimore.
5. Derek Hines, correo electrónico, contenido en los archivos de investigación de la Policía del Condado de Baltimore sobre Stepp.
6. Versión de los hechos de Stepp ofrecida por una fuente. Evodio Hendrix también contó a las autoridades que Jenkins había tratado de vender el coche y que la historia de que lo habían robado no tenía sentido, puesto que la esposa de Hendrix tenía un coche similar, y la alarma y la llave especial del modelo del coche dificultaban mucho el robo.
7. La información sobre «considerables negociaciones» con respecto a las declaraciones de los hechos en el acuerdo de

culpabilidad proviene de una carta del fiscal federal en funciones Stephen Schenning enviada a la oficina del fiscal estatal de la ciudad el 15 de febrero de 2018.

21. POLICÍAS Y LADRONES

1. Kevin Davis, entrevista, 8 de enero de 2018.
2. Catherine Pugh, rueda de prensa, 19 de enero de 2018.
3. Las declaraciones del primer día de juicio tuvieron lugar el 23 de enero de 2018.
4. En los casos a nivel estatal de agentes que habían sido acusados de robo, los cargos eran por hurto, no por robo. Por ejemplo, en 2004, el agente Myron Thornes fue acusado de sustraer quinientos dólares a un agente encubierto, y fue acusado de hurto. En 2009, el oficial Michael Sylvester, al que se hace referencia en el capítulo 10, fue acusado de robo en otra operación encubierta en la que estaba implicado un policía aún en formación; hay varios más. No he podido encontrar ningún ejemplo de agentes acusados de llevarse dinero estando de servicio que hayan sido acusados de robo. Aun así, el argumento de Purpura fracasó.
5. Ward testificó los días 23 y 25 de enero de 2018. No hubo diligencias el 24 de enero de 2018.
6. Hendrix testificó el 29 de enero de 2018.
7. Stepp testificó el 1 de febrero de 2018.
8. Stevenson testificó el 31 de enero de 2018.
9. Whiting testificó el 25 de enero de 2018.
10. Hamilton testificó el 31 de enero de 2018.
11. Rayam testificó el 29 y 30 de enero de 2018.
12. Gondo testificó el 5 de febrero de 2018.
13. Kevin Rector, "Top-Ranking Baltimore Police Official Retires, Denies He Coached Gun Task Force Officer on How to Avoid Punishment," *Baltimore Sun,* 5 de febrero de 2018. Palmere le dijo a Rector: «No es cierto. Yo no enseñé eso a nadie. Siempre me he enorgullecido de mi ética e integridad».

14. Esta pregunta proviene del abogado defensor Christopher Nieto.
15. El tío era Kevin Basil.
16. Kostoplis subió al estrado el 6 de febrero de 2018.
17. Derek Hines, entrevista, 14 de agosto de 2019.
18. Erika Jensen, entrevista, 16 de agosto de 2019.
19. Darryl De Sousa, declaración a la prensa, 12 de febrero de 2018.

22. POSIBILIDADES Y PROBABILIDADES

1. Frederick H. Bealefeld, entrevista, 2010.
2. Luther Young, "A Partner Remembers," *Baltimore Sun,* 3 de diciembre de 1985.
3. Gary Childs, entrevista, 19 de abril de 2019.
4. Independent Review Board, "Report to the Commissioner of the Police Department of Baltimore City Concerning an Independent Review of the Nocontra 15, 2017 Incident and Its Aftermath," 27 de agosto de 2018, hecho público el 28 de agosto de 2018.
5. *Ibid.*
6. Carta de Hersl, 10 de diciembre de 2017, vía fuente. Hersl continuó diciendo que Suiter y Gondo se habían reunido con mujeres de la zona de Harlem Park y especuló con la posibilidad de que tuvieran algo que ver con el asesinato.
7. Junta de Revisión Independiente, "Informe".
8. Nicole Suiter, rueda de prensa, 29 de agosto de 2018.
9. Nicole Suiter, entrevista, 29 de agosto de 2018.
10. Jeremy Eldridge, entrevista, 21 de marzo de 2019.
11. Jeremy Eldridge, entrevista, 19 de marzo de 2020.
12. Eldridge, entrevista, 21 de marzo de 2019.
13. *Ibid.*
14. *Ibid.*
15. Eldridge, entrevista, 19 de marzo de 2020.
16. *Ibid.*

17. *Ibid.*

18. Eldridge, entrevista, 21 de marzo de 2019.

19. *Ibid.*

20. Eldridge, entrevista, 19 de marzo de 2020.

21. Leo Wise y Derek Hines, entrevista, 14 de agosto de 2019.

22. Eldridge, entrevista, 21 de marzo de 2019.

23. Junta de Revisión Independiente, "Informe", 115.

24. Eldridge, entrevista, 21 de marzo de 2019.

25. Versión de los hechos obtenida a través de una fuente.

26. Versión de los hechos obtenida a través de una fuente.

27. Versión de los hechos de múltiples fuentes.

28. Maurice Ward, entrevista.

29. Donte Pauling, vídeo de la entrevista.

30. Las imágenes se emitieron por primera vez en WMAR el 29 de noviembre de 2018: «Homicide Interview Raises New Questions in Suiter Death Investigation».

31. Patrick Seidel, correo electrónico al Departamento de Policía de Baltimore, noviembre de 2019.

32. David Fowler, entrevista, 5 de marzo de 2020.

33. Jonathan Jones, entrevista, 19 de julio de 2020.

34. Eldridge, entrevista, 21 de marzo de 2019.

23. EL ABISMO TE DEVUELVE LA MIRADA

1. Ryan Guinn, entrevista, 24 de junio de 2018.

24. HAY QUE ESTAR AQUÍ

1. Richard C. B. Woods, entrevista, 11 de marzo de 2018.

2. Gladstone se jubiló el 1 de mayo de 2017, según el departamento de policía. En realidad se trataba de su segunda jubilación, puesto que se había jubilado primero en diciembre de 2012 y regresó un año después, en diciembre de 2013.

3. Acusación de Gladstone.

4. Leo Wise, los Estados Unidos contra Carmine Vignola audiencia de sentencia, 6 de febrero de 2020.

5. Los otros dos agentes eran los inspectores Ivo Louvado y Víctor Rivera; fue el informante de Rivera quien vendió la droga. Esta versión procede de la información penal presentada contra Louvado y Rivera en la primavera de 2020.

6. En la primavera de 2020 le pedí a Shropshire que reflexionara sobre su sentencia, comparada con aquellas que recibieron los oficiales corruptos. Reconoció que le correspondía más tiempo por sus antecedentes, pero sostuvo que, tanto él como los agentes, recibieron condenas demasiado largas: «Es demasiado tiempo —me escribió—. Como llevo desde 2005 delinquiendo, deberían haberme condenado a más tiempo que a los agentes; estoy siendo sincero. [Pero] cualquier cifra de dos números por un delito que no sea asesinato o delitos sexuales es injusta, [no importa] quién seas, blanco o negro, policía o no policía… Mi sentencia fue, sin duda, injusta. Todo el sistema judicial es injusto».

7. Carta del fiscal federal auxiliar Timothy Delgado, noviembre de 2018.

8. Mosby se aseguró el 49,4 por ciento de los votos en las elecciones primarias de los demócratas de 2018, mientras que Bates obtuvo el 28,1 por ciento y Thiru Vignarajah el 22,5 por ciento. En Baltimore, de población mayoritariamente demócrata, las elecciones generales se deciden en las primarias.

9. Marilyn Mosby, reunión del Ayuntamiento de Baltimore, 4 de junio de 2018.

10. En el momento en que estoy escribiendo esto, el comandante del Grupo Especial de Rastreo de Armas anterior a Allers y Jenkins, Kevin Jones, es teniente coronel de la División de Patrullas. Gondo y Rayam fueron ascendidos bajo el mando de Jones, que también había supervisado a Jenkins. El comisario Michael Harrison solo declaró a Jessica Anderson, periodista del *Baltimore Sun,* que el FBI había investigado a Jones por conducta indebida. El excoronel Sean Miller, que

supervisaba la División de Patrullas, fue degradado a teniente y ha estado trabajando en el distrito Sur.

11. Las declaraciones de Harrison se produjeron en una reunión de la Comisión Estatal para Restaurar la Confianza en la Actuación Policial [*Commission to Restore Trust in Policing*] el 17 de septiembre de 2019. El fiscal de la ciudad que había expresado preocupación por la responsabilidad penal fue Andre Davis, que fue a su vez el juez federal que había condenado a Keith Gladstone y Thomas Wilson en 2003 por mentir en las órdenes de registro. Hay que tener en cuenta que la propia Alcaldesa Catherine E. Pugh, que había elegido a Harrison y Davis para sus puestos, dimitió por un escándalo sobre un libro infantil y fue acusada de fraude federal y evasión fiscal, cargos que le supusieron una declaración de culpabilidad y tres años de cárcel. El fiscal federal Leo Wise había ayudado a construir el caso cuando aún no estaba investigando a policías corruptos.

12. El fiscal Davis planteó la pregunta al tribunal superior del estado, tratando de eximir a la ciudad de la responsabilidad en las demandas por la conducta de los agentes del Grupo Especial de Rastreo de Armas. Argumentó que su comportamiento estaba tan «fuera del ámbito de su trabajo» que la ciudad no debería tener que pagar sus facturas legales. El tribunal de apelaciones rechazó el argumento en una sentencia de 24 de abril de 2020.

13. Ryan Guinn, entrevista, 18 de marzo de 2019.

14. Umar Burley, entrevista, 7 de octubre de 2019.

15. James Kostoplis, entrevista, 22 de octubre de 2019.

16. Erika Jensen, entrevista, 16 de agosto de 2019.

17. Registros de obras realizadas en la propiedad del Departamento de Permisos, Aprobaciones e Inspecciones del Condado de Baltimore; otros registros de la propiedad muestran que Jenkins había adquirido al menos otras dos casas en la zona de Middle River.

18. Informe de la oferta de Gondo, obtenido a través de una fuente.

19. Crowder participó en una conferencia de prensa el 2 de febrero de 2018 en la que declaró que los agentes habían registrado su coche el 28 de septiembre de 2016 y habían encontrado un arma. Sostuvo que más tarde se habían llevado cien mil dólares durante un registro en su casa. Durante los tres días que estuvo encarcelado, falleció su hijo de tres años. «Es mucho peor que el cargo del que me acusaron —confesó Crowder—. La marca que pusieron en mi expediente, el dinero en efectivo que se llevaron... todo eso no importa, porque no estuve allí para pasar los últimos momentos de la vida de mi hijo con él debido a esta situación». Su demanda fue desestimada por sus abogados después de que saliera a la luz el vídeo de la cámara corporal.

20. Hersl ha escrito una serie de cartas a la Comisión para Restaurar la Confianza en la Policía de la legislatura estatal; Taylor y yo mantuvimos correspondencia durante meses después de su condena; en 2018, entrevisté a familiares y amigos de Allers que hablaron de su buen carácter y afirmaron que era inocente, y que nunca habría aceptado dinero. En una moción posterior a la condena que el propio Allers presentó el 10 de junio de 2019, Allers escribió que «no creía que fuera culpable de un delito grave, a pesar de que su conducta fuera incorrecta, y que su conducta indebida era minúscula en comparación con la de otros». En lugar de protestar por su total inocencia, Allers escribió que había «recibido aproximadamente cinco mil dólares, y no más de cien mil dólares».

Índice onomástico

Los nombres con (LEO [Law Enforcemente Officer]) indican funcionarios encargados de hacer cumplir la ley.

395

Principal de los Libros le agradece la atención
dedicada a *La ciudad es nuestra,*
de Justin Fenton.
Esperamos que haya disfrutado de la lectura
y le invitamos a visitarnos
en www.principaldeloslibros.com,
donde encontrará más información
sobre nuestras publicaciones.

Si lo desea, también puede seguirnos
a través de Facebook, Twitter o Instagram
utilizando su teléfono móvil
para leer los siguientes códigos QR: